Kultur am Main

Hilmar Hoffmann

DAS FRANKFURTER MUSEUMSUFER

SOCIETÄTS**VERLAG**

Satz: Janß GmbH, Pfungstadt
Druck und Verarbeitung: Messedruck Leipzig GmbH
Umschlaggestaltung: Nicole Proba, Societäts-Verlag
Printed in Germany 2009
ISBN 978-3-7973-1128-3

Inhalt

Vorwort

Frankfurt aber ist der Nabel der Welt.
Friedrich Hölderlin

I.

Dieses ist mein zweites Buch über die Frankfurter Museumslandschaft. 1988 noch amtierender Kulturdezernent, hatte mich Monika Schoeller vom S. Fischer Verlag eingeladen, einen „Frankfurter Museumsführer" herauszugeben, der sich schon ein Jahr später einer zweiten Auflage erfreute. Auch weil 1970 noch eine magere Museumsszene als Frankfurts größtes kulturelles Defizit beklagt wurde, hatte mich OB Walter Möller von der Emscher an den Main geholt: Mein besonderes Augenmerk sollte ich der Optimierung dieses wichtigen kulturellen Sektors widmen. Möller erhoffte sich von den Museen eine größere Wirkung für die „Bewußtseinsbildung der Stadt". Wirken war nicht nur eines von Goethes Hauptwörtern, auch der Autor hat über kaum ein anderes kulturpolitisches Phänomen mehr öffentlich nachgedacht als über die erkenntnisstiftende Wirkung von Anschauung im Sinne von ästhetischer Wahrnehmung, und diese als Voraussetzung für das Erinnern. Jede Kultur beruht schließlich auf Erinnerung. Speziell über die Bedeutung der konzentrischen Kreise der Künste und ihrer Institutionen habe ich im Verlaufe meiner zwanzig Frankfurter Berufsjahre selbst viel Neues gelernt: „Learning by doing".

Seit meinem Rückzug vom Münchner Goethe-Institut im Jahre 2002 widme ich als Buch-Autor meine verrinnende Zeit ausschließlich Frankfurts grandioser Themenvielfalt. In mein fünftes Frankfurt-Buch im Societäts-Verlag habe ich als passionierter Kunstliebhaber folgerichtig auch mein individuelles und impulsives Eigeninteresse in die Weiterentwicklung der Museumsarbeit investiert.

Doch damit genug der Selbsthinweise.

II.

Adjektive wie „museumsreif" und „museal" haben pejorativen Beigeschmack. Museales gilt als verstaubt, ist aus dem Verkehr zu ziehen. Als altständige *tempi passati* spielen nostalgische Reminiszenzen in unserem Alltag kaum mehr eine Rolle.

Solchen negativen Wertungen kontrastiert die heutige hohe Wertschätzung des Museums als Ort der reflektierten Erinnerung. Der Run auf Museumsschätze und Sonderausstellungen zu Heroen der Kunst und der Geschichte bilanziert sich in nahezu sensationellen Steigerungen der Besucherzahlen. Aber auch in der Kulturpolitik genießen die Museen mittlerweile einen hohen Stellenwert; die zahlreichen neuen Museumsbauten sind dafür ein auch bauästhetisch anschauliches positives Indiz. Öffentliche Bauten haben anstelle von Kirchen und Schlössern schon längst die stilbildende Leitfunktion in der Architektur übernommen. Unter den öffentlichen Bauten stehen derzeit die Museen eindeutig an der Spitze raumgreifender urbaner Entwicklung. Während die Bauaufgabe *Theater in Deutschland* Ende der 60er Jahre weitgehend abgeschlossen war, hat sich die schon in den 50er Jahren einsetzende Tendenz zur Errichtung neuer Museen bis heute fortgezeugt. Ihre Klimax in Frankfurt fand diese Entwicklung mit den beginnenden 80er Jahren – und zwar mit Ergebnissen, die in Baugestalt unter dem Goetheschen Motto zur Visite bitten: „Wir sind dazu da, um das Vergangene unvergänglich zu machen".

Dieser Trend hat sich auf eine Weise dynamisiert, wie das noch vor 30 Jahren kaum vorstellbar schien. Seit 1970 befinden sich Museen im kontinuierlichen Aufwind: Brachten es Westdeutschland und West-Berlin seinerzeit nur auf etwa 670 Häuser, waren es 1990 in der nach Berlin zurückgekehrten Republik 2300. Im Jahr 2003 zählte das Statistische Bundesamt bereits knapp 5000 Museen in deutschen Landen. Aber keine andere Stadt hat in so kurzer Frist so viele Museen gebaut wie die Mainmetropole. Diese Anstrengungen der Frankfurter Kulturpolitik haben im Jahr 2008 mehr als zwei Millionen Menschen mit ihrem Museumsbesuch honoriert.

Frankfurt ist dem Museumsboom der 80er Jahre nicht hinterhergehastet, im Gegenteil: Als notorischer Trendsetter hat die Stadt früher als alle anderen Gemeinden die jeweils neuesten Strömungen des Zeitgeistes gewittert. Mit elf neuen Museen in nur neun Jahren ist Frankfurt der Entwicklung weit vorausgeeilt. Indem das Historische Museum durch die kritische Aufbereitung seiner Bestände Furore machte, wurde es Vorläufer jenes Trends. Seine später gern kritisierte abweisende Sichtbetonhülle wurde schon Anfang der tristen 70er Jahre in Frankfurts historischen Römerberg-Boden gegossen. Das Frankfurter Museumsuferprojekt feierte aber erst 1985 mit der Eröffnung des von Richard Meier konzipierten Neubaus des Museums für Angewandte Kunst seinen architektonischen Aufbruch in Frankfurts kulturelle Zukunft. Kein Geringerer als Bundespräsident Richard von Weizsäcker nobilitierte mit seiner Eröffnungsrede den Frankfurter Initiationsritus staatsmännisch.

In den zehn Jahren zwischen 1980 und 1990 sind am Museumsufer allein sieben Museen gegründet worden, die als Inkunabeln ihrer Art wichtig geworden sind, indem sie bis dahin in Deutschland vernachlässigten kulturellen Themenfeldern und essentiellen Spezialgebieten erstmals eine Heimstatt boten: Architektur, Film und Kino (Kommunales Kino), Kommunikation und Jüdische Geschichte. Mit neuen eigenwilligen Formaten der Kunstpräsentation wurden in Schirn, Portikus und dem Museum für Moderne Kunst Frankfurter Versäumnisse gegenüber der zeitgenössischen Kunst getilgt. Auch der von der Museumslandschaft am Mainufer räumlich entfernte Mousonturm, der riskante und avantgardistische Erlebniskultur vermittelt, gehört in diesen Kontext hochgemuter und Frankfurt-typischer Innovationskultur. Was Robert Musil einst als „Möglichkeitssinn" bezeichnete, hier wurde er konkret.

Inzwischen gibt es Filmmuseen auch in Düsseldorf und Berlin, ein Architekturmuseum in Berlin, Jüdische Museen in Wien und Berlin. Kommunale Kinos zeigen heute in 130 deutschen Städten ästhetisch anspruchsvolle Filme. Auf dem infiniten Weg in die *ars incognita* gelten auch Schirn, Portikus und Mousonturm als singuläre Meilensteine ihrer je spezifischen Art.

III.

Mit der planmäßigen Kulturalisierung seiner Ufer wird der Main nicht länger als Wasserscheide zwischen der Kern-City und Alt-Sachsenhausen empfunden, sondern als lebendige und zugleich emotionale Klammer beider Stadthälften erlebt. Auf beiden Seiten ist auf einem Streifen von nur tausend Metern Breite eine einzigartige kulturelle Dichte gewachsen, die mit fast siebzig (!) kulturellen Fixpunkten aus vormaliger und heutiger Zeit in Europas Großstädten ihresgleichen sucht. So ist der Main zu einer Art Zauberfluß geworden, an dessen Ufern der Phantasie und der Erkenntnis sich vielleicht so manches Glücksversprechen einlösen läßt. Eine Perlenkette kleiner und großer, innerer und äußerer Erlebniswelten!

Die ersten Gedanken zur Versöhnung von Kunst und Natur verdanke ich Frankfurts großem Dichter und dessen *Maximen und Reflexionen* (1823): „Wem die Natur ein offenbares Geheimnis zu enthüllen anfängt, der empfindet eine unwiderstehliche Sehnsucht nach ihrer würdigsten Auslegerin, der Kunst." Unendliche Sehnsucht, die nie wirklich ganz verschwunden ist, war bekanntlich – auch wenn wir sie heute anders nennen – das Wesen der Romantik.

Goethes Imagination in plastischer Vollendung vor Augen, erlebte ich die Eröffnung des Kunstmuseums Lousiana zwischen Kopenhagen und Helsingör im Jahre 1958. Inmitten parkähnlicher Landschaftsbilder mit Buchen, Ginkgos, Atlaszedern, tibetanischen Edeltannen und japanischem Ahorn eingeschmiegt in die grüne Hügelidylle hoch über dem Öresund, erwartet Kunst Myriaden von Besuchern. In und zwischen lichtdurchfluteten Pavillons des Architekten Knud W. Jensen umarmt die Natur Skulpturen von Max Ernst, Henry Moore, Jean Arp, Alexander Calder oder Alberto Giacometti. Ob mit dieser lebendigen Balance von Kunst und Natur jene

Adorno-These sich beglaubigen läßt, daß sich letztlich alle Kunst aus der Mimesis der Natur erkläre, bleibt dahingestellt. Von nah und fern lassen sich die Besucher begeistern von der unauflöslichen Harmonie zwischen Kunst, Architektur und Landschaft. Entstanden, nein, gewachsen ist hier zwischen 1958 und 1991 ein stimulierender Erlebnisraum, beflügelnd die Sehnsucht nach ästhetischen Bildern, die dem neugierig gemachten, staunenden Betrachter auf seiner Suche auch nach dem eigenen Ich weiterhelfen könnten. Er ist im Sinne Benjamins der Flaneur, der die „trostlose Lebensform des Großstadtmenschen noch mit einem versöhnenden Schimmer umspielt" und die Stadt „wie eine Naturlandschaft durchstreift". Hinter der Neugier auf das schöne Extraordinäre einer Symbiose aus Kunst und Natur steckt implizit auch etwas von der spezifischen Erkenntnisfunktion der Kunst, jene Ahnung eben von ihren je besonderen, durch nichts zu ersetzenden Erlebniswerten. Bei der „Rettung des Naturschönen" durch die Kunst ist nach Hegel die Natur aber bloß „ein Derivat des Kunstschönen". Im Für und Wider der deutschen Naturphilosophie wird sich der denkende Besucher je nach eigener Fasson entscheiden.

IV.

Der nachhaltige Erfolg des Museumsufers ist das Ergebnis weit vorausschauender richtiger Entscheidungen. Mit ihrem über Jahrhunderte hinweg angesammelten kulturellen Kapital sind die Museen am Main überschaubare Einheiten, deren differenzierende Kleinteiligkeit eine animierende Atmosphäre schafft. Mit ihrer hochsignifikanten Korrelation lassen sie zugleich ein Reich der Synästhesien entstehen. Als wichtige Bausteine der Kulturgeschichte ergänzen sie einander zum Projekt Museumsufer: *E pluribus unum*, aus vielen eines – ein glückhaftes Fazit. Für Goethe waren die vielen Facetten der Künste schlicht das „menschliche Ganze". Ihm galt Kultur als Konstituens für die Gesellschaft, und dies gilt noch heute und bis in alle Zukunft: Kunst ist der Wesensausdruck der jeweiligen Zeit.

Die Museen in Frankfurt werden inzwischen von 5000 Menschen täglich besucht. Mit 900 Gästen am Tag ist das beliebteste Museum das Senckenberg. Zum Vergleich: Die 10 000 Sitzplätze der 53 Frankfurter Kinos wurden 2007 durchschnittlich pro Tag nur von 4800 Filmfans besetzt. Kaum zu glauben: Die statische Bildästhetik hat die Kunst der bewegten Bilder in Frankfurt überholt. Der Frankfurter Trend wird vom bundesdeutschen bestätigt: Im Jahre 2007 zog es 102,6 Millionen Besucher in die Museen. Frankfurts 14 städtische Bibliotheken haben 1998 Millionen Bücher ausgeliehen: „Kultur für alle" realisiert sich statistisch am deutlichsten in den Bibliotheken und Museen. Wenn nach Thomas Mann „München leuchtet", dann „erstrahlt" Frankfurt mit seinen vielen Museen, Theatern oder Bibliotheken mit den Worten von Jürgen Habermas „in kulturellem Selbstbewußtsein". Der Philosoph lobte anläßlich der Feier zu seinem 80. Geburtstag in

Frankfurt „den lebendigen Geist der Stadt", er sei hierorts „intellektuell in ein neues Universum eingetreten".

Allein mit seiner Museumsvielfalt umspannt Frankfurt alle wichtigen kulturellen Felder: alte und neue Malerei, alte und neue Skulptur, die Ikonenkunst, das Kunsthandwerk, die Architektur, die Filmkunst, Kommunikationsmedien, die Archäologie, Frankfurter Geschichte, die Geschichte der Frankfurter Juden, die Kulturen der Welt, unsere Gegenwartsliteratur. Auf kleinstem Raum werden disziplinäre Schranken ebenso leicht überwunden wie formale Kategorien und rigide Kompetenzgrenzen. Auch formuliert die Summe der Museen am Main ein Paradigma für urbane Stadtplanung und Denkmalpflege.

Dringend benötigt wird jetzt noch ein großes Ausstellungszentrum, das allen Frankfurter Museen zur Verfügung steht, wofür ursprünglich einmal die Schirn errichtet worden war. Da der ehrgeizige erste Schirn-Chef Christoph Vitali seinen Gestaltungsdrang aber nicht zügeln mochte und auf eigene Ausstellungen fixiert blieb, die auch überregional als erfolgreich galten, war kein Platz mehr für noch so einzigartige Gastspiele der Frankfurter Museen. Ich hatte mir deswegen damals viel Ärger mit den Museums-Chefs eingehandelt, aber der Erfolg der Schirn hat vollendete Tatsachen geschaffen.

Was in dieser Summe, die wir mit dem Begriff Museumsufer benennen, noch fehlt, sind Museen, die intime Kenntnisse über so wichtige Lebensfelder wie Industrie, Wissenschaft oder Sport vermitteln helfen. Immerhin: Ein kleines Museum für die Frankfurter Eintracht gibt es schon in der Haupttribüne der Commerzbank Arena. Schließlich wurde der Steuerzahler im Jahr 2005 mit mehr als 200 Millionen Euro für das Stadion zur Kasse gebeten.

Die Geschichte der Wissenschaften nannte Goethe „eine große Fuge, in der die Stimmen der Völker nach und nach zum Vorschein kommen". Unsere Museen sind auch Institute der Wissenschaft und der Forschung und sind mit der Frankfurter Universität entsprechend eng vernetzt. Viele unserer Museumsleute sind Honorarprofessoren oder Lehrbeauftragte der Frankfurter Alma mater. Der globale Austausch von Professoren und Forschern zwischen den Exzellenz-Universitäten und Forschungsinstituten bilanziert sich heute längst als lebensdienlicher Fortschrittsgewinn für die Menschen aller Nationen. Seit speziell in Frankfurt, der Weltstadt im geographischen Zentrum Europas, Globalisierung und Lokalisierung parallel zueinander verlaufen und die Frankfurter Alma mater mit dem Status einer Stiftungsuniversität (seit Januar 2008) ihrem Expansionsdrang freien Lauf lassen darf, konnte die Goethe-Uni unter dem Nimbus einer exquisiten Wissenschaftlichkeit über dreihundert ausländische Professoren und Forscher anwerben. Während gleichzeitig auch immer mehr Frankfurter Kollegen an Exzellenz-Universitäten des Auslands ihr Wissen weitergeben, wäre hierorts ein „Wissenschaftsmuseum" einzigartig wie vorher schon die Gründungen der ersten deutschen Museen für Film, für

Architektur, für Kommunikation und für Jüdische Geschichte. Es sei in diesem Kontext daran erinnert, daß mit ihrer forschenden und analysierenden Kreativität über zwanzig Nobelpreisträger mit Frankfurt verbunden sind, darunter keine Geringeren als Emil Behring, Paul Ehrlich, Max von Laue, Otto Hahn, Max Born, Elias Canetti, Christiane Nüsslein-Vollhard. Allein deren spannende Biographien, erst recht aber ihre Forschungsfelder würden ein solches Haus attraktiv machen.

V.

Kulturdezernent Felix Semmelroth wurde gebeten, dieses Museumsbuch mit einem Ausblick auf die Vollendung des Museumsufers zu beschließen. Ihm eignet außer der notwendigen Vision auch die Kraft, sie durchzusetzen und die Schlußsteine in dieses „Jahrhundertprojekt" (*F.A.Z.*) fugenlos einzupassen.

Mit seiner Entscheidung, den einer städtebauästhetischen Stupidität geschuldeten Betonbunker abzureißen und mit Respekt vor der Magie der mittelalterlichen steinernen und spirituellen Substanz einen internationalen Wettbewerb für den alternativen Wiederaufbau des Historischen Museums auszuloben, hat Felix Semmelroth den ersten großen Schritt zur Optimierung des Museumsufers getan. Der zweite große Coup ist dem Kulturdezernenten gelungen, als er jenen gordischen Knoten der Kommunalpolitik endlich zerschneiden konnte, der die Weiterentwicklung des Museums der Weltkulturen jahrelang verschleppt hatte.

Das Museumsufer wird mit dem Neubau des Museums der Weltkulturen seine vorläufige Apotheose feiern. *Vivant sequentes!* Der Dezernent sollte sich bei den Diskussionen um die Kosten von krämerseligen Fiskalpolitikern nicht ins Bockshorn jagen lassen. Um den Frankfurtern einmal Maßstäbe im internationalen Vergleich anzubieten: Allein für den Umbau des Museums für Moderne Kunst (MoMA) in New York durch den Architekten Yoshio Taniguchi werden 650 Millionen Dollar fällig. Soviel hat das gesamte Museumsufer nicht gekostet. Und den Rekordhalter als teuerstes Museum der Welt gilt es nicht zu vergessen: das Ghetty Center. Als Stadtkrone auf dem Los Angeles vorgelagerten Hügel strahlt es wie am anderen Ende der Welt die Akropolis. Die Gesamtkosten dieses Museumsensembles belaufen sich auf eine Milliarde Dollar. Der Architekt heißt Richard Meier, der vor 25 Jahren für nicht viel mehr als 40 Millionen D-Mark das Frankfurter Museum für Kunsthandwerk gebaut und zum Maßstab für ästhetisch-funktionale Museumsarchitektur erhoben hat.

Frankfurt galt vor 1933 viele Jahre als Hochburg großherzigen Mäzenatentums und lange als Abbild bürgerschaftlichen Stolzes. Inzwischen eine Gesellschaft ohne Haftung, hat sich Frankfurt mit vielen Banken und Multimillionären neben Hamburg und München zu einem der Zentren höherer Sponsorengesinnung gemausert. Leider ist deren Gunst nicht sehr weit gestreut: Außer der Goethe-Universität erreicht der Geldsegen der Sponsoren nur jene immergleichen Institute mit ihrem angestammten Prestige, die den größeren Werbevorteil versprechen. Sponsorengelder oder mäzenatische Wohltaten entbinden die Gemeinden nicht von der Verpflichtung, die kulturelle Infrastruktur und ihre Institutionen angemessen zu finanzieren. Was im Koalitionsvertrag der Bundesregierung formuliert wurde, gilt auch für unsere Städte: „Kulturförderung ist keine Subvention, sondern Investition in die Zukunft unseres demokratischen Gemeinwesens."

Museen gehören heute mehr denn je zur unverzichtbaren kulturellen Grundausstattung einer Stadt, einer Region, einer Nation. Mit den neuen Museen und ihrer mehr und mehr gelingenden Verankerung im Bewußtsein der Menschen sind kulturelle Ansprüche ganz allgemein gestiegen. Verschwunden ist inzwischen in nahezu allen Schichten der Bevölkerung jene „verdammte kulturelle Bedürfnislosigkeit", die früher zu beklagen war. Zur Beschleunigung dieser Entwicklung beigetragen haben die Utopien und die von einem tiefen Mißtrauen gegen das Establishment geprägten Manifeste der 68er, nachdem die Kulturpolitik den kritischen Diskurs jener geistigen Umbruchsjahre rationalisiert hatte und in praktisches Handeln umzusetzen bemüht war. Der archimedische Punkt der Republik und der magische Pol des geistigen Aufbruchs war mit der Frankfurter Schule, war mit Adorno und der edition suhrkamp unser Frankfurt. Die großen Fragen, wie etwa die nach dem Verhältnis von Ethik und Ästhetik, werden heute nicht mehr nur von Universitätsprofessoren, von Autoren oder Philosophen beantwortet, sondern auch von der Kunst und von den einschlägigen Museen. Schillers großes Projekt der ästhetischen Erziehung des Menschen wartet noch immer auf seine Vollendung – ohne Hilfe der Museen wird dieses Ziel aber nicht erreicht werden können.

VI.

Das vorliegende Buch möchte dazu beitragen, daß die Frankfurter Bürger das Besondere und das Typische an ihrer wunderbaren Stadt entdecken, um ihre Vorzüge und Reize besser kennen- und vielleicht sogar lieben zu lernen – und in Besitz zu nehmen. Denn die eigentliche Substanz für ein sinnstiftendes Leben sind immer noch die Künste. Die Kunst gehört allen, forderte schon Humboldt vor über 200 Jahren, und eben nicht nur den Begüterten oder den Ständen der gehobenen Bildung.

Um die Vielfalt unserer blühenden Frankfurter Mainlandschaft auf einen Blick zu erfassen, die mit 70 großen und kleinen kulturellen Institutionen und 20 Galerien in unmittelbarer Ufernähe als einmaliges kulturelles Konzentrat ein synästhetisches Gesamtkunstwerk darstellt, ist dem Buch eine Übersichtskarte beigefügt, damit diese Einzigartigkeit anschaulich wird. „In tausend Objekten, in tausend Augen spiegelt sich die Stadt", heißt es in Walter Benjamins *Passagenwerk*.

In tausend Optionen und unzähligen Alternativen werden am Main die Artefakte in ihrem historischen Kontext vermittelt. Die „Fülle der Gesichte" wird hier auf engstem Raum als Frankfurter Geschichte lebendig.

Die Leiter der Museen am Museumsufer und der Direktor des Senckenberg waren freundlicherweise allesamt bereit, eine Selbstdarstellung ihrer Verantwortung beizusteuern. Die Tatsache, daß sie alle ohne Ausnahme ungewöhnlich viel publiziert haben, verweist auf ihre außergewöhnliche Qualifikation für ihre Frankfurter Aufgabe. Zu würdigen ist dabei auch die Spürnase der beiden Kulturdezernenten Nordhoff und Semmelroth, unter deren Ägide die Auswahl dieses kompetenten Direktoren-Teams getroffen wurde, um dessen Effizienz uns manche Stadt beneidet.

Bei Museen, deren Leitung erst im neuen Säkulum gewechselt hat, wurden auch die Vorgänger eingeladen, einen Beitrag über die Geschichte des jeweiligen Museums zu schreiben. Herbert Beck zum Beispiel hat 35 Jahre lang das Liebieghaus geleitet, es wäre schade, bliebe uns sein Erfahrungsschatz vorenthalten. Das Gleiche gilt für die Texte der anderen verdienstvollen vier: So danke ich auch Jean-Christophe Ammann (Museum für Moderne Kunst) und Kasper König (Portikus) sowie den ehemaligen Museumsmitarbeitern Volker Fischer (Architekturmuseum) und Dieter Kramer (Museum der Weltkulturen) herzlich für ihre Mühen, zum Vergnügen der Leser konkrete Erinnerungen beizusteuern und mir hilfreiche Anregungen zu geben.

Für kompetente Auskünfte habe ich einmal mehr Evelyn Brockhoff und ihrem Institut für Stadtgeschichte zu danken, und hier besonders Steffi Lamla und Claudia Schüßler für präzise Recherchen, sowie Katja Thorwarth vom Deutschen Filminstitut und Gerhard Seitz vom Kulturamt der Stadt Frankfurt. Hilfreiche Informationen habe ich vom Leiter des Liegenschaftsamtes Alfred Gangel erhalten. Ich danke meinem damaligen Sparringspartner Baudezernent Hans-Erhard Haverkampf für detaillierte Hinweise. Auch danke ich Annette Lieberum für ihre Geduld bei der Transkription meiner handgeschriebenen Texte. Mein besonderer Dank gilt last, not least und nun schon zum sechsten Male meinem bewährten Lektor Ulrich Berkmann.

VII.

Für das Museumsufer gilt, was Rilke einst über die erweiterte Bremer Kunsthalle schrieb: „Hier wird mancher sehend für sein ganzes Leben". Es ist „für unsere Bürger längst zum Identifikationsfaktor geworden", weiß Oberbürgermeisterin Petra Roth, und die *Neue Zürcher Zeitung* konstatiert: „In Frankfurt bekommt man heute einen Vorgeschmack davon, wie die Museen der Zukunft, wenn sie angenommen werden wollen, aussehen müssen." Anders als in den 60er Jahren würde Max Frisch Frankfurt heute wohl nicht mehr „eine amorphe Stadt" nennen.

Das Museumsufer als Ort der Horizonterweiterung

Die unterschiedlichen Wertsetzungen, die Kunst und Kultur im Lauf ihrer Geschichte vorgenommen haben, taugen heute kaum mehr als Sinnorientierungen des Menschen in einer verunsichernden Komplexität täglich neuer Herausforderungen. Die Kulturgeschichte heute möchte vielmehr für die zukunftssichernde Vielfalt menschlicher Lebensmöglichkeiten sensibilisieren. Was früher mit dem mißverständlichen Wort Kunstgenuß dem Begriff Kunstrezeption widersprach, wollte noch zum hedonistischen Konsum beliebiger Kunststücke verführen. Seit aber die Kustoden die Museumsdidaktik als Konvergenzpunkt zwischen Museologie und Museographie entdeckt haben, besteht Hoffnung, dem Betrachter im ästhetischen Zauber des Kunstgenusses zugleich auch intellektuelle Bereicherung zu schenken.

Der Philosoph Johann Gottfried Herder (1744–1803) sah einst den Menschen zur Vernunftfähigkeit bestimmt, zur Humanität und „zur Hoffnung der Unsterblichkeit gebildet". „Humanität ist der Zweck der Menschennatur", heißt es im 15. Buch seiner *Ideen zur Philosophie der Geschichte der Menschheit*, und in diesem Weg zur Humanität finde Geschichte ihren eigentlichen Sinn. Unser Erdball ist nach Herder zwar „eine große Werkstätte zur Organisation sehr verschiedenartiger Wesen", aber der alte Wissensfürst gibt uns zu hoffen, daß dabei irgendwann alle, „jeder auf seine Weise, der Vollkommenheit näher" komme. Ja, aber wohl nur „wenn man Bescheid weiß, kann man sich gedulden", trösten Becketts Wladimir und Estragon einander in *Warten auf Godot* über ihre metaphysische Lähmung hinweg. Sind es die Künste, die uns „Bescheid" geben können?

So wie Herder würde heute niemand mehr einen Erweckungstext formulieren. Universalgeschichte wird angesichts nicht mehr beherrschbaren Wachstums höchstens noch als Apokalypse gedacht – oder als Science-fiction. Geschichte wandert für uns zwar nicht mehr auf ein Ziel zu. Sie verläuft vielmehr, wie die Jahre nach der Auflösung der sozialistischen Hemisphäre deutlich gezeigt haben, konflikthart wie eh und je. Weil aber die globalen Folgen menschlichen Handelns und Lebens unübersehbar sind, entsteht ein objektivierbarer Bedarf für ein humanes Miteinander, auch wenn an ein Happy-End der Geschichte kaum jemand mehr glauben mag. Doch weil es elementar um Zukunftsfähigkeit geht, sind mindestens Herders vielzitierte Wege zur Humanität als Aufforderung wieder hochaktuell geworden. Denn weder Diktaturen noch zwanghafte Modernisierung, weder Wachstumsexzesse noch Ökoimperialismus bieten lebensdienliche alternative Perspektiven.

Um so mehr sind Kultur im allgemeinen und die Künste im besonderen für die Zukunftsfähigkeit einer Gesellschaft und für die Lebenskraft der Individuen unverzichtbar. Sie existieren nicht unabhängig von ihren Rahmenbedingungen, aber sie wirken prägend auf sie ein. Künste, Literatur und Philosophie sind unsere Lebenspraxis beeinflussende, einander bedingende Größen. Die in der Symbolsprache der Künste formulierten Antworten auf die Frage, was der Mensch sei, wirken auf das Handeln der Menschen zurück: Kultur und Künste sind so Ausdruck humaner Lebenshaltung.

Blütezeiten der Welt sind den Nachkommen ebenso wie Kriege nicht wegen verstaubter Archivalien gegenwärtig, ihre Präsenz verdankt sich den überlieferten Werken der Kultur: Die Gemälde und Statuen der Renaissance künden uns von der Heraufkunft eines neuen Bildes vom Menschen; und die seit dieser Zeit zum eisernen geistigen Bestand Europas gehörende Auffassung von der unveräußerlichen „Würde des Menschen“ ist uns weniger wegen Pico della Mirandolas berühmter Schrift dieses Titels präsent, sondern vor allem aufgrund der Kunstwerke jener Zeit und ihres umfänglichen Wirkungsradius wegen. Michelangelos Plastiken, Raffaels Gemälde, Filippo Brunelleschis Bauten in Italien haben eine inzwischen fast weltweit wirkende Symbol- und Bildwelt geschaffen, die bis ins Unbewußte unserer Träume hinein prägend wirkt. Doch auch die schlimmsten Schicksale des Menschengeschlechts bleiben uns dank der Störqualität der Werke großer Künstler als Mahnung im Gedächtnis: Dantes dunkle Verse der *Divina Commedia*, Hieronymus Boschs *Das Jüngste Gericht*, Goyas Graphikzyklen über die Schrecken der Schlachtfelder, Grimmelshausens *Simplicissimus*, den Thomas Mann „ein Erzählwerk von unwillkürlichster Großartigkeit“ nannte, oder die Lieder des Andreas Gryphius als Nachhall der Urkatastrophe des Dreißigjährigen Krieges mit zehn Millionen Toten. Nach der Französischen Revolution mit ihrem ultimativen Wandel der Werte werden die bisherigen Normen kritisch hinterfragt. Die Kunst ist es, die das Ende illusionistischer Wiedergaben der Wirklichkeit ebenso markiert wie die Abdankung der höfisch wie kirchlich festgelegten sittlichen Normen, Inhalte und Tendenzen. Es sind vor allem die Kunstwerke, die den pragmatischen Wandel dokumentieren, mit dem aufgeklärte Künstler einst ihren atemberaubenden Aufstieg in der Abgrenzung zum Barock vollzogen.

Im 20. Jahrhundert sind es Picassos *Guernica* oder Konrad Wolfs Film *Sterne* über den Holocaust oder Paul Celans schwarze Lyrik, welche die Grausamkeiten der Nazidiktatur eindrucksvoll bezeugen. Nicht zu vergessen sind Alfred Döblins Roman *Berlin Alexanderplatz* oder dessen Verfilmung durch Fassbinder, die authentisch die Atmosphäre der Zeit spiegeln. Sie vermitteln die Verbrechen des NS-Systems und ihre Vorgeschichte nicht als ein metaphysisches Unheil, sondern

Alexander Kluge, Oskar Negt, Hilmar Hoffmann und Volker Schlöndorff (v. l. n. r.) bereiten öffentliche Debatte zum Thema „Sie schlagen uns das Kino tot" vor

in ihrer dramatisch-drastischen Evidenz. Die in der Weimarer Republik entstandenen Entwürfe für ein Menschenleben in der Übereinstimmung von Verstand, Gefühl und Moral gehören ebenso zum unveräußerlichen kulturellen Repertoire wie seit Schopenhauer und Nietzsche auch die Skepsis und die Desillusionierungen der Moderne in einem weltanschaulichen Vakuum. Wie Paul Klees *Angelus Novus*, der „Engel der Geschichte" in der Interpretation von Walter Benjamin, gilt es, sich den Schrecken des unaufgehaltenen Fortschritts zu stellen.

Und wer Adolf Menzels *Eisenwalzwerk* (1875), das erste große Industriegemälde der deutschen Kunst, gesehen hat, erkennt die soziale Dynamik, aber auch die sozialen Abgründe der Industrialisierung ebenso deutlich wie der Leser von Romanen eines Charles Dickens oder von Gerhart Hauptmanns *Die Weber* (1892). Auf vergleichbar beeindruckende Weise sind die riesigen, oft vier Meter breiten digitalisierten Fotografien von Andreas Gursky Seismographen für die Lebenswelten der unmittelbaren Gegenwart mit ihrer globalen Mobilität und mobilen Globalisierung. Unsere Philosophen (Adorno, Horkheimer, Habermas) und Schriftsteller (Böll, Johnson, Lenz, Grass, Enzensberger) sowie viele Autoren der edition suhrkamp und Filmemacher des „Oberhausener Manifestes" haben zur intellektuellen Biographie der Bundesrepublik beigetragen. Nach den Schrecken des Krieges und des Holocaust hatten die Literaten längere Jahre auf Verdrängung und unpolitische Innerlichkeit gesetzt. Später haben unsere Schriftsteller ihr Monopol als Protokollanten komplexer Wirklichkeit und sozialer Umbrüche an den Film abgetreten. Es waren unter anderen Kluge, Schlöndorff, Reitz, Fassbinder und Herzog, die gegen die verbrauchten Bilder mit eigenen unverbrauchten geputscht haben.

Keine Kultur präsentiert sich in ihren Zeugnissen derart einheitlich, als könnten ihre Werte und Standards von allen gleichermaßen akzeptiert werden. Überall auf der Welt existieren unterschiedlichste soziale Schichten, Altersgruppen, Religionen, Ethnien oder nationale Psychologien mit eigenen Wertmaßstäben, allerorten sind Minderheiten mit andersdenkenden Mehrheiten konfrontiert. Es ist die Sicht auf diese Differenz und auf diese Vielfalt, die Anpassungsprobleme ebenso wie Chancen evident macht und ein von Wilhelm von Humboldt empfohlenes transdisziplinäres Denken überhaupt erst ermöglicht. Die in der Variationsbreite unserer Frankfurter Museen aufgehobene Geschichte der Kunst und der Kultur belegt, wie dank der Irritationen über die Gegensätze und der unterschiedlichen Ansprüche an die Lebensqualität kulturelle Innovationsschübe entstanden sind. Die Frankfurter Museen verstehen sich als Aggregate historischer Zeugnisse, wechselnder Moden flottierender und zeitgebundener Ideen und schwankender Zukunftsperspektiven: Diese Imponderabilien der Geschichte kritisch zu hinterfragen sollte ein Museum seine Besucher aber befähigen können. Nur dann wird das Museum für den Besucher zum Ort der eigenen Erfüllung.

Kulturgeschichte ließe sich also lesen als notwendiges Korrektiv zu den Tendenzen einer weltweiten Vereinheitlichung der Kultur. So wie die Symbolik der Schrift die implizite Kritik an der Diktatur des binären Codes der Datenverarbeitung ist, so fordern das Menschenbild der Renaissance, das Naturverständnis der Indianer, die Vorstellungen von Ethik und Humanität der Klassik oder die Ästhetik Ostasiens uns heute auf, die gängige und universelle Geltung beanspruchenden Vorstellungen vom „Homo oeconomicus" oder vom „Homo electronicus" zu überdenken. Denken bedeutet seit Sokrates aber nichts anderes als sich erinnern, ein Schlüsselbegriff der Aufklärung und gültig bis heute auch für unsere Museen.

In einer Situation global gesteigerter Konkurrenz der Kulturen ist es nützlich, mit Hilfe unserer Museumsvielfalt tiefer in deren Geschichte zu stöbern. Das Wissen um das Gewordensein, um die unterschiedlichen historischen und kulturellen Möglichkeiten der Menschen schafft dem Denken und Handeln ungeahnte Spielräume der Phantasie: Einst überwand die Renaissance die Krise der mittelalterlichen Welt durch den programmatischen Rückgriff auf die idealisierte Antike, und sie entwickelte aus deren Erschließung ihre immer noch beeindruckenden Formen der Kunst und des Lebens. Heute suchen wir eine Antwort auf die Herausforderungen der Krise nach der Jahrtausendwende. Das Wissen um die Vielfalt der Möglichkeiten des Menschen erleichtert es uns, die Rahmenbedingungen für eine neue Versicherung der Unantastbarkeit der sozial und ideell definierten Würde des Menschen zu finden.

Den Reichtum der Möglichkeiten zu würdigen und im reichen kulturellen Erbe das heute noch Gültige uns anzueignen sowie die Ressourcen der großen Vielfalt unserer kulturellen Geschichte und des lebendigen Mosaiks der Kulturen des 21. Jahrhunderts zu aktualisieren, dazu verhelfen uns die Museen bei vorurteilsfreiem Zugang zur Geschichte der Vielfalt der Kulturen und Künste. Dazu verhelfen uns insbesondere die diversifizierten Angebote von Museen, ohne nationale Grenzen und ohne starre klassische Kompetenzbezirke. Wer sich darauf einließe, dem erschiene am Horizont Zukunft die Vision einer Weltordnung, in der Staaten und Kulturen wechselseitig ihr Anderssein, aber auch ihre materiellen Unterschiede akzeptieren und gemeinsam den Frieden, die Würde des Menschen und die Stabilität der Lebenswelt sichern. Dabei kann uns auch eine stärkere Durchlässigkeit der Kommunikationswelten helfen.

Mit der Faszination authentischer Zeugnisse und ihrer sinnlichen und intellektuellen Kongruenz in der Form ihrer Präsentation und in der Vermittlung von Inhalt und Design als geglückter Einheit möchten die Museen das weiterführende Interesse der kritischen Intelligenz mit dem Ziel entfachen, alle Kunst von den Anfängen der Menschheitskultur über die abendländische und außereuropäische Kunstgeschichte bis hin zu den unterschiedlichsten Strömungen der modernen Kunst in unserer globalisierten *einen* Welt wahrzunehmen. Diese verschiedenen Elemente ergeben in der interdisziplinären Vielfalt der am Museumsufer vernetzten Institute ein umfassendes Mosaik unserer Lebenswelt. Das Museumsufer ist ein einzigartiges Universum und insofern auch ein Ort der Horizonterweiterung.

Die untereinander korrespondierenden Erfahrungsräume des Museumsufers generieren mit der Substanz aller ihrer materiell präsentierbaren Kulturleistungen ein kleinteiliges großes Ganzes: Dieses Frankfurter Universalmuseum der Menschheitskulturen lädt den denkenden Besucher nicht nur ein zur Besichtigung, sondern auch zur Inbesitznahme durch Übereignung von Wissen und der Befriedigung des Bedürfnisses nach Vergewisserung und Identität.

Wegen des enormen Zulaufs wird das Museumsufer inzwischen auch als Chiffre für praktizierte Bildungsgerechtigkeit wahrgenommen, auch wenn dabei die eine oder andere Ausstellung selbstgenügsamer Glasperlenspiele die privilegierte Sehweise gebildeter Besucher voraussetzt. Immerhin sind heute 39 Prozent eines Jahrgangs in der Lage zu studieren, zu Wilhelm von Humboldts Zeiten war es gerade mal ein Prozent. Als damaliger preußischer Kultusminister verband er den Begriff Nation noch mit der Vision einer Gemeinschaft von gebildeten Bürgern.

Der klassische Bildungsbegriff ist längst seines idealistischen Inhalts entleert. Dem Verfall der klassischen Bildung folgt auf dem Fuße die Marginalisierung der ästhetischen Erziehung und musischen Bildung, beklagenswerte Leerstellen statt ruhmeswerte Lehrstellen im Curriculum bis hin zu den Gymnasien. Die Hoffnung der 70er Jahre, die soziale Gleichheit durch eine Bildungsexpansion zu befördern, hat mit ihrer Verflüchtigung feine soziale Unterschiede ausgebildet, die auch die kulturellen Defizite erklären. Der ästhetisch unkundige Kunstkonsument ist habituell zum Erkennen des Kunstranges unfähig. 260 Jahre seit der Begründung der Ästhetik als philosophische Kategorie darf Schillers immer noch unerfüllt gebliebener Traum, über die ästhetische Bildung frei zu werden, nicht als ausgeträumt gelten. Der Docht des schönen (Vor-)Scheins einer humaneren Welt darf nicht verglimmen.

Zum Selbstverständnis historischer Museen

Das demokratische Museum

Die Institution Museum verdankt ihre Entstehung dem Ehrgeiz, „hohe“ Kunst und Mirabilia, Raritäten und Prunkvolles aus aller Welt in den Residenzen der Fürsten und ihren Wunderkammern zum sich selbst aufhebenden Zweck zu versammeln. Damit sollte über das „decorum officiale“ die Exklusivität der Besitzer eindrucksvoll zum Ausdruck kommen. Von dem Ruhm des Vorbesitzers sollte immer auch gebührender Glanz auf den Nachfolger abstrahlen; der Besitzwechsel war also Bestandteil der Funktion des Objektes. In der zweiten Hälfte des 16. Jahrhunderts haben die Wittelsbacher und manche andere, wie die Gonzaga und Medici in Florenz, wie Erzherzog Ferdinand von Tirol mit seiner Ambraser Sammlung oder Kaiser Rudolf II. zu Prag, aber auch die sächsischen Kurfürsten und die bayerischen Herzöge in München, gern die Porträts und Statuen der berühmtesten Heroen des Altertums als ihre heimlichen Ahnen dementsprechend prunkvoll ausgestellt. Im Ensemble der Kaiser, Heerführer, Philosophen und Künstler sollte ihre politische und geistige Macht dem Besucher niederen Ranges, später auch dem unaufgeklärten Volk vor Augen gestellt werden. Durch gloriose Szenen vom Olymp und Parnaß sollten sich die Landeskinder zur Devotion veranlaßt fühlen.

Mit dem Sammelsurium hoher Potentaten von ehedem und mit ihren teils martialischen, teils musischen Utensilien stellte sich der begüterte Hochadel als kongeniale Kaste dar, als Ebenbürtige in einer angemaßten royalen Ahnengalerie. Jahrhunderte später griff das wilhelminische Deutschland zu ähnlichen Anleihen zum Zwecke dekorativer Selbstdarstellung. Ihrem ursprünglichen Kontext entrissene ästhetische Urmeter wie die Löwenstraße von Babylon, der Pergamon-Altar oder das Markttor von Milet wurden importiert und als Zeugnisse imperialen Glanzes in das Sammlungsraster der Berliner Museen eingesenkt. Erst zwei Dezennien nach der Erklärung der Menschenrechte erklärt die „Deklaration von Riga“ 1807 amtlich die schönen Künste zum „Produkt des höchsten Zustandes der Menschheit“. Acht Jahre später stiftet Städel das nach ihm benannte Museum (aber erst 1878 wird das Galeriegebäude am Schaumainkai eingeweiht).

Die ersten öffentlichen Museen treten zwar im Zeichen eines bildungsbürgerlichen Idealismus an, doch sie tragen die weitgehend vom Opulenten und Geschmäcklerischen bestimmten Wertkategorien bis ins 20. Jahrhundert weiter. Von da an konnte sich immerhin eine wissenschaftliche Klassifikation nach Epochen und Stilen durchsetzen. Doch auch weiterhin definierte sich das Museum als eine mehr oder minder üppige Materialsammlung von ästhetisch oder exotisch reizvollen, aber zusammenhanglos präsentierten Exponaten, die den Besucher zum Schauen bestellen und zu unreflektiertem Staunen einladen. Museen als bloße Reliquienhüter sind aber passé.

Unter gotischen Faltenwürfen, Delfter Kacheln, bei friderizianischer Heraldik oder bei erhabenen Devotionalien bleiben „Male des geschichtlichen Prozesses" (Adorno) verborgen. Mit der Zuordnung zufälliger Objekte nach rein äußerlichen Merkmalen wird allenfalls die anachronistische Phantasie beflügelt. Die Suche nach Informationen über politische Kausalitäten oder ökonomische Zusammenhänge von Geschichte und Kulturgeschichte läuft ins Leere. Ohne diese Kontextvermittlung aber bleiben Zeugnisse der Vergangenheit allenfalls interessante Fossilien, die über ihre frühere Bedeutung nur am Rande Auskunft geben. Andererseits lassen sich Probleme der modernen Gesellschaft und die zunehmende Dysfunktionalität des gegenwärtigen Gesellschaftssystems ohne weiteres aus historischen Zusammenhängen erklären. Erst aus der objektiven Einschätzung der historischen Bedingungen unserer gesellschaftlich-politischen Situation lassen sich realistische Perspektiven künftiger Entwicklung erkennen. Ein Museum in Konkurrenz mit anderen modernen Medien der Informationsvermittlung wird Bertolt Brechts *Fragen eines lesenden Arbeiters* (1935) beantworten müssen, ohne einen Bildungsvorsprung vorauszusetzen. Erst recht ein historisches Museum muß die Wirklichkeit einer Zeit, aus der es Objekte, Dokumente und Statuskonstrukte überliefert, Neugier weckend didaktisch präsentieren, damit ein Erkenntnisprozeß eingeleitet wird.

„Wer baute das siebentorige Theben / In den Büchern stehen die Namen von Königen / Haben die Könige die Felsbrocken herbeigeschleppt?" läßt Brecht einen Arbeiter fragen. Und Peter Weiss dekonstruiert in seiner *Ästhetik des Widerstands* die Schöne-Wahre-Gute-Rezeption der griechischen Klassik. Über die Analyse dessen hinaus, was als Kunst gilt, wäre also die Analyse der gesellschaftlichen Motivation von Kunst und ihrer jeweiligen historischen Existenzbedingungen notwendig. Mittels anschaulicher Auskünfte der Kunstgeschichte lassen „Geschichten" sich demaskieren, mit ihrer Hilfe läßt Geschichte in begrifflicher Präzision sich objektivieren. Somit wird deutlich, warum im Museum „historische Quellen" daraufhin zu befragen sind, wer wann mit welcher Absicht und für wen bildliche oder schriftliche Darstellungen hergestellt hat. Wichtig ist, daß einer im Museum nicht aufhört zu fragen. Der wissensdurstige Museumsbesucher will wie Hermann Hesses Siddhartha auf letzte Fragen überzeugende Antworten finden. Entsprechende Informationen transportieren Schrifttafeln, die dem Prinzip Rechnung tragen, daß alle Weltkenntnis sprachlich vermittelt ist. So ist im Historischen Museum eine hochsignifikante Korrelation zwischen den bildlichen Blickfängen und deren sprachlicher Vermittlung entstanden. Der Abstand zwischen Sehen und Denken läßt sich um so leichter überwinden.

Ein Museum wird genau dies leisten müssen: die Befragung von Kunst als von den jeweils Herrschenden wohldosierte Information zu einer Zeit, als Kunst noch das einzige visuelle Medium war. Auch insofern ist der heute noch bevorzugte anachronistische Kunstaspekt, der sich an den ästhetischen Kategorien der klassischen deutschen Philosophie orientiert, für die Arbeit im Museum pädagogisch untauglich, weil er vor allem ein bestätigender Aspekt ist, den übrigens lange vor Herbert Marcuse schon Friedrich von Schelling den „unendlich affirmierenden" genannt hat. Für die Entwicklung von kritischem Geschichtsbewußtsein ist es deshalb wichtig, jenen Aspekt einer bildmächtigen, oft emblematischen Kunst hervorzuheben: Als affektives Instrument der Einwirkung sollte sie ehedem „von oben" die Massen beeinflussen. Das Museum wird jedoch auch Auskünfte über die intendierte wie über die tatsächliche Funktion der „Kunst von unten" geben müssen, die in späteren Jahrhunderten den je nachdem antifeudalen, bürgerlichen oder proletarischen Interessen diente.

Das Museum wird schließlich darüber informieren, ob solche von Kunstproduktionen (außer der bildenden Kunst noch Literatur und Theater) vermittelten Perspektiven eine Veränderung der Gesellschaft herbeiführen konnten. Denn mit Friedrich Schlegel ist „die Wissenschaft der Kunst ihre Geschichte", und dieser Aspekt sollte ganz besonders im Museum schulbildende Wirkung haben. Nur über das historische Verstehen wird auch ästhetische Urteilsbildung und somit eine Vertiefung in die Vergangenheit möglich.

Um typische Beispiele zu gewinnen, wäre etwa auf die an der französischen Julirevolution von 1830 beteiligten Künstler zu verweisen (Daumier, Delacroix, Grandville, Lecomte) oder auf die Maler, Zeichner und Karikaturisten der Klassenauseinandersetzungen des Vormärz und der europäischen Revolution von 1848/1849 (Achenbach, Courbet, Daumier, Hasenclever, Hübner, Menzel, Moynet, Scholtz, Schroedter). Da die sogenannte bildende Kunst nur eine unter vielen künstlerischen Ausdrucksmöglichkeiten ist, die erst in der Summe der verschiedenen Bewußtseinselemente zum Potential einer Revolution werden konnten, ist dieses (unorganisierte) Zusammenwirken progressiv-kreativer Kräfte (außer den bildenden Künstlern noch Börne, Freiligrath, Heine, Herwegh, Stoltze, Wienbarg) mit der depravierten Klasse auch in einer Kunstausstellung als politischer Zusammenhang sichtbar zu machen (wie 1973 in der Frankfurter Paulskirche). Kunstgeschichtlich betrachtet, fällt in den Beginn dieser Epoche die Begründung einer neuen proletarisch-revolutionären Kunstrichtung. Deren Ergebnisse vereinigten, ähnlich wie die bürgerlich-antifeudale Kunst, zwei Qualitäten, die ästhetische und die politische, zu einer dritten, lebensdienlich neuen, zu einer Kunst also, die konstitutiv sein könnte für unser

Leben. Allerdings sollten wir die Erwartungen an die Wirkungsmacht der Kunst nicht idealistisch zu hoch ansetzen.

Die empirisch belegbare Tatsache, daß Kunstbild, Karikatur usw. politischen Einfluß gewinnen konnten oder, mit einem Wort von Jürgen Habermas, daß das „Potential der Kunst und der ästhetischen Erfahrung zur politischen Kraft entbunden" werden konnte, verdanken sie der Möglichkeit ihrer technischen und zuletzt der rotationsmechanischen Vervielfältigung; die Multiplizierung der in den Bilddarstellungen transportierten System- und Gesellschaftskritik erzeugt erstmals ihre massenhafte Virulenz auch unter jenen Bevölkerungsschichten, die einst als Analphabeten weitgehend auf die Bildsprache angewiesen waren. Mit der reproduktionstechnischen Verfügbarkeit begann zugleich die Demokratisierung des Kunstbildes.

In diesem Zusammenhang wird das Museum von morgen, das sich als progressive Bildungseinrichtung definiert, dem Besucher Werke der Kunst nicht lediglich als eine formal zu würdigende kunst-geschichtliche Entwicklungsphase anhand von kostspielig ersteigerten Spitzmarken präsentieren. Es wird vielmehr darüber informieren, daß multiplizierte Kunst vor allem ein eminent politisches Phänomen wurde. Denn mit der Funktion von Kunst wurden zugleich ihr Gebrauchswert und ihre Verwertbarkeit radikal verändert. Erst so konnte Kunst in der Folge ein potentieller Faktor bei der Gewinnung einer neuen Realität werden.

Mit seiner fotomechanischen Reproduzierbarkeit emanzipierte sich das Kunstwerk „zum ersten Mal in der Weltgeschichte von seinem parasitären Dasein am Ritual" (Benjamin), und das heißt konkret: Mit ihrer massenweisen Verbreitung war Kunst nicht länger Privileg derer, die sich ihren Besitz leisten können; mit solcherart veränderten Besitzverhältnissen wird aus dem exklusiven ein massenhafter Adressat, und gleichzeitig verliert das Verhältnis der Masse zur Kunst weitgehend den affirmativen Charakter. Der Künstler braucht also nicht länger als Nachzügler außerhalb der gesellschaftlichen Prozesse hauptsächlich Mythen- und Heroenbildung zu betreiben. Künstler begreifen sich selbst vielmehr als integralen Bestandteil der gesellschaftlichen Veränderung. Deren beste problematisieren diese Entwicklungen in ihren Arbeiten und versuchen überall dort, wo Argumente imaginativen Ausdruck annehmen können, künstlerische Entwicklungen zu beeinflussen, ob direkt oder indirekt. Genau deshalb aber ist Gerhard Richter epochal, Jonathan Meese dagegen marginal.

Kaum zu überschätzen ist der kunstpädagogische Effekt der Verbreitung von reproduzierten Originalen, die vielerorts an der Museumstheke erworben werden können. Mit der hohen farbtechnischen Druckqualität wurde die Ausstellbarkeit des Kunstwerks derart potenziert, daß die quantitative Verfügbarkeit in einen neuen qualitativen Wert umgeschlagen ist, eine Entwicklung übrigens, in der eine der Chancen zur Demokratisierung von Kunst beschlossen liegt. Mit dem Verzicht auf seine Existenz als Unikat spielt das Kunstwerk somit auch eine politische Rolle. Man denke dabei nur an das millionenfach reproduzierte Che-Guevara-Poster, das in aller Welt ohne verbale Botschaft den jungen Che zur Ikone der humanen Revolution ausrief.

Diese gesellschaftspolitische In-Wert-Setzung des kulturellen Erbes gehört zu den Prinzipien des ambitionierten Programms „Kultur für alle", das ein anregungsreiches lebendiges kulturelles Milieu für möglichst breite Schichten der Bevölkerung produzieren wollte. Heute werden in der „Erlebnisgesellschaft" und der „Gesellschaft der Lebensstile" die ästhetischen Kodierungen, das kennerschaftliche Vergnügen an exklusiven Kunstereignissen, die Ausstaffierungen mit den Attributen der kulturellen Highlights als Elemente der Distinktion und der marktgerechten Positionierung wahrgenommen. Deswegen, meinen manche, sei dieses Programm überholt. Wer so argumentiert, der sei daran erinnert, daß Kultur als „ideelle Lebensgrundlage" einer Gemeinschaft darauf angewiesen ist, daß mindestens rudimentär alle einbezogen sind in die kulturelle und politische Öffentlichkeit, in der die Regeln des Miteinanders ausgehandelt und bestätigt werden.

Im neoliberalen Staat wurden die wachsende Kluft zwischen Arm und Reich, die neue Armut und die Prekarisierung und damit die Entstehung von Parallelwelten in ausgegrenzten sozialen Milieus billigend in Kauf genommen. Zwar muß dieser neoliberale „schlanke Staat" erst recht in der Krise sein völliges Versagen eingestehen; aber die Kluft zwischen Arm und Reich wird deswegen nicht verkleinert, eher wird sie noch größer. Wenn in der neuen Armut immer weniger Menschen an der von Adorno beschworenen „Möglichkeit differenzierter und fortgeschrittener geistiger Erfahrung" (und nichts weniger bedeutet die Teilnahme am kulturellen Leben) Gebrauch machen können und immer mehr von ihnen „ausgeschlossen sind vom lebendigen Ausdruck ihrer eigenen Sache" (Adorno), dann leidet darunter das gesamte Gemeinwesen. Denn immer mehr igeln sich in abgeschotteten Privatwelten ein, und der Austausch, der Diskurs einer kulturellen Öffentlichkeit über Sinn und Grundwerte der Gemeinschaft wird immer brüchiger. Eine Gesellschaft, in der allzu viele sich aus der gemeinsamen Verantwortung davonstehlen, hat keine Zukunft, egal ob sich deren Mitglieder nach Liechtenstein, in die Toskana oder an die oberitalienischen Seen absetzen oder sich in das subkulturelle Prekariats-Abseits oder ins fundamentalistische religiöse oder ethnische Ghetto flüchten.

Fünf Frankfurter Beispiele für Geschichtsvermittlung

Das Beste, das wir von der Geschichte haben,
ist der Enthusiasmus, den sie erregt.
Johann Wolfgang von Goethe

Das Historische Museum

Das 1867 gegründete Historische Museum hat 1972 auf dem Frankfurter Römerberg die Pforten seines Neubaus geöffnet und seine zukünftige Aufgabe aus einer allgemeinen „Geschichtsmüdigkeit" und im Widerspruch zur unilinearen Geschichtsschreibung definiert. Dabei wurde von der Tatsache ausgegangen, daß Geschichte im Bewußtsein breiter Bevölkerungsschichten lediglich als Vorurteil existiert, das entweder auf Kenntnismangel beruht oder emotional-affektiv erworben und deshalb desto hartnäckiger verinnerlicht wurde. Da solche Vorurteile sich auf ein Minimum zufälliger, markanter Daten (Schlachten, Heroen) stützen, wollte das Museum ein Maximum an Basisinformation vermitteln, das den Besucher befähigt, die Stichhaltigkeit der Überlieferung mit Hilfe der im Museum erworbenen Kenntnisse zu überprüfen. Auch der nur „halbgebildete" oder oberflächlich informierte Museumsbesucher sollte in der Lage sein zu erkennen, daß sich Geschichte nicht aus beliebig vielen fragmentarischen Teilen zusammensetzt wie ein Puzzle; auch der Betrachter mit Hauptschulabschluß sollte historische Ereignisbruchstücke vielmehr als das begreifen können, was sie sind: „Fragmente eines durch die Zeitenweite halb verlöschten und zersprengten großen Mythos, die es zu reinigen, zu verbinden, neu zu gestalten gilt" (Paul Friedländer). Das Historische Museum wurde als fulminante Attacke auf die bisherige Geschichtsschreibung ebenso hart gerügt wie euphorisch gelobt.

Nur in einem historischen Bezugsrahmen lassen sich die Fragmente und partikularen Interessen in kausale Zusammenhänge einbinden; dann allerdings sind sie nicht mehr nur Mythos oder scheinbar voraussetzungslose Marksteine, sondern frühere, ins Heute weiterwirkende Realität. Jeder Versuch zur Veränderung des bisherigen Systems Museum bleibt so lange ergebnislos, wie ein Konzept inhaltlich-didaktischer Innovation die informationstechnische Vermittlung vernachlässigt und sich weiterhin am hergebrachten Muster der isolierenden Präsentation und an den entsprechenden Rezeptionsnormen orientiert. Die museographische Transskription des museologischen Entwurfs wird dazu taugen müssen, Geschichte im Bewußtsein möglichst vieler Besucher als Gegenwart der Vergangenheit erfahrbar zu machen, um involviertes Interesse zu erzeugen.

Zusammen mit versierten Museumspädagogen erfüllen die Vermittlungsfunktion optimal vorzüglich die audiovisuellen Medien. Diese Informationsträger dürfen sich jedoch nicht verselbständigen, sie sollten vielmehr als Erschließungsmedium einen entscheidenden Teil zur Konstitution eines „offenen Museums" beisteuern. Weniger als audiovisuelle Hilfsmittel denn vielmehr als syntaktische Elemente der visuellen Kommunikation könnten die neuen Medien in einem auch als Informationsbörse angelegten Museum zur Förderung affektiver Rezeption beitragen. Unter didaktischen Vorzeichen werden die historischen Exponate nicht mehr nach mechanischen, stilistischen oder genremäßigen Merkmalen ausgestellt (Fayencen, Rüstungen, Heraldik, Tafelbilder, Tabaksdosen), sondern erfrischend unorthodox im Kontext des sozialgeschichtlichen Verlaufs. Geschichte wird nach Epochen und nach Kulminationspunkten präsentiert und nicht im unreflektierten anheimelnden Schwelgen kalendarischer Highlights. Den historischen Objekten zugeordnete Schrifttafeln bieten für die Hebung eines agnostischen Geschichtsverständnisses zusätzliches Orientierungswissen. So erzeugen zwei miteinander konkurrierende Rezeptionsfelder intermediale Spannung und steigern das Interesse. Was sich mit textlichen Erläuterungen oder durch Dokumente nicht vermitteln läßt, wird über Film, Dia- und Videoprojektion oder per Tonband jenen Besuchern audiovisuell veranschaulicht, denen einzelne aus ihrem ursprünglichen Kontext gelöste Artefakte sonst konkrete Auskünfte schuldig blieben. Sie sollen sichtbar machen, was man nicht sieht. Zur Didaktik der Vermittlung gehört auch das Medium „Oral History", das sind auf Band überlieferte mündliche Berichte von Zeitzeugen. Die emotionale Überzeugungskraft der Zeitzeugen sollte durch entsprechende Kontextualisierung beglaubigt werden, denn das individuelle Gedächtnis kann manchmal eine trügerische Quelle sein. Mutmaßungen dürfen nicht die Lücken historischer Quellen füllen.

Für jede der zahlreichen Informationseinheiten liegen illustrierte Informationsblätter zum Mitnehmen bereit, die zusammengedacht ein ausführliches geschichtliches Kompendium ergeben. Neben dem „Sakrileg", daß Texttafeln und Medien manche anderen Objekte des Museums in den Fundus verbannten, erhoben vor allem konservative Kritiker jene Binsenweisheit zum Verdikt, hier korrespondiere Geschichte nicht mit der tradierten Schulbuchweisheit. Kaiser Wilhelms II. Auftrag von 1889 an die Schule, „durch Pflege der Gottesfurcht und der Liebe zum Vaterland die Grundlagen für eine gesunde Auffassung auch der staatlichen und gesellschaftlichen Verhältnisse zu legen", ist aber in einem heutigen historischen Museum passé, das zu seinem Grundsatz erklärt, die repressive Vertrautheit der gegebenen Objektwelt aufzuheben. Eine andächtige Klientel von ehedem wollte sich in ihrer Andacht genausowenig stören lassen wie die bußfertigen Pilger in Oberammergau.

Tatsächlich hat das Frankfurter Historische Museum eine Reihe von Evaluationen tradierter Wertnormen und anthropologischer Konstanten entwickelt, um geschichtliche Schulbuchdaten zu entmystifizieren, um zum Beispiel Siege als das zu objektivieren, was sie meistens auch waren: Katastrophen für alle Betroffenen. Heroisierte Dynastien und „heroische“ Figuren einer prangenden Überlieferung beraubten sie ihrer Gloriole, die eine verklärende herrschaftssichernde Geschichtsschreibung ihnen einmal zugeschanzt hatte. Die Analyse der bürgerlichen Mystifikation wird als Korrektiv in die Beurteilung eines Geschichtsbildes eingeführt. Gefilterte Geschichte, wie auf einigen deshalb zu Recht inkriminierten Schrifttafeln des Historischen Museums, ist Ideologie. Aus dem Subtext allzu akademischer Kodifikationen läßt sich nur wenig sinnvermittelnder Nektar saugen, der eine kritische Reflexion ermöglichte. Schon Descartes forderte von der kritischen Reflexion deshalb, sie habe „clare et distincte“ zu sein.

Ein historisches Museum von heute ist kein Museum, das Kriegschroniken in goldenen Lettern fortschreibt oder ein mächtiges historisches Führungspersonal zu Übermenschen stilisiert. Es informiert vielmehr über die nicht minder heroische Geschichte der jeweils betroffenen Bevölkerung, über die Sozialgeschichte der „Durchschnittsmenschen“, über die Mythen des Alltags. So wie bei Friedrich Schiller die „tragische Handlung größeres Gewicht gegenüber dem tragischen Helden“ verdient, schreibt das moderne Museum dementsprechend die Geschichte der Namenlosen. Das jüdische Mädchen Anne Frank steht für alle Ungenannten, die in deutschen Konzentrationslagern starben, während Hitlers Generäle „Geschichte“ machten. Im Kontrapunkt der Objekte, zwischen Kaiserkrone und Melkschemel, zwischen Ritterrüstung und Gesindekluft, wird ein historisches Museum Geschichte nicht als Schlachthaus präsentieren. Statt einer linearen Heroengeschichte erzählt es die Heldengeschichten des Volkes. Max Webers vor 100 Jahren noch als verwegen geltende Diagnose der Moderne als sich schließlich durchsetzende Entzauberung der Welt der Mythen wurde zur Maxime der Frankfurter Ausstellungspraxis.

Es gehört zu den legitimen und notwendigen Prozessen der Identitätsbildung, daß die Menschen ihre Geschichte intensiv und nachhaltig in ihre gegenwärtigen Lebenszusammenhänge einbeziehen. Sie werden sich dabei auf die unverkürzte, gesamte Geschichte berufen und dann freilich auch spezifische, für die jeweilige Gegenwart wichtige Wertungen vornehmen. Immer noch gültig ist Gustav Heinemanns Feststellung von 1970, wonach Traditionen keineswegs einer konservativen Klientel als Privileg vorbehalten sind: Denn es sei sehr wohl möglich, verschiedene Vorgänge sehr verschieden zu deuten und für sehr unterschiedliche Traditionsauffassungen in Anspruch zu nehmen. Es dürfe dabei aber nicht nur um die Frage gehen: Tradition ja oder nein? Die Alternative bestehe vielmehr darin, an welche Traditionen denn angeknüpft werden soll und in welchem Sinne wir eines historischen Vorgangs gedenken. „Es ist Zeit, daß eine freiheitlich-demokratische Republik unsere Geschichte bis in die Schulbücher hinein anders schreibt.“ Die tradierte Heroisierung deutscher Herrscherfiguren legt nahe, die Analyse dessen, was die kritische Theorie „bürgerliche Mystifikation" nennt, bei der Beurteilung eines Geschichtsbildes als Korrektiv herbeizuziehen. Inklusion nennt die Sozialwissenschaft die Einbindung des Kulturellen ins Soziale. Denn: „In der mondbeglänzten Zaubernacht von ehedem standen außer Ritterburgen auch Bauernheere" (Ernst Bloch). Im Sinne dieser Erkenntnis sind in Frankfurts Historischem Museum die Zeugnisse der Kultur weniger auf Tradierung geeicht als auf deren Prüfung und Erneuerung. Damit wurde in Frankfurt die Beschaulichkeit mancher musealen Plantage suspendiert.

Wegen der dunklen Kapitel unserer Geschichte reagieren wir in der Gegenwart besonders sensibel auf all jene Aspekte, die Themen wie Humanität und Friedensfähigkeit tangieren. Im Museum wird Geschichte inzwischen sogar effizienter als in der Schule in die Identitätsbildung einbezogen. Es gibt schließlich keine ein für allemal festgeschriebene Identität. Es gibt nur den ständigen Prozeß ihrer Bildung, in dem jeder sehr unterschiedliche Erfahrungen der Vergangenheit mit den Herausforderungen und den Widersprüchen der Gegenwart verbindet, um zukunftsfähige, realitätsbezogene Identität zu gewinnen. Den Lebensfaktor Identität nicht mit Pathologie zu verwechseln rät uns der Philosoph des Strukturalismus Claude Lévi-Strauss.

Ein historisches Museum, das nicht auch eine kritische Perspektive der Geschichte und die politische Dimension der Vergangenheit vermitteln hilft, ist anachronistisch; ein unpolitisches historisches Museum wäre ein Selbst-Widerspruch. Geschichtsbetrachtung erhält erst dann ihre politische Dimension, wenn sie eine Zeit auch an ihren unerfüllten Möglichkeiten, unterdrückten Bedürfnissen und Hoffnungen, an den Gegenentwürfen und Alternativen mißt. Nur bei kritischer Reflexion kann Geschichte dazu beitragen, die Strukturen der gegenwärtigen Gesellschaftsformen transparent zu machen, sie nicht als determinierte, sondern als veränderbare wahrzunehmen und unser Wissen um politische und sozialhistorische Prozesse plausibel zu erklären, damit es in politisches und soziales Handeln umgesetzt werden kann. Voraussetzung dafür ist eine Museumsdidaktik, die Gadamers philosophisches Prinzip „Verstehen" in „Interesse" umzusetzen versteht. Wann immer es gelingt, magische historische Augenblicke sinnlich anschaulich zu machen, klärt das Museum damit auch darüber auf, mit welchen Mitteln diese einst herbeigeführt wurden. Aufklärung als eine höchst sinnliche Sache zu vermitteln ist jedenfalls erfolgversprechender als ihre Enteignung durch Entsinnlichung. Das Historische Museum Frankfurt sollte es als seine vorzügliche Aufgabe betrachten, so etwas wie Sehnsucht nach lebendiger Geschichtserfahrung zu erzeugen.

Hat eine solche Programmatik noch Bedeutung, wo doch niemand mehr der Geschichte die große Erzählung eines Telos wie Fortschritt oder allgemeine Wohl-

Das Mainufer am Fahrtor im Jahre 1757. Gemälde von Friedrich Wilhelm Hirt im Historischen Museum

fahrt zuweist, geschweige denn das Ziel der nationalen Größe? Der Geschichte wird vielmehr unterstellt, sich in beliebigen Wiederholungen alter Kreisläufe zu erschöpfen. Aber wer Geschichtserfahrung auch als Aufforderung zum Handeln begreift, ja, wer überhaupt als handelndes Subjekt im Strom der Zeiten sich bewähren und seine Persönlichkeit behaupten möchte, der muß Rechenschaft ablegen können über die Ziele seines Handelns. Angesichts der wachsenden Unterschiede zwischen Arm und Reich aufgrund der durch Gier und Willkür in den Finanzmärkten wachsenden Not sind die Fragen nach Gerechtigkeit und Solidarität, die ein historisches Museum stellt, legitimiert. Und wenn die Akteure, die mitverantwortlich sind für das Chaos, zu hochgelobten Professoren werden und ihnen damit gestattet wird, die Jugend auszubilden in der Untugend der Raffgier, dann ist es um so mehr erlaubt, in den Museen und der Kunst nach dem Schicksal der humanen Werte im Verlauf der keineswegs an ihr Ende gelangten Geschichte zu fragen. Und wenn es heute etwas zusätzlich zu berücksichtigen gilt, dann die Erfahrung: daß unsere Geschichte, gerade auch die wechselvolle von Frankfurt, untrennbar mit derjenigen des großen Rests unseres Globus verbunden ist und über Themen wie Migration und weltwirtschaftliche Verflechtung mit dieser in Beziehung gesetzt werden muß. Deutschland, ja Europa sind nicht mehr der

Nabel der Welt, auch das sollte in einem Frankfurter Historischen Museum erkennbar werden.

Tief in der lokalen Identität verwurzelt, ist das Frankfurter Historische Museum auf historischem Mutterboden schon von seiner eigenen Historizität durchdrungen: der von Konrad III. erbaute Saalhof, die ehemalige staufische Reichsburg, die Mitte des 12. Jahrhunderts als Ersatz für die karolingische Kaiserpfalz errichtet wurde; das Fahrtor (14. Jahrhundert); der Rententurm (1456), der im 15. Jahrhundert als Zollstation für hier ankernde Schiffe diente; der Bernusbau (1717) und der Burnitzbau (1842) – sie alle wurden dem Neubau von 1972 inkorporiert. Der Architekt hatte die topographischen Gegebenheiten jedenfalls zu respektieren gewußt. Diese über die Jahrhunderte arg verschliffene Substanz war 1955 als Einheit zusammengefügt worden; was zum Mythos unserer Frankfurter Kulturgeschichte gehört, soll jetzt für 20 Millionen Euro unter der architektonischen Supervision von Norbert Diezinger möglichst originalgetreu wiederhergestellt werden.

Der klobige Sichtbetonklotz von 1972 wird abgerissen. Das Architekturbüro Lederer + Ragnarsdóttir + Oei wird ab 2010 den Neubau mit 7142 Quadratmetern Nutzfläche stemmen, wieder unter Einbeziehung der einzigartigen historischen Substanz.

Das Institut für Stadtgeschichte

In der Nähe des Historischen Museums informiert im geschichtsträchtigen Karmeliterkloster das Institut für Stadtgeschichte über Frankfurts nicht immer nur glorreiche Vergangenheit und deren kurvenreichen Verlauf. Zwischen Münzgasse und Alter Mainzer Gasse befindet sich die Klosteranlage der Bettelmönche aus den Jahren 1270 bis 1500, die nach der Säkularisierung im Jahre 1803 profaniert wurde. Dieser heimgesuchte Ort hat nacheinander als Kaserne, Zollstelle, Kulissenlager und in der Franzosenzeit als Lazarett gedient. Seit 1959 domiziliert hier das 1436 gegründete Stadtarchiv, das heutige Institut für Stadtgeschichte mit seinem Universum aus schriftlichem Gedächtnisinventar und bildlichen Traditionsbeständen seit Karl III., genannt „der Dicke“. Zu den historisch bedeutendsten Urkunden zählen das Messeprivileg Kaiser Friedrichs II. vom Juli 1240 sowie die Messeerlaubnis durch Kaiser Ludwig den Bayern im Jahr 1329. Berühmtester Schatz ist die Frankfurter Ausgabe der Goldenen Bulle Kaiser Karls IV. von 1356, der im Jahre 2006 eine vielbeachtete Ausstellung vom Institut für Stadtgeschichte und Historischem Museum gewidmet war. Auch Napoleons Unterschrift auf dem Staatsvertrag über die Gründung des „Großherzogtums Frankfurt“ von 1810 gilt vielen als bestaunenswerte sentimentale Trouvaille. Aber wie sooft ruft auch hier der damit verbundene, eher substanzlose Mythos kein Raunen mehr hervor.

Das Institut für Stadtgeschichte ist im Karmeliterkloster untergebracht, der einzig erhaltenen mittelalterlichen Klosteranlage in Frankfurt am Main

Seit mit jenem fahrlässigen Fortschritts-Bauen im Frühjahr 2009 die Archiv-Katastrophe von Köln ausgelöst wurde, die das unersetzliche dokumentarische Erbe dieser Stadt weitgehend vernichtet hat, sind die Archiv-Schätze der kulturellen Erinnerung Frankfurts noch wichtiger geworden.

In den ehrwürdigen Mauern dieses hier höchst lebendig gehaltenen Gedächtnisses der Stadt werden jene Historiker der Stadtbiographie fündig, die Erinnerung nicht im Sande verlaufen sehen möchten. Das historische Bewußtsein als Quelle lebendiger Identifikation zu aktivieren und in die schlaffen Segel der angeblich guten alten Zeit den frischen Wind der Aktualisierung zu blasen ist Evelyn Brockhoffs entsprechende Maxime, um aus der Spirale der Geschichte auszubrechen und historische Ressourcen ans Licht der Erkenntnis zu heben. Die Last, die historische Wahrheit aus dem Wust des Materials und der Flut aggregierter Daten herauszufiltern, hat sie engagiert auf sich genommen. Sie bezieht dabei ihr Team in die anthropologische Dimension und die Komponenten der Geschichtswissenschaft strategisch mit ein. Sie weiß, wie sehr Geschichtsschreibung von dem Gegenstand affiziert ist, den sie jeweils hervorbringt, und daß unsere reiche Frankfurter Kulturgeschichte als Produkt vielfältiger Strömungen und Gegenströmungen sollte wahrgenommen werden können.

Seit das Institut sehr viel mehr ist als eine archivalische Bewahranstalt, haben sich auch dessen Mitarbeiter mit ihrer meist lückenlosen Kenntnis des Materials von der Karikatur eines „Archivars der Studierstube mit Ärmelschoner" weit entfernt. Historiker ohne Histörchen, nehmen sie Gottfried Benns Empfehlung ernst: „Rechne mit deinen Beständen", also mit der Summe aller überlieferten Zeugnisse, wie sie in dieser Fülle nur wenigen Stadtarchiven zur Verfügung stehen. Wie Goethe begreifen sie „das Sammeln als ewige Quelle echter Erkenntnis". Statt einen zur Belehrung geschrumpften Geschichtsfahrplan vermittelt das Frankfurter Institut eine mit geeignetem methodischen Besteck verlebendigte Stadtgeschichte: Weil Erinnerungskultur meist ambivalent ist und weil individuelle Deutungsmuster dabei keine geringe Rolle spielen, werden hier die Ereignisse im Fokus der Originaldokumente aus nächster Nähe beleuchtet – in Vorträgen, Symposien, Ausstellungen, Publikationen und in Kooperation mit anderen Instituten sowie über den jeweils ganz persönlichen „Approach". Die Zeiten der klösterlichen Ruhe sind dahin. Weil die Brisanz der Aktualitäten morgen schon Geschichte ist, werden die Marksteine der Gegenwart bereits heute für die Geschichtsschreibung gesammelt.

Seit 2006 wird das Institut für 10 Millionen Euro umgerüstet, um seiner Aufgabe gerecht zu werden: Statt als Mausoleum verstaubter Akten dient es uns heute noch effizienter als Geisteswerkstatt. Die eingeborenen und besonders auch die eingeplackten Frankfurter sollen an den einzigartigen Quellen der Geschichte und Geistesgeschichte unserer ehemaligen freien Reichsstadt bis zur Entwicklung zur modernen Hochhausmetropole mit Hilfe verläßlicher Orientierungsmarken vertraut gemacht und so auf den authentischen Umgang mit Geschichte eingestimmt werden. Durch intimere Kenntnis sollen sie sich mit Frankfurts Vergangenheit leichter identifizieren können und die Stadt als ihren kulturellen Lebensmittelpunkt begreifen.

Musealisierte Weltkulturen

Dem Magischen immer dicht auf der Spur, lesen sich in den Reisebüchern des Venezianers Marco Polo die frühesten Erkundungen der Terra incognita als spannende Geschichte. Mit exotischem Ambiente würzt die Reiseliteratur bis heute die Assoziationslust ihres Lesers. Aber sind in einer Welt in Gärung erregende Botschaften aus dem Zeithorizont des 14. Jahrhunderts oder von fernen Breitengraden immer auch wahr und alle noch wichtig? Schon das frühere Völkerkundemuseum hat sich von den Artefakten der Weltkultur nicht mehr vorbehaltlos verzaubern lassen. Wenn nach Frobenius die Wissenschaft von den „Eingeborenenkulturen" sich zum Ziel setzt, über die Geschichte von schriftlosen Völkern (oder im heutigen Sprachgebrauch: über die Länder des Südens) aufzuklären, so ist es heute Aufgabe des Museums, mit der sinnlichen Anschauungsqualität seiner Objekte und dem wissenschaftlichen Handwerkszeug der Ethnologie zukunftsweisende Interpretationen und Orientierungen der Entwicklungen und Verhältnisse außerhalb der europäisch-atlantischen Welt zu liefern, mit denen unsere Beziehung zu den Anderen so gestaltet werden kann, daß konfliktarmes Zusammenleben und gemeinsame Verantwortung keine Fremdworte bleiben. Zum Beispiel wird es den Strukturwandel sogenannter primitiver Kulturen durch Kolonisierung und schließlich ihre Unterwerfung unter die Bedingungen einer von den westlichen Kapitalmetropolen dominierten integrierten Weltwirtschaft darstellen, wie Darcy Ribeiro den „zivilisatorischen Prozeß“ beschreibt. Museen haben auch die Aufgabe der Orientierung im Heute übernommen. Schädelstätten wurden ja nicht nur in vergangenen Kolonialzeiten errichtet; und die Genozide der Gegenwart im Kongo oder Sudan geschehen keineswegs ohne unsere Beteiligung: Wenn die Jagd nach dem für unsere Handys unentbehrlichen strategischen Rohstoff Coltan, nach dem Verderben produzierenden Uran, nach klimazerstörenden Ölreserven, nach blutbefleckten Diamanten den Konkurrenzkampf von Warlords anfeuert, dann kommen viele arme Unbeteiligte buchstäblich unter die Räder oder unter die Hufe.

Unter den Zwängen, den neuen Mythen sich anzupassen, die sich in Form der westlichen Zivilisation als erstrebenswerte Zukunftsperspektive suggerieren, werden endlos neue Bedürfnisse produziert. Die sie bedienenden Industrien kapitalisieren ihre Investitionen in einer lautlosen Okkupation der auf Erfüllung ihrer neuen Bedürfnisse drängenden Angehörigen vorindustrieller Gesellschaften – bis zu deren Auspowerung. Was diesem Konsumtrend nicht entspricht, wird negativ als „Mangel an Entwicklung“ denunziert. Um so mehr gilt es, diesen „Mangel an Entwicklung“ nicht nur als ökonomisches, sondern als ein kulturelles Phänomen zu analysieren. Aber was grausamer ist: Durch die oktroyierten Fetische der modernen Zivilisation werden die Volks- und Stammeskulturen ihren einigermaßen nachhaltigen Lebensstilen, ihren kulturellen Werten des „guten und richtigen Lebens“ und ihren Vorstellungen vom „Genug“ und sozialkultureller Lebensqualität entfremdet werden. Mit ihrer Fähigkeit zur Selbstbegrenzung verlieren sie ihre Zukunftsfähigkeit und werden hineingezwängt in ein unendliches, ergebnisoffenes Wachstum.

Ein die Vielfalt der Weltkulturen in all ihren Differenzen vermittelndes Museum wird gewissenhaft dem jeweils aktuellen wissenschaftlichen Forschungsstand in seinen Ausstellungen Geltung verschaffen, wenn es sich zur Aufgabe macht, resistente akademische Vorurteile abzubauen: zum Beispiel jene landläufig gewordene Gleichsetzung solch höchst problematischer Begriffe wie „Rassenmischung“ mit Rassentoleranz oder Ethnie mit Klasse. Oft kommen die Vorurteile gegen ethnische Minderheiten überhaupt erst zustande, indem diese kompromißlos auf ihrer Eigenart beharren: Der bereits zitierte brasilianische Anthropologe und Politiker Darcy

Ribeiro kommt in seinem Buch *Unterentwicklung* am Beispiel der indianischen Kultur zu dem Ergebnis, daß die extreme soziale Unterdrückung der sich allen Assimilierungsversuchen widersetzenden Stämme nicht nur Ursache, sondern auch Folge ihres Beharrens auf ihrer ethnischen Identität ist. Kultur ist dabei nicht immer nur als Identität zu betrachten, sondern auch als Differenz. Jenes marxistische Credo, wonach der Klassenkampf der Motor aller Bewegung ist, hilft zur Erklärung der sozialen Problematik hier deshalb nicht weiter, weil die jahrtausendealten ethnischen Strukturen sich jeder Kategorisierung in ein Klassenraster entziehen.

Heute ist es selbstverständlich, daß ein Kulturgeschichtsmuseum die sozialen, ökonomischen und kulturellen Bedingungen der Existenz von Völkern, Ethnien, Religionen und Kulturen durch die ausgestellten ethnographischen Artefakte und Objekte sowie durch erklärende Texte, Bilder und Filme zu erhellen sucht. Nicht die Objekte und ihr exotisches Ambiente stehen im Mittelpunkt einer Ausstellung, sondern die Angehörigen der jeweiligen Völker. Probleme wie Apartheid und Rassismus müssen mit transkulturell vergleichendem Blick auch anhand der täglichen Schreckensbilder auf den Fernsehmonitoren als politische Herausforderung des Staates Bundesrepublik gerade im Museum immer wieder neu thematisiert werden.

Eine Ausstellung im Museum der Weltkulturen steht daher unter einem ganz anderen Erwartungsdruck als beispielsweise in einem klassischen Kunstmuseum. Solange die Qualität des Einzelstücks über den Erwerb für eine öffentliche Sammlung entschied, orientierte sich eine Ausstellung an Kriterien der Exklusivität. Es wurden oft nur die originellsten Bilder, Skulpturen oder Geräte gezeigt, die unserer Ästhetik des vollendeten Kunstwerks entsprechen. Natürlich verlangen die ausgesuchten Objekte auch eine ihrer Einmaligkeit und Bedeutung angemessene Präsentation.

Klammert man einzelne Sammlungsbestände wie die funkelnde Vielfalt der kostbaren Schätze der Azteken einmal aus, so werden die Exponate der nichteuropäischen Völker unter dem Gesichtspunkt zur Geltung gebracht, möglichst umfassend über die „fremde" Kultur berichten zu können – aber keinesfalls allein im Sinne der Hochkultur prunkender Fürstenhöfe und kunstbeflissener Herrscherhäuser, wie dies nicht nur kolonialer Hochmut, sondern gelegentlich auch die Sinologie und die Indologie suggerieren. Alle Lebensbereiche werden zur Anschauung und zur Sprache kommen müssen, also neben den sekundären Äußerungen der Kunst (Malerei, Keramik, Textilien, Musikinstrumente) vor allem die primären Voraussetzungen dieser Kunst ebenso wie die Geräte für den Ackerbau, Gebrauchsgeschirr, Kleidung, technische Hilfsmittel. Nicht minder relevant ist der Einfluß der Gesetze und Verwaltungsnormen, die vor und während der Kolonialzeit und noch danach das Leben regelten oder vielerorts anachronistisch immer noch regeln.

Krankheitsmaske, Bali, Indonesien

Die früher so genannte Völkerkunde ist, wenn es um die Interpretation der Lebensverhältnisse fremder Kulturen geht, in einer schwierigen Lage. Sie sollte in einem Museum nicht nur die Sonntagsseiten einer Kultur zeigen, also grandiose Architekturleistungen, kühne Ingenieurschöpfungen oder bemerkenswerte Produkte bildender Kunst, Musik und Dichtung. Statt lediglich auf den kulturellen Überbau einzugehen, sollte das Museum in Gesellschaften mit ausgeprägten Hierarchien und Unterwerfungsverhältnissen wie den Azteken oder dem alten Ägypten auch den Alltag, den Millionen Menschen über viele hundert Jahre durchlitten haben, mit all seinen tristen und unerfreulichen Seiten zeigen sowie die im kollektiven Gedächtnis gespeicherten Ängste. Der Besucher soll mit Fakten der erlebten und heute noch erlittenen Realität authentisch informiert und spannungsvoll konfrontiert werden.

Aber deswegen braucht ein Museum dieser Art nicht nur Elendsmalerei zu betreiben. Um vor eigener, europäisch-ethnozentrischer Überheblichkeit zu warnen, muß es auch zeigen, daß die Menschen in vormodernen Gesellschaften, insbesondere auch den „Stammesgesellschaften“, ihre eigene Würde, ihre eigenen Glückschancen hatten und daß ihr Leben in Einklang mit ihren Ressourcen eine Fähigkeit des Überdauerns besaß, die unserer zeitgenössischen Welt leider abgeht.

Moderne Ethnologie beschränkt sich nicht mehr nur auf vergangene Kulturen. Da die meisten Besucher über das Thema einer Ausstellung und über die Signifikanz der Objekte oft nur oberflächlich vorinformiert sind, erhoffen sie sich im Museum umfassende Unterrichtung und gründliche Erkenntnisse, auch wenn diese ernüchtern. Der Bildungsauftrag darf aber nicht um den Preis der Entsinnlichung der Objekte erledigt werden. Belege aus der Kultur des Alltags oder exotische Accessoires, die der ästhetischen Brillanz entraten, gehören als integrale, exemplarische Objekte eines holistischen Gesamtbildes in den Kontext jeweiliger National-Kulturgeschichte. Eine Kür der Absurditäten und Kuriositäten findet hier nicht statt.

Die einzelnen Exponate werden nicht isoliert gezeigt, sondern im Kontext mit allen anderen Informationen, die erst zusammen ein ethnologisches, kultur- und sozialgeschichtliches Panorama zeichnen, das dem Betrachter möglichst auch neue Aspekte seiner eigenen Existenz bewußt macht. Museen haben nur dann einen Sinn, wenn sie mit ihren Informationen über eine vergangene Epoche oder eine fremde Kultur auch etwas aussagen können über Kontraste, über Differenzen wie auch über gewisse Analogien zu unserer Gegenwart und Zukunft. Da das große Potential der Sammlung des Frankfurter Museums der Weltkulturen mit annähernd siebzigtausend Objekten bei weitem den Umfang dessen übersteigt, was sich zeigen läßt, ist ein großdimensionierter Neubau dringend vonnöten.

Solange das „offene Museum“ nicht tägliche Praxis möglichst vieler wird, bleibt das Museum, was es mit den Worten der Identitätsphilosophie Schellings bisher meistens nur war: „die Indifferenz davon“. Wir hoffen auf eine neue Museumsleitung mit der Kompetenz, an konkreten Beispielen aus dem großen Fundus an originalen Belegen zu analysieren, was Hegel einmal polemisch den „Weltzustand“ nannte, der heute das moralische Defizit der Globalisierung bezeichnet.

Erst recht ein Museum der Weltkulturen in einer Stadt mit über dreißig Prozent Einwohnern nichtdeutscher Herkunft sollte den Rat jenes großen Historikers Leopold von Ranke (1795–1886) beherzigen, der an „die Geschichte als Erzählung“ zu denken empfahl. Ranke wollte zeigen, „wie es eigentlich gewesen ist“, das heißt aber auch, aus dem Kulturvergleich für die Zukunft zu lernen und daraus realitätstüchtige Schlüsse zu ziehen.

Bundeskanzler Helmut Kohl bei der Eröffnung des Jüdischen Museums 1988, im Vordergrund Museumsdirektor Georg Heuberger

Das Jüdische Museum

Das Jüdische Museum verdankt sich einer Initiative der drei 1980 im Stadtparlament vertretenen Fraktionen. Ein interfraktioneller Antrag vom 13. Februar beauftragte den Magistrat, entsprechend zu handeln. Das Kulturdezernat schlug mit Antrag M 88 vom 9. März 1984 das historische Rothschildpalais am Untermainkai als adäquates Domizil vor. Das Rothschildpalais war 1821 vom Architekten Johann Friedrich Christian Hess im klassizistischen Baustil errichtet worden. Der Darmstädter Architekt Ante Josip von Kostelac hat das schnörkellose Palais dem neuen Zweck entsprechend umgebaut. Wegen seiner Bedeutung über Frankfurt hinaus wurde das Jüdische Museum 1988 von Bundeskanzler Helmut Kohl eröffnet. Schon lange vorher, seit 1922 hat ein jüdisches Museum in Frankfurt über die Geschichte der Frankfurter Juden informiert, bis es 1938 von den Nazis überfallartig über Nacht geschlossen wurde.

Für die Leitung des Museums hatte ich den Lehrstuhlinhaber für Judaistik an der Universität Duisburg, Julius Schoeps vorgeschlagen. Als der Vorsitzende der

Jüdischen Gemeinde meinen Kandidaten ablehnte, weil der mit einer Nichtjüdin verheiratet war, haben wir 1985 Georg Heuberger vom Judaistischen Seminar der Universität Heidelberg noch rechtzeitig genug verpflichten können, um beim Architekten die notwendigen museologischen Vorgaben durchzusetzen. Julius Schoeps wurde wenig später zum Direktor des Jüdischen Museums in Wien berufen.

Über viele Jahre war das Frankfurter Jüdische Museum das einzige seiner Art in Deutschland. Die mit Heuberger das Konzept erarbeitet hatte, die Kustodin Cilly Kugelmann, ist heute Leiterin des von Daniel Libeskind errichteten Jüdischen Museums Berlin. Ein weiteres Jüdisches Museum hat inzwischen auch die Stadt München errichtet, das vornehmlich die dunklen Jahre des Faschismus aufzuhellen unternimmt.

Mit Ignatz Bubis waren wir uns einig, daß unser Jüdisches Museum keine Holocaust-Gedenkstätte sein dürfe, wo pflichtschuldigst an Gedenktagen Kränze deponiert werden: „Die jüdische Kultur ist nicht der Holocaust" (Raphael Gross). Auch Bundespräsident Horst Köhler warnt vor einer Musealisierung der Shoah. Die Erinnerung an die Shoah bleibt gleichwohl ein essentieller Bestandteil der jüdischen Identität. Am Beispiel der Geschichte der Juden in Frankfurt seit dem 11. Jahrhundert soll versucht werden, besonders über die wechselvolle jüdische Geschichte in Deutschland zu informieren. Erst im Rückblick kann es gelingen, Verständnis und Einsichten zu vermitteln, die anhand der Dokumente und all dessen, was unter dem Stichwort „Oral History" zum Begriff authentischer Zeugenschaft geworden ist, zur Aufklärung über das Schicksal eines geschundenen Volkes beitragen. Viele Frankfurter Bürger haben mit liturgischen Symbolen und anderen Kultobjekten und mit Kunstwerken die auch sinnliche Wahrnehmung museographischer Präsentation bereichert, etwa mit der reich illustrierten Pessach-Haggada aus dem frühen 18. Jahrhundert. Sie erzählt spannungsvoll vom Auszug der Kinder Israels aus Ägypten. Weil historische Bildung ein Baustein für die Humanität der Gesellschaft ist, wird vom neuen Direktor Raphael Gross dieses Wissen dementsprechend zielgerichtet vermittelt.

Raphael Gross leitet seit 2006 das Jüdische Museum Frankfurt und gleichzeitig das Fritz Bauer Institut der Universität. Da die Dauerausstellung sich nach 25 Jahren als ziemlich betagt präsentiert, will er sie „dringend neu machen", am sinnvollsten erweitert in einen raumtiefen Anbau hinein.

Das Museum Judengasse

Schon 1360 etablierte sich in Frankfurt die sogenannte dritte jüdische Gemeinde. In der ersten Hälfte des 15. Jahrhunderts fordern dann Kaiser und Papst die Isolierung der Juden von der übrigen Bevölkerung, weil sie befürchten, deren Wohnstätten unmittelbar am Dom könnten den christlichen Gottesdienst stören. Deshalb errichtete der von Kaiser Friedrich III. mit dem Schutz der Juden beauftragte Frankfurter Rat 1462 vor der alten Staufermauer im Osten der Stadt ein durch drei Tore hermetisch verriegeltes Judenquartier. Mit der Errichtung dieses Ghettos sollte das Verhältnis zu den Juden in einer stets zu erneuernden sogenannten „Stättigkeit" geregelt werden.

Trotz immer neu ausgeklügelter Diskriminierungen – wie das Gebot des ständigen Tragens von gelben Ringen, die Zahlung hoher Abgaben oder das Verbot, das Ghetto nachts oder an Sonn- und Feiertagen zu verlassen – entwickelte sich in dem abschätzig „Neu-Ägypten" genannten Ghetto ein intensives und blühendes Gemeindeleben. Davon zeugten die aus eigenem Vermögen erbaute Synagoge, das Bad, das Tanzhaus oder die Hospitalgebäude. Die Frankfurter jüdische Gemeinde wurde allmählich eine „Stadt von Weisen und Schriftgelehrten", die in Streitfällen etwa über Auslagerung und Anwendung der Thora um Entscheidung gebeten wurden. Die Frankfurter „Muttergemeinde in Israel" entwickelte sich schließlich zu einem geistigen Zentrum des westeuropäischen Judentums. Der Frankfurter Oberrabbiner Schabtei Horovitz lobte Anfang des 17. Jahrhunderts die erblühte „heilige Gemeinde" Frankfurt als „eine große Stadt Gottes in ganz Deutschland, eine Anhöhe, zu der alle sich wenden (...) gelehrte Männer ergründen hier die Tiefen der Forschung". Die unvorstellbar primitiven Wohnverhältnisse im Ghetto und in der Judengasse hatten einen zutiefst inhumanen Charakter: „Dulden ist das Erbteil unseres Stammes", sagt Shylock in Shakespeares *Kaufmann von Venedig.* Das auf diese literarische Formel verkürzte Schicksal der Juden verheißt keinen Trost. Boten die wenigen Häuser entlang der Stadtmauer für die zunächst 110 Bewohner noch genügend Raum, so war die nur 330 Meter lange Gasse schließlich so dicht bebaut und besiedelt, daß die bald auf 3500 Juden angewachsene Gemeinde dort kaum noch Luft zum Atmen hatte, kaum Licht und Sonne, um gesund zu bleiben und froh zu werden.

Auch der Wiederaufbau nach der alles vernichtenden Feuersbrunst von 1711 brachte am Ende keine wesentlichen Erleichterungen. „Düster, überdies feucht und unflätig", befand lapidar eine amtliche Stadtbeschreibung von 1747 über die Judengasse. Und die Frankfurter Dichter Johann Wolfgang Goethe und Ludwig Börne, der 1786 als Löb Baruch in der Judengasse Nr. 118 geboren wurde, zeichneten die Quartiere in den düstersten Farben.

Diese längst verdrängt geglaubte Leidensgeschichte der Frankfurter Juden wurde 1987 sozusagen über Nacht wieder gegenwärtig, als bei Erdarbeiten für den Stadtwerke-Neubau neben dem alten jüdischen Friedhof Mauerreste des Ghettos aus dem 15. Jahrhundert und zwei gut erhaltene Mikwes, rituelle jüdische Taufbäder, aus dem Jahr 1460 entdeckt wurden.

Gedenkstätte Neuer Börneplatz (1996) an der Außenmauer des alten jüdischen Friedhofs

Die spektakulären Funde sorgten für bundesweites Aufsehen. Eine Bürgerinitiative aus Künstlern, Schriftstellern und Professoren, gepaart mit Aktionen der Grünen und Teilen der SPD, wollten das Grundstück lieber unbebaut lassen, mit dem Himmel als Dach über der „offenen Wunde". Ich hatte versucht, den Strom der Empörung auf meine Mühlen des Widerspruchs zu lenken, nachdem die sich bald zu einer Großaktion formierende Protestwelle beim Oberbürgermeister Wolfram Brück auf taube Ohren gestoßen war. Eine erboste Öffentlichkeit verlangte jetzt vom Kulturdezernenten zivilen Ungehorsam: Ich sollte im Magistrat den Totalstopp der Bauarbeiten durchsetzen oder gefälligst zurücktreten. Aber hier war die „Schwerkraft der Realität" stärker als der gute Wille: Ein Baustopp war weder von der Beschlußlage noch von den gültigen Bauverträgen her rechtlich möglich. Um so mehr galt es, die stummen Zeugen der Vergangenheit uneingeschränkt anschaulich zu präsentieren, als eine dem Genius loci angemessene Erinnerungsstätte.

In Verhandlungen mit dem OB und unterstützt von der Jüdischen Gemeinde, konnten durch eilige Umplanungen des Stadtwerke-Baus größere Teile des noch unbebauten Geländes für eine Dependance des Jüdischen Museums freigehalten werden. Im Sinne der einzigartigen Aufgabe, Geschichte am Ursprungsort mit dort gefundenen Originalen zu veranschaulichen, war das dafür reservierte Areal aber unangemessen knapp disponiert und einer seriösen Erinnerungsarbeit unwürdig. In einer erzwungenen Sondersitzung habe ich unter emotionalem Hochdruck angedroht, meine Loyalitätspflicht als Magistratsmitglied aufzukündigen. Immerhin konnte ich damit erreichen, daß zusätzlich ein Drittel an Fläche für die Präsentation der musealen Substanz reserviert wurde.

Die sinnliche und intellektuelle Erfahrbarkeit originaler Überreste des größten spätmittelalterlichen und neuzeitlichen Judenviertels nördlich der Alpen und dessen Nähe zum zweitältesten unzerstörten jüdischen Friedhof im deutschsprachigen Europa machen das Museum Judengasse zu einem einzigartig authentischen Ort der Erinnerung für die Frankfurter und für die Besucher aus aller Welt. Heute ist diese von dem Architekten Ernst Gisel erbaute Dependance des Jüdischen Museums weit mehr als nur ein moralischer Subtext zum Großprojekt Museumsufer, sondern darüber hinaus ein sinnlich-emotionaler Haupttext.

70 Frankfurter Museen tabellarisch

Wer allein das Museumsufer im Auge hat, übersieht dabei leicht die große Zahl und Vielfalt von Institutionen der Erinnerungskultur in unserer „Stadt der Kritischen Theorie". Vom Albert-Schweitzer-Archiv bis zum Uhren- und Schmuckmuseum in der Hostatostraße gibt es zu vielen Themenfeldern und Sammlervorlieben siebzig Museen und Ausstellungsräume, die zum großen Teil ohne Subventionen der öffentlichen Hand und unter ehrenamtlicher Leitung dazu beitragen, unsere Stadt und die Interessensunterschiede unserer Bevölkerung besser kennen- und verstehen zu lernen. Das gilt besonders für die neun Heimatmuseen, die zur stärkeren geistigen und emotionalen Identifizierung der Bewohner mit ihrem jeweiligen Stadtteil wesentlich beitragen.

Albert-Schweitzer-Archiv mit Museum, Wolfgangstraße 109, 60322 Frankfurt

Archäologisches Museum, Karmelitergasse 1, 60311 Frankfurt

Bibelhaus Erlebnismuseum, Metzlerstraße 19, 60594 Frankfurt

Caricatura – Museum für Komische Kunst, Weckmarkt 17, 60311 Frankfurt

Chaplin-Archiv Wilhelm Staudinger, Klarastraße 5, 60433 Frankfurt

Deutsches Architekturmuseum, Schaumainkai 43, 60596 Frankfurt

Deutsches Filminstitut, Schaumainkai 41, 60596 Frankfurt

Deutsches Filmmuseum, Schaumainkai 41, 60596 Frankfurt

Deutsches Werbemuseum, Textorstraße 95, 60594 Frankfurt

Dialogmuseum, Hanauer Landstraße 145, 60314 Frankfurt

Dommuseum und Sakristeum, Domplatz 14, 60311 Frankfurt

Erotikmuseum, Uhlandstraße 21, 60314 Frankfurt

Eintracht Frankfurt Museum, Commerzbank Arena, Mörfelder Landstraße 362, 60528 Frankfurt

Firmenmuseum der Hoechst AG, Höchster Schloßplatz 16, 65929 Frankfurt

Feuerwehrmuseum, Am Burghof 55, 60437 Frankfurt

Feldbahnmuseum, Am Römerhof 15A, 60486 Frankfurt

Fotografie Forum, Braubachstraße 30–32, 60311 Frankfurt

Frankfurter Brauerei-Museum, Hainer Weg 60–64, 60599 Frankfurt

Frankfurter Kunstverein, Steinernes Haus Römerberg, Markt 44, 60311 Frankfurt

Frankfurter Paulskirche, Paulsplatz 11, 60311 Frankfurt

Friedrich-Stoltze-Museum, Töngesgasse 34–36, 60311 Frankfurt

Frobenius-Institut, Liebigstraße 41, 60323 Frankfurt

Goethe-Museum und Goethe-Haus, Großer Hirschgraben 23–25, 60311 Frankfurt

Geldmuseum der Bundesbank, Wilhelm-Epstein-Straße 14, 60431 Frankfurt

Hammermuseum, Münchener Straße 36, 60329 Frankfurt

Heimatmuseum Bergen-Enkheim, Marktstraße, 60388 Frankfurt

Heimatmuseum Bonames, Harheimer Weg 18–22, 60437 Frankfurt

Heimatmuseum Fechenheim, Am Burglehen 7, 60386 Frankfurt

Heimatmuseum Nied, Beunestraße 9a, 65 934 Frankfurt

Heimatmuseum Niederrad, Schwanheimer Straße 17, 60528 Frankfurt

Heimatmuseum Oberrad, Wiener Straße 120–122, 60599 Frankfurt

Heimatmuseum Schwanheim, Alt Schwanheim 6, 60529 Frankfurt

Heimatmuseum Unterliederbach, Liederbacherstraße 111, 65 929 Frankfurt

Heimatmuseum Zeilsheim, Pfaffenwiese 2, 65 931 Frankfurt

Heinrich-Hoffmann-Museum, Schubertstraße 20, 60325 Frankfurt

Historisches Museum, Saalgasse 19, 60311 Frankfurt

Höchster Porzellan-Museum, Bolongarostraße 152, 65 929 Frankfurt

Paul-Hindemith-Museum, Große Rittergasse 118, 60594 Frankfurt

Ikonen-Museum, Brückenstraße 3–7, 60596 Frankfurt

Institut für Stadtgeschichte, Karmeliterkloster, Münzgasse 9, 60311 Frankfurt

Jüdisches Museum, Untermainkai 14–15, 60311 Frankfurt

Jugendbegegnungsstätte, Hansaallee 150, 60320 Frankfurt

Kindermuseum, An der Hauptwache 15, 60313 Frankfurt

Kriminalmuseum, Adickesallee 70, 60322 Frankfurt

Kronberger Haus, Bolongarostraße 152, 65 929 Frankfurt

Kunsthalle Portikus, Alte Brücke 2, 60594 Frankfurt

Kunsthalle Schirn, Römerberg, 60311 Frankfurt

Liebieghaus, Schaumainkai 71, 60596 Frankfurt

Literaturhaus, Schöne Aussicht 2, 60311 Frankfurt

Luftfahrthistorische Sammlung der Fraport AG, Flughafen, 60547 Frankfurt

Manskopfsche Sammlung, Universitätsbibliothek, Bockenheimer Landstraße 20, 60323 Frankfurt

Museum für Angewandte Kunst, Schaumainkai 17, 60596 Frankfurt

Museum Giersch, Schaumainkai 83, 60596 Frankfurt

Museum Judengasse, Kurt-Schumacher-Straße 10, 60311 Frankfurt

Museum für Höchster Geschichte, Höchster Schloßplatz 16, 65 929 Frankfurt

Museum für Kommunikation, Schaumainkai 53, 60596 Frankfurt

Museum für Kunst in Steatit, Hynspergstraße 4, 60322 Frankfurt

Museum für Moderne Kunst, Domstraße 10, 60311 Frankfurt

Museum für Tafelkultur, Windmühlstraße 3, 60329 Frankfurt

Museum der Weltkulturen, Schaumainkai 29–37, 60596 Frankfurt

Naturmuseum Senckenberg, Senckenberganlage 25, 60325 Frankfurt

Orthopädisches Geschichtsmuseum, Marienburgstraße 2, 60528 Frankfurt

Rundfunkmuseum Frankfurt, Bornheimer Landstraße 20, 60316 Frankfurt

Sammlung Deutsche Bank, Taunusanlage 12, 60315 Frankfurt

Schopenhauer-Archiv, Bockenheimer Landstraße 134–138, 60325 Frankfurt

Sportmuseum Frankfurt, Otto-Fleck-Schneise 7, 60528 Frankfurt

Städelsches Kunstinstitut und Städtische Galerie, Dürerstraße 2, 60596 Frankfurt

Steinhausen-Haus, Wolfgangstraße 152, 60322 Frankfurt

Uhren- und Schmuckmuseum, Hostatostraße 3, 65929 Frankfurt

Verkehrsmuseum Stadtwerke, Rheinlandstraße 133, 60529 Frankfurt

Zur Geschichte des Museums in Frankfurt

Es ist kein bemühter historisierender Akademismus, der den Blick in die Geschichte des Museums zurückschweifen läßt. Geschichtsbewußtsein, und das heißt auch immer kritische Selbstreflexion, ist die Basis jeder Erneuerung, und dies gilt um so mehr, als es sich bei den Museen um Institutionen handelt, die Geschichte *sui generis* in verdinglichter Form als Gegenstand ihrer Arbeit begreifen. Eine der beliebtesten Sentenzen der Gegenwart heißt dementsprechend parteiübergreifend: „Zukunft braucht Herkunft".

Das Vorurteil scheint resistent, Museen seien Relikte der bürgerlichen Gesellschaft oder mindestens doch Kinder der Aufklärung, also der bürgerlichen Revolution, die jene privaten, privilegierten Sammlungen der Allgemeinheit zugänglich zu machen hoffte. Nachhaltige Sammlerleidenschaften nannte Susan Sontag liebevoll einen „Don-Giovannismus der Objekte".

Wichtiger als das bloße Aufbrechen der Exklusivität adeliger und patrizischer Sammlungen waren die Formen, in denen sie veröffentlicht wurden. Gustav Klemm hat bereits in der ersten Hälfte des vorigen Jahrhunderts jenen Auflösungsprozeß des tradierten Sammelkontextes beschrieben, in dessen Verlauf die enzyklopädischen Zusammenhänge der Kunstkollektionen und Wunderkammern mit ihren oft gewagten symbolischen Zuordnungsprinzipien aufgelöst wurden. Sie gehorchten nunmehr den Differenzierungen der teilweise gerade erst entstandenen wissenschaftlichen Disziplinen wie der Biologie, der Zoologie, der Chemie, der Physik etc.

Im weiteren Verlauf des 19. Jahrhunderts bewirkte diese Spezialisierung eine immer stärkere Isolierung der einzelnen Museen. Sie isolierten sich sowohl voneinander als letztlich auch von einer neuen Gesellschaft, die in ihrer Gesamtheit längst nicht über jene selbstverständliche Kennerschaft verfügte, die für eine Beschäftigung mit den Sammlungsgegenständen notwendig gewesen wäre, „denn Kunst braucht Kenntnisse", sagt Brecht, der aus dem kleinen Kreis der Kenner einen großen Kreis zu machen hoffte.

In schöner Konsequenz dessen mehrten sich beim Aufbruch ins 20. Jahrhundert die Forderungen nach einer erneuten Demokratisierung der Museen, worunter nun aber auch die inhaltliche, also nicht bloß die formale Öffnung für breitere Bevölkerungsschichten verstanden wurde. Namen wie Alfred Lichtwark und Wilhelm Valentiner stehen für diese Versuche, die auch schon frühe Formen dessen hervorbrachten, was wir heute unter Museumsdidaktik verstehen. Auch wenn diese Konzepte nach dem Ersten Weltkrieg politisch eine gewisse Basis gewannen, so konnten sie die Museen zumindest in Europa in ihrer Gesamtheit noch nicht wesentlich verändern. Es blieb der nationalsozialistischen Kulturpolitik vorbehalten, jene Öffnungsversuche zu bloßem Populismus zu pervertieren, indem sie versuchten, auch die Museen für die Propaganda ihrer rassistischen Vorstellung einer angeblichen Volksgemeinschaft einzuspannen.

Vielleicht liegt es an der Popularisierung des musealen Geschichtsbildes, daß nach dem Zweiten Weltkrieg kaum irgendwo die Chance ergriffen wurde, an die Erfahrungen der 20er Jahre anzuknüpfen. Im Gegenteil: In den ersten Jahrzehnten nach 1945 waren die Museen eine Zeitlang mehr noch als Theater oder Konzertsäle der Ort, an dem sich die gebildete „Elite" versammelte, auch wenn jenes Bildungsbürgertum längst nicht mehr existierte, das gegen Ende des 19. Jahrhunderts den Museumsgedanken getragen hatte.

So verwundert es kaum, daß die Museen mehr und mehr ins gesellschaftliche Abseits gerieten. Das hatte schließlich auch in der mangelnden Unterstützung durch die öffentliche Hand seine Ursache, die doch sonst allenthalben das bürgerliche Mäzenatentum zu ersetzen bemüht war. Das Postulat der avantgardistischen Museumsstürmer zu Anfang des 20. Jahrhunderts schien sich zu erfüllen: Sie hatten das Museum schlicht für obsolet erklärt und die Sport-Arena an seine Stelle zu setzen versucht.

Frankfurter Bürger gründen die ersten Museen in Deutschland

Es ist ein wesentliches Charakteristikum der Entwicklungsgeschichte der Frankfurter Sammlungen, daß sich keines der Frankfurter Museen den Kunst- und Wunderkammern eines fürstlichen *uomo universale* verdankt. Frankfurt war nie Residenz und nie ein Ort mit hinderlicher Residenzstadt-Mentalität, sondern eine Kommune mit dem tradierten Selbstbewußtsein einer freien deutschen Reichsstadt. Es waren Einzelstücke oder private Kollektionen von Persönlichkeiten aus dem Großbürgertum und aus der Patrizier-Schicht, die der Öffentlichkeit jeweils als Grundstock für ein Museum anvertraut wurden. Oder es waren Nachlässe bürgerlicher Wissenschaftler oder Künstler, die zum ideellen Eigentum des Volkes erklärt werden. Die Stiftung des Bankiers und Gewürzhändlers Johann Friedrich Städel gilt als die Inkunabel aller Kunststiftungen in Deutschland; sie wird 2015 ihren 200. Geburtstag feiern. Sie hat nichts weniger als die Tradition der Selbstorganisation unserer bürgerlichen Gesellschaft begründet.

Heute gibt es sechszehntausend rechtskräftige Stiftungen bürgerlichen Rechts in Deutschland, davon sind reine Kulturstiftungen aber nur 15 Prozent. Seit der

Bundestag im Jahre 2007 das „Gesetz zur weiteren Stärkung des gesellschaftlichen Engagements" verabschiedet hat, erleben Stiftungen einen wahren Boom. Deren nicht wenige dürften wohl gegründet worden sein als Investition ins künftige Seelenheil des Stifters im ewigen Jenseits.

Das Naturmuseum Senckenberg

Der Geist der Französischen Revolution brodelte in Deutschland früher als in manchen anderen europäischen Ländern, die Emanzipation des Bürgertums hat in der freien Reichsstadt Frankfurt am Main schon lange fruchtbare Wurzeln geschlagen. Viel früher als in Gemeinden der Fürstentümer blühte schon im 18. Jahrhundert hier vortrefflich das bürgerliche Engagement. Als mäzenatisch gesinnte Persönlichkeiten mit uneigennützigen Stiftungen haben sich Mitte des 18. Jahrhunderts zwei markante Gründerfiguren in die Annalen der Stadt eingeschrieben: Der Arzt *Johann Christian Senckenberg* (1707–1772) mit seiner hippokratischen Moral hat ein eindrucksvolles Beispiel für lebensdienliche Stiftungen gegeben. Er hat 1763 die Summe von 117 400 Gulden (das wären heute etwa drei Millionen Euro) in die Dr. Senckenbergische Stiftung investiert. In seinem mit der beruflichen Existenz verschmolzenen Leben lag dem Mäzen besonders die Zirkulation sozialer und kultureller Energien am Herzen. In einem emphatischen Sinn unerbittlich, verfügte er notariell, daß sein epochales Stiftungsprojekt „allseits separat bleiben und niemals vermengt (werden soll) mit Stadtsachen, damit nicht die Gewalt darüber in frembde Hände falle", zum Beispiel „in die raubgierigen Hände der Patrizier". Aus der Erfahrung mit einem privilegierten Beamtentum, das seinen Status gern mit seiner Aufgabe verwechselte und dessen Selbstgefälligkeit wie in einem Palimpsest bis in jede kleingedruckte Zeile durchleuchtet, wollte er seine Stiftung ein für allemal dem Zugriff wechselnder Obrigkeiten entziehen.

Das Senckenberg ist über alle widrigen Zeiten hinweg krisenresistent geblieben. Wie wenig der Mäzen Senckenberg trügerischem Ruhm nachjagte, zeigt seine Ablehnung der Ehrenbürgerwürde der Stadt Frankfurt am Main ebenso wie seine Weigerung, sich in den Adelsstand erheben zu lassen. Derlei Lockungen mochte Senckenberg jedenfalls nicht erliegen, für ihn war die Tugend des Stiftens ihr eigener Lohn. Für den Mäzen Senckenberg zählte nur, was sich für die Gesellschaft auszahlt. Er begriff Bares für die Kultur nicht als Kostenfaktor, sondern als geldwerte langfristige Amortisation. Sein bisweilen kauziger Altruismus hatte den Charme alteuropäischer Gediegenheit. So gab Senckenberg in geradezu Nietzschescher Weise den Unzeitgemäßen.

Wie hoch Zeitgenosse Goethe das mäzenatische Mandat schätzte, das Senckenberg sich nobel selbst erteilt hatte, beweist sein Aufruf vom November 1817, der entscheidend zur Gründung der Senckenbergischen Naturforschenden Gesellschaft beigetragen hat. Über dreißig jener der praktischen Humanität verpflichteten Bürger sind Goethes Einladung gefolgt und haben Teile ihrer relevanten Privatsammlungen dem Naturmuseum vermacht.

Senckenbergs Stiftung hatte zum Ziel, außer einem Hospital auch ein „Anatomisches Theater" und ein chemisches Laboratorium einzurichten sowie einen Botanischen Garten, eine wissenschaftliche Bibliothek und schließlich: ein sogenanntes Naturalienkabinett. Allein diese Aufzählung verdeutlicht, wie außergewöhnlich spezifiziert die Präsenz der naturwissenschaftlichen Disziplinen in Frankfurt damals schon war.

Erst 1907 bezogen die Sammlungen und 22 Forschungsabteilungen der Gesellschaft den neobarocken Neubau an der heutigen Senckenberganlage, den der Architekt Ludwig Neher konzipiert hatte. Auf 6000 Quadratmetern offenbart das Museum Spuren der Evolution anhand von Originalen und Replikaten vom Erdaltertum bis zur Neuzeit: der ganze Kosmos der Mineralien, Amphibien, Reptilien, Insekten, Vögel, Fische und Säugetiere unter einem Dach. Im Senckenberg-Museum erlebt der Besucher Natur nicht als Abstraktum, seine natürliche Neugier wird durch plastische Anschauung auch sinnlich befriedigt. Das heute in zehn Abteilungen gegliederte Forschungsinstitut und seine Dependancen in Messel und in Wilhelmshaven mit eigenem Forschungskutter „Senckenberg" liefern die wissenschaftliche Basis für die Myriaden von Museumsobjekten, darunter die 150 Millionen Jahre alten Gerippe von Donnerechse, Fischsaurier, Dreihorn oder Trachodon. Der didaktisch-sinnliche Charakter der Präsentation dieses größten Museums seiner Art in Deutschland gilt unter Museologen als richtungweisend. Und natürlich kann dieses Museum mit der nahe gelegenen Grube Messel (bei Darmstadt), einem der erdgeschichtlich bedeutendsten Forschungsareale der Welt, wissenschaftlich punkten. Messel ist heute „Weltnaturerbe".

Das Senckenberg gehört wie das Städel und das Goethe-Museum des Freien Deutschen Hochstifts zu den wenigen nichtstädtischen und nichtstaatlichen Museen der Bundesrepublik Deutschland, die von der Wissenschaftsgemeinschaft G. W. Leibniz dafür ausgezeichnet wurden, daß sie das Humboldtsche Idealbild der Einheit von Forschung und Lehre, Anschauung und Vermittlung verwirklichen helfen. Der Bau selbst verkörpert kein spezifisch regionales oder gar städtisches Architekturprogramm, sondern eine bewußte Einbindung in die Stilistik der deutschen Museumsarchitektur.

Wie das majestätische Flaggschiff der Künste Städel ist auch dessen naturwissenschaftliches Pendant Senckenberg aus dem 19. Jahrhundert längst in der Moderne angekommen.

Nach Auszug der Goethe-Universität wird das Senckenberg auf deren bisherigem Campus Bockenheim seinem Expansionsdrang mit einem großen Wurf endlich konkreten Ausdruck verleihen können. Der Masterplan sieht vor, nach entsprechenden Umbauten (21,7 Millionen Euro) in das ehemalige Pharmazie-Gebäude der Uni einzuziehen. Auch das alte Kramersche Hauptgebäude und das Haus des Physikalischen Vereins sollen übernommen werden. Dem Karree zwischen Sophienstraße, Mertonstraße, Gräfstraße und Senckenberganlage würden dann das Senckenbergsche Forschungsinstitut und das Senckenberg-Museum ihren noblen Stempel aufdrücken. Das Kostenvolumen dieses ehrgeizigen Projektes hat der couragierte Chef des Instituts, Volker Mosbrugger, mit stolzen 150 Millionen Euro forsch nach oben aufgerundet. Da das Senckenberg wie gesagt zum erlauchten Kreis der Leibniz-Gemeinschaft gehört, früher „Blaue Liste" genannt, entstehen der Stadt Frankfurt so gut wie keine Kosten.

Das Städel und die Städtische Galerie

Der andere große Frankfurter Mäzen dieser unverwechselbaren Stiftergeneration, der Handelsmann und Bankier *Johann Friedrich Städel* (1728–1816), hielt es für seine sozialmoralische Pflicht, seinen gesamten Reichtum zu vergesellschaften. Städel hatte seinen Lebensblick entschlossen auf ästhetische Schönheit eingestellt: „Von Jugend auf nährte ich Liebhaberei an Malereien, Kupferstichen und anderen Kunstsachen." Also motiviert und als ewiger Junggeselle ohne Erben geblieben, stiftete der 87jährige kunstsüchtige Mäzen am 15. März 1815 testamentarisch 1,1 Millionen Gulden und außerdem noch über fünfhundert wertvolle Gemälde von exklusiv hohem Niveau für das nach ihm benannte Kunstmuseum am Main. Einem pädagogischen Eros verpflichtet, finanzierte er außerdem die angeschlossene Städel-Kunsthochschule. Beide Einrichtungen sollten „der hiesigen Stadt zur wahren Zierde gereichen und zugleich deren Bürgerschaft nützlich werden". Städel hat früh erkannt, daß für eine in der Aufklärung verankerte Bildungstradition die Künste als inklusives Lebensszenario unabdingbar dazugehören. Städel war fest davon überzeugt, daß Kultur und Künste den Sinn auch für das Gemeinwesen stärken. „Kirchen muß er stiften, sonst denkt man nicht an ihn", lästert Hamlet (III/2) – aber auch eine Kathedrale für die Künste garantiert vergleichbar nachhaltiges Prestige. Petrarca verhieß einst jenen ehrgeizigen Menschen ironisch ewigen Ruhm, die mit ihren Bauwerken deutliche Spuren hinterlassen wollten. Seiner eigenen Größe eingedenk, wußte der alte Humanist den Distinktionsgewinn der Mäzene mit mildem Spott zu karikieren.

Nach dem 1814 gegründeten Prado-Museum in Madrid war das Städel 1815 die erste autonome Museumsgründung in Deutschland, gefolgt vom Senckenberg-Museum im Jahre 1821 und dann erst von der Münchner Glyptothek, die 1830 vom Bayernkönig Ludwig I. in Auftrag gegeben wurde. Die oberen Säle waren hier erst-

Spektakuläre Kunstaktion des Kulturdezernats an der Frankfurter Hauptwache 1972: Im Verlauf von 14 Tagen sammeln OB Rudi Arndt (im Bild) und weitere Prominente aus Politik, Wirtschaft und Kultur Spendengelder zum Ankauf von Max Beckmanns Gemälde *Die Synagoge in Frankfurt am Main* für die Städtische Galerie im Städel

mals in einem Museum mit Oberlicht ausgestattet. Gebaut von Franz Karl Leo von Klenze wurde das gravitätisch-klassizistische Alte Museum in Berlin ebenfalls 1830 eingeweiht. Klenze hat auch die Alte Pinakothek (1836) und die Petersburger Eremitage (1852) stilbildend gestaltet. Die Eremitage durfte bis zur Oktoberrevolution 1917 übrigens nur im Frack mit weißer Halsbinde aufgesucht werden. Erhabene Ehrfurchtsschauer und Fracksausen im Museum sind längst zum Selbstwiderspruch geworden.

Für Klenze hatte die Architektur eines Museums nicht minder attraktiv zu sein wie dessen Inhalte fesselnd. Beide Bezugsgrößen sollten zur „Veredelung des Geschmacks" beitragen. Ähnlich wie bei den beiden Bauten Senckenberg und Städel (erbaut 1874–1878), darf auch bei Klenzes Museen von einer markant eigentümlichen, autonomen Bautypologie gesprochen werden. Dem avancierten Mäzenatentum verdanken sich also nicht nur exorbitante Sammlungen, sondern oft auch kongenial stilbildende Architekturen, um die jeweilige Sammlung angemessen zu präsentieren. Als heutiges Beispiel dafür gilt das Museum Frieder Burda in Baden-Baden, das ihm Richard Meier im Jahre 2003 gebaut hat. Moderner Prototyp des idealen Mäzens, hat Frieder Burda nicht nur die wertvollen Bilder und Skulpturen erworben, er kommt auch für die Unterhaltung des lichtdurchfluteten Hauses allein auf. Als altruistischer Mäzen, international gut vernetzter Sammler und intimer Kunstkenner in Personalunion sucht Frieder Burda seinesgleichen vergebens. Die Zeiten, in denen wie weiland in den Gründerjahren deutscher Museen deren majestätische Architektur den Menschen noch gehörige Schwellenängste eingejagt haben wie einst die magischen Pforten zu Franz Kafkas Welt, sind passé.

Unter den betuchten altruistisch gesinnten Frankfurter Bürgern haben einige auch zur Mehrung des Städelschen Kunstbesitzes ein Scherflein beigetragen, wie zum Beispiel 1850 Johann David Passavant mit 3000 Gulden für Jan van Eycks altniederländisches Meisterwerk *Lucca-Madonna* (um 1437), dieser wunderbar gelungenen Symbiose von Immanenz und Transzendenz. Der praktizierende Idealist und pragmatische Fabrikant Georg Hartmann, der 1950 Ehrenbürger der Stadt geworden war, schenkte dem Städel die imposante Bronze-Plastik *Eva*, mit der Auguste Rodin 1881 seine impressionistische Schaffensphase begründete. Auch für das Hochstift, den Kunstverein und für das Senckenberg war er ein verläßlicher Mäzen. Die von Johann Heinrich Dannecker in elfjähriger Sisyphusarbeit aus carrarischem Marmor geschlagene *Ariadne auf einem Panther* (1803–1814), ein Schlüsselwerk des Klassizismus, wurde von der Familie Bethmann erworben und 1941 der Stadt Frankfurt geschenkt. 1943 bei einem Bombenangriff zerstört, lagerte die berühmte Plastik lange Jahre im Keller des Liebieghauses und konnte nach aufwendiger Restaurierung erst 1978 wieder dem Publikum gezeigt werden. Auch traditionsreiche Stiftungen wie die Franziska und Georg Speyer-Stiftung und die Adolf und Luisa Haeuser-Stiftung haben das Städel sowie andere Frankfurter Museen und Forschungseinrichtungen kontinuierlich gefördert.

Max Hollein präsentierte 2008 mit einem Altarbild aus dem frühen 16. Jahrhundert eine der bedeutendsten Erwerbungen nach dem Kriege: Die Frankfurterin Dagmar Westberg hat mit dieser Schenkung im Millionenwert eines der Schlüsselwerke flämischer Kunst dem Städel übereignet, dessen Maler den umständlichen Notnamen trägt: Meister der von Grooteschen Anbetung. Holleins Maxime: Erfolge, die sich nicht auch publizistisch zugunsten des Museums niederschlagen, sind keine. Vorgänger Herbert Beck hatte 2002 nicht minder stolz den Erwerb eines Gemäldes von Thomas Lawrence aus dem Jahr 1790 durch die Adolf und Luisa Haeuser-Stiftung verkünden können, Kaufpreis 1,4 Millionen D-Mark.

Mit Johann Friedrich Städel war es erstmals ein bürgerlicher Mäzen, der die Initiative ergriff, ein Kunstmuseum zu gründen – ein bisher dem Adel oder dem Klerus vorbehaltenes Privileg. Frei von Rücksichtnahmen auf barockfürstliche Kulturhoheiten hat Städel mit der ersten bürgerlichen Museumsstiftung der Welt eine folgenreiche Gründerdynamik angestoßen. Goethe ernannte Städel in seiner Abhandlung *Über Kunst und Altertum in den Rhein- und Main-Gegenden* (1816/17) denn auch zum „Dekan aller hier lebenden echten Kunstfreunde". Der „größte" Sohn der Stadt Frankfurt war aber nur mittelbar an der Gründung des Städel

Thomas Lawrence: *Portrait of the Children of Lord George Cavendish* (1790), eine die Millionen-Mark-Grenze überschreitende Dauerleihgabe der Adolf und Luisa Haeuser-Stiftung

beteiligt, indem er anregte, die wichtigsten der in den begüterten Bürgerhäusern verstreuten Kunstwerke räumlich zusammenzufassen, um sie der Öffentlichkeit zugänglich zu machen. Für Goethe war wie für Städel die Kunst die eigentliche Stimulanz des Lebens, beide wollten durch Kunst das Leben überhöhen, ja, für sie war Kunst auch ein Sehnsuchtsort des Guten. Aber der optische Rausch diente im Städel bekanntlich nicht immer auch aufklärerischen Zwecken.

Die Städelgründung erfolgte in jenen stürmischen Jahren des Vormärz, als zwischen Wiener Kongreß (1815) und Märzrevolution (1848) das „Metternichsche System" die politische und gesellschaftliche Emanzipation des Bildungsbürgertums und der Besitzbürger ebenso auszubremsen versuchte wie die Emanzipation der jüdischen Bevölkerung, die für Frankfurt von hoher Brisanz war. Der konkrete Grundstein für das bedeutendste Frankfurter Kunstmuseum wurde aber erst Jahrzehnte später gelegt. Die Städelsche Sammlung wurde zunächst in des Stifters Wohnhaus am Roßmarkt und ab 1833 in der Neuen Mainzer Straße gezeigt, bevor sie 1878 am Main ihren klassizistischen Neubau erhielt.

Insbesondere ist das Städel beispielhaft für die spezifische Entwicklung der Frankfurter Museumslandschaft. Schon in der Stiftungsurkunde legte Städel fest, daß die Stiftung von fünf Administratoren, fünf „würdigen Personen aus der dahiesigen Bürgerschaft" verwaltet werden sollte, „ohne irgendeine obrigkeitliche Rücksprache oder Genehmigung einholen zu dürfen". Einige der Stadtnotablen fühlten sich brüskiert.

Das Städelsche Kunstinstitut war mit seinem stark dezimierten Stiftungsvermögen nach 1945 darauf angewiesen, sich von der Stadt Frankfurt alimentieren zu lassen. Als während meiner Zuständigkeit der Vertrag verlängert und neu justiert werden mußte, hat der Administrationsvorsitzende Hermann Josef Abs mit mir ein für das Städel supergünstiges Vertragswerk ausgehandelt: Für die konservatorische Betreuung jener 40 Prozent Kunstwerke, die der 1907 ins Städel inkorporierten Städtischen Galerie gehörten, und für deren Hospitation an den Städelwänden und im Fundus sowie für deren kustodische Vermittlung zahlte die Stadt Frankfurt fortan so viel, daß damit die gesamte institutionelle Unterhaltung des Städel der Stadt auferlegt wurde. Schließlich schöpfte kein anderes Museum so sehr aus der eigenen Substanz wie das Städel. Als „Gegenleistung" (Abs) war Abs bereit, neben der fünfköpfigen Städel-Administration, die nach dem Schenkungsvertrag aus dem Jahre 1815 „aus der dahiesigen Bürgerschaft" zu wählen war, erstmals ein fünfköpfiges Städel-Kuratorium mit dem Kulturdezernenten als dessen Vorsitzenden zu dulden, das gemeinsam mit der Administration sollte tagen dürfen. Seitdem verstummten die Gerüchte über angebliche Geheimbündeleien des Städelschen Pensionärskonvents, die das Kuratorium schließlich erst notwendig gemacht hatten, das sich nach Abs Tod aber stark verjüngen sollte; seit meinem Abgang 1990 hat es keine Kuratoriumssitzungen mehr gegeben. Wahrscheinlich, weil mit dem Tod des Patriarchen Abs auch dessen Dominanz und damit auch ein Stück großbürgerlicher Geschmackskultur verblichen war: Kunst war jetzt nicht mehr nur der „restlosen Verwandlung der Welt ins Herrliche hinein" gewidmet, wie der Maler Oskar Schlemmer, einen Brief Rilkes zitierend, deren Auftrag verstand. 2007 hat das Städel ein neues Kuratorium ins Leben gerufen, dem gleich 32 Persönlichkeiten aus Wirtschaft, Kultur und Gesellschaft angehören.

Wegen der an kunsthistorischen Raritäten motivierten Ankaufspolitik war die Gegenwartskunst, die an Städels ursprünglicher Sammlung noch einen durchaus ernstzunehmenden Anteil hatte, immer weniger berücksichtigt worden. Durch das Legat des Ludwig Josef Pfungst war deshalb 1907 der Grundstock für eine Städtische Galerie geschaffen und dem Städel als kooperierendes Institut inkorporiert worden. Sie sollte ihren Schwerpunkt in der Sammlung zeitgenössischer Kunst finden. Diese Tradition aus der Belle Époque wird heute durch das neue Museum für Moderne Kunst an der Braubachstraße und seit Holleins Amtsantritt

Pressekonferenz im Städel mit dem Administrationsvorsitzenden Hermann Josef Abs

verstärkt auch von ihm weitergeführt. Mit der Städtischen Galerie wurde auch die Skulpturen-Sammlung zusammengefaßt, die in der 1896 erbauten Villa des Barons Heinrich von Liebieg angemessen beherbergt werden konnte.

Die engen Interdependenzen zwischen Museum und Städelschule dienten in den Jahren bis 1933 als buchstäblich einzigartiges Schulbeispiel der Steigerung wechselseitiger Produktivität. Die berühmtesten Maler (Overbeck, Veit, Schadow, Schwind, Rethel, Lessing, Gallait, Achenbach, Becker, Steinle, Courbet) waren stilbildend mit ihren Werken nicht nur an den Museumswänden prominent vertreten, sie bildeten an der Schule auch den kreativen Nachwuchs aus. Nicht die Geringsten unter deren Absolventen gründeten die Kronberger Malerschule.

Ähnlich zukunftsweisend wie die Institution des Städelschen Kunstinstituts mit seiner Kooption von Schule und Sammlung spiegelte auch der Bau selbst eine wichtige Etappe der Entwicklung von Museumsarchitektur wider. Der Architekt

Oskar Sommer orientierte sich deutlich am Typ jenes Museums, das Gottfried Semper 1854 in Dresden errichtet hatte. Anstelle der klassizistischen Antikenrezeption gab er dem Stil der italienischen Renaissance als Bauideal den Vorzug. Dies können wir heute als Hinweis darauf werten, daß ganz bewußt die Idee eines Museums-Denkmals propagiert werden sollte, ja, man wollte sogar die preußische Hegemonie mit den Berliner Museumsbauten dadurch konterkarieren. Die Architektur des wilhelminischen Historismus verspottete Nietzsche damals als „Altgin“. Den Mittelrisalit des Städel schmücken denn auch die Bildnisse der Heroen der deutschen Renaissance, Dürer und Holbein, nach denen im übrigen auch die angrenzenden Straßen benannt sind.

Die schon bald fällige Erweiterung des Städel, die 1915 begonnen wurde, verzögerte sich durch kriegsbedingte Ereignisse bis 1926. Erst dann konnten die Ausstellungsmöglichkeiten erweitert und das repräsentative Foyer hinzugefügt werden; die Hauptwirkung des Baus blieb dabei genauso unangetastet wie beim Wiederaufbau durch Johannes Krahn nach dem Zweiten Weltkrieg, der auch für den Wiederaufbau der zerbombten Paulskirche verantwortlich zeichnete. Die erste Gründerzeit der Frankfurter Museumslandschaft hat im Städel ihren kongenialen Ausdruck gefunden.

Die Dominanz dieser Architektur wird auch durch den 1987 begonnenen und 1990 eröffneten postmodernen Erweiterungsbau nicht aufgehoben, den der Wiener Architekt Gustav Peichl ohne verdächtige Prachtentfaltung im ägyptisierenden Stil entworfen hat. In einer städtischen Blockrandbebauung präsentiert sich dieser Anbau des Städel in streng gegliederter Baugestalt mit herbem Charakter. Der Anbau war notwendig geworden, weil – 50 Jahre nach dem ungeheueren Aderlaß der Beschlagnahme von nahezu 500 Werken der Moderne als „entartete Kunst“ – die Sammlung der Städtischen Galerie heute wieder einen angemessenen Bestand aufweist. Auf der Basis eines avancierten Raumprogramms entstand längs der Holbeinstraße eine Architektur, die nicht nur die Tradition der von Hegel einmal so genannten „würdigen Popularität“ der Museen eines Gottfried Semper oder eines Oskar Sommer mit einbezieht, sondern sich auch durch eine zeitgemäße, ja eigenwillige Architektursprache auszeichnet.

2009 wird mit einer nochmaligen Erweiterung des Städel begonnen: Unter der hinteren Rasenfläche wird ein gewölbter Bau mit einer Sammlungs- und Ausstellungsfläche von insgesamt 3000 Quadratmetern entstehen. Notwendig wurde diese Erweiterung durch die spektakuläre Übereignung von 600 Werken der bildenden Kunst durch die Deutsche Bank und über 200 künstlerischen Fotografien aus der Sammlung der DZ Bank an das Städel Museum. Die Baukosten für den Untertagebau sind auf vorläufig 30 Millionen Euro angesetzt, davon zahlt die Stadt sechs Millionen, die Gemeinnützige Hertie-Stiftung sieben Millionen und das Frankfurter Bankhaus Metzler drei Millionen, aus dem Konjunkturprogramm der Bundesregierung kommen fünf Millionen Euro. Architekten sind die Frankfurter Schneider & Schumacher. Nach Fertigstellung im Jahre 2011 findet der Besucher 700 Jahre Kunstgeschichte im Bilderbuch der großräumig erweiterten Städelwände. Unter der effizienten Ägide von Max Hollein entsteht hier nichts Geringeres als eine begehbare universale ästhetische Anthropologie.

Die Nachkriegszeit und der Aufbruch in den 70er Jahren

Um die Vielfalt der Frankfurter Museumslandschaft zu illustrieren, darf ausnahmsweise auf die Statistik verwiesen werden: Keine kulturgesättigte Residenzstadt, zählte die ehemalige freie Reichsstadt bis zum Beginn des Zweiten Weltkrieges gleichwohl die stolze Zahl von 22 Museen beziehungsweise museumsähnlichen Institutionen, von denen sich allein 17 privater Initiative verdanken. Mit dieser vielfältigen Museumsriege besaß die Stadt Frankfurt allerdings auch ein unschätzbares Erbe. Der Ehrgeiz, dieses Erbe nicht nur konservatorisch angemessen zu pflegen, sondern auch um die Sammlung der Moderne zu erweitern, drohte den kommunalen Etat zu belasten, ein Grund mehr für notorische Kunstbanausen im Stadtparlament zu fetzigem Gezeter.

Natürlich standen nach den Verheerungen unserer Städte im Zweiten Weltkrieg auch in Frankfurt zunächst andere, damals vordringlichere Aufgaben auf der Tagesordnung; unter OB Walter Kolb galt es, mit der Beseitigung der Trümmer erst einmal die Wohnungsnot zu beenden. Das damals größte Kapital war die unerschütterliche Hoffnung, daß die gerettete Geistigkeit den materiellen Verlust am Ende aufwöge.

Hinzu kamen die Erfordernisse des Verkehrs und der damit zusammenhängenden Infrastruktur: Hätte Frankfurt nicht eine einzige Stimme gefehlt, wäre die Stadt ja beinahe Bundeshauptstadt geworden. Nach Anpassung dieser Planungsvorhaben, gestützt auf die Ansiedlung der Bundesbank und großer Privatbanken und Wirtschaftsunternehmen, betrieb der Magistrat, begünstigt durch die zentrale Verkehrslage der Stadt, die Entwicklung Frankfurts zur Wirtschaftsmetropole und zum europäischen Bankenquartier: Hier etablierten sich in unglaublicher Rasanz die Zentralen oder Niederlassungen von inzwischen rund 400 Banken und in deren Gefolge viele große Versicherungen und multinationale Konzerne. Diese Entwicklung konnte nicht ohne weitreichende strukturelle Folgen bleiben: Die Stadt, vor dem Kriege das größte Dorf des Deutschen Reiches mit einer in keiner vergleichbaren Großstadt vorhandenen Fülle von historischen Fachwerkbauten und einem im Zentrum fast mittelalterlich gebliebenen Straßennetz, verkam bis zum Ende der 60er Jahre zu jenem „Bankfurt" oder „Mainhattan", das als negatives Paradebeispiel herhalten mußte, sooft es die

Auswirkungen einer ausschließlich ökonomisch dominierten Stadtplanung zu kritisieren galt. Alexander Mitscherlichs Pasquill *Die Unwirtlichkeit der Städte* ist schließlich in Frankfurt geschrieben worden. Mitscherlich geißelt darin die funktionalistische Entmischung der Stadt, ihre „Herzlosigkeit" und besonders die Spekulation mit alten Grundstücken zu einer Zeit, als das links-intellektuelle Herz der Republik noch in Frankfurt pochte. „Das Zeitalter der Kulturpolitik war noch nicht angebrochen" (*F.A.Z.*).

Während Schauspiel und Oper schon relativ bald – 1963 – am heutigen Willy-Brandt-Platz ein repräsentatives Gehäuse erhielten und eine Zeitlang mit Harry Buckwitz und Georg Solti zumindest partiell über die Grenzen der Stadt hinauswirkten, boten die Museen noch lange nicht Stand und Standard, den sie in der Vorkriegszeit schon erreicht hatten. Das war keine Frankfurter Sonderentwicklung, in der gesamten Bundesrepublik kamen Museumsneubauten nur zögerlich voran. Die erhalten gebliebenen Museen hatten ihre Statur seit der Vorkriegszeit kaum wirklich verändert, ja, sie waren teilweise auf einen *status ante* zurückgeworfen, den sie im 19. Jahrhundert schon überwunden gehabt hatten. Dies war nicht nur angesichts der Architektur zu konstatieren, sondern vor allem auch in bezug auf ihr tradiertes Selbstverständnis, die musealen Formeln von Sammeln, Bewahren, Forschen, also jenen traditionellen Bildungsauftrag, der die Museen mehr und mehr dem potentiellen Besucher entfremdete.

Für die Konstruierung eines gedanklichen Überbaus zum geplanten Museumsufer war es Anfang der 70er Jahre zunächst einmal notwendig, Lethargie und Stagnation aufzubrechen und die überkommenen Konzeptionen der Museen zu überprüfen. Dabei ließ sich unschwer feststellen, welches die Ursachen waren, die einen Run auf die Museen erschwerten. Es galt den archimedischen Punkt zu finden, dem der Schlendrian sich verdankte. Eines war mir bei der Planung des Museumsufers wichtig: dabei die Suprematie von Städel und Senckenberg als Frankfurter Urmeter nicht zu relativieren.

Das neuerwachte Interesse an Museen

Auch wenn die 68er vor allem gesellschaftliche Veränderung forderten und weniger die Auseinandersetzung mit den Künsten, so ist mit dem leidenschaftlichen Bestreben einer umfassenden Demokratisierung der 70er Jahre doch auch das Interesse an der Kultur und ihrer Vermittlung neu erwacht. Die wiederentfachte Neugier auf die Museumsarbeit führte schließlich zum bereits beschriebenen Konzept des demokratischen Museums, das durch entsprechend neue Präsentationsformen auch bildungsferne Schichten ansprechen sollte.

Heute ist die Nachfrage der an Kunst und Kultur eher Desinteressierten gekennzeichnet durch ein verändertes Verhältnis zum Museumsbesuch. Dieser ist zumindest bei Vernissagen ein großes gesellschaftliches Ereignis, darüber hinaus jedoch oft auch ein geselliger und informativer Event. Man trifft sich mit Freunden, man kommt mit der ganzen Familie; das Museum wird Treffpunkt und Ausgangspunkt geselliger Unternehmungen, die kaum noch etwas mit dem (einst vielleicht ähnlich empfundenen) Bildungsritual des gelehrten Kunstkenners gemein haben: Das Museum liefert nicht mehr den für eine exklusive gesellschaftliche Begegnung nötigen Rahmen; der Maxime „Kultur für alle" folgend, verzichtet es bewußt auf – andernorts mittlerweile wieder errichtete – Barrieren, die eine Ausgrenzung bestimmter Schichten von der kulturellen Teilhabe zur Folge hätten.

In bezug auf den Museumsbau wirken heute im wesentlichen zwei Motivationen zusammen, welche die neue bundesrepublikanische Museumslandschaft zu einem Anziehungspunkt für Museumsbesucher und Architekturinteressierte zugleich machen: das Interesse der Bauherren der Städte und der Länder an einer Architektur, mit der sich zum einen die Bevölkerung wieder identifizieren können soll und die zum anderen durch ihren ästhetischen Reiz auch außerhalb der eigenen Stadt deren Image hebt – Frankfurt und Stuttgart, Köln und München, Dresden und Berlin, jetzt mit der komplettierten Museumsinsel, stehen nicht zuletzt wegen ihrer Museumsbauten auf dem Reiseplan des internationalen Museums- und Architekturtourismus. Es scheint momentan unter den großen und auch den kleineren deutschen Kommunen geradezu ein Wettbewerb um die spektakulärste Museumsarchitektur ausgebrochen zu sein. Diese Entwicklung hat in Frankfurt ihr Vorbild und zeigte in anderen Städten Folgewirkung. Wie Vergleiche demonstrieren, sind es vorzüglich die umstrittensten Museumsneubauten, die in den letzten Jahren den größten Besucherandrang verzeichneten. Die neuartige, ästhetisch reizvolle Architektur der Museen trägt also gehörig dazu bei, die Motivation potentieller Museumsbesucher besonders dann zu befördern, wenn es sich dabei um eine Architektur handelt, die von den Insidern der Kunst- und Architekturszene nicht unbedingt geschätzt, oft sogar heftig befehdet wird: zum Beispiel das Guggenheim Museum Bilbao von Frank Gehry, das Cleveland Museum of Art von Diller + Scofidio, das Museum der schönen Künste Sevilla von Herzog & de Meuron oder das CAFA (Central Academy of Fine Arts) in Peking von Arata Isozaki. Spektakuläre Architekturen wie diese helfen den Städten, ihre Distinktionsbedürfnisse zu befriedigen und die avancierten Bauten samt Inhalt zu Publikumsmagneten zu machen.

Wie ein Blick auf den neuen architektonischen Kosmos zeigt, waren es vor allem Deutschlands Kunstmuseen, die weit über lokale Grenzen hinaus äußerst starke Beachtung fanden: das Sprengel-Museum in Hannover, das Wilhelm-Haack-Museum in Ludwigshafen, die Museumserweiterungen in Darmstadt, Bochum und Mannheim; herausragend die Neue Pinakothek in München von

Oberbürgermeisterin Petra Roth eröffnet die Ausstellung „Richard Meiers Lebenswerk“ in Anwesenheit des Star-Architekten

Alexander von Branca, das Städtische Museum Mönchengladbach von Hans Hollein, die Neue Staatsgalerie in Stuttgart von James Stirling und Michael Wilford, das Frankfurter Museum für Angewandte Kunst von Richard Meier und dessen Museum Frieder Burda in Baden-Baden, das Kunstmuseum in Düsseldorf von Weitling und Dissing und schließlich das Museum Ludwig in Köln von Peter Bussmann und Gottfried Haberer. Mit ihren substantiellen Elementen haben die ästhetisch avantgardistischen Museumsbauten vielerorts kreative Impulse für die urbane Entwicklung geliefert.

Vielbeachtet waren auch kunstnahe Museen wie das Deutsche Architekturmuseum (Oswald Mathias Ungers) und das Deutsche Filmmuseum mit neuer Binnenstruktur (Helge Bofinger), beide in Frankfurt. Diese Museen und die Namen der international führenden Architekten, die sie entwarfen, legitimieren die Bemühungen der Stadt um einzigartige Museumsbauten. Sie repräsentieren Konzeptionen, die jedenfalls anderen Vorstellungen entsprechen als allein der Mehrung von Ausstellungsflächen.

Oft wird der Museumsbau wie in Bilbao aber selbst zum Kunstwerk: Das Museum wird zu einer großen Szenerie, in der das einzelne Kunstwerk in das Gesamtkunstwerk Museum hineinarrangiert wird. Nicht selten ist aber die Autonomie des Kunstwerkes um jeden Preis gewollt, wie bei Frank Gehrys asymmetrischen Bauten mit ihrem Bilbao-Effekt der gigantischen Titansegel: Die Balance zwischen inszenatorischer Entsprechung der Ästhetik des Raums und der Ästhetik der Kunstobjekte konnte nicht überall gelingen. Auch der Einwand, wichtige

Exponate würden entwertet durch die vom Architekten vorgegebene Inszenierung, ist jedenfalls nicht überall von der Hand zu weisen. Diese Erfahrungen provozierten Markus Lüpertz zu der Kritik, daß „alle diese neuen Museen oft schöne, bemerkenswerte Bauwerke sind", aber wie jede Kunst stehe die Architektur der anderen Kunst feindlich gegenüber.

Kritiker befürchten, daß dieses neue museale Interesse an den Künsten äußerlich bleibt. Es sei oft mehr dem Wunsch nach Repräsentation geschuldet als dem Ehrgeiz, die Künste zum Ferment des Lebens werden zu lassen. Im Konkurrenzkampf der großen Städte um die größten Standortvorteile ist oftmals die Steigerung der Attraktivität des Ortes durch kulturelle Leuchttürme ein viel wichtigerer Antrieb als das Bemühen, das Kunstinteresse der Bürger zu stimulieren, das aber doch erst dadurch geweckt werden könnte.

Doch darf angesichts der Paradebeispiele nicht die große Breite der neuen Museumsbauten aus den Augen verloren werden. Sie alle, die alten wie die neuen Museen, werden sich der Gunst des Publikums nur so lange erfreuen, wie die attraktiven Exponate in bewußtseinsschärfenden neuen Kontexten neues durchschlagendes Interesse gewinnen.

Manche erkennen in dieser neuen Vorliebe für architektonische Glanzleistungen auch den Hinweis darauf, wie sehr das Publikum bereit ist, mit dem ästhetischen Gewinn auch noch Erkenntnisse zu sammeln und sich lernend beeindrucken zu lassen. Andere wiederum wittern darin den Ausdruck einer „postmodernen" Geisteshaltung, die sich nur noch von der Würze schöner Zitate speist und sich vermittels der Geschichte darüber hinwegtäuscht, daß sich in der Gegenwart die richtungweisenden Antriebe für die Gesellschaftsentwicklung in der nostalgischen Rückblende auflösen. Das hieße im Umkehrschluß gelinde gesagt aber, daß sich der Kulturstaat nur noch in glitzernden Renommierprojekten, im herrlich leuchtenden Dekorativen zu verwirklichen suchte.

So krönte sich in Paris schon Staatspräsident Pompidou mit seinem eine Milliarde Franc teuren „Beaubourg" inmitten des ewig labyrinthischen Paris, das die Architekten Renzo Piano und Richard Rogers pünktlich zum berühmten 68er Mai errichtet hatten. Auch die folgenden Präsidenten der Grande Nation haben rechtzeitig dafür gesorgt, daß sie mindestens mit den von ihnen errichteten flamboyanten Museumsbauten einen Platz in den Geschichtsbüchern finden: mit dem frappierenden Repertoire berühmter Prunkbauten, übrigens nicht nur für die ästhetischen Traditionsbestände, wie Musée d'Orsay, Bibliothèque de France, Nouveau Louvre oder Musée de Quai Branly. In den Publikumsmagneten Louvre strömen jährlich acht Millionen Menschen. Präsident Sarkozy läßt schon an einem Museum der französischen Geschichte bauen, in dem die Französische Revolution mitgedacht werden soll. In Paris glorifizieren die Museen ihre staatstragenden Paten, in Frankfurt sind die Bürger Senckenberg und Städel die ersten Namensgeber. Immerhin wird seit Sarkozys Regentschaft Jugendlichen freier Eintritt in die Museen gewährt. A la bonheur! In Frankfurt wurde nach 1990 der freie Eintritt für alle aufgehoben.

Die Rettung des Sachsenhäuser Ufers durch Museen

… doch nimmer vergeß ich dich, so fern ich wandere,
schöner Main und deine Gestade, die vielbeglückten
Friedrich Hölderlin

Das linksseitige Mainufer zwischen Eisernem Steg und Friedensbrücke und das rechtsseitige, Teile dessen der Frankfurter Volksmund als „Nizza" kennt, haben hinsichtlich ihrer kulturellen Dichte kaum Parallelen in anderen deutschen Städten. Hinzu kommt als Glücksfall das Vermächtnis aus dem 19. Jahrhundert am Sachsenhäuser Ufer, das uns eine ganze Reihe von stadtbildprägenden Patriziervillen als Verpflichtung hinterlassen hat, zumal diese südliche Uferpassage durch ihre einheitliche Traufhöhe als städtebaulicher Segen wirkt. Für die den Main säumenden Villen im Grünen war Frankfurt einst berühmt, der denkmalpflegerische Wert dieser Zeugen der einst blühenden Stadtkultur ist heute unbestritten. Und schließlich waren diese Villen, vor allem die Villa Metzler, das älteste und berühmteste dieser prachtvollen Wohnhäuser, in eine Parklandschaft eingebettet, die zwar klein, aber wegen ihrer stadtnahen Lage einmalig war. Im englischen Sprachgebrauch gibt es dafür den suggestiven Begriff *pocket park*. Mit dem Schaumainkai, dessen neue Benennung „Museumsufer" sich inzwischen schon weitgehend auch für den gegenüberliegenden Untermainkai eingebürgert hat, konnte die Stadt Frankfurt ein Areal erschließen, das in einzigartiger Weise den skizzierten Bedürfnissen entsprach. Denn das vor allem ließ die Konzeption des Museumsufers zu einem Paradigma für Stadtplanung und Denkmalpflege werden: Jede Museumsneugründung, fast jeder Erweiterungsbau konnte als Kern eine jener Patriziervillen inkorporieren, die sich am Museumsufer wie eine Perlenkette entlangziehen und auf diese Weise einer neuen Nutzung zugeführt und gleichzeitig als Baudenkmäler erhalten wurden. Dieses harmonisch statt monoton komponierte alte Wohnquartier erzählt faszinierende alte Geschichten.

Was die Frankfurter Museumsarchitektur der 80er Jahre und darüber hinaus auch das übrige kommunale Baugeschehen so bekannt gemacht haben, ist der radikale Bruch mit eingefahrenen Prozeduren des Baumanagements früherer Jahrzehnte und vor allem auch die durchgängig über Wettbewerbe ermittelten Entwürfe. Den Erfolg garantierten auch die stark verkürzten politischen Entscheidungswege unter Oberbürgermeister Walter Wallmann und eine gut gefüllte Kasse, die Ernst Gerhardt kulturfreundlich fest unter Kontrolle hielt. Das Baudezernat unter Hans-Erhard Haverkampf konnte gegenüber den *tempi pas-*

sati einen beachtlichen Bedeutungssprung verzeichnen. Ehedem bürokratisch vermittelte Abläufe wurden rigoros vereinfacht und zeitlich übereinandergeschoben, auch kamen nicht immer wieder die gleichen Frankfurter Architekten an die Reihe. Die gerade im Umbruch befindliche internationale Architektur legte gewissermaßen über Nacht deutliche und nachhaltige Spuren in das komplexe Frankfurter Stadtgefüge. Stellvertretend für die vielen hochmotivierten und kompetenten Mitarbeiter des Baudezernates möchte ich hier den ins Machen und ins Gelingen verliebten Baustadtrat Hans-Erhard Haverkampf nennen und dessen damaligen Fachbereichsleiter für Kulturbauten Roland Burgard, jetzt Professor in Wien. Mußten vorher ganze Hebelwerke in Bewegung gesetzt werden, um als Kulturdezernent Bauliches zu realisieren, genügte jetzt ein Knopfdruck, und der Fortschritt nahm seinen unaufhaltsamen Lauf.

Bei Beginn der Museumsuferplanung gab es in der Bundesrepublik kein einziges Museum, das spezifisch den Themen Architektur, Jüdische Geschichte, Film oder Kommunikation gewidmet gewesen wäre. In Hessen gab es bis dahin auch kein Museum speziell für Moderne Kunst oder für Ikonen. Es gibt bis heute auch nirgends vergleichbare Kunstinstitutionen wie die Kunsthalle Schirn oder den Portikus. Die Mehrzahl dieser auch inhaltlich neuen kulturellen Gründungen spiegeln ihre Fassaden im Main. Auch der Mousonturm in der entfernten Waldschmittstraße ist eine genuine Frankfurter Erfindung, ähnliche Einrichtungen erweisen sich inzwischen auch in Hamburg (Kampnagel) und in Köln (Stollwerck) als Publikumsmagneten. Auf Thomas Manns im *Zauberberg* formulierte Invektive „Das Alte will das Neue sein und schminkt sich die Farbe des Lebens an" können wir mit einem etwas salopperen Zitat antworten: „Das Neue will ganz das Neue sein, mit Pinke, aber ohne Schminke."

So konnte die Stadt Frankfurt erreichen, daß dieses mainnahe Villenquartier unter Ensembleschutz gestellt wurde – ein planungsrechtliches Instrument, welches sowohl den Abriß von Einzelgebäuden als auch Areal-Entfremdungen zwischen den Gebäuden verhindert, ja juristisch unterbindet. Zweifellos ist dies neben dem Erhalt und der behutsamen Erneuerung historischer Bausubstanz das nachhaltigste urbane Ergebnis dieser Museumsufer-Unternehmung, die Rettung nämlich einer süd- wie noruferspezifisch gewachsenen Architektur-, Stadt- und Naturlandschaft, in der jeder Eingriff egoistischer Investoren-Ökonomie die Balance der Szenerie empfindlich gestört, wenn nicht sogar gekippt hätte.

Das Museumsufer ist, was gern marginalisiert, wenn nicht unterschlagen wird, auch ein Projekt prospektiver Denkmalpflege gewesen. Hilfreich im Vorfeld waren die frühen „Grüngürtel"-Überlegungen des Frankfurter Architekten Till Behrens, während Celebrities wie Hermann Josef Abs hinsichtlich einer Vernetzung der bis dahin solitär existierenden Museen zu einem zusammenhängenden Museumsufer sich mit deutlich veristischen Invektiven bemerkbar machten. Eher oft als selten hämisch sekundiert vom damaligen Kunst-Präzeptor der *F.A.Z.*, Eduard Beaucamp, wurde die Phalanx dieser Neuplanungen kurzerhand zur Selbststilisierungsneurose eines „monetär debilen Kulturdezernenten" dämonisiert. Nun, das Ergebnis und seine positiven Folgen haben den kassandrahaften Kulturpessimismus des Rufers aus den Höhen des Feuilletons alsbald verhallen lassen.

Zur Genese des Museumsufers

Seit das Museumsufer offiziell mit diesem Namen geschmückt wird, ist seine Genese von den Grundstücksplanspielen bis zum Drama des Völkerkundemuseums von Legenden umrankt, die unsere Phantasie um so wilder wuchern lassen, je mehr ihnen Jahresringe wachsen. Darum der Versuch einer Intervention, auch um die Relevanz der komplementären Interessen transparent zu machen.

Das Bild dieser hektisch flirrenden Metropole der europäischen Finanzwelt wird von der weit in den Himmel ragenden, ästhetisch imposanten Skyline aus Wolkenkratzern geprägt. Die als Symbol des Kapitals stadtbeherrschenden profanen Kathedralen haben Frankfurts Stadtlogo mit medialem Wiedererkennungswert ihren Stempel aufgedrückt. Wer erstmals mit dem Flieger auf Frankfurts Airport einschwebt, meint, in einer amerikanischen Stadt zu landen. Dieser einzigartige Kulissenzauber half zugleich aber den fatalen Eindruck zu verbreiten, hier walte allein der Geist Merkurs, jenes antiken Gottes der Händler und – Diebe. Unter den bis in Wolkenhöhe getürmten Kreditriesen ragt Star-Architekt Norman Fosters *signature building*, die Commerzbank mit 300 Metern (inklusive Antenne) am hochmütigsten in den Himmel, beleuchtet von Merkurs kosmischem Zwillingsbruder, unserem sonnennächsten Planeten Merkur. Mit ihrer astronomischen Höhe hoffte die Bank, mindestens zum höchsten metrischen Gipfel aufzusteigen. In diesem sophistischen Ranking einer glassüchtigen Himmelsstürmerei hat die Commerzbank, wenn auch nur um zwei Pferdelängen, sogar die Zwillingstürme der Deutschen Bank übertrumpft. Ironie der Hoch-Stapelei: Im Januar 2009 mußte sich die Commerzbank, die erst ein Jahr zuvor die Dresdner Bank geschluckt hatte, mit Steuermitteln in Höhe von 20 Milliarden Euro von der Staatskasse aus der tiefsten Talsohle holen lassen. Taugen die phallische Phalanx dieser mehr oder weniger ästhetischen Himmelsdome und das jährliche Hochhaus-Festival immer noch zum Identitätsdesign für die Banken und die Wirtschaft Frankfurts und als illuminierte, glänzende Trumpfkarte für das Städte-Ranking? Max Webers Postulat, Wirtschaften sei „die friedliche Ausübung von Verfügungsgewalt", ist heute nur noch als Realsatire zu lesen. Die „Verfügungsgewalt" hat die Krise an den Staat delegiert, der extra ein Gesetz für die Einrichtung einer „Bad Bank" erlassen mußte.

Wer seit dem architektonischen Wachstumssprung der Bankgiganten deren Ehrgeiz in Rechnung stellte, außer im Jahresumsatz auch im hochgebauten Prestige einander den Rang abzujagen, mußte ihren hochfliegenden Visionen in Frankfurt spätestens dann mit gehöriger Skepsis begegnen, als sie mit ihrer Machtdemonstration aus Beton und Glas auch noch an das andere Ufer des Mains drängten, um den Sachsenhäuser Schaumainkai mit Bürotürmen zu bepflanzen. Als erste Grundstücksspekulationen ruchbar wurden, läuteten die Alarmglocken noch leise: Aber es war Eile geboten, sich der gewachsenen Struktur unserer Stadt zu erinnern, in der sich ihre Geschichte spiegelt. Es war allerhöchste Zeit, mit der neuen Urbanität der Stadt erst recht die Substanz der schönen alten Bürgervillen und patrimonialen Patrizierhäuser mit ihrer in der Gründerzeit oder, wie im Falle der Metzlervilla, bereits im 18. Jahrhundert erworbenen Individualität als Solitäre zu bewahren. Mit aller Energie galt es jetzt, die natürliche Topographie der Uferlandschaft zu retten, damit nicht, wie Brecht es als Menetekel formulierte, „von diesen Städten nur wird bleiben: der durch sie hindurchging, der Wind". Die Ästhetik der gigantischen Hochhaus-Architekturen darf nicht unsere Sichtweisen, unser Lebensgefühl prägen. Die Gegenwelt aus Kultur und Künsten als unveräußerliche Größen der Urbanität haben den Gründungsmythos des Museumsufers mitgeprägt. Das Museumsufer steht letztlich auch als Symbol des Aufbegehrens gegen das Verschwinden der Frankfurter kulturellen und historischen Identität in einer banausischen Welt der Zwecke.

Von wem sonst als der Kultur hätte das notwendige *principiis obstat* in unserer in die Zukunft drängenden Stadt auch kommen sollen! „Alles ist in den besten Anfängen" – mit diesem Satz aus Franz Kafkas letztem Brief ließe sich die Umsetzung der Vision eines vollendeten Museumsufers beschwören, das seine Ganzheit auf die hohe Qualität und reiche Vielfalt seiner Sammlungen gründen und im transdisziplinären Dialog die großen Zukunftsfragen beantworten helfen wird.

Walter Möller tritt auf den Plan

Im gedemütigten Westend war ab den 60er Jahren durch Spekulanten ohne Respekt vor der schönen alten Bausubstanz und damit der Frankfurter Bürgergeschichte bereits mehr zerstört worden als im Zweiten Weltkrieg. Als jene spekulierende Spezies mit wertschöpfendem Blick das Sachsenhäuser Ufer beäugte und nun auch noch die herrschaftlichen Villen der Gründerzeit am Main liquidieren wollte, war strategischer Widerstand angesagt. Es galt, der Plünderung der Zukunft Einhalt zu gebieten. Gigantische Hochhäuser, als Erektionen des Kapitals verspottet, auch noch am romantischen Sachsenhäuser Mainufer? Welch entsetzlicher Gedanke! Der kriminelle Plan, die alten Bürgervillen aus der Gründerzeit

Oberbürgermeister Walter Möller

der Willkür eines entfesselten Marktes zu überlassen und auf dem Altar des Kommerzes zu opfern, würde sich nur durch eine vorsorgliche Grundstücksbevorratung und durch einen ästhetisch wie städtebaulich überzeugenden Gegenentwurf, also durch eine konkrete Zukunftsplanung verhindern lassen.

Zum Glück war mit dem früheren Frankfurter Verkehrsdezernenten und Initiator der U-Bahn Walter Möller, dem 1970 die Weihen des Oberbürgermeisters erteilt worden waren, ein klares Bekenntnis zur Kultur als lebensdienlichem Ferment urbaner Stadtgestaltung in die Römerflure eingezogen. Möller hatte Adornos Schrift *Auferstehung der Kultur in Deutschland* gelesen, dessen ersten Aufsatz nach der Rückkehr aus dem Exil in den USA im Jahr 1949, ebenso wie sein kanonisiertes Werk *Die Dialektik der Aufklärung*, das Möllers Denken soziologisch grundierte. Für den Kopf der Frankfurter Schule ist der Begriff Freiheit mit dem menschlichen Bedürfnis nach Autonomie, Bildung, Kultur und „nach echtem Glück" verbunden und unabdingbar verknüpft mit Aufklärung und Vernunft; die beiden letzten Begriffe wurden Schlüsselwörter in Walter Möllers politischem Repertoire. Ohne akademische Weihen zu besitzen, regierte Möller mit cartesianischem *bon sens*, mit gesundem Menschenverstand. Für seinen langen

Weg durch die Institutionen hatte ihm die edition suhrkamp den intellektuellen Proviant geliefert. Die Suhrkampautoren und deren viele Leser – aber wohl nur jene der gehobenen Bildungsschichten – haben die Ideengeschichte nicht nur der Stadt, sondern auch und vor allem der Bundesrepublik mitgeschrieben. Nicht erst seit dem Wegzug des Verlages ist dessen Bedeutung für die Stadt zu einem eher symbolischen geschrumpft. Das Revier von Walter Möllers Neugier war übrigens unbegrenzt. Als Repräsentant einer diskursiven Kulturpolitik erschien er als der ideale Partner für die Sprengung ästhetischer Konventionen und gegen bloßen Kulturkonsum. „Wer Frankfurts Zukunft will, muß mit der Kultur beginnen", lautete Möllers verheißungsvolles, sympathisches Credo – Kultur als Fonds der Versittlichung des Menschen. Mit Walter Möller keimte in Frankfurts Kulturszene Hoffnung auf, eine neue Kulturpolitik sollte den kommunalpolitischen Umbruch begleiten. Gern bin ich seinem Ruf nach Frankfurt gefolgt.

Nach Verhandlungen mit der Stadt Köln und Gesprächen mit dem wesensverwandten Frankfurter Oberbürgermeister Walter Möller hatte ich mich 1970 statt für die Domstadt für ein Leben in Frankfurt entschieden. Anders als in Köln hatte hier die kulturelle Infrastruktur weit mehr Defizite zu beklagen, die geeignet waren, den Ehrgeiz eines Kulturdezernenten herauszufordern. Möller hatte konkrete Desiderate, die er mit Hilfe eines „neuen Kulturstadtrats von draußen" zu verwirklichen hoffte: Seine geldstarke, aber charakterarme Stadt wollte er in eine Kulturmetropole modernen Zuschnitts verwandeln. Diesen längst überfälligen Quantensprung von der Miefigkeit der Stadt in eine wirtliche Zukunft hoffte er mit seinem zupackenden Naturell und der Kreativität einer neuen weltläufigen Kulturpolitik zu schaffen. Sein Herzenswunsch war der Wiederaufbau der Alten Oper, den hatte er dem Wahlvolk versprochen. Auf seiner Agenda standen ferner: die Kommunalisierung der Volkshochschule, die Mitbestimmung im Schauspiel, in jedem Stadtteil eine Bibliothek und ein Bürgerhaus. Und dann wollte er viele Brunnen sprudeln lassen, um damit die Bürgerherzen zu erfreuen: Frankfurt sollte zur „Hauptstadt der Brunnen" werden, und weil die älteren Brunnen weitgehend gotischen und barocken Mustern folgten, wollte Möller statt „Brunnen vor dem Tore" Gegenentwürfe von modernen Künstlern wie Hermann Göpfert.

Last, not least wollte Möller das magere Museumsangebot erweitern: Städel, Senckenberg und Goethe-Haus aus dem 18. Jahrhundert genügten ihm nicht. Er fürchtete, daß sich im tradierten Museumsgemäuer das Licht der Aufklärung nicht würde entzünden lassen. Sein letztes Desiderat, bevor ihn 1971 die „ungeheure Macht des Negativen" einholte, als die Hegel einmal den Tod umschrieb, war der Ausbau der Museumslandschaft. Aufgrund des dezidierten Desinteresses von Möllers Nachfolger Rudi Arndt mußte das Großprojekt dann *ad calendas graecas* vertagt werden: Zwar hatte Arndt buchstäblich mit Ach und Krach auf mein von Freund FriFra Sackenheim unterstütztes Plädoyer hin das Stichwort „Museumsufer" 1977 noch schnell ins Wahlprogramm der SPD aufgenommen, aber lieblos marginalisiert auf der Rückseite des Wahlprospekts. Auch in Frankfurt „bedeutet Politik ein starkes langsames Bohren von dicken Brettern mit Leidenschaft und Augenmaß zugleich", prophezeite uns schon Max Weber.

Walter Wallmann ante portas

Verwirklichen lassen sollte sich das weiträumige Projekt erst unter dem kulturell aufgeschlossenen Oberbürgermeister Walter Wallmann, der 1977 gegen Rudi Arndt die Kommunalwahl für die CDU entschieden hatte. Obwohl seine Partei ihren personalisierten Wahlkampf ausdrücklich gegen zwei „linke" Stadträte, gegen den Dezernenten für Schule und gegen den Kulturdezernenten geführt hatte, wurden die beiden Sozialdemokraten, Peter Rhein und ich, von Walter Wallmann in seinen Magistrat übernommen. Anders als seine Partei hatte sich der Verehrer Max Webers offenbar dessen Lehre von der Werturteilsfreiheit zu eigen gemacht. Für Wallmann waren Bildung und Kultur entscheidende Faktoren bei der Zukunftsgestaltung einer Kommune: „Gerade die Zukunft Frankfurts als eines lebendigen sozialen Organismus hängt entscheidend von der kulturellen Bedeutung unserer Stadt ab. Ich habe bereits früher betont, daß Kulturpolitik ein, wenn nicht das Ferment der Kommunalpolitik ist. Sie trägt entscheidend zur Identität, zum Gesicht einer Stadt bei." Nicht zuletzt dürfte Walter Wallmann die Konzeption des Museumsufers bewogen haben, mich in der Stadt zu halten. Aus Wallmanns Einladung zum Weitermachen resultierte eine meiner nachhaltigsten beruflichen Stationen, wofür ich dem Mentor aus Marburg zu ewigem Dank verpflichtet bin. Ohne diese einzigartige gemeinsame Anstrengung einer Art *Entente cordiale* von fortschrittswilligen Mitstreitern wie Stadtkämmerer Ernst Gerhardt aus der soliden Gründergeneration der Republik mit ihrem aufgeschlossenen Konservatismus oder Baudezernent Hans-Erhard Haverkampf, dem „schnellen Brüter" und weltläufigen Pragmatiker, gäbe es das Museumsufer – auch als Gefühlswert – nicht. Im permanenten Wettbewerb der großen Städte um das markanteste Profil war ihnen das Museumsufer ein Pfund, mit dem sich wuchern ließ. Im Kulturamt war es mein Dezernatsleiter Günther Hampel, der das Zusammenspiel mit den Ämtern koordinierte und dafür sorgte, daß Tempo vorgelegt wurde, und im OB-Büro war es Wallmanns intellektueller Kopf Alexander Gauland, der dort die Fäden zog. Auch Frankfurts Stadtverordnete zur Rechten wie zur Linken und meistens auch die in der Mitten haben einmütig allen Museumsplänen zugestimmt. In der Mainmetropole war bei Fragen der Kultur keine Tyrannei einer

Der neue CDU-Oberbürgermeister Walter Wallmann übernimmt 1977 den SPD-Stadtrat Hoffmann in seinen umgebildeten Magistrat

Mehrheit zu befürchten. In unserer zahlenorientierten Welt haben die Parlamentarier den hohen Stellenwert der Kultur buchstäblich in Rechnung gestellt.

Wenn Frankfurts Schicksal darin besteht, immer zu werden und niemals zu sein, dann ließe sich unter der Ägide von Oberbürgermeisterin Petra Roth und Kulturdezernent Felix Semmelroth „das Jahrhundertprojekt Museumsufer“ (*F.A.Z.*) zielstrebig weiterverfolgen und bis in alle Ewigkeit prolongieren. So wie für Jürgen Habermas die Moderne ein unvollendetes Projekt ist, bleibt für mich das Museumsufer als Work in progress ein dauerndes kulturpolitisches Handlungsfeld.

Nur eine gegenseitige Wechselwirkung aller ästhetischen und historischen Komponenten, deren Vielfalt sich zu einem universalen Ganzen fügt, wird unseren Kenntnisstand zum Erkenntnishorizont erweitern können. Unsere Museen am Ufer sind Orte, in deren Summe wir unser Gedächtnis versammelt finden. Tradition und Veränderung heißt das Vermittlungskonzept des Museumsufers, das uns zur Neugier auf die ästhetische wie materielle Seite der Kulturgeschichte anstiften möchte. Ganze Weltbilder spiegeln sich am Museumsufer. Der Main ist heute keine Wasserscheide mehr, keine Demarkationslinie, die Frankfurt in zwei Teile teilt. Der Strom mit seinen beiden Ufern und seiner Freizeitlandschaft hat Identitätsprozesse unter den Bürgern dieser Stadt beschleunigt, die beiden Ufer sind längst zum Identifikationsort für die Menschen dieser Stadt geworden.

Statt als kostbare Gedenkalben der Gesellschaft oder als deren Reliquienhüter dienen die Museen als lebensnahe Orte der Präsentation von Kunstobjekten und anderen Artefakten, mit deren Reflexion und kritischer Aktualisierung sich Vergangenheit analysieren und deren kultureller und sozialer Mehrwert sich auf die Zukunft hochrechnen läßt. Mit dreizehn Museen präsentieren sich die Häuser des Museumsufers als gemeinsamer Wissenskosmos, als museumsgeschichtlicher Glücksfall. Hier wird Kulturgeschichte nicht nur intellektuell, sondern auch ästhetisch und sinnlich als Vergnügung vermittelt. Denn „es gibt keinen anderen Weg, den sinnlichen Menschen vernünftig zu machen, als daß man ihn zuvor ästhetisch macht“ (Schiller in seinen *Briefen über die ästhetische Erziehung des Menschen*, 1793).

Das Frankfurter Museumsufer

Linksmainisch

Das Sachsenhäuser Museumsufer säumen auf dreitausend Metern Flußlauf zehn Museen, deren Hälfte erst ab den 80er Jahren hier entstanden ist. Das Städel und das Liebieghaus haben während des Frankfurter Museumsbooms repräsentative Anbauten erhalten; der Neubau des Museums für Kunsthandwerk, das heute als Museum für Angewandte Kunst firmiert, bildet eine Einheit mit der vollständig renovierten alten Metzlervilla. Wo solche Solitäre stehen, finden die Künste eine einzigartige Heimstatt, um sie mit neugierig gemachten Besuchern zu teilen.

Das Ikonen-Museum im klösterlichen Ambiente

Die Geschichte des Ikonen-Museums ist nicht linear verlaufen wie die anderer Museumsgründungen. Es war ein Jesuiten-Pater aus Sankt Georgen in Oberrad, der dabei Pate stand. Pater Friedhelm Mennekes hatte mich schon zu mehreren ungewohnten Auftritten auf der Kanzel seines Gotteshauses Sankt Markus in Frankfurt-Nied vergattert. Hier im Allerheiligsten durfte ich drei seiner vielbestaunten Kunstvernissagen eröffnen, die in Anwesenheit der Künstler nacheinander Werke von Joseph Beuys, Emil Schumacher und Arnulf Rainer zeigten. Bei der letzten Vernissage bat mich der Gottesmann und inzwischen guter Freund, ihn doch nach Königstein in den Taunus zu begleiten: In der Villa des international renommierten Herzspezialisten Jörgen Schmidt-Voigt warteten hunderte wertvolle russisch-orthodoxe Ikonen, die dort, dicht gedrängt, als einzigartige Ikonostase die Tapeten ersetzten und en gros wie en detail ihrer kulturpolitischen Erweckung aus dem Dornröschenschlaf harrten.

In einem Alter, wo die Zukunft schon hinter ihm lag, wollte Schmidt-Voigt seine Kollektion gern öffentlich zugänglich machen, „vergesellschaften“, wie er das selbstironisch nannte. Ich sollte doch lieber ganz schnell zugreifen, riet der Pater. Zeitenthoben schmückten in ihrem Königsteiner Asyl die Kultbilder der Ostkirche sämtliche Wände und Flure bis unter den Dachboden. In ihrer flächengebundenen Formsprache spiegelten die auf Holzplatten gemalten Tafelbilder außer diviner Stille und planer Schönheit die Spiritualität einer verflossenen

Epoche. Und sie gaben ein seiner Profession geschuldetes spezifisches Sammelgebiet des Doktor med. zu erkennen: medizinische Motive in der Ikonenmalerei.

Beim anschließenden Krimsekt mußte ich nicht mehr überzeugt werden, für diese Preziosen am Main ein Museum zu errichten. Auch wenn deren hundert kostenlos den Besitzer wechseln würden, so verlangte das Unternehmen doch zusätzlich Bares. Also versuchte ich, den christdemokratischen Stadtkämmerer dazu zu bewegen, diese sakralen Kostbarkeiten aus dem 15. bis 19. Jahrhundert als möglichen Mehrwert des kommunalen Besitztums persönlich in Augenschein zu nehmen. Als wir eine Woche später auf der Matte vor Schmidt-Voigts Königsteiner Haustür unsere Schuhsohlen salonfähig machten, ermahnte mich Ernst Gerhardt: „Bitte keine Zusagen!“ Als der Kämmerer wie erhofft von der geballten Phalanx der Heiligenbilder tief beeindruckt mir freundlich zuraunte: „Großartig“, fiel mir der berühmte Stein vom Herzen. Draußen vor der Tür zügelte er später seinen Überschwang mit fiskalischer Räson: „Aber nicht schon wieder einen Neubau! Schaffen Sie Platz in Ihren vielen Häusern, damit die Morgengabe nicht zu teuer kommt.“ Als suggestives Ambiente für die Andachtswelt der Ikonen hatte ich längst das alte Kloster der Deutschordenskommende am Sachsenhäuser Brückenkopf auserkoren, dessen Refektorium im Souterrain nur noch zusätzlich angemietet werden mußte. Außerdem wurde die Ikonengalerie als Abteilung dem Museum für Kunsthandwerk zugeschlagen, ohne kostspieligen eigenen Stab. Mit ihren inzwischen über tausend Ikonen hat sich die Sammlung seit 1990 dann aber doch zu einem autonomen Museum gemausert. Wegen der beschränkten Hängeflächen können die Besucher ihre Augen aber nur an jeweils zweihundert, im Rotationsprinzip wechselnden orthodoxen Heiligenbildern weiden.

Schon drei Tage, nachdem Schmidt-Voigt den komplizierten Vertrag vor der Presse feierlich gegengezeichnet hatte, rief mich der noble Spender aufgeregt an. Sein Steuerberater habe ihm dringend geraten, den Vertrag zu stornieren, denn als Honorar für seine ärztliche Kunst, mit der ihm die befristeten Leben der greisen Sowjet-Potentaten Chruschtschow, Breschnew und Andropow jeweils zu verlängern gelang, mußten diese geldwerten Kunstgegenstände aus vergangenen Jahrhunderten hierorts und heute ordentlich versteuert werden.

Nicht verzagen, Bruno Schubert fragen! Der Generalkonsul und spätere Ehrenbürger lud umgehend den Präsidenten vom Finanzamt Frankfurt-Mitte zum Dinner in seine Residenz, um mit uns den Casus zu verhandeln! Spätestens als das Dessert verabreicht wurde, hatte die Vernunft schon obsiegt: Die Steuerschuld wurde mit vier wertvollen Ikonen beglichen. Diese hängen seitdem unbescholten ebenfalls im Frankfurter Ikonen-Museum, diesem Ort der profanen Ikonodulie, der jetzt quasi amtlich abgesegneten ästhetischen Verehrung der Kultbilder der Ostkirche; sie sind geziert durch kleine Bronzeschildchen mit dem diskreten Hinweis: Dauerleihgabe des Finanzamts Frankfurt-Mitte.

Eine der sakralen Kostbarkeiten im Ikonen-Museum

Den Ausstellungstrakt hinter dicken barocken Klostermauern im Deutschordenshaus, das 1715 über den Kellern einer ursprünglich gotischen Anlage errichtet worden war, hat 1989 kein Geringerer als Oswald Mathias Ungers gestaltet. Ihm ist dabei gelungen, lange Vergangenes mit architektonischer Gegenwart in eins zu spiegeln. Die Räume atmen die spirituelle Atmosphäre des emeritierten Klosters der Deutschordenskommende mit anrainender Kapelle: In diesen Mauern umweht jetzt ein Hauch von klösterlicher Ordensgeschichte alte Kunst. Schon im 14. Jahrhundert hatte hier ein unbekannter Ordenspriester das berühmte Traktat *Vom vollkommenen Leben* verfaßt, das der große Reformator Martin Luther 1516 unter dem Titel *Ein Theologia deutsch* mit der Bemerkung herausgab, daß er außer der Heiligen Schrift keinem anderen Buch so viel verdanke wie diesem. Bereits am 22. Mai 1324 hatte hier Kaiser Ludwig der Bayer in seiner „Sachsenhäuser Appellation" den Anspruch des Papstes auf die Approbation einer Königswahl mutig zurückwiesen. Die russischen Ikonen im alten Kloster haben mit der Madonnenraserei des katholischen Mittelalters nichts gemein. Richard Zacharuk vermeidet mit der hiesigen Präsentation von Heiligenmotiven klug jede hagiographische Überzeichnung.

Das Kloster beherbergte einst einen spirituellen Kosmos am kleinsten Ort der Stille und der „denkenden Betrachtung", die schon Hegel pries. Wie man heute sehen kann: Auch am Rande einer lärmenden Metropole kann große alte Kunst kirchenstill ganz neuen Zauber entfalten und die Meditation befördern. Hier im sakralen Milieu findet der gestreßte Großstadtmensch meditative Muße, Andacht und vielleicht sogar inneren Frieden. Im ersten Stock brüten seit 1972 Frankfurter Kulturdezernenten ihre Pläne aus.

Der Portikus auf der Maininsel

Buchstäblich im Strom der Zeit präsentiert sich als jüngste Attraktion der neue spitzgiebelige, sandsteinrote Portikus auf der Maininsel an der Alten Brücke, ein weiteres echtes Kleinod in der Phalanx der Mainmuseen. Die Idee eines Portikus hatte Kasper König gleich bei seinem Anstellungsgespräch in meinem alten Oberräder Forsthaus zwischen Weihnachten und Neujahr 1988/89 serviert. Ich hatte ihn eingeladen, die Leitung der Städelschule zu übernehmen, aber er kam nicht allein. Er hatte keine Geringeren als Gerhard Richter und Ulrich Rückriem im Troß – eine dreifaltige Fronde gegen alles Habituelle in der Kunst. Königs ultimative Forderung: „Entweder wir kommen alle drei oder ich auch nicht." Die Trias hatte verabredet, das Gestrüpp der akademischen Einzeldisziplinen zu kupieren, zumal sich die tradierten Demarkationslinien zwischen den Sparten längst verfranst hatten.

Da es im Stellenplan der Schule aber nur eine einzige Vakanz gab, trieb ich telefonisch Oberbürgermeister Wolfram Brück an seinem Urlaubsort auf, um diese einmalige Chance nicht zu versäumen. „Was? Der Richter, der Rückriem und der Kasper König, die sitzen da jetzt bei Ihnen?" fragte der Rheinländer euphorisch nach; ich hatte Glück, daß für den OB die drei berühmten Namen ein

Begriff waren: „Und alle drei wollen wirklich von Düsseldorf nach Frankfurt wechseln? Auch der Richter?" – „Ja, auch der. Aber uns fehlen zwei Planstellen, und ebendiese müssen Sie uns jetzt verschaffen. Denn entweder kommen die im Dreierpack, oder es kommt keiner!"

Die Städelschule als legendärer Hort der freien Künste, berühmt durch Lehrer wie Philipp Veit, Max Beckmann oder Willi Baumeister, mochte die berühmten drei aus ähnlichen Gründen angelockt haben wie weiland Hugo von Hofmannsthal der George-Kreis: „Exklusivität sowie das Fehlen jedes Programms". Kasper Königs Programm war die Erfüllung der Wünsche seiner Schüler nach Selbstverwirklichung als Option für eine erfolgreiche Künstlerexistenz.

Der OB signalisierte sein prinzipielles Okay, aber ohne den Stadtkämmerer ließe sich „der Deal" nicht verbindlich machen. Ernst Gerhardt sei aber im Urlaub. Nun, so wie ich den OB im Urlaub ausfindig gemacht habe, werde er als Oberbürgermeister doch auch den Kämmerer aufspüren können. „Gut, ich versuch's und rufe Sie in einer halben Stunde wieder an." Noch bevor die Frist verstrichen war, kam die gute Nachricht: „Habe mit dem Kollegen Gerhardt gesprochen. Sie kriegen die zusätzlichen Stellen. Ein herzliches Willkommen an die drei Professoren." Gerhard Richter war beeindruckt. Richter nenne ich einen der schönsten Zufälle meines Lebens, und nicht nur, weil er zu meinem 65. Geburtstag ein Porträt von mir gemalt hat. Das Bild betrachte ich unbescheiden als die höchste aller möglichen Ehrungen.

Als Impressario der tausend Ideen servierte der designierte Direktor der Städelschule Kasper König deren erste noch vor Vertragsabschluß: Vorbedingung sei, daß er als spektakuläre Ergänzung zur Schule den Torso des Eingangsportals der im Krieg zerstörten spätklassizistischen Stadtbibliothek „An der schönen Aussicht", den Portikus an der Obermainbrücke, als eine Art Potemkinsche Fassade für einen Kunstcontainer, für eine Art „Schuhkarton" dahinter in Besitz nehmen dürfe. Unter Umgehung aller Dienstwege habe ich wie weiland ein Pferdehändler den Deal per Handschlag besiegelt. Weil der Plan den Stellenwert einer Inauguration besaß, war es nicht schwer, den listenreichen Bonifatius der Baukultur Hans-Erhard Haverkampf dafür zu gewinnen, der mit taktischer Finesse den Portikus termingerecht aus der Taufe hob. Auf die Schnelle hatte er Marie-Theres Deutsch und Klaus Dreißigacker eine Art Blechcontainer entwerfen lassen, nicht größer als 250 Quadratmeter auf achtzehn Meter Länge, groß genug für je eine monographische Werkausstellung eines zeitgenössischen Künstlers. König wollte einen Ort der Selbstbefragung der Kunst, einen Raum auch der Virtualität, dessen skurrile Note kein Bewußtsein stört. Die Inschrift auf dem Portikus-Fries „Litteris Recuperata Libertate Civitas" ließ sich als Wahlspruch auch für die bildenden Künste gut verwenden. Außerdem sollte das Projekt binnen einer Frist von fünf Monaten pünktlich zur Buchmesse 1987 von deren literaturbesessenem Publikum besucht werden. Nachträglich wird diese damals umstrittene Container-Architektur als Antithese zur Eleganz des übrigen Museumsufers verstanden. Beim alten Portikus war der Raum nicht die Aufgabe, sondern ein Refugium der Möglichkeiten für Königs Ideengestöber. König war denn auch eher ein Verwerter als ein Genießer von Kunst.

Der Magistrat fühlte sich von den Energien aus der Städelschule angespornt, so daß wie weiland Ali Baba mit seinem Zauberwort „Sesam öffne dich!" Kasper König den Portikus mit der Vernissage des noch unbekannten Russen Ilya Kabakov pünktlich eröffnen konnte. Der ukrainische Konzeptkünstler entsorgte mit Ironie und Lakonik die Herrschaftssymbolik der ehemaligen Sowjetunion.

Ihrem Drang, in fundamental neue Dimensionen vorzustoßen, „worin noch niemand war" (Bloch), sind in den ersten zehn Jahren 80 zeitgenössische Künstler aus aller Welt gefolgt, von On Kawara über Claes Oldenburg bis zu Richard Artschwager. Mit ihrem polyphonen Kunstpanorama haben sie den internationalen Ruf der Kunsthalle Portikus begründet. Das wichtigste Meublement der asketischen vier Wände dieses „kleinsten Ausstellungshauses der Welt mit der größten internationalen Wirkung" (Walter Grasskamp) ist ihre Aura – ein Sperrbezirk für die üblichen Entertainment-Effekte. Weil die meist innovationsfreudige Kunst im Portikus oft kommentarbedürftig ist, sind Ausstellungsmacher und Studierende der Städelschule gerne bereit, dem geneigten Publikum mit entsprechenden fachkundigen Erläuterungen den Zugang zu den Exponaten zu erleichtern – Ausführungen, die meist ebenso interessant sind wie die Kunstwerke selbst.

Als eine schwindsüchtige Kulturpolitik 1995 diesem einzigartigen internationalen Treffpunkt der Künstler und Kunstkritiker ebenso kurzsichtig wie langfristig den Geldhahn für Königs Ausstellungsmarathon abgedreht hatte, drohte die Kunstmetropole allmählich zum Krähwinkel zu mutieren. Weil aber die Not auch die Künste lehrt, hat Kasper König alle bisher dort präsentierten Künstler gebeten – darunter Dieter Roth, Jörg Immendorff, Sigmar Polke, Thomas Bayrle und Isa Genzken –, je eine Arbeit fürs Überleben des Portikus zu stiften. Freund Christoph Graf Douglas von Sotheby's hat die Versteigerung der fünfzig Werke honorarfrei als eine Art Happening der Solidarität inszeniert. Der Erlös in Höhe von 1,2 Millionen D-Mark war mehr als eine frische Brise für Kasper Königs Segel, um das Schiff zwischen Scylla und Charybdis havariefrei ins nächste Jahrtausend zu steuern.

Kasper Königs Drängen verdankt sich auch der Erweiterungsbau der Städelschule. Dieser 3 Millionen D-Mark teure Anbau provozierte in gravierenden Details das Veto des unmittelbaren Grundstücksnachbarn, personifiziert in Hermann Josef Abs. Er wollte die Schule und vor allem die „vagabundierenden" Kunststudenten nicht so unappetitlich dicht an die hehren Städelmauern herandrängen sehen; und die klassische Kunst in ihren Goldrahmen wollte er nicht entzaubern lassen. Aber er

Morgan Fisher: Installation *Portikus Looks At Itself* (2009)

hatte nicht mit dem wortgewandten Kasper König gerechnet, der sich gleich beim ersten Sitzungstermin mit der Städeladministration als ein Mann zu erkennen gab, mit dem Abs künftig würde rechnen müssen. Obwohl beide konträre Maßstäbe verkörperten, vertrauten sie zum Wohle der Kunst dem physikalischen Gesetz, wonach Reibung Wärme erzeugt. Abs war Königs Vorgänger Peter Kubelka noch mit Schock-Invektiven wie „Sie beginnen mich zu langweilen, Herr Professor" in die Knochen gefahren, ohne Gegenwehr gewärtigen zu müssen.

Mit seinem untrüglichen Gespür für Qualität hat Kasper König außer Gerhard Richter und Ulrich Rückriem noch weitere Lehrer ähnlichen Kalibers für die Schule verpflichtet, Jörg Immendorff, Christa Näher, Peter Weibel, und dem Institut damit über Nacht wieder Ansehen verschafft, das an die besten Zeiten von Max Beckmann Anfang der 1930er Jahre erinnerte. Zumal Königs Anfangsenergie noch lange nicht verpufft war, haben wir alle bedauert, daß er im Jahre 2000 die Leitung des Kölner Museums Ludwig übernahm. Seine Nachfolge in Städelschule und Portikus trat der Schwede Daniel Birnbaum an.

Für die erfolgreiche Institution Portikus wurde von dem Frankfurter Architekten Christoph Mäckler als Bereicherung des Museumsufers auf der Maininsel 2005/2006 ein attraktiver Neubau mit Innovationsklima errichtet. Damit eröffnete sich ein ganz neuer Resonanzraum. Mit seinen monographischen Ausstellungen wechselt der Portikus die Ausdrucksformen einer flüchtigen Moderne ähnlich häufig wie der Main den Wasserstand. An seiner ursprünglichen Stelle hat Christoph Mäckler 2005 außerdem die alte Stadtbibliothek nach Originalplänen des damaligen Architekten Johann Friedrich Christian Hess mit unverwechselbar eigener Handschrift wiederaufgebaut. In deren Räumen hat jetzt das Literaturhaus ein neues Domizil gefunden.

Das Museum für Angewandte Kunst

Das erste Kunstgewerbemuseum wurde 1852 in London eröffnet, das heute als Victoria & Albert Museum Weltruf genießt. Es darf als Vorläufer unseres 25 Jahre später, 1877 gegründeten Museums für Kunsthandwerk, heute Museum für Angewandte Kunst, in Anspruch genommen werden.

Der erste der international ausgelobten Wettbewerbe des Museumsufer-Projektes hat den zugleich spektakulärsten Bau des Museumsufers hervorgebracht. Weil das Museum für Kunsthandwerk mit einer der bedeutendsten Spezialsammlungen Deutschlands zur europäischen, islamischen und ostasiatischen angewandten Kunst nur notdürftig in der Villa Metzler untergebracht war, rangierte dieses Projekt als Nummer eins auf unserer Agenda: Als Wohnhaus konzipiert, genügte das Gebäude natürlich nicht annähernd den Ansprüchen einer so umfangreichen Sammlung mit ca. 60 000 Objekten.

Der Beschluß der Stadtverordnetenversammlung Nr. 2108 zum Ankauf des Areals Schaumainkai 17 vom 13. Juli 1978 wurde einstimmig gefaßt, das Raumprogramm mit Magistratsbeschluß Nr. 3376 am 21. Dezember 1979 beschlossen. Aus dem internationalen Realisierungswettbewerb ging am 12. April 1980 der Amerikaner Richard Meier als Gewinner hervor. Die beiden zweiten Preise erhielten die ihrerseits international renommierten Architekten Hans Hollein und Robert Venturi.

Frankfurt hatte sich der Moderne verschrieben, dieses kulturpolitische Apriori galt es gleich mit dem ersten Museumsneubau zu beglaubigen. Richard Meier hat mit seinem Entwurf die Vielfalt aller aktuellen Lösungsansätze genial gebündelt. Die Vorgaben hinsichtlich des 3222 Quadratmeter großen Areals erstreckten sich nicht nur auf den Erhalt der bislang unversehrten Parklandschaft; in jedem Fall sollte die klassizistische Villa Metzler Angelpunkt aller konzeptionellen Überlegungen sein.

In meiner Begründung für die Annahme des Richard-Meier-Entwurfs hatte ich mir die Logik der Jury-Bewertung zu eigen gemacht:

Die drei Kompartimente des Neubaus, deren Größenordnung und Distanz zur Villa Metzler von einem Modul bestimmt werden, wird aus der Kubatur dieses Alt-

baus abgeleitet. Dadurch wird ein harmonisches Ensemble von alter und neu geplanter Bausubstanz gewonnen. Die Addition der drei einzelnen, die Villa paraphrasierenden Volumina fügt sich harmonisch in das Stadtbild ein und sichert dem Park sowohl einen stadträumlichen Abschluß als auch eine ästhetisch einzigartige Fassade. Eine allzu strenge Stereometrie konnte dadurch vermieden werden, daß die divergierenden Achsensysteme von Villa Metzler und Schaumainkai zusätzlich mit einem artifiziellen, rechtwinklig angelegten Achsensystem überlagert werden.

Die Freiraumgestaltung im Parkbereich und deren konsequente Adaption bis in das Museumsinnere hinein schafft eine höchst artifizielle, gleichwohl didaktisch funktionale Wege- und Sichtbeziehung zwischen Innen und Außen. Natur- und Architekturräume treten wechselseitig mit den musealen Objekten in eine organische Beziehung. So gewinnt die Dialektik zwischen Innen und Außen ihre Spannung als wirkungsmächtige Komponente.

Elogen darüber, wie Richard Meier mit seiner genialen Umsetzung des Raumprogramms gleichsam die Quadratur des Kreises gelang, können in der internationalen Fachpresse nachgelesen werden.

Dem Magristratsbeschluß M 185 vom 19. Juni 1981 folgend, hat Richard Meier den Kubus der Villa als Grundelement des Planmusters für den Neubau des Museums für Kunsthandwerk bestimmt; der Kostenrahmen wurde mit 43 500 000 D-Mark festgeschrieben. Um drei uralte Kastanienbäume zu retten, hat er die drei Kuben seines Museumsprojekts entsprechend plaziert, indem er aus der Not eine vielbewunderte Tugend machte: Da die resolute Museumsdirektorin Annaliese Ohm auf eine Rundum-Befensterung bestand, weil sie nur tageslichtdurchflutete Räume akzeptieren mochte, bereichert die Baumkulisse als wunderbar natürlicher Teil das luzide Museumsambiente. Die Architektur hat die Natur in ihre Mitte genommen, die Blicke werden ins Innere gelenkt; die Grazie des Raumentwurfs wird durch die Inszenierung der Objekte zur Augenfreude potenziert.

Weil einen beamteten Denkmalschützer ein noch so genialer Wurf eines Weltklassearchitekten wie Richard Meier wenig scherte, wollte er einen der drei Kuben kurzerhand amputieren und damit eine originäre architektonische Meisterleistung blindlings zerstören, die vielleicht erst in 100 Jahren eines Denkmalschirms bedürfte, aber nicht schon gleich bei ihrer Entstehung. Auch untersagte die Wiesbadener Denkmalbürokratie, zwischen dem Neubau und der autochtonen Metzlervilla eine filigrane Brücke zu spannen. Dieser Brückenschlag war deshalb notwenig, weil die nicht unterkellerte Villa eine unterirdische Verbindung mit dem Neubau ausschloß. Ich mußte den direkten Vorgesetzten des Denkmalschützers, den Hessischen Kultusminister Hans Krollmann einschalten, der als einziger befugt war, die Causa ins Vernünftige zu wenden. Krollmann hatte ebensowenig Skrupel, seinen Denkmalschützer Kiesow zu zähmen, wie er sich nicht scheute,

Spatenstich für das Museum für Kunsthandwerk mit Baudezernent Hans-Erhard Haverkampf und Oberbürgermeister Walter Wallmann

den Frankfurter SPD-Parteitag zu brüskieren, der damals offenbar nichts Wichtigeres meinte beschließen zu müssen, als die Realisierung unserer kommunizierenden Röhre zu verhindern: jenen filigranen Museumssteg zwischen ehedem und heute. Was dies den Parteitag anging? Rein gar nichts! Baudezernent Hans-Erhard Haverkampf hatte seinerseits den Landesdenkmal-Beirat gegen die Kiesowschen Barrikaden der Selbstherrlichkeit erfolgreich in Stellung gebracht. So blieb erstens der dritte Kubus unangetastet, und zweitens verbindet heute eine transparente Brücke alte und neue Baukunst und altes Kunsthandwerk mit heutigem Design zur prospektiven Denkmalpflege.

Hans Krollmann hatte meine Einladung angenommen, das Projekt höchstselbst im Frühtau des Mainufers in Augenschein zu nehmen – an seinem letzten

Arbeitstag als Kultusminister, schon am folgenden Tag hätte er als neuer Finanzminister Hessens keinerlei Disziplinargewalt über die Denkmalbürokratie mehr gehabt: Nach dem Ortstermin konnte er kaum anders, als sich für die Logik und damit für Meiers Meisterwerk samt Brücke zu entscheiden. Der Ortsbeirat Sachsenhausen versuchte, in einem sogenannten Bürger-Happening, das zur Provinzposse geriet, auf der Wiese neben der Villa Metzler riesengroße Ballons in den Himmel steigen zu lassen, um zu demonstrieren, welch maßstabslose Höhe der Meierbau anstrebe. Die Kordeln, an denen man die Ballons aufsteigen ließ, entwickelten jedoch mit zunehmender Länge ein solches Gewicht, daß sie nicht höher hinaufgelangten als bis zur Firsthöhe der Villa Metzler – was zu beweisen war, allerdings aus Sicht des Dezernenten und seines Architekten. Wieder einmal hatte unsere Fortune die Hand im Spiel.

Als Bundespräsident Richard von Weizsäcker das damals noch als Museum für Kunsthandwerk firmierende neue Haus im April 1985 einweihte, wußte er das kongeniale Entsprechungsverhältnis von Tradition und Moderne samt des gelungenen Brückenschlags zwischen Alt und Neu in seine Bewunderung einzubeziehen. Bei aller ästhetischen Brillanz dieses architektonischen Chef d'Œuvre ist gleichwohl ein alltagstaugliches Museum entstanden. Dafür gebührt der damaligen Direktorin Annaliese Ohm großer Dank, die schon morgens um acht vor meiner Bürotür stand, wenn sie tags zuvor keinen Termin bekommen konnte: „Nur fünf Minuten, bitte." Dann erklärte sie mir, warum die kostbaren Symbole chinoiser Herrlichkeit nur bei Tageslicht ihren vollen Glanz entfalten und so weiter. Ihr schier überbordender Eifer für die Sache hat sich ausgezahlt. Annaliese Ohm war übrigens die erste Frau in dieser Position, mit ihrer Berufung zur Direktorin 1974 wurde das ewige Patrimonium der Museumsherrschaft in Deutschland gebrochen. Heute werden von den vierundzwanzig Museen am Main sieben von Frauen geleitet.

Meiers Bau, der heute zu den schönsten Museen in Deutschland zählt, gibt sich trotz seines Volumens nicht monumental, sondern paßt sich dem historischen Maßstab der Villa Metzler an. Die Binnenstruktur des Meierschen Meisterwerks ermöglicht mit Hilfe der Exponate, die Aura der damaligen großbürgerlichen Architektur nachzuempfinden. Mit fast beispielloser Behutsamkeit bettet Meier seine vielfältigen Überleitungen vom Innenraum zum Außenraum wie selbstverständlich in die Anlage des Parks ein. Mit seinen Wegesystemen, den Formen der Eingangstore und der Brunnenanlage erzielt er gleichsam eine Erweiterung in den Stadtraum hinein. Und auch die Innenwelt des Museums ist eng mit der Außenwelt der Besucher verbunden. Mit Blick nach draußen in den Park erschließt sich über zahlreiche die Etagen verbindende Rampen ganz zwanglos der einladende Rundgang, in dessen Verlauf die antiken Exponate ihre Liebkosung durch unsere Gegenwart erfahren. Der Neubau des Museums für Kunsthandwerk

Eröffnung des Museums für Kunsthandwerk im April 1985: OB Walter Wallmann, Bundespräsident Richard von Weizsäcker, Richard Meier, Kulturdezernent, Annaliese Ohm, Ernst Gerhardt

ist nur eine, wenn auch die wohl prächtigste Perle in der Kette der Neubauten unseres linken Museumsufers.

Aufsehen im Blätterwald erregte 1978 der Ankauf eines ebenso kostbaren wie kostspieligen Roentgen-Tisches aus der Sammlung Robert von Hirschs für das Museum für Kunsthandwerk. Der damalige Innenminister Werner Maihofer hatte erstmals aus dem von Willy Brandt initiierten Nationalfonds 20 Millionen D-Mark für den Erwerb wichtiger Objekte bereitgestellt, darunter der berühmte „Verwandlungstisch" aus der Werkstatt von Abraham und David Roentgen von 1769, der mit 880 000 D-Mark zu Buche schlug. Je die Hälfte zahlten Bund und Stadt, letztere mit Hilfe der Adolf und Luisa Haeuser-Stiftung. Goethe hatte die Kunstwerke der Roentgens durch den Vergleich mit dem „Zauberpalast der Melusine" poetisch geadelt. Die in London unter dem Hammer des Auktionators zu stolzen Preisen versteigerten Objekte der Hirsch-Sammlung verdanken diese Wertsteigerung nicht zuletzt dem Gütesiegel des Städel, an dessen renommierten Wänden bedeutende Gemälde eine weltweit registrierte Nobilitierung erfuhren.

Das zumeist sperrige Material ästhetisch-dekorativen Meublements großbürgerlicher, vergangenen Stil-Epochen nachempfundener Wohnkultur erhielt erste öffentliche Aufmerksamkeit durch den belgischen Architekten Henry van de Velde mit seinem Einfluß auf den Jugendstil und später durch das 1919 von Walter Gropius in Weimar gegründete Bauhaus. Es war das Bestreben des Bauhauses, die Symbiose von hochwertiger Handwerksarbeit und neuem Formsinn zum Qualitätsmerkmal zu machen. Durch die Präsentation von ausgewählten Objekten, wie der Sammlung Metzler in Frankfurt, hat das Kunsthandwerk mit unverkennbar eigenem Gepräge in der öffentlichen Wertschätzung im Vergleich mit den freien Künsten einen Quantensprung an Bedeutung erzielt.

Neben dem Museum für Kunsthandwerk haben zwei bundesweite Neugründungen die Artenvielfalt unserer Frankfurter Museumslandschaft auf ganz spezifische Weise bereichert: das Deutsche Filmmuseum und das Deutsche Architekturmuseum. Diese beiden Institute, von denen noch ausführlicher die Rede sein wird, sind deswegen von so großer kulturpolitischer Bedeutung, weil es hier deutschlandweit erstmals gelungen ist, zwei der wichtigsten Medien in einen musealen Kontext einzubinden, zwei Massenmedien, die als Inspirationsquelle zudem geeignet sind, elementare kulturelle Bedürfnisse zu wecken. Insbesondere in den sensiblen Bereichen ihrer dynamischen Entwicklung schärfen die beiden Museen unser ästhetisches Urteil über die Medien Film und Baukunst.

Die Geschichte der Villa Metzler

Der mit seiner Apotheke reich gewordene Botaniker Peter Salzwedel hat 1804 eine damals noch namenlose Villa sub urbana am Schaumainkai Nr. 17 im klassizistischen Stil erbauen lassen. Auf einem zeitgenössischen Stich überliefert der Frankfurter Maler Carl Morgenstern die Villa noch als zweigeschossige Architektur mit einem Pyramidendach. Ein halbes Jahrhundert später, 1851, hat der als distinguiert apostrophierte Privatbankier Georg Friedrich Metzler das palaisartige Haus erworben, um hier mit einem draufgesattelten dritten Vollgeschoß seinen Sommersitz als Familienidylle zu errichten. Und mit einem Belvederchen wollte er wohl nicht nur das Dach, sondern auch sich selber krönen.

Mit der wachsenden Bedeutung der Celebrities in der Gesellschaft pflegten in der zweiten Hälfte des 19. Jahrhunderts viele Große der Nation im kunstbestückten Salon der Metzlers zu verkehren. Neben dem gelegentlichen Besucher Goethe kamen und gingen viele Mitglieder des in Frankfurt residierenden Bundesrates und während des Fürstentages außer vielen Fürsten schließlich sogar König Wilhelm I. Dessen späterer Eiserner Kanzler Bismarck war hier ein häufiger, gerngesehener Gast. Georg Friedrich Metzlers Bruder Wilhelm Peter hatte

Historische Villa Metzler, Lackkabinett

die besonders schöne Emma Lutteroth geheiratet, die zu Bismarck ein freundschaftliches Verhältnis zu knüpfen verstand, das der Stadt Frankfurt bald zum Segen gereichen sollte: Als während der Besetzung Frankfurts am 16. Juli 1866 durch die preußische Mainarmee auch die finanzielle Lage der Stadt sich gefährlich zuspitzte, weil die Stadtväter eine Kontribution von 25 Millionen Gulden an die Preußen nicht aufbringen konnten, schickte Emma Metzler am 3. September 1866 einen Brandbrief an Bismarck, der seine Wirkung nicht verfehlen sollte.

Erneut erflehte Emma Metzler Bismarcks Hilfe im Februar 1867. Er möge doch bitte auf die Frankfurt zusätzlich aufgebürdete Kontribution von 6 Millionen Gulden verzichten. Den Brief schrieb sie zu einer Zeit, als die ursprüngliche Forderung von 25 Millionen Gulden noch längst nicht getilgt worden war und diese ohnehin schon phantastische Summe wegen Frankfurts hartleibiger Weigerung strafverschärfend sogar auf 35 Millionen Gulden erhöht werden sollte. Daß diese ultimative Aufstockung schließlich fallengelassen und bereits geleistete Kontributionszahlungen später wenigstens teilweise zurückerstattet wurden, dürfte nicht zuletzt Emma Metzlers mit burschikosem Liebreiz vorgetragener Intervention zu danken gewesen sein.

In seinem Brief vom 7. März 1867 avisierte Bismarck Emma Metzler, daß er „im Interesse ihres ‚armen' Frankfurts nicht müßig gewesen" sei, und er hoffe, „daß sich dort alles zur Zufriedenheit ergeben wird. Wie sollte ich nicht eine freundliche Gesinnung für eine Stadt bewahrt haben, wo ich so glückliche Zeiten verlebt und so viele liebe Leute gekannt habe. Ich tue was ich kann, nachdem die Sachen einmal in ein schlechtes Geleis geraten waren, und mit Rücksicht auf Ihre beredte Fürsprache täte ich gern mehr als ich kann". Bismarck schätzte an Emma deren Wahrheitsliebe und wohl auch die Ursprünglichkeit ihres reinen Empfindens. Soviel zur Vaterstadtpoesie der antipreußischen *reservatio mentalis.* Das Restaurant „Emma Metzler" im Park des Museums für Angewandte Kunst schmückt sich heute zu Recht mit ihrem Namen.

Nach ihrem Verkauf durch die Familie Metzler diente die Villa mit 580 Quadratmetern Nutzfläche in wechselvoller Zeit verschiedenen Zwecken, so etwa der Marburger Diakonie ab 1928 als Altenheim. Weit vorausblickend hat die Stadt Frankfurt 1961 die Villa erworben, nachdem Pläne ruchbar geworden waren, an deren Stelle das Monster eines Tausend-Betten-Hotels mitten im intakten linksmainischen Bürgermilieu zu errichten. Die Adolf und Luisa Haeuser-Stiftung ermöglichte mit einer Summe von 100 000 Mark „die funktionsgerechte Umrüstung" der Villa „ausschließlich für Museumszwecke" und setzte so weit vorauseilend einen ersten Meilenstein für das spätere Großprojekt Museumsufer. Nach Abschluß der Restaurierung fand hier das 1877 gegründete Museum für Kunsthandwerk seine Heimstatt, das – gewissermaßen als Weihnachtsgabe an die Frankfurter Bürgerschaft – am 26. Dezember 1967 seine Preziosen erstmals in angemessenem, wenn auch begrenztem Rahmen der Öffentlichkeit präsentieren konnte. Die einzigartige Sammlung kostbarer kunstgewerblicher Objekte war 1904 durch eine Schenkung des mäzenatisch hochgesinnten Wilhelm Peter Metzler, des Bruders des damaligen Hausbesitzers, wesentlich erweitert worden. Mit dem anrainenden Neubau Richard Meiers war es ab 1985 dann endlich möglich, wenigstens zehn Prozent des inzwischen auf 60 000 Objekte angewachsenen Bestandes zu zeigen.

Nachdem das ursprüngliche Museumsgebäude an der Neuen Mainzer Straße 1944 durch Bomben vernichtet worden war, hatte die vorwiegend dreidimensionale Kunst 1950 zunächst im Westflügel des Städel Museums vorläufiges Asyl gefunden. Als das Städel diese Räume dringend selbst benötigte, wurde die Sammlung im Dormitorium des Karmeliterklosters notdürftig verstaut, zusätzlich wurden Räume über einem Kino auf der Zeil angemietet.

Im November 2008 ist die Metzlervilla von Grund auf renoviert und, soweit dies noch möglich war, in ihren Urzustand zurückversetzt worden – bis hin zu den Tapeten. Die dafür notwendige Summe von 3,5 Millionen Euro wurde größtenteils durch Sponsoren aufgebracht, allein die Polytechnische Gesellschaft hat 750 000 Euro gestiftet, auch das Bankhaus Metzler zeigte sich wieder generös, und als Hausherrin hat die Stadt 1,2 Millionen Euro lockergemacht. Den Rest hat der Kunstgewerbeverein bei Frankfurter Bürgern eingesammelt. In den Obergeschossen der Metzlervilla sind sogenannte Epochen-Räume entstanden wie etwa die

Salons des Empire, des Biedermeier oder des Jugendstils, nostalgische Räume, die mit originalem Inventar aus Museumsbeständen ausgestattet werden konnten, kunstreiche Elemente, die sich allesamt zu einer Art Mischästhetik verschränken. Im Erdgeschoß dagegen wurden Salonräume ganz im Sinne Emma Metzlers eingerichtet, in denen gegen Entgelt private und öffentliche Veranstaltungen stattfinden können. Nach einer jüngsten Umfrage begrüßen über achtzig Prozent der Deutschen originale Rekonstruktionen verlorener Bauidyllen für ihre nostalgischen Bedürfnisse, ja, nicht wenige sehnen sich zurück in eine biedermeierliche Behaglichkeit.

Das Museum der Weltkulturen

1904 als „Städtisches Völker-Museum" gegründet, residierte das Institut unter Leitung von Bernhard Hagen ab 1908 im Palais Thurn und Taxis in der Großen Eschenheimer Straße. Nach dessen Zerstörung im Zweiten Weltkrieg blieb das Museum 25 Jahre ohne Domizil, bis es 1969, zunächst provisorisch, die Villa am Schaumainkai 29 beziehen konnte.

In einer vom internationalen Flair geprägten Stadt mit einem Drittel ihrer Mitbürger aus anderen Herkünften, Kulturen oder Ethnien eignet einem Museum der Weltkulturen ein besonders hoher Stellenwert. Hier werden auch so große anthropologische Fragen wie die nach der Gültigkeit von Huntingtons „clash of civilisations" gestellt. Jenseits vom modischen multikulturellen Zauber ist ein Museum der Weltkulturen heute ein besonders wichtiger Ort der Information über fremde Kulturen; als Ort der Annäherung und des Dialoges gebührt dem früher Museum für Völkerkunde genannten Institut unsere erhöhte Aufmerksamkeit. Da dies den Politikern aller Couleurs durchaus bewußt ist, gilt es, die jahrzehntelange grob fahrlässige Differenz zwischen Einsicht und tatkräftigem Handeln explizit zu rügen. Aber aus Goethes *Wahlverwandtschaften* wissen wir: „Die Schwierigkeiten wachsen, je näher man ans Ziel kommt." Hat das Ziel inzwischen ein Datum?

Unter den zu tilgenden horrenden Defiziten im Museumsbereich bis in die 70er Jahre hinein rangierte das frühere Völkerkundemuseum auf Platz eins meiner Mängelliste, das deshalb auch als erster Neubau des Museumsuferprojektes in Angriff genommen werden sollte. Weil sich aber schon bald herausstellte, daß dieses Mammutprojekt mit dem gesundheitlich labilen damaligen Direktor nicht zu stemmen war, konnte ein Neubau erst nach Berufung einer neuen Leitung konkret geplant werden. Rechtzeitig hatten wir die Villa Nr. 37 am Schaumainkai erworben, nachdem wir das Polizeirevier aus dieser Villa hinauskomplimentiert und den Ordnungshütern in der Hans-Thoma-Straße 20 ein neues Domizil verschafft hatten, für dessen Erwerb und Umbau die Stadt Frankfurt

1 236 000 D-Mark hinblättern mußte. Nach letzten Meldungen aus der Gerüchteküche soll ausgerechnet diese Villa jetzt wieder durch eine prosaische Nutzung als Bürogebäude zweckentfremdet werden, vormalige Investitionen würden damit *au fond perdu* abgeschrieben.

1986 war endlich ein internationaler Wettbewerb ausgeschrieben worden, den die damals noch unbekannten Architekten G. J. Mehler aus Frankfurt und C. Becker und Chr. Großmann vom Architektenbüro Vural & Partner aus Kassel gewannen. Das Kulturdezernat brachte am 23. November 1987 den Entwurf per Magistratsvorlage Nr. 326 ein, der durch seinen damals innovativen umweltfreundlichen Ansatz bemerkenswert war: die erstmalige Nutzung von Erdwärme zur Heizung, Kühlung und Klimatisierung des Baus. Ich habe die Vorlage für das Projekt auf Drängen von Oberbürgermeister Wolfram Brück schweren Herzens wieder zurückgezogen, um die Abstimmung darüber im Parlament auf einen Termin unmittelbar nach der Kommunalwahl 1989 zu verschieben. Aus heutiger Perspektive war dies einer meiner verhängnisvollsten Fehler: Wegen fünf Bäumen, die im Park zwischen dem Meierschen Neubau und der alten Villa am Schaumainkai Nr. 29 hätten gefällt werden müssen, dieses Jahrhundertprojekt aufs Spiel zu setzen war blanker Opportunismus: Frankfurts erster Dezernent fürs kommunale Grün, Heinz Daum, hatte mit Blick auf die knappen Umfrage-Ergebnisse seiner Partei ein Kopf-an-Kopf-Rennen als Menetekel an die Magistratswand gemalt, so daß aus wahltaktischen Gründen kein Risiko eingegangen werden durfte. Um einem vermuteten publizistischen Aufschrei vor allem der neuen Parlamentsgrünen vorzubeugen, wurde die Zukunft des Museums für Völkerkunde auf den Sankt-Nimmerleins-Tag vertagt, obwohl auch Grüne wissen, daß zehn Meter große Bäume sich mühelos nachpflanzen lassen. Unter Walter Wallmann wäre ein solches antizipiertes Einknicken nicht denkbar gewesen.

Ironisches Notabene: Nach der Kommunalwahl war Brück die längste Zeit OB gewesen! Über Jahre blieb das Planungsverfahren um den Neubau kompliziert und von zahlreichen Imponderabilien befrachtet. Schließlich ist Architektur die öffentlichste aller Künste. Hier galt es außerdem noch, den kostbaren Baumbestand, der die vorhandene Gründerzeitvilla umgibt, weitestgehend zu erhalten.

Weil man sich auch für das Völkerkundemuseum eine Architektur erhoffte, die exorbitanten Formaten ihren Auftritt verspricht, wurden unter dem neuen OB Andreas von Schoeler mit dem amerikanischen Architekten Richard Meier neue Pläne ausgeheckt: Unter zahlreichen Alternativen hatte Meier mit einer kühnen Volte eine überzeugende Bau- und Raumlösung gefunden. Wie bei seinem benachbarten Museum für Kunsthandwerk fügt sich ein souveräner Umgang mit den Formen einer wohlverstandenen Moderne in die vorhandene städtebauliche und ökologische Situation: freistehende Wandscheiben, weiße Kuben und eine gläserne Vorhangfassade im zentralen Eingangsbereich korre-

Die drei Villen des Museums der Weltkulturen

spondieren fraglos mit der vorhandenen Bebauung, integrieren und tolerieren in dieser raumgreifenden Architektur aber auch die umgebende Natur mit ihrem Baumbestand und den Rasenflächen. „Wie in einem Meer von Bäumen schwebend", so der Entwurfskommentar, sollte der künftige Besucher beim Gang entlang der raumhoch bemessenen Fensterflächen an der Metzlerstraße sich fühlen können.

Unter Einbeziehung der drei Villen am Schaumainkai Nr. 29, 35 und 37 war ein Neubau auf dem Gelände der uferparallelen Metzlerstraße 31 geplant. Dessen unterirdischer Verbindungstrakt war als großräumiges Museumsareal ausgewiesen, Nutzfläche insgesamt 4500 Quadratmeter für fünf Prozent der etwa 67 000 ethnologischen Objekte. Dem Projekt mit einer Bausumme in Höhe von 116 Millionen D-Mark hatte die Stadtverordnetenversammlung am 12. Dezember 1991 zugestimmt. Warum das Projekt gestoppt wurde, nachdem 1992 schon Maßnahmen der Baustelleneinrichtung begonnen hatten, wissen die Götter. OB Petra Roths späterer Versuch, das Meiersche Projekt zu retten, scheiterte zunächst am Widerstand der Grünen. Erst als im Herbst 2008 Ersatzpflanzungen ins Auge gefaßt wurden, sahen sich die Grünen in der Lage, der Fällung einiger uralter Kastanien zuzustimmen: Als Ausgleich soll im Ostend auf 40 000 Quadratmetern eine „Hafenpark" genannte Grünfläche in unmittelbarer Nähe der Europäischen Zentralbank entstehen.

Der im September 2008 beschlossene Erweiterungsbau des Museums soll aber nicht mehr über eine Nachbeauftragung an Richard Meier erfolgen, sondern über einen neuen, zweistufigen Wettbewerb Anfang 2010. Fünfzig Architekturbüros werden sich voraussichtlich daran beteiligen, mit der Fertigstellung des Neubaus wird frühestens im Jahr 2015 gerechnet. Per saldo sind an Planungskosten für das Vorhaben zwischen 6 und 7,5 Millionen Euro verschwenderisch in den Sand gesetzt worden. Die Pläne von Richard Meier liegen noch immer im Städtischen Hochbauamt in der Schublade. Da liegen sie nicht gut.

Das Meiersche Konzept für das damals noch so genannte Museum für Völkerkunde ist inzwischen auch deshalb obsolet geworden, weil die unbebaute Liegenschaft in der parallel verlaufenden Metzlerstraße, wo der große Ausstellungstrakt seine imposante Baugestalt erhalten sollte, nicht mehr zur Verfügung steht. Ich hatte das ewig brachliegende Grundstück an der Metzlerstraße 31 auch noch lange nach meiner Demission als Stadtrat hartnäckigst in den lokalen Printmedien verteidigt und mich damit mit Carlo Giersch angelegt, der sein privates Museum ausgerechnet auf diesem Filetstück zu realisieren hoffte, das ausdrücklich für das Völkerkundemuseum reserviert war. Hinter dem Rücken der amtierenden Kulturpolitik ist das Grundstück 2003 für ca. 5 Millionen Euro verhökert und des schnöden Mammons wegen zweckentfremdet worden. Aber ohne dieses 2800 Quadratmeter große Areal, das durch unterirdische Ausstellungsräume mit den drei Villen am Museumsufer organisch verbunden werden sollte, ist eine maximale Nutzung wohl nun nicht mehr möglich. Das Museum Giersch für regionale Kunst residiert jetzt in der Gründerzeitvilla am Schaumainkai Nr. 83 und darf hier als noble Bereicherung der Museumsuferpalette gewürdigt werden.

Der Millionen-Erlös aus dem Verkauf lag einstweilen auf Eis und sollte für einen Neubau des Museums der Weltkulturen verwendet werden. Die in den letzten Jahren vorgeschlagenen alternativen Grundstücke für einen Neubau waren Legion. Nachdem Oberbürgermeisterin Petra Roth den Casus zur Chefsache gemacht hatte, fokussierte sich die öffentliche Diskussion auf das Degussa-Gelände auf der anderen Mainseite. Diese Alternative hatte bei den Parlamentariern einschließlich führender CDU-Abgeordneter aber keine Chance: Erstens handelte es sich um ein Mietobjekt mit exorbitant hohem Mietzins von geschätzten 2,8 bis 3,5 Millionen Euro jährlich, und zweitens wäre unserer bedeutenden Sammlung eine Hinterhof-Situation zugemutet worden, mit einem unwürdig schmalen Zugang zum Main zwischen zwei Mietskasernen. Die letzte öffentlich verhandelte Alternative war schließlich eine Liegenschaft am oberen Mainkai an der Flößerbrücke: Das dort gelegene, „Sudfaß" genannte Großbordell sollte abgerissen werden, um auf einem Bebauungsareal von 3000 Quadratmetern das Museum mit einer genügend großen Ausstellungsfläche auszustatten.

Nachdem die Grünen ihre bis ins digitale neue Millennium hinein prolongierte sympathische Sonnenblumenideologie jedenfalls für den Park zwischen den drei alten Villen am Schaumainkai endlich dispensiert haben, kann das Projekt nun am bestehenden Standort des Museums realisiert werden: Sie werden der Erweiterung jetzt nur noch Bausteine in den Weg legen. Der Stadtverordnetenbeschluß erfolgte am 10. November 2008, nach über zwanzig verlorenen Jahren!

Unter einer neuen Leitung hat das Museum der Weltkulturen jetzt die Chance, mehr als nur Asyl zu sein für viele vom Niedergang bedrohte Kulturen ferner Kontinente. Auch der Gemeinplatz „Andre Völker, andre Sitten" und überstrapazierte Sprechblasen wie „Menschenwürde" werden ebenso wie verstaubte abendländische Kunsttermini und rückständige Kulturbegriffe durch eine neue, relevante Begrifflichkeit ersetzt. Die Menschenwürde jedenfalls unterliegt keiner begrifflichen Abwägung, das Grundgesetz formuliert beispielhaft ausdrücklich eine „Würdegarantie". So kann das Museum seinem Namen gerecht werden und die Dokumente außereuropäischer Kulturen ins Licht der Wahrnehmung rücken.

Mit dem Erweiterungsbau des Museums der Weltkulturen, der von seiner Aufgabenstellung her faktisch einem Neubau gleichkommt, wird es am Ende gelingen, eine der empfindlichsten Lücken im Panorama der Museumslandschaft zu schließen. Nicht nur, daß damit eine der größten völkerkundlichen Sammlungen der Bundesrepublik für ihre etwa 67 000 Objekte ausreichende Präsentationsperspektiven erhält. Auch das öffentliche Interesse an der kulturellen Auseinandersetzung mit der außereuropäischen Welt wird damit am internationalen Messeplatz Frankfurt zu guter Letzt einen gebührenden Rahmen erhalten. Völkerkundemuseen haben sich ja längst aus ihrer alten Rolle als Depots kolonialer Beutestücke emanzipiert; auch formal sind sie über jene Raritätenkabinette hinausgewachsen, die einem voyeuristischen Interesse am Exotischen verpflichtet waren.

Gerade heute verlangt das Verhältnis der hochindustrialisierten Länder zu den Kulturen der „Alten" und der „Neuen" Welt eine Neubestimmung, weil eine genaue Kenntnis fremder Kulturen nicht nur für die problembelastete Gegenwart von großer Bedeutung ist, sondern auch für unsere Zukunft. Schon Herder hatte den unwiederholbaren Eigenwert der verschiedenen Weltkulturen in deren unhierarchischem Nebeneinander erkannt.

Und schließlich mag mir an dieser Stelle gestattet sein, erneut Bertolt Brecht zu zitieren: „Das Große bleibt groß nicht. Und das Kleine nicht klein." Auf dieses Museum gewendet, ist es wohl nicht ganz unwahrscheinlich, daß Länder wie China, Indien, Brasilien oder die Vereinigten Arabischen Emirate in der kulturellen „Diskurshoheit" mit den westlichen Demokratien innerhalb der nächsten 15, 20 Jahre mindestens gleichziehen werden. Ein Museum der Weltkulturen darf nicht mehr den Effekt verwirrender, unauslotbarer Verschiedenheit hervorrufen, es muß die welthaltigen Objekte in lebensweltliche, welterklärende Kontexte integrieren.

Kulturdezernent Felix Semmelroth hat mit der angesehenen Ethnologin und Kunsthistorikerin Clémentine Deliss aus London eine Trumpfkarte gezogen; sie soll als neue Direktorin ab 2010 bei der Planung des Neubaus des Museums der Weltkulturen ihre hohe Kompetenz einbringen, die sie sich unter anderem als Leiterin des wissenschaftlichen Langzeitprojektes „Future Academy" in London und als Leiterin des „Randolph Cliff Artist in Residence Programme" in Edinburgh erworben hat.

Ende August 2009 vermeldete der Magistrat eine mit verharmlosendem Seidenschleifchen verschnürte Hiobsbotschaft über das Ergebnis der Dezernats-Verteilungskämpfe angesichts der noch disponiblen Mittel in Zeiten der Finanzkrise, womit angeblich „alle Beteiligten zufrieden sein können". Als Gewinner sind aber ziemlich eindeutig die Dezernate für Verkehr, für Soziales und für Schule ausgewiesen, großer Verlierer ist dagegen das Kulturdezernat: Der Beginn des seit 20 Jahren immer wieder vertagten Projektes „Museum der Weltkulturen" wird weit ins Jahr 2012 verschoben. Dieser fatale Frevel am Apriori des Museumsufers muß genannt werden, was er ist: eine Katastrophe für diese so wichtige Museumsarbeit in einer Stadt mit 30 Prozent Bürgern nichtdeutscher Herkünfte.

Das Deutsche Filmmuseum/Filminstitut

Als habe es gestern stattgefunden, erinnere ich mich noch heute lebhaft an mein allererstes Gespräch mit Oberbürgermeister Walter Wallmann drei Tage nach dessen gewonnener Wahl im März 1977, als er mir anbot, seinem neuen Magistrat anzugehören. Er hatte mich gebeten, ihm bis ins Detail meinen Masterplan für ein Frankfurter Museumsuferprojekt zu erläutern. Wahrscheinlich verdanke ich Wallmanns habituell konservativem Denkgestus, der Museum mit Tradition und Bewahrung gleichsetzt, die prinzipielle Zustimmung zum Konzept Museumsufer. Vom Charme dieses Mega-Projektes an den Ufern des Mains ergriffen, das dort neues urbanes Leben versprach, fragte er spontan: „Und was bauen wir zuerst?" – „Das Filmmuseum!" lautete die Antwort. Sein Ja zum Filmmuseum war der folgenreiche konstituierende Augenblick, der sich mit der Geburt des Museumsufers verbindet.

Wallmanns Frage und meine Antwort waren der Beginn einer wunderbaren Liaison – mit beiderseitigem Grundvertrauen und verläßlichen Gewißheiten. Als Startschuß für das „Jahrhundertprojekt" (*F.A.Z.*) war das Filmmuseum insofern ideal, als sich das zu inkorporierende Kommunale Kino seit 1971 großer Beliebtheit erfreute. Und zweitens wartete schon eine leerstehende Liegenschaft auf der Sachsenhäuser Mainseite auf den Zukunftssegen des neuen OB. Freund Haverkampf hatte mich schon früher auf diese Liegenschaft aufmerksam gemacht, auf daß ich dort eine Sammlung naiver Kunst eines Offenbacher Architekten beheimaten sollte. An naiver Kunst mochte ich aber für Frankfurt keinen aktuellen Bedarf erkennen.

Da Walter Wallmann, der Newcomer aus Marburg an der Lahn, so kurz nach seiner Vereidigung noch nicht alle Termine vergeben hatte, schlug er spontan vor, doch mal eben rüberzugehen, um das Objekt der Begierde unter die kommunalpolitische Lupe zu nehmen. Am finsteren Ort stolperten wir wie bestellt gleich über eine kleine Mülldeponie aus leeren Flaschen, Büchsen und anderen Leergütern. Es kampierte im Hochpaterre ein gutes Dutzend kartenspielender Obdachloser auf nicht eben Chanel-like duftenden Matratzen. Dieses Milieu störte Wallmanns ästhetisches Repertoire empfindlich; aber vor allem aus rationalen Erwägungen heraus fand die Idee des Filmmuseums seine spontane Zustimmung. In unseren ersten gemeinsamen Stunden beliebte er fröhlich zu scherzen: „Wenn ich mal Bundeskanzler bin, werden sie mein Filmminister."

Wieder an der frischen Luft, fragte ich das neue Stadtoberhaupt nach der künftigen Entscheidungsarchitektur des Magistrats. „Das Prozedere wird für Sie jetzt einfacher", er werde umgehend die CDU-Fraktion unterrichten, „und Sie sorgen bitte für das Placet der SPD-Fraktion. Und dann machen Sie die Magistratsvorlage."

Das neue Verfahren, quasi der Cantus firmus für das nächste Jahrzehnt, erwies sich nicht nur als effektiv und rational, sondern auch als Beschleuniger: keine zeitraubende Überzeugungsarbeit mehr in den diversen Gremien wie den kulturpolitischen Arbeitskreisen der SPD und der CDU, in der AG Kultur der SPD, auf deren Parteitag usw. Der Zeitgeist der 80er Jahre war ein starker Verbündeter für die Urbanisierung der Stadt Frankfurt mit Hilfe eines kulturellen Netzwerkes. Urbanität ist die eigentliche Lizenz eines Kommunalpolitikers, der sich als operativer Handlungsbevollmächtigter legitimiert. Wallmann nahm sich diese Lizenz. Für den mitunter bräsigen Kulturbetrieb war Wallmann eine Art personifizierte „tätige Hoffnung" (Bloch). Für die immer wieder aufgeschobene Realisierung des lange geplanten Museumsufers kam 1977 die kopernikanische Wende, mit der Frankfurt seine Zukunft berührte. Statt Weisungen zu geben, ermöglichte der neue OB seinen Dezernenten Spielräume der Phantasie. Das Museumsuferprojekt wurde psychologisch auch durch eine große Koalition des Wohlwollens im Stadtparlament und hilfreich von den Medien begleitet. Sogar noch in einer Phase der Rezession überzeugten wir die notorischen fiskalstrategischen Nörgler unter den Parlamentariern mit dem Argument des antizyklischen Handelns in Krisenzeiten, um so die Wirtschaft anzukurbeln.

Wie freundlich-entspannt das Klima zwischen Oberbürgermeister und Kulturdezernent war, beschreiben zwei produktive Marginalien. 1978, auf einer Verwaltungsratssitzung des Deutschen Instituts für Filmkunde im Schloß Biebrich am Wiesbadener Rheinufer, mochte ich die Wortscharmützel nicht länger ertra-

Eröffnung des neuen Filmmuseums: Oberbürgermeister Walter Wallmann, Baudezernent Hans-Erhard Haverkampf, Stadtverordnetenvorsteher Hans-Jürgen Hellwig und der Kulturdezernent lauschen den Worten von Altbundespräsident Walter Scheel

gen, etwa darüber, daß die oberen Bücherregale im Institut künftig wohl doch nicht besser und unfallsicher mit einer Alu-Leiter würden erreicht werden können, statt wie bisher mit Hilfe eines Stuhls auf einem herbeigeschobenen Tisch – kein Geld! Statt Hundert-Watt-Birnen sollten sparsamere Sechzig-Watt-Funzeln die Büros erleuchten und darin die denkenden Köpfe erhellen. Im vermuteten Einvernehmen mit Walter Wallmann schlug ich kurzerhand vor, doch mit dem ganzen schönen Krempel nach Frankfurt ins entstehende Filmmuseum zu übersiedeln: mietfrei, 200 000 Mark Zuschuß jährlich, eine halbe Bibliothekarsstelle und kostenlose Mikroverfilmung der riesigen Archivbestände (samt Mikrofiche-Aufnahmegerät, Printer, Kardex-Lektrierer plus Kompactus-Anlage usw.). „Topp!" sagte da der zehnköpfige Verwaltungsrat und zum Augenblicke: „Verweile doch, du bist so schön!" Und ehe mein Hasardspiel mir selber voll bewußt wurde, ließ der Vorsitzende Siegfried Dörrfeld über diese „einmalige Offerte" abstimmen: einstimmiges Votum für den Umzug vom Rhein an den Main in die Nestwärme städtischer Subventionen. Das DIF genannte Filminstitut wird finanziert von den Städten Frankfurt und Wiesbaden, vom Bund und vom Land sowie von ZDF und ARD (Degeto), der Taurus-Media und EOS München sowie der Wilhelm-Murnau-Stiftung und der SPIO.

Als ich dann doch kalte Füße bekam, erforderte die Dringlichkeit des Augenblicks, sofort mit meinem Oberbürgermeister zu telefonieren: Mit diesem Deal bekäme Frankfurt die einzigartige Chance, Filmstadt zu werden und so weiter. „Aber lieber Herr Hoffmann, ich lasse Sie doch nicht hängen, wenn Sie Ihr Wort gegeben haben", beruhigte mich ein loyaler Walter Wallmann. Diese Grandezza des Anfangs habe ich als eine Art Carte blanche für weitere Museumsprojekte verstanden. Ja, das waren noch glückliche Zeiten für die Kultur! Seit ich dessen Vorsitz im Verwaltungsrat übernommen habe, wird das Deutsche Filminstitut nun am Frankfurter Museumsufer höchst effizient von Claudia Dillmann geleitet. Unter fünf Bewerbern hatte ich sie ausgewählt, weil sie die einzige war, die mir während des Vorstellungsgesprächs ungeniert häufig widersprochen hatte. Ihr Widerspruchsgeist ist bis heute produktiv geblieben.

Als mich im Frühjahr 1983 Hamburgs Erster Bürgermeister Klaus von Dohnanyi als Kultursenator der Hansestadt anheuern wollte, vermutete Walter Wallmann richtig: „Aber Sie wollen doch gar nicht an die Alster; Sie wollen doch nur am Mainufer ein weiteres Museum bauen! Was bauen wir denn als nächstes?" Ja, solch glückliche Zeiten für die Kultur waren damals nur in Frankfurt denkbar mit einem Politiker der Güteklasse Wallmann: Zehn neue Museen und zwei große Anbauten ans Städel und an das Liebieghaus in nur neun Jahren!

Die alte Patriziervilla am Schaumainkai Nr. 41, die das Filmmuseum beherbergt, hatte der persische Immobilienkaufmann Ali Selmi in den 70er Jahren als Abbruchobjekt erworben, um an dessen Stelle und auf dem benachbarten Grundstück Nr. 43 ein renditeträchtiges Büroensemble entstehen zu lassen. Nachdem unsere kommunale Bauaufsicht einen Strich durch seine Hoch-Rechnung gemacht hatte, konnte die Stadt am 24. August 1978 beide leerstehenden Villen für 8 572 167 D-Mark schließlich zurückkaufen, um deren Substanz für ein künftiges Museumsufer-Ambiente zu retten. Ursprünglich hatte die Stadt das Haus schon 1962 als Tauschobjekt von der LVA erworben. Von der Villa Nr. 41 ist heute nur noch die historische Hülle zu würdigen, das Innere wurde von dem Architekten Helge Bofinger mit einer Bausumme in Höhe von 17 Millionen D-Mark entkernt und mit einer völlig neuen Binnenstruktur umgerüstet.

Auf sechs Etagen stehen 4000 Quadratmeter Nutzfläche für das Deutsche Filmmuseum mit Kommunalem Kino und für das Deutsche Filminstitut zur Verfügung. Im Internet sind unter www.filmportal.de alle wichtigen Informationen über alle deutschen Filme seit 1895 abrufbar. Kaum zu glauben: Täglich werden über 40 000 Einzelseiten unseres Portals aufgerufen. 2009 erhielt das DIF den Auftrag, im Rahmen des europäischen Digitalisierungsprojekts den Sektor Filmerbe zu betreuen, ein Großprojekt mit einem Finanzvolumen von über sechs Millionen Euro. Dank seiner Vermittlungsenergie ist es dem Museum gelungen, das Medium Film vom Odium des ursprünglichen Jahrmarktvergnügens zu befreien und zur respektierten kulturellen Größe zu machen, ein wichtiger Baustein unserer Frankfurter Museumskultur.

Nachdem das Deutsche Filmmuseum, das viele Jahre von Walter Schobert geleitet worden war, im Jahre 2006 mit dem Deutschen Filminstitut fusioniert wurde und schon deshalb der strukturellen Umplanung dringend bedarf, wird das Institut mit Baubeginn 2009 total renoviert und den zugewachsenen neuen Aufgaben entsprechend umgebaut. Die Kosten teilen sich Stadt (5,8 Millionen Euro), Land (2,5 Millionen) und der Bund aus dem Sonderfonds (1,5 Millionen), den Rest spendieren Sponsoren: Allein die Polytechnische Gesellschaft finanziert mit 900 000 Euro die neue Dauerausstellung. Im Januar 2009 hat das Filminstitut sein 20 000 Kopien großes Filmarchiv nach Wiesbaden-Biebrich in das neue Deutsche Filmhaus verlagert; ein einzigartiges Konvolut des klassischen deutschen Filmerbes wartet darauf, besichtigt zu werden. Das vom DIF koordinierte Projekt „Midas", das die Bestände von 18 europäischen Filmarchiven recherchierbar macht, ist unter www.filmarchives-online.eu im Internet verfügbar. Dem Institut ist es auf dem weiten Feld der Medien gelungen, die Anarchie im digitalen Paradies des Internet zu zähmen.

Das Deutsche Architekturmuseum

Auch die benachbarte großbürgerliche Villa Schaumainkai Nr. 43 hatte Baulöwe Ali Selmi aufgekauft, um nach Abriß das Grundstück für kommerzielle Ambitionen zweckzuentfremden. Nachdem die Stadt das Okay für eine wirtschaftliche Nutzung verweigert hatte, konnte am 24. August 1978 auch diese Liegenschaft sowie das für den Anbau an die Villa nötige hintere Areal Nr. 43a von der Stadt zurückgekauft werden. Auch bei diesem Deal hat das gut geölte Räderwerk aus Baudezernent Hans-Erhard Haverkampf und Liegenschafts-Dezernent Ernst Gerhardt wieder bestens funktioniert.

Erfahrungsgemäß ist es nicht ganz einfach, ein Spezial-Museum aufzubauen, für das es kaum Vorbilder gibt. Vor allem bei der Gründung des Architekturmuseums waren die Kritiker schnell mit vorauseilender Häme bei der Hand. Einer der häufigsten Vorwürfe lautete, man könne die Architektur, die ihre Wirkung vor allem aus der Dreidimensionalität bezieht, die in einem Museum also nur unmittelbar räumlich erfahrbar sei, mit musealen Rezepten nicht vermitteln. Um diesem Vorwurf schon bei der Planung entgegenzuwirken, wurde auf eine wichtige Hilfe zurückgegriffen: auf die Architektur selbst, die unser Lebensgefühl prägt, unsere Sehweise und Wahrnehmung sowie unser Verhalten.

1982 hat der Magistrat dem Vorschlag einstimmig grünes Licht gegeben, und schon anderthalb Jahre später, 1984, konnte das vom Kölner Architekten Oswald

Mathias Ungers konzipierte „Haus im Haus“ eröffnet werden. Ungers hat das Kunststück vollbracht, aus einem freudlosen Haus einen Ort zugleich der sinnlichen und intellektuellen Erfahrung zu generieren. Es war übrigens Ungers' erster realisierter Entwurf nach zehn Jahren architektonischer Abstinenz, in denen er als Hochschullehrer in den USA tätig war.

Ungers richtete seine Planungen von Anfang an darauf aus, durch das Gebäude selbst alle jene Raumerfahrungen beispielhaft zu ermöglichen, die wir alle tagtäglich in unserer architektonischen Umwelt machen – allerdings unbewußt. Während Baudezernent Haverkampf eine visuell dialektische Spannung zwischen Alt und Neu vorschwebte, zwischen platonischer Urform des Hauses und seiner zeitbedingten lokalen historischen Erscheinungsform mit Fernwirkung über den Main hinweg, möchte der Entwurf von Oswald Mathias Ungers ein neuzeitliches Raumprogramm in eine unversehrt belassene Altbauhülle integrieren. Entstanden ist schließlich ein „Haus im Haus“ über drei Geschosse, mit einer Ausstellungsfläche von 2200 Quadratmetern. In linearer Strenge koppelt der Pionier des bildhaften postmodernen Bauens mit manifester bildungsbürgerlicher Herkunft alte und neue Bauweise in höchster Vollendung, womit er den Vorwurf einer einfallslos wiederhergestellten Denkmalreliquie zu vermeiden hoffte. Ungers maßgebliches, maßstabsetzendes gestalterisches Element sind unpathetische Huldigungen ans Quadrat – bis ins (unbequeme) geometrische Design des Mobiliars hinein. Die Ungersgemeinde findet, daß das Kernstück dieses gequaderten Baukörpers Ausstellungskonzeptionen in wirkungsvolle Spannung zu ihrer Umgebung setze. Andere wie Hausherr Heinrich Klotz beklagten sich bitter über die Haus-im-Haus-Idee, weil diese die Ausstellungsflächen zerstückle und dezimiere. Diese als Synonym für klassische Moderne in Anspruch genommene Architektur bezeichnet Ungers als „das wichtigste meines Werks“. Bevor die beiden Apodiktiker handgreiflich wurden, bugsierte Referee Haverkampf sie auf der Klimax ihres giftigen Wortwechsels um die schöneren Visionen in den nächstbesten Raum, um zu verhindern, daß sich das Haus im Haus in ein Schneckenhaus verwandelt. Es blieb schließlich alles bei dem, was wir heute dort vorfinden, eine lange nach der Bauhaus-Ära erneute Verweigerung des Ornaments.

Das Museum umfaßt drei Gebäudetypen: eine glasgedeckte schmale Halle, die in der Höhe des Sockelgeschosses um den Altbau herumgeführt wird, eine große rückwärtige Halle, die den ehemaligen Garten der Villa teilweise überspannt, und schließlich, im Zentrum, den Altbau selbst. Hier ist das „Haus im Haus“ errichtet, das in seinen drei Etagen die Grundprinzipien architektonischen Gestaltens abbildet: Stützen und Lasten, Wand und Raum und schließlich den Archetyp des Hauses. So ist eine sprechende Architektur entstanden, die Eigenständigkeit für sich beansprucht und nicht bloß dienende Hülle für dreidimensionale Exponate sein will.

Einweihung des Deutschen Architekturmuseums am 1. Juni 1984 mit Ernst Gerhardt, Hans-Jürgen Hellwig, Walter Wallmann, Kulturdezernent

Mit einem dezidierten Ausstellungskonzept eines auf das 20. Jahrhundert konzentrierten Architekturmuseums hat Gründungsdirektor Heinrich Klotz mit seinen beiden Dioskuren Volker Fischer und Hans Peter Schwarz das Ziel verfolgt, der modernen Architektur als ein modernes Forum zu dienen, ohne dabei wegweisende Stilrichtungen vergangener Jahrhunderte zu vernachlässigen.

Beim Architekturmuseum wird, wie im übrigen auch beim anrainenden Filmmuseum, der „rote Faden" erkennbar, der die Planung des gesamten Museumsufers durchzieht: Die Gestaltung aller neuen Frankfurter Museen wird bestimmt durch die Einheit aus Geschichte und Gegenwart; sie kann auch als Gegenentwurf zur Anonymität der langweiligen Nachkriegsarchitektur und der Zweiten Moderne verstanden werden.

Bei seiner Eröffnung 1984 präsentierte sich das Museum als vielbestauntes visuelles Artefakt. Ohne festzementierte Dauerausstellung, wechselte Klotz viermal jährlich die jeweils zu materialisierende Thematik. Hauptsächlich mit Projekten von lebenden Architekten garantierte er die fortwirkende Aktualität des Museums als Markenzeichen.

Klotz, den ich als Honorarprofessor an der Philipps-Universität Marburg schon als meinen damaligen Dekan schätzen gelernt hatte, gefiel sich mit seinem postmodernen Ideen-Köcher im Kulturamt als Nervensäge, entsprechend laut posaunte er seine sardonischen Invektiven durch die Korridore des Deutschordenshauses bis an meine Ohren. Als er meine Mitarbeiter mit dem Satz einzuschüchtern hoffte, er gehe jetzt zum Chef, mußte er, dort angekommen, seine Philippika nicht länglich wiederholen. Schon von fern war alles mitzuhören gewesen, und ich hatte ihn sogar verstanden: Er wollte weniger Bürokratie und mehr Geld! Darin ein Meister, sein Metier starkzureden, war er letztlich auch erfolgreich damit; er hat mich (fast) jedes Mal rumgekriegt. Wenn der Zweck vernünftig ist, heiligt er ja auch die Mittel. So konnte er seine prestigiösen Kataloge weiterhin bei Prestel drucken statt beim Billigstanbieter, wie die städtische Vergabeordnung dies eigentlich zwingend vorschreibt.

Nachdem sich seine Nachfolgerin Ingeborg Flagge konstant geweigert hatte, durchs postmoderne Säurebad zu gehen, hat auch Heinrich Klotz, der gern ein Zuviel an Ideen versprühte – die sich manchmal auch gegenseitig annullierten –, seiner Rolle als Präzeptor der Postmoderne entsagt. Schon als neuer Chef des Zentrums für Kunst und Medientechnologie Karlsruhe (ZKM) hatte er dem matt gewordenen Großbegriff „Postmoderne", dem er zur Karriere mitverholfen hatte, selber mißraut, mit dem einmal das „Ende der Geschichte" beschworen werden sollte. Als eine sich selbst kontrollierende Moderne hatte sie bewußt verteufelt, was sie einst geschaffen hatte, und damit unbewußt ihre eigenen Voraussetzungen attackiert. Postmoderne Exegeten brillieren heute mit ihrem eigenen Dementi. Von Friedrich Schiller könnten sie gelernt haben, wie sich „aus dem Nachbilde das Urbild wieder herstellen" läßt. Ohne Rückgriff auf einen Déjà-vu-Historismus hat Klotz das Karlsruher Medienzentrum zu einer festen Größe in der Kulturlandschaft der Republik ausgebaut. Bevor die Postmoderne zum Schlagwort verkam, ist sie von Klotz als unschuldiger Begriff für alles Unorthodoxe, Liberale und Pluralistische in der Welt der Künste in Anspruch genommen worden. Die Erben der Moderne, die Postmodernen, hatten meist mehr Vorlieben als Überzeugungen. Wie schon am Main ist es Klotz auch am Rhein gelungen, den Etat in astronomische Höhen zu treiben, weshalb ihn neidische Kollegen gern in Verdacht zu nehmen beliebten. Das unruhige Herz dieses großartigen Museumsmannes hat ungerecht früh aufgehört zu schlagen; ein großer Freundeskreis hat ihm im Frühjahr 1999 in Karlsruhe die letzte Ehre erwiesen.

Das Museum für Kommunikation

Während Architekt Ungers stärker noch als sein Kollege Richard Meier das Alte zum Ausgangspunkt seiner Überlegungen macht und mit seinen Neubauten jeweils auf den Vorgängerbau reagiert, verfolgt Günter Behnisch mit dem Neubau

Der preisgekrönte Neubau des Museums für Kommunikation

des 1958 in Frankfurt gegründeten Bundespostmuseums eine ganz andere Konzeption: die Konfrontation. Sein Erweiterungsbau folgt ganz anderen architektonischen Prinzipien als die englische Neu-Renaissance der benachbarten historischen Villa, die 1954 von der Frankfurter Bankiersfamilie de Neufville erworben wurde. Alt und Neu stehen bei Behnisch gleichberechtigt einander gegenüber. Das Bundespostmuseum, dessen 1872 in Berlin gegründeter Vorläufer als Reichspostmuseum firmiert hatte, wurde mit dem Neubau 1990 in Museum für Kommunikation umbenannt und ist architektonisch wie inhaltlich eine weitere Attraktion des Museumsufers. Dessen drei Pendants in Berlin, Nürnberg und Hamburg spielen eine weniger wichtige Rolle als der mehrfach preisgekrönte Behnisch-Bau in Frankfurt. Seit 1995 sind alle vier Museen unter dem Dach der öffentlich-rechtlichen Museumsstiftung Post und Telekommunikation vereinigt, die in unserer deutschen Hauptstadt an der Spree residiert.

Ähnlich wie unser telematisches, computergesteuertes Zeitalter der Moderne von den Möglichkeiten informationstechnischer und technologischer Entwicklungen geprägt ist, reagiert das Museum für Kommunikation seismisch auf alle Innovationen in seinem spezifischen Sammelgebiet, um à jour zu bleiben. Auf der jährlichen CeBIT-Messe in Hannover gilt für die im jeweils letzten Jahr als Neu-

seiner einzigartigen Antikensammlung weltweit renommierte Institut vom Odium einer Dependance zu befreien und Beck zu seinem eigenen Chef zu machen.

Neben der von Leo von Klenze 1830 errichteten Münchner Glyptothek die bedeutendste Skulpturensammlung Deutschlands, hat das Frankfurter Liebieghaus seine stilpluralistische Kollektion kontinuierlich und hauptsächlich durch private Zustiftungen erweitert. Die Raumnöte des 1909 an die Villa angedockten Galerietraktes konnten aber erst 70 Jahre später, 1990, durch ein symmetrisches Pendant der Frankfurter Architekten Scheffler und Warschauer behoben werden. Nun erst war es möglich, die dreitausend kostbaren Kunstwerke ihrer Bedeutung gemäß in stil- wie stimmungsvollem Ambiente zu präsentieren.

Nach einer totalen Umstrukturierung des Hauses und einer ästhetischen Remedur der bisherigen Präsentationspraxis hat der neue Direktor Max Hollein 2008 mit einer optimalen Lichtinszenierung die Oberflächenreize jeder einzelnen Figur in ein fein differenzierendes Licht gerückt und die markanten Körperphysiognomien aus Stein oder Holz sichtbar „beseelt".

Der nach dem Entwurf des Hochbauamts aus den Jahren 1987/1990 unter der Federführung des Frankfurter Architekten-Duos Scheffler/Warschauer für 8,3 Millionen D-Mark errichtete Ausstellungstrakt ist sein Geld wert. Nach dem Neubau des Museums für Moderne Kunst war dies das letzte Projekt meiner zwanzigjährigen Zeit im Dienste der Stadt Frankfurt am Main. Den gelegentlichen Vorwurf, ich sei mit dem Ehrgeiz, den kulturpolitischen Vorsprung Frankfurts zu vergrößern, der „teuerste Dezernent" des Magistrats gewesen, empfinde ich aus heutiger Distanz als Kompliment: *Exitus acta probat.*

Die Investition in Höhe von 2,5 Millionen Euro für Holleins Neuordnung der Sammlung von der Antike des 5. Jahrhunderts vor Christus bis zum Klassizismus hat sich durch die positive Resonanz schon amortisiert. Die neue Struktur ermöglicht jetzt einen atmosphärisch dichten, organischen Parcours durch fünf Jahrtausende Kulturgeschichte. Um die Chronologie der Stilepochen einleuchtender veranschaulichen zu können, wurde eine die Zeitalter übergreifende Farbdramaturgie ausgeklügelt: Die aus ihrer paradiesischen Zeitvergessenheit gelösten Skulpturen stehen jetzt in „Epochenräumen" vor monochromen Wänden aus dezentem Grau (Ägypten), Taubenblau (Griechenland) und „Pompejanisch-Rot" (Rom) und erlauben den läuternden Kräften der Kunst sich zu entfalten. Die Lichtdramaturgie leuchtet das magische Moment der Kunst aus und verzichtet auf idiosynkratische Effekte der Überwältigung – bengalische Beleuchtung ist als Betrug tabu. Als Kontrastmittel wird den Skulpturen ihr individueller Auftritt gegönnt. Die einzelnen Objektkonturen sind durch punktgenaue LED-Scheinwerfer und Halogenleuchten rundum ins rechte – manchmal auch erbarmungslose – Licht gerückt und verstrahlen Authentizität. Die Morphologie der Werke und ihre Typologie leuchten jetzt schärfer hervor. Zugleich offenbart die intelligente Inszenierung der ästhetischen

Formen deren innere Schönheit – die Figuren sind auch dechiffrierbarer geworden. Jetzt können die Objekte ihren je spezifischen Gestus entfalten, gleichzeitig ihre Dignität wahren und mit ihrem Charme die Besucher erfreuen. Winckelmanns Diktum der „edlen Einfalt und stillen Größe“ wurde durch die dramaturgisch ausgefeilte Lichtregie relativiert, die einer im Wortsinn hellsichtigen Logik folgt. Herrscherfiguren und göttliche Lichtgestalten, Heroen und Herostraten, Heilige und Heiden erscheinen buchstäblich in einem anderen, erkenntnissteigernden Licht. Deren Mythos erlaubt nun ganz andere Deutungen. Das Spotlight erhöht den Erlebniswert jedes einzelnen Kunstwerks. Die hier im Haus erstmals geduldeten Schrifttafeln ermöglichen die analysierende Betrachtung.

Das Herzstück des Liebieghauses, die antike römische Marmorkopie der Athena des Myron, die schon im 5. Jahrhundert vor Christus auf der Akropolis bewundert worden war, ist in ihrer prangenden Schönheit als ästhetisches und menschliches Ideal ihrer Zeit und in ihrem sinnlichen Glanz neu zu entdecken. Als Adorno einmal die „Kunst als Refugium“ qualifizierte, mag er dabei die Aura stiller Räume im Kontemplationsort Liebieghaus im Sinn gehabt haben. Das Motto „Nichts Staunlicheres als der Mensch“, das über dem Eingang zum Niobiden-Saal des alten Schinkelschen und jetzt auch des wiederaufgebauten Neuen Museums in Berlin prangt, könnte auch über der Pforte zum Liebieghaus den Besucher grüßen. Das Glissando der menschlichen Zwischentöne zu evozieren ist in den plausibel neu disponierten Konfigurationen optimal gelungen: „Uns freue eine Weile nun der Figur zu glauben. Das genügt.“ (Rilke). Ob es wohl manchem Wanderer zwischen den Skulpturen ähnlich ergehen mag wie weiland Rainer Maria Rilke im Louvre, als er dort flanierend eine ätherische Stimme raunen hörte: „Du mußt Dein Leben ändern!“?

Max Hollein hat nach der Auslagerung der Museumsbüros jetzt auch die ästhetische Höhenluft des Liebieg-Turms wiederentdeckt. Diese ehemaligen Privaträume des Barons von Liebieg atmen noch das Flair einer versunkenen großbürgerlichen Epoche. Hier hatte er sich in seiner eigenen Kunstwelt häuslich eingerichtet, die jetzt teilweise rekonstruiert wurde und mit Werken aus dem Besitz des Archäologen Adolf Furtwängler reich bestückt werden konnte.

Im neuen Schaulager im Untergeschoß hat die wertvolle Sammlung der „Ostasiatica“ ihr adäquates Revier bezogen, mit buddhistischen Werken vorzüglich aus China und Kambodscha, aber auch mit Skulpturen der abendländischen Antike, die in der neu konfigurierenden Lichtregie der oberen Schauräume keinen Auftritt bekommen haben.

Nicht nur diese Abteilung hätte eine größere öffentliche Aufmerksamkeit verdient. Denn Max Hollein hat leider recht: „Das Liebieghaus ist weltweit bekannt, aber in Frankfurt ist es nur ein Geheimtip.“ Das will er mit seinem Team und Vinzenz Brinkmann an der Spitze jetzt schleunigst ändern.

Rechtsmainisch

Das Museum für Moderne Kunst

Als die berühmte Kraushaar-Sammlung amerikanischer Pop-art der 60er Jahre im Besitz des Wella-Fabrikanten Karl Ströher nach dessen Tod im Februar 1981 zum Verkauf stand, hat die Stadt Frankfurt beherzt zugegriffen. Um die zuvor als befristete Dauerleihgabe im Hessischen Landesmuseum in Darmstadt gezeigten Werke an den Main zu holen, waren nur 5 Millionen D-Mark Sondermittel loszueisen gewesen, und so mußten wir auf den 2,5 Millionen D-Mark teuren Holzblock von Joseph Beuys verzichten. Beuys-Verächter argumentierten kunstfreipolemisch: Seit dem Trojanischen Pferd sei kein solcher Mißbrauch des Holzes mehr betrieben worden. Für die nach Frankfurt transferierten, wegweisenden Meisterwerke der Pop-art, die ihre „revolutionäre Kraft“ schon an den Wänden des Landesmuseums entfaltet hatten, mußte ein Ankerplatz in Ufernähe gefunden werden. Von keinerlei Selbstzweifel angekränkelt, wollte der damalige Vorsitzende der Städeladministration Hermann Josef Abs die heiligen Hallen „seines“ Instituts nicht von den Bildern einer exaltierten Moderne und ihren Erregungsmomenten entweihen lassen, und schon gar nicht durch ästhetische Provokationen amerikanischer Off-Kunst. Die galten ihm damals als bloße Saisonkunst, die vor den ästhetisch gebildeten Ständen der ehrwürdigen Städelklientel nicht ihre Aufwartung sollten machen dürfen. Weil Abs' Kunsthorizont an den ästhetischen Demarkationslinien der „Brücke“-Maler endete und bildliche Zeugen des Utopismus der 68er Jahre möglichst *extra muros* bleiben sollten, ließen wir uns eine überzeugende Alternative einfallen. Dieser beschränkten Sicht wegen war das große Defizit an zeitgenössischer Kunst im Städel schon länger zu beklagen gewesen, das zaghaft auszugleichen Klaus Gallwitz schon gewagt hatte, programmatisch aber erst vom neuen Direktor Max Hollein konzeptuell erfolgreich durchgesetzt wurde. Für Hollein ist der meist eher vage verwendete und vernutzte Begriff „Moderne“ Synonym für vorwärtstreibende Kunstideen und für eine die kreative Ambivalenz fördernde Dynamik.

Am Beispiel dieses Generationenwechsels an der Städelspitze ließe sich das Medium Kunst als Indikator für strukturelle Veränderungen einer Gesellschaft und den flinken Wandel ihrer Wertekategorien exemplarisch in Anspruch nehmen. Ein Grund für die Weigerung des Hausherrn Abs, die Städel-Pforten für die zeitgenössische Moderne zu öffnen, dürfte nicht zuletzt der Verdacht gewesen sein, wir wollten die Milieuschranken aufheben und durch die Kohorten der Pop-art-Kultur die noble Städel-Atmosphäre entweihen. Ob es ihm nie in den Sinn gekommen ist, daß die ästhetische Ironie der Pop-art vielleicht eine legitime Fortsetzung des Dada sein könnte, den Abs ausdrücklich goutierte?

Unter Max Hollein konnte diese Lücke im Städel durch eine großzügige Dauerleihgabe des sechsten Abs-Nachfolgers im Vorstand der Deutschen Bank halbwegs geschlossen werden: 2008 überließ Josef Ackermann dem Städel insgesamt 600 Gemälde, Zeichnungen und Skulpturen. Der Städel-Bestand wird damit um Werke von Polke, Richter, Lüpertz, Beuys, Kiefer usw. bereichert. Im Besitz von Tausenden von Kunstwerken, deren beste in den siebzig Etagen der Zwillingstürme der Bank die Angestellten bei Laune halten sollen, hat das Geldinstitut damit signalisiert, weniger am Marktwert der Kunst interessiert zu sein als vielmehr an ihrer Vermittlung in den Alltag der Menschen. Im Gegensatz zu jenen der Ökonomie stellen die Künste schließlich ewige Werte dar.

Wohin mit den Preziosen der Nachkriegsmoderne und der aus Darmstadt importierten amerikanischen Pop-art, die das Städel damals nicht beherbergen wollte? Für ein Kellerasyl oder für ein garstiges Depot waren sie viel zu teuer und viel zu wichtig. Und weil selbst im Schatten eines Patriarchen die Zeit nicht innehält, hat das Kulturdezernat mit Magistratsvorlage M 24 vom 19. Januar 1979 dem Magistrat vorgeschlagen, in der Gründerzeitvilla am Schaumainkai 70 das neu zu gründende Museum für Moderne Kunst mit ihrer Pop-art und das neue Deutsche Architekturmuseum zusammenzudenken. Bei einem Abendessen in Peter Idens Wohnung in Eckersheim hatten er und Heinrich Klotz in ihrer gemeinsamen Studie den logischen Zusammenhang von moderner Architektur und moderner Kunst als komplementäre Kategorien der bildenden Künste so überzeugend begründet, daß ich dieses Projekt schon wenige Tage später Oberbürgermeister Walter Wallmann guten Gewissens als weitere Perle in der Kette unserer Mainmuseen vorgeschlagen hatte.

Kaum war bekannt geworden, der renommierte Dekan des Kunstwissenschaftlichen Institutes der Philipps-Universität Marburg Heinrich Klotz werde das erste Architekturmuseum der Republik leiten, wurden ihm von vielen namhaften Architekten schon zu deren Lebzeiten ihre raumsprengenden Nachlässe angedient – Baupläne, Skizzen, sperrige Modelle. Nachdem allen Verantwortlichen bewußt geworden war, daß eine Ausstellungsfläche von nur 2200 Quadratmetern für zwei Museen nicht genügend Platz böte, um ihre Schätze anspruchsvoll auszubreiten, wurde die Idee eines eigenen Hauses speziell für die seit Jahren eingeklagte Präsentation moderner Kunst geboren. Ein entsprechender Stadtverordnetenbeschluß vom 26. Februar 1981 besiegelte die Vorlage M 404 des Kulturdezernats und damit die alternative Planung eines eigenen Museums für Moderne Kunst. Heute haben auf 4150 Quadratmetern Ausstellungsfläche über 1000 Meisterwerke zeitgenössischer Kunst an der Braubach-/Ecke Domstraße ihre Heimat, mit der aus Darmstadt transferierten Ströher-Sammlung als Publikumsmagnet.

Stadtkämmerer Ernst Gerhardt pflegte ein freundschaftliches Verhältnis zur Kultur

In enger Kooperation mit dem kulturfreundlichen Stadtkämmerer, dem sympathisch schlitzohrigen Dezernenten für Liegenschaften Ernst Gerhardt, hat Baudezernent Hans-Erhard Haverkampf das vor sich hin gammelnde, arg spitzwinklige Torten-Grundstück Berlinerstraße – Braubachstraße – Domstraße erst einmal von den Altlasten und alten Scharteken befreit. Der Entwurf beruhte auf der Prämisse, daß die dortige Tankstelle verschwände und alteingesessene Mieter der Abrißobjekte eine bessere Ersatzwohnung bekämen. Besonders die Fischhandlung Franke erwies sich in der Person ihrer Inhaberin als zähe Verhandlungspartnerin, denn für Elfriede Schlitzer war ein konkretes Stück Kabeljau wichtiger als abstrakte Kunststücke. Gerhardt verlagerte den Jugendclub aus dem Eckhaus Berliner Straße/Domstraße, damit dort Fisch-Franke künftig eine sehr viel bessere Alternative mit Option auf Umsatzsteigerung und damit auf eine bessere Zukunft bekommen konnte. Frau Schlitzer war zu diesem Deal aber erst bereit, nachdem mit ihrer aus unerklärlicher Ursache in Brand geratenen Friteuse gleich das ganze Lokal abgeflammt war. Mit dem Kauf dieser Liegenschaft Domstraße 10 am 29. August 1986, für deren Erwerb und Aufstockung 5,1 Millionen D-Mark hingeblättert werden mußten, und des Nachbarhauses Nr. 12 am 2. März 1987 von der

Firma Hinkel oHG + Rudolf Speck für 3 066 000 D-Mark wurde der Weg für die Planung geebnet. Der sich heute brüstet, das Museum für Moderne Kunst mitgestemmt zu haben, der FDP-Kulturlautsprecher Christian Zeis, hatte laut *Frankfurter Allgemeiner Zeitung* vom 25. Oktober 1984 seinerzeit noch groß trompetet, das Museum „werde nur verwaltete Kultur hervorbringen" und sei deshalb „so unnötig wie ein Kropf".

Zeis hatte mich im Stadtparlament regelmäßig angemahnt, endlich den Gesamtplan für das Projekt Museumsufer vorzulegen. Die Forderung habe ich konstant ignoriert. Denn wäre die Endsumme dieses Mega-Projektes zu früh auf dem Markt der Bedenkenträger verhandelt worden, hätte die Höhe der Gesamtinvestition deren Frust nur noch gesteigert und unser Projekt gefährdet. Einmal mehr im Einverständnis mit OB Walter Wallmann haben wir nach dem Prinzip der Salamitaktik scheibchenweise lieber ein Haus nach dem anderen vom Parlament beschließen lassen.

In Haverkampfs international ausgeschriebenem Architekturwettbewerb hatten wir uns einmütig für den genialen Entwurf des Wiener Star-Architekten Hans Hollein entschieden. Hollein hatte schon mit seinem ersten Museumsbau in Mönchengladbach seine Affinität zum kunstvermittelnden Bauambiente erfolgreich unter Beweis gestellt. Nachdem an einem Donnerstag das Parlament die Bauvorlage einstimmig beschlossen hatte, ließ Baudezernent Haverkampf, diese Verkörperung des Realitätsprinzips, nicht anders als gewohnt bereits am Freitagmorgen um 6.00 Uhr die Bagger rollen und zum höheren Ruhme der Künste das Erdreich aufpflügen.

Nachdem Gründungsdirektor Peter Iden, der schon in den 60er Jahren in der *Frankfurter Rundschau* ein autonomes Museum für Moderne Kunst gefordert hatte, den Leitungsauftrag zurückgegeben hatte, um sich ganz seiner Professur an der Schauspielschule zu widmen, bin ich auf der Suche nach einem geeigneten Nachfolger unter den Gladiatoren der Moderne erst im vierten Anlauf fündig geworden. Zuerst versuchte ich, Armin Zweite vom Lenbachhaus in München abzuwerben, der aber schon mit einer mündlichen Zusage an die Düsseldorfer Kunsthalle verpflichtet war. Dieter Ronte vom Wiener Museum Moderner Kunst hatte dem Senat der Stadt Hamburg just eine Woche vorher sein Jawort gegeben, und auch mein Freund Götz Adryani, der Chef der Tübinger Kunsthalle, mochte meinen Lockungen nicht folgen; er blieb lieber als legendäre Ein-Mann-Show die Nummer eins im Ländle, als in Frankfurt Chef eines großen Teams zu werden. Erfolgreicher war mein Werben um Rudi Fuchs, der 1982 die documenta 7 in den Erfolg gemanagt hatte. Nach einem Vorstellungsgespräch beim Oberbürgermeister bat mich Walter Wallmann jedoch, von einem Engagement des Holländers „lieber abzusehen, der nicht mal richtig Deutsch spricht". Die gescheiterten Verhandlungen erwiesen sich schließlich jedoch als Segen, weil sie uns mit der Wahl von Jean-Christophe Am-

Richtfest für das Museum für Moderne Kunst 1989: Oberbürgermeister Wolfram Brück, Kulturdezernent, Museumsdirektor Jean-Christophe Ammann, Architekt Hans Hollein, Stadtkämmerer Ernst Gerhardt

mann von der Baseler Kunsthalle einen Glücksfall bescherten. Er war zwar auch Ausländer, aber einer aus der deutschsprachigen Schweiz; vor allem aber war er ein obsessiver Kämpfer für die klassische Moderne wie für die zeitgenössische Kunstszene. Ich schätzte an Ammann auch dessen rabiaten Antitraditionalismus.

Weil der mit unbändiger Erfindungskraft gesegnete Architekt Hans Hollein seinen Ruf als Überzeugungstäter mitnichten verspielen wollte, war der Konflikt mit dem Überzeugungstäter Ammann so gut wie vorprogrammiert. In ihren sarkastischen Postillen bewegten die beiden sich immerhin auf hohem Niveau: Ammann denunzierte das skurrile Raumgewirr des MMK als „Niagara-Architektur", Hollein nannte den Bauherren einen „ignoranten Monomanen". Die Besucher aber schätzten die Eigenwertigkeit dieser raffiniert verschachtelten Architektur, weil sie immer wieder neue Blickachsen und Blickwinkel in neue Räume erlaubt. Holleins Architektur lockt nur vordergründig mit dem Reiz der Formen, tatsächlich begünstigt sie die Neugier des Entdeckers.

Einen Tag, bevor Baudezernent Haverkampf vom neuen Oberbürgermeister Volker Hauff aus unerfindlichen Gründen aus dem Magistrat gekippt wurde, bat ich ihn noch um einen letzten Gefallen, nämlich unserem Vorschlag zur Güte seinen offiziellen Segen zu geben. Es ging dabei um die Vermittlung zweier konträrer und kompromißloser Vorstellungen: Hollein wollte auf allen Ausstellungsebenen partout italienischen Marmor, Ammann bestand auf soliden Holzfußböden, um seine diversen Installationen und andere Kunststücke festschrauben und seine ikonoklastischen Visionen der Moderne bodenfest verankern zu können. Haverkampf und Kulturdezernent hatten die Mitte zwischen beiden Extremen als angemessenen Kompromiß vorgeschlagen: Nur im Eingangsbereich sollte Hollein seine Architektenkollegen mit marmorkalten Veredelungsmaterialien beeindrucken können; auf allen übrigen Etagen sollten Holzbohlen die Umsetzung der Anarchie der Formen und Motive ermöglichen, wie auch die praktikable Nutzung der notwendigen Schraubenkünste für alle flexiblen Bespielungsformen. Dies war Haverkampfs allerletzte nachhaltige Amtshandlung. Als freischaffender Bau-Manager hat Hans-Erhard Haverkampf später das Berliner Bundeskanzleramt und vieles mehr gebaut. Auch in Würdigung seines Frankfurt-Projektes erhielt Hans Hollein, wie später auch sein Kollege Richard Meier, den begehrten Pritzker-Preis, also quasi den Nobelpreis für Architekten.

Die Premierenfeier nach der Einweihung von Holleins fulminanter städtebaulicher Großtat fand im Juni 1991 in zwei voneinander weit entfernten Etablissements statt: Hollein an gedeckten Tischen im vornehmen Unions-Club, Ammann im bürgerlichen Ambiente des Steinernen Hauses in der Braubachstraße. „Es gibt nichts zu feiern", resignierte Jean-Christophe Ammann mit einem Wort Durs Grünbeins. Wer es sich mit keinem der beiden verderben wollte, pendelte wie ich zwischen beiden Hochzeiten.

Schon nach Ammanns ersten erfolgreichen „Szenenwechseln" galt das Museum für Moderne Kunst als eine der schillerndsten Kunstinstitutionen der Republik. Mit seinem Hexeneinmaleins der Verführung ist es ihm immer wieder gelungen, bei festlichen Diners jeweils 80 000 Mark dafür lockerzumachen. Das Signum dieses Museums ist seine fortwirkende Aktualität.

Wie einst durch die Gründung der Städtischen Galerie zu Anfang des 20. Jahrhunderts die damals zeitgenössische Kunst in ihrer Vielschichtigkeit dokumentiert werden sollte, so wurde 1990 speziell für die aktuelle oder gerade schon historisch gewordene Kunst endlich ein Domizil geschaffen. Hier soll die Kunst nicht mehr nur beherbergt, sondern auch interpretiert werden. Die inzwischen auf über 4000 Werke angewachsene Sammlung des MMK, in der sich als Brücke von den 60er zu den 90er Jahren angelegte Werkgruppen und feste Installationen aus der Gegenwart um die weltberühmte Pop-art-Sammlung gruppieren, wird durch signethafte Objekte weithin sichtbar der Öffentlichkeit zur Betrachtung empfohlen. Die Werke der Pop-art unterliegen jedenfalls keinem früheren Verfallsdatum als die Popmusik. Weil auch das Städel mit seiner Städtischen Galerie moderne Kunst sammelt, fordert allerdings ein formalistisches Denken, die Sammlungshorizonte einer janusköpfigen Moderne gegeneinander abzugrenzen, anstatt den Wettbewerb als Chance zu begreifen.

Wer ein Bild dieser Frankfurter Museumslandschaft malen möchte, dem steht dabei eines klar vor Augen: Es ist kein Monumentalgemälde! Die Frankfurter Museen sind individueller, sind spezifischer als die zentralisierten Großprojekte anderer Städte, ohne deshalb isoliert zu sein; sie bilden eine geschlossene Landschaft. Dies Panorama malt jedoch keine heroische Ideallandschaft, eher ein Genrebild, mit Szenen des Alltags bestückt, die nicht immer bunt und farbenfroh oder gar harmonisch eingefärbt, in ihrer Kleinteiligkeit aber derart spannungsreich sind, daß sich eine Auseinandersetzung mit ihnen allemal lohnt.

Das International Council of Museums (ICOM) definiert Museen lakonisch als „eine gemeinnützige, ständige, der Öffentlichkeit zugängliche Einrichtung im Dienste der Gesellschaft und ihrer Entwicklung, die zu Studien-, Bildungs- und Unterrichtszwecken materielle Zeugnisse von Menschen und ihrer Umwelt beschafft, bewahrt, erforscht, bekannt macht und ausstellt“. So pulvertrocken definieren unsere Frankfurter Museen ihren Vermittlungsauftrag glücklicherweise nicht.

Die Sammlung Dieter Bock und Gerhard Richters RAF-Zyklus

Der private Sammler Dieter Bock, ein Immobilienhändler, hat 1989 dem Museum für Moderne Kunst eine Summe von 3 Millionen Euro zur Verfügung gestellt, mit deren Hilfe Jean-Christophe Ammann völlig autonom Kunstwerke seiner Wahl erwerben konnte. Spitzenkunst von 29 Künstlern und Künstlergruppen hat so an den Museumswänden die Besucher erfreut und damit zur Diskussion herausgefordert, bis Bock den Vertrag im Jahr 2008 aus heiterem Himmel kündigte. Dieser entpuppte sich nachträglich als eine Art skurriler Geheimvertrag, von OB Volker Hauff gleichwohl mit großem Brimborium öffentlichkeitswirksam unterzeichnet, offenbar aber ohne das Kleingedruckte zu Ende gelesen zu haben oder von Amtsjuristen vorher gegenlesen zu lassen: „Erworben mit privaten Mitteln als Dauerleihgabe für das MMK“. Leider gab es daher keinerlei advokatorische Möglichkeiten des Einspruchs gegen solch unerhört kunstwidrigen, eigennützigen Wertschöpfungsprozeß, der das Museum für Moderne Kunst als Durchlauferhitzer für den Kunstmarkt mißbrauchte. Das Hauptanliegen des unnoblen Spenders bestand offenkundig darin, den Marktwert der Bilder durch das Renommee des Museums zu erhöhen und nach 15 Jahren öffentlicher Präsentation den so erworbenen ästhetischen Ritterschlag in Cent und Euro einzustreichen: Bock hat die Wertsteigerung kassiert, ohne das Museum an der Rendite zu beteiligen. Ganz im Gegenteil mußte die Stadt Werke von Rosemarie Trockel, Andreas Slominski, Martin Honert, Bernhard Hattler und Reiner Ruthenbeck aus der Bock-Sammlung teuer erwerben, um keine allzu großen Lücken entstehen zu lassen. Der Casus hat nichts mit Mäzenatentum, aber alles mit flinkem Reibach zu tun. Ein turbokapitalistisches Lehrstück, das vor Nachahmung warnt.

Ein anderes Schlüsselwerk war schon im Jahr 2000 vom Leihgeber zur Disposition gestellt worden: Gerhard Richters politisch umstrittener Zyklus *18. Oktober 1977* über die in Stammheim einsitzenden RAF-Häftlinge. Deutschlands wichtigster zeitgenössischer Künstler hatte seinen Zyklus zunächst für zehn Jahre als Dauerleihgabe dem MMK überlassen. Ohne Rücksprache mit Jean-Christophe Ammann hat er dann seine sechszehn Bilder an das MoMA in Manhattan verkauft. „Wie kann man ein solches Stück Katharsis verkaufen?“ fragte empört Jean-Christophe Ammann, eines der ganz wenigen ganz großen Werke moderner Geschichtsmalerei der zeitgenössischen Kunst über Themen der deutschen Zeitgeschichte. Die Tatsache, daß dieser Zyklus im MMK damals Teile des Publikums irritiert hatte, war schon vor der offiziellen Eröffnung für die Dresdner Bank Anlaß genug, ihre angekündigten Jahreszuschüsse zu stornieren, die Ammann und ich bei einem Frühstück in der Bank ausgehandelt hatten. Der Einspruch der Witwe des von der RAF ermordeten Bankiers Jürgen Ponto war zwar menschlich verständlich, für die Freiheit der Kunst und die Neutralität des Mäzenatentums aber war es ein Skandal, mit dieser Verbildlichung eines Stücks der kollektiven deutschen Biographie auch Richters Ingenium emigrieren zu lassen. „Die Entscheidung des MoMA für den Zyklus bestätigt nunmehr seinen hohen Rang, er ist damit gleichsam unter die Ikonen der Moderne aufgerückt“ (*F.A.Z.*).

Das Literaturhaus

Obwohl das Literaturhaus an der Schönen Aussicht Nr. 2 kein Museum ist, wird es als signifikanter Glanzpunkt am Museumsufer von diesem vereinnahmt. In der Stadt, die die Internationale Buchmesse, die Deutsche Nationalbibliothek und den Börsenverein des Deutschen Buchhandels sowie 75 (!) große und kleine Verlage wie S. Fischer, Suhrkamp, Eichborn, Campus, Societät, Büchergilde, Frankfurter Verlagsanstalt, Stroemfeld, Schöffling beherbergt, ist das Literaturhaus eine optimale Ergänzung zu den hier angesiedelten Museen. In den Frankfurter Verlagen sind in 2008 4500 Bücher erschienen. Der für Anfang 2010 angekündigte Umzug des Suhrkamp Verlags nach Berlin wird einen schmerzlichen Bedeutungsverlust für die Literaturstadt Frankfurt zur Folge haben, deren geistiges Klima Suhrkamp-Autoren wesentlich mitgeprägt haben. Wie sehr das Interesse am Buch gestiegen ist, entnehmen wir der Statistik: Im letzten Jahr sind in der Bundesrepublik über 440 Millionen Bücher in 13 800 Bibliotheken ausgeliehen worden.

Die Gründung des Literaturhauses als drittes „Labor des Literaturbetriebs“ neben den entsprechenden Häusern in Hamburg und München war meine

Die „Väter“ des Literaturhauses an der Bockenheimer Landstraße: der Kulturdezernent und OB Volker Hauff auf der Frankfurter Buchmesse 1989

letzte „Amtshandlung“ eine Woche vor meinem Rückzug aus dem Magistrat nach 20 Jahren. Gründungsleiter Thomas Beckermann sollte in der alten Villa an der Bockenheimer Landstraße mit der Präsentation der Werke zeitgenössischer Schriftsteller, Lyriker und Sachbuchautoren Frankfurts Literaturhaus zum vitalen Ort der intellektuellen Reflexion der politischen, gesellschaftlichen und kulturellen Prozesse entwickeln, die auch in den meisten der Museen (aber dort mit Mitteln der visuellen Sprache) analysiert werden. Nachfolgerin Maria Gazzetti wollte ihr Aufgabenrevier um die Sammlung der wichtigsten Bücher von Frankfurter Autoren erweitern und mit biographischen Ausstellungen nicht nur der großen verblichenen Frankfurter Schriftsteller wie Goethe, Schopenhauer, Börne, Stoltze oder Kracauer gedenken, sondern auch der verstorbenen Autoren des 20. Jahrhunderts wie Theodor W. Adorno, Max Horkheimer, Alexander Mitscherlich, Dolf Sternberger, Oswald von Nell-Breuning, Horst Krüger, Horst Bingel, Walter Boehlich, Joachim Fest, Siegfried Unseld oder Robert Gernhardt und F. K. Waechter. Dieser Verpflichtung ist sie aber nicht nachgekommen. Vor allem an viele unter uns lebende bedeutende, höchst produktive Dichter und Sachbuchautoren zu erinnern ist aber eine der wichtigen Aufgaben eines Frankfurter Literaturhauses, um deren Werke nicht Hegels „Furor des Vergessens“ an-

Péter Esterházy hält die Eröffnungsrede nach dem Umzug des Literaturhauses an die Schöne Aussicht 2

heimfallen zu lassen. Immerhin haben sich viele herausragende Köpfe dafür entschieden, in unserer hektisch-brodelnden und unverzagt ereignisreichen Stadt zu schreiben und zu dichten, um unsere Gedanken aufzustören. Unser kritisches Bewußtsein halten in der Goethestadt auf Trab: Asfa-Wossen Asserate, Elisabeth Borchers, Wolfgang Deichsel, Eva Demski, Iring Fetscher, Axel Honneth, Bodo Kirchhoff, Ursula Krechel, Peter Kurzeck, Andreas Maier, Franz Mon, Margarete Mitscherlich, Martin Mosebach, Marcel Reich-Ranicki, Klaus Reichert, Alfred Schmidt, Silke Scheuermann, Alissa Walser, Stefanie Zweig, Peter Zingler, um nur die bekanntesten zu nennen, und noch hundert andere von beträchtlichem Gewicht leben in der Stadt am Main, einer von ihnen jeweils für ein Jahr als Stadtschreiber in Bergen-Enkheim. Man denke auch an die vielen publizierenden Wissenschaftler der Goethe-Universität oder an die Buchautoren unter den Frankfurter Redakteuren. Auch der jetzt in Starnberg lebende Philosoph der Frankfurter Schule und Adorno-Preisträger Jürgen Habermas hat hierorts wichtige Bücher verfaßt (*Strukturwandel der Öffentlichkeit*, 1962; *Kultur und Kritik*, 1973). Es lohnte sich, in diesen unermeßlichen literarischen Kosmos Frankfurter Autoren einzutauchen, um individuell fündig zu werden. Weil Maria Gazzetti sich von der Stadt nicht hinreichend unterstützt fühlte, hat sie ihren Vertrag über 2010 hinaus nicht verlängern mögen.

Das Historische Museum

Es ist wohl kein Zufall, daß sich gerade der fast universale Museumstyp des Historischen Museums einer Demokratisierung der Kultur gegenüber aufgeschlossen zeigte, die eine Öffnung der Museen auch für diejenigen Schichten der Gesellschaft bedeutete, die dieser Institution traditionell eher abweisend gegenüberstanden, und den Aufbruch in eine neue Ära der Kulturpolitik unterstützte, die aus der Versöhnung des Gegensatzpaares Theorie und Praxis ihre Legitimation bezieht. Kein Zufall wohl auch, daß das Historische Museum Frankfurt unter Leitung von Hans Stubenvoll die Vorreiterfunktion für diese Etappe der Innovation übernahm, das 1878 ursprünglich als „Denkmal der freireichsstädtischen Vergangenheit" gegründet worden war. Ein regionales, kulturhistorisches Museum schien aufgrund seiner komplexen Sammlungsbestände am ehesten in der Lage, die kulturpolitischen und museologischen Forderungen einzulösen, die Ende der 60er Jahre die Diskussion bestimmten: Aufhebung der Spezialisierung und der isolierten Präsentation der Sammlungsbestände, Öffnung der Museen für die Alltagskultur, Entwicklung einer neuen Museumsdidaktik, die nicht in die üblichen Kommunikationsrituale einschwenkt, sondern auf die Vorbildung der Museumsbesucher Rücksicht nimmt. Der aufklärerische Bildungsauftrag der Museen wurde reaktiviert und mit der Formel „Museum als Lernort" auf den Punkt gebracht, das kulturpolitische Programm „Kultur für alle" galt ab 1970 für alle kommunalen Frankfurter Museen. Als erstes Signal des neuen enthusiastischen Bildungsbegriffs galt die Schaffung von museumspädagogischen Planstellen für alle Frankfurter Häuser.

Der auch im europäischen Maßstab innovative Ansatz des 1972 eröffneten Historischen Museums Frankfurt bestand in dem erstmaligen Versuch, Geschichte überhaupt als *Geschichte* und nicht als Stil- oder Formgeschichte, also Kunstgeschichte zu begreifen und anhand dreidimensionaler Objekte als Prozeß mit gesellschaftlichen und politischen Akteuren und Interessen darzustellen. Die hermetische „Evidenz" des bürgerlichen Kunstbegriffs wurde aufgebrochen, indem jedes Ausstellungsstück auf seine gesellschaftlichen, materiellen und ideellen Entstehungs- und Funktionsbedingungen hin befragt und in entsprechend erklärenden Kontexten präsentiert wurde, und zwar ohne „bildungsbürgerliches" Vorwissen vorauszusetzen. Schule machte das Historische Museum Frankfurt nicht nur mit dem Prinzip der Kontextualisierung, sondern auch mit der innovativen Wahl der Sujets: Es realisierte die erste kritische Ausstellung zum Thema Krieg („Ein Krieg wird ausgestellt", 1976), eine der ersten industriegeschichtlichen Ausstellungen („Die zweite industrielle Revolution", 1981) und eine der ersten frauengeschichtlichen Ausstellungen („Frauenalltag und Frauenbewegung 1890–1980",

Frankfurter Küche im Historischen Museum

1980–1983), wobei letztere mit intensiver Beteiligung des Publikums erarbeitet wurde und damit zugleich eines der ersten „partizipativen“ Museumsprojekte darstellte. Als Abteilung des Historischen Museums wurde ebenfalls 1972 unter Leitung von Heike Kraft das erste Kindermuseum in Deutschland aus der Taufe gehoben, das speziell für Kinder konzipierte Ausstellungen zu stadt- und kulturgeschichtlichen Themen zeigt, die die kleinen Besucher zum Ausprobieren, Erforschen, Nachdenken anstiften möchten. Eigenständiges Handeln und selbstbestimmtes Lernen sowie künstlerische und handwerkliche Arbeit stehen hier im Mittelpunkt.

Freilich entwickelte die Maxime „Museum als Lernort“ ihre eigene Problematik, der im Historischen Museum einerseits vorbildlich, andererseits wohl doch allzu exzessiv durch kustodiale Vereinnahmungen mit Hilfe von theorielastig formulierten Schrifttafeln Rechnung getragen wurde, welche die Objekte erklären sollten. Goethes Diktum „Wort und Bild sind Korrelate, die sich immerfort suchen“ war offensichtlich allzu wörtlich genommen worden. Museumsdidaktik war damals noch eine fast gänzlich unbekannte Größe, in mehr als einem Sinne ein Fremdwort. Deshalb verwundert es kaum, daß im Historischen Museum erst einmal eine recht einseitige Bevorzugung vorwiegend verbaler Argumentationen die Präsentation bestimmte. Sie war zwar programmatisch dem Verständnisniveau von Personen mit Hauptschulabschluß angepaßt, aber die Flut von Ex-cathedra-Schrifttafeln überforderte gerade diejenigen Bevölkerungskreise, deren Interesse am Museum es doch erst zu wecken galt. Schon Goethe hatte in *Wilhelm Meisters Wanderjahren* gemeint, die Deutschen verfügten über die Gabe, die Wissenschaft unzugänglich zu machen. Ein Museum, das sein Publikum nur deshalb polarisiert, um Spannung zu erzeugen, stünde in einem fatalen Widerspruch zu seinem Auftrag. Durch den hohen Abstraktionsgrad der Texte fühlte sich mancher Besucher schlicht überfordert.

Ein hochgradig erregter Kulturbetrieb erzeugte eine höchst merkwürdige Phalanx gegen die neue Kulturpolitik. Selbsternannte exklusive Stützen der Gesellschaft benutzten die angeblich marxistischen Schrifttafeln des Historischen Museums als Ventil für ihren angestauten Frust. In alberner, aber todernst gemeinter Selbststilisierung zu einer Bruderschaft aus „Adel und Banken" hatten die Gralshüter eines großbürgerlichen Wertekanons eine Art eigenes Kirchenblättchen unter dem anmaßenden Titel *Frankfurter Kultur* gegründet, ein Kampfinstrument, das der angesehene Privatbankier Freiherr Philipp von Bethmann finanzierte und FNP-Redakteur Heym mit gehörigem Fanatismus in der Feder redigierte.

Auf dem Höhepunkt des Streites hat der HR den Patriarchen der altkonservativen Wagenburg, den Baron von Bethmann, und mich vor die Kamera holen wollen. Experte im luxuriösen Meinungspluralismus, lehnte es der Baron jedoch ab, mit einem so linken Vogel gemeinsam auf dem Fernsehschirm sich blicken zu lassen. In seinem Solo versuchte er dann die Interviewerin Eva Demski davon zu überzeugen, daß der Kapitalismus „halt ein Rassepferd" sei, „das man eben reiten können" müsse. Ein Parcours für Steckenpferde war aber kein satisfaktionsfähiger Ersatz für eine Streitkultur, den die alten Griechen Agon nannten, ein kämpferischer Wettstreit der besseren Ideen. Mit dem ansonsten sympathischen von Bethmann habe ich später ein gutes Verhältnis gepflogen, ja er hat mich sogar für den Stoltze-Preis nominiert und eine kritische Laudatio gehalten: ein geborener Gentleman eben.

In der Tat haben einige der 26 beanstandeten Schrifttafeln im Historischen Museum die notwendige Objektivität vermissen lassen; besonders jene über die sakrale versus ideologische Funktion des Altars im Mittelalter gerieten zum unerhörten Moment der Irritation. Der Altar wurde hier natürlich nicht als ehrfurchtgebietendes religiöses Zentrum oder als Ziel für Kunstwallfahrten inszeniert, sondern als Exponat, dessen historische und heutige Funktion es gründlich zu hinterfragen galt. Nach einer vom Kulturdezernat angeregten dreimonatigen Diskussionsphase haben die Kustoden selber mehr als die Hälfte der inkriminierten Tafeln zurückgezogen. Im Fall der kontroversen Interpretation des Altarbegriffs wurden zur eigenen Urteilsfindung der Besucher neben den ursprünglichen Tafeln alternative Deutungen der katholischen und der evangelischen Kirche aufgehängt.

Dazu kam ein weiteres, vielleicht noch gravierenderes Problem, das generell die Museumsarbeit in Deutschland betraf. Das Hauptargument für die Aufgabe der isolierten Präsentation einzelner Kunstwerke oder historischer Objekte war ja stets, daß die „wirklichen" historischen Zusammenhänge nur mit einem kaum noch vorauszusetzenden Vorwissen hergestellt werden könnten. Seit Walter Benjamin erfüllt ein tiefes Mißtrauen gegenüber der „Aura" des originalen Exponats die aufklärerischen Museumsdidaktiker, die die ausgestellten Werke von ihrer Rezeptionsschicht lösen möchten. Das Sammeln wurde des (Waren-)Fetischismus verdächtigt, und schließlich führte die Dominanz der Vermittlungsaufgabe zu einem tragischen Mißverständnis: Das Museum wurde oft als Ersatz für Schule und Universität, für Zeitung und Fernsehen in Anspruch genommen; ja, es sollte auf einmal all deren Versäumnisse ausgleichen, sowohl was die Bildung von Geschichtsbewußtsein als auch die Fähigkeit zur visuellen Kommunikation betraf. Vor allem aber wurden Themen aufgegriffen, die mit anderen Medien, mit einer Buchreihe, einer universitären Projektgruppe, einem Film oder einem Volkshochschulkurs hätten genauso gut bearbeitet, vielleicht sogar besser hätten vermittelt werden können. Die spezifische Eigenart des Museums, die im Umgang mit dem historischen Gegenstand erst zur Wirkung kommen könnte, wurde zuwenig berücksichtigt. Schließlich ist das einzelne Exponat selbst erst einmal ein Zeugnis der Erinnerungskultur, das immerhin eine Erfahrung ermöglicht, die durch kein anderes Medium vermittelt werden kann. Diese wird freilich nicht von selbst freigesetzt, sie braucht als emotionales Vehikel das Arrangement des Museums und die Empathie des Betrachters, um zu überzeugen.

Gerade die großen, publikumswirksamen Sonderausstellungen der 70er Jahre in Deutschland – ob sie nun die Staufer, die Preußen oder später die Goldene Bulle thematisierten oder altägyptische Pharaonen oder Sammler-Potentaten – haben auf den Veränderungstrend geschmeidig reagiert und selbst den hartnäckigsten Kritikern derartiger „kulturtouristischer" Massenveranstaltungen etwas klar vor Augen geführt: ein ganz offensichtlich neu erwachtes Interesse an Geschichte. So undifferenziert sich dies bei jedem einzelnen Besucher auch äußern mag, es vollzieht sich sehr stark über die unmittelbare Präsenz des entstaubten, geschichtsträchtigen Originals und über die Möglichkeit, mit einem – wenn auch bloß gegenständlichen – Zeitzeugen zu kommunizieren. Das Ziel ist allemal, zum Gespräch über das Erlebte zu motivieren, um das neue Wissen in der Meinung anderer zu reflektieren. Schon für den Philosophen Hegel war das höchste aller humanen Güter die Spiritualität und das Gespräch mit anderen darüber in der Hoffnung, dabei „die Natur der Humanität zu erkennen". Hegel ging es dabei aber weniger um die Manifestation von Spiritualität als vielmehr darum, diese auch im Kontext konkreter Gedanken zu verankern.

Das Museum für Komische Kunst im Leinwandhaus

Das Leinwandhaus am Weckmarkt blickt auf eine wechselvolle 700jährige Geschichte zurück: Ein unterkellertes Idyll sinistrer Abgründe, hat dieses vermutlich von Dombaumeister Madem Gerthener 1369–1399 errichtete älteste profane Bauwerk Frankfurts schon vielen noblen und krausen Zwecken gedient. Das alte Gemäuer beherbergte über die Jahrhunderte vor allem geistwidrige Milieus: Es war Messezentrum und Prüfsaal der Gewebezunft, Gerichtsort mit Kerker und Folterkeller, Getreidesilo und in der Franzosenzeit Lazarett und Zollhaus, schließlich auch Tanzsaal. Ab 1893 wurde das Gebäude als Außenstelle des Historischen Museums genutzt. 1943 bei einem Bombenangriff zerstört und in den Jahren 1980–1983 vom den Architekten Alois Giefer weitgehend originalgetreu wiederaufgebaut, beherbergte das Leinwandhaus seit den 80er Jahren die Kommunale Galerie, das Frankfurter Fotografie Forum international und die Galerie Timm Gierig.

Um deren ästhetische Praxis würdigen zu können, wurde für die zeitgenössischen Frankfurter Künstler 1973 in den Fluren des Kulturdezernats im Deutschordenshaus die erste Kommunale Galerie in Deutschland eingerichtet, die 1985 in das Leinwandhaus verlegt wurde. Sie bot Frankfurter Malern und Bildhauern Gelegenheit zur öffentlichen Selbstdarstellung unter dem Dach eines einstigen Messehauses und damit eine mainnahe Heimstatt. Ohne Not hat im Jahre 1991 das Kulturdezernat die Kommunale Galerie wieder dichtgemacht; unseren bis in die peripheren Winkel Frankfurts hineinwirkenden Künstlern wurde ihr repräsentativer Ort der Selbstdarstellung brüsk entzogen. Das war der schnöde Dank dafür, daß unsere Stadt ihren Künstlern nichts Geringeres verdankte als eine gewisse inspirative Aura. Die Kommunale Galerie hatte ihre Legitimität aus dem Erfolg der Frankfurter Künstlerausstellungen bezogen. Auch die Galerie Timm Gierig und die Fotogalerie haben als „Untermieter“ mit wechselnden Ausstellungen viele Jahre das Leinwandhaus im Gespräch gehalten. Seit 2008 steht nach einer räumlichen Umstrukturierung das gesamte Haus dem neu gegründeten Museum für Komische Kunst zur Verfügung.

Frankfurt galt nach dem Kriege lange Zeit als Hochburg der Karikatur und als Hort der Satire und der unverblümt komischen Kunst. Deren Ahnengalerie ist in Frankfurt berühmt besetzt: von Heinrich Hoffmann (*Struwwelpeter*), Friedrich Stoltze (*Frankfurter Latern*) bis Ludwig Börne (*Die Waage*). In der zweiten Hälfte des katastrophenreichen letzten Jahrhunderts sind es die Jünger der „Neuen Frankfurter Schule“, die mit klinischem Blick auf die verwegensten Phänomene des Zeitgeistes seismisch reagierten und neuralgische Themen und Trends anspielungsreich besetzen. Aus dem Anschauungsmaterial kleinbürgerlicher Zeremonielle wie großbürgerlicher Rituale haben sie ihre satirische Nahrung gesaugt. Der 68er-Aufbruch war ein Movens auch für karikaturistische Energien. Von ihrer gefürchteten Bank der Spötter haben sie mit durchaus ungemütlichen Strichen die kleinen Missetäter und die großen Täter wie Schmetterlinge aufgespießt und in ihrer Kunst Aktualität und Historie produktiv zu verklammern gewußt. Sie wollten im Extremen das Exemplarische zeigen. Das Rezept ihrer Komik beruht auf Kontrast und Ironie. Ihre intellektuelle und professionelle Heimat hatten sie im Säurebad ihres Satireblattes *pardon* oder dem „endgültigen Satiremagazin“ *Titanic* gefunden, aber auch im *Pflasterstrand* des 68er-Liberos Cohn-Bendit. Sie eint die Grundsympathie für die intellektuelle Revolte vom Mai 1968. Im Schatten des Doms bilden den Grundstock des Museum für Komische Kunst die „Nachlässe“ – teilweise zu Lebzeiten – von F. W. Bernstein („Die größten Kritiker der Elche waren früher selber welche“), des filigranen Komikers Robert Gernhardt mit seinem evidenten Bildzauber (*99 Sudelblätter* zu Lichtenbergs Sprüchen), Chlodwig Poth (*Last Exit Sossenheim*), Hans Traxler („Ur-Elch“) und F. K. Waechter. Traxler und Poth waren Mitbegründer der Neuen Frankfurter Schule. Sie alle haben das Korsett der Political Correctness abgeschnallt, sie bescheren uns ein lustvolles Exerzitium im genauen Lesen, das unser Denken anstiftet. Schon im ersten Halbjahr seines Bestehens konnte das Museum seinen magnetischen Zauber auf 30 000 Besucher wirken lassen.

Es bleibt zu wünschen, auch die wichtigsten Karikaturenzeichner der Frankfurter Zeitungen wie Felix Mussil, Greser & Lenz oder Volker Reiche würden mit ihren messerscharfen zeichnerischen Politpointen angemessen berücksichtigt. Den glänzenden Malersatiriker Johannes Grützke kann man in der nahen Paulskirche bewundern, wo er im Foyer auf seinem Rundhorizont-Fresko die Abgeordneten von 1848 sympathisch auf den Arm nimmt, indem er den meisten seine eigene, sich selbstkarikierende Physiognomie leiht.

Bei aller Sympathie für das neue Projekt, das noch unter Kulturdezernent Hans-Bernhard Nordhoffs Ägide auf den Weg gebracht wurde, bleibt aber der Frevel am Apriori des Denkmalschutzes zu beklagen: Die ästhetisch grandiose Halle, 1980–1983 vom damals bereits hochbetagten Frankfurter Architekten Alois Giefer mit nobler Zurückhaltung restauriert, wurde seitdem von einer mittelalterlichen Holzkonstruktion beherrscht, die das gotische Gebäude trägt; durch eine Zwischendecke und provisorische Stellwände wurde sie jetzt ihrer prunkenden Schönheit beraubt. Hatten die sonst gern übereifrigen Denkmalschützer Urlaub? Auch die Reißzähne der einst so spontanen Bürgerschreckästheten, deren Satireblätter das Leinwandhaus jetzt beherbergt, sind angesichts dieses Frevels merkwürdig stumpf geblieben. Die hochgradig kritischen Geister der Neuen Frankfurter Schule haben mit ihrer Rebellion gegen alles Bestehende offenbar auch keine Zauberlehrlinge in die Welt gesetzt, die jenen Rat Fontanes wirkungsvoll befolgten: „Je drastischer und extremer, desto besser."

Generell gesprochen bräuchten wir hin und wieder mal einen intellektuellen Aufstand in Frankfurt, nicht als Massenbewegung à la 68, sondern in Form individueller geistiger Sprengsätze, die aus je besonderen konkreten Anlässen gezündet werden müßten, wie etwa zuletzt im Mai 2009 beim himmelschreienden Skandal um den Hessischen Kulturpreis.

Die Kunsthalle Schirn auf dem Römerberg

Neben den genannten Um- und Anbauten, die neue und historische Architektur in eine spannungsvolle Beziehung binden, sind aber auch vollkommen neue Ausstellungsbauten errichtet worden. Der größte dieser Komplexe, die Schirn Kunsthalle Frankfurt, ziert heute eines der städtebaulich bedeutsamsten Areale der Mainmetropole: den Römerberg. Mit der Bebauung dieses zentralen Kommunikationsraumes sollte eines der vordringlichsten Defizite des Frankfurter Kulturbetriebs getilgt werden: das Fehlen einer Ausstellungshalle als Experimentierfeld für ungewöhnliche Projekte der *ars incognita*. Sie sollte flexibel genug sein, um jene die Wahrnehmung vertiefenden Sonderausstellungen aufnehmen zu können, die heute unabdingbare Ergänzung und Bereicherung der Museumslandschaft sind. Die ursprüngliche Planung sah also ganz anders aus als das folgenreiche Ergebnis.

Angesichts einer heterogener gewordenen Gesellschaft mit heute über dreißig Prozent Bürgern mit Migrationshintergrund hatte mir Walter Möller 1970 zwei wichtige Desiderate mit auf den Kärrnerweg gegeben: Wiederaufbau der Alten Oper und eine kulturelle Nutzung des seit Kriegsende brachliegenden Römerbergs oberhalb der zweistöckigen Tiefgarage. Ich hatte nach dem Vorbild des „Kulturhuset" in Stockholm einen analogen Großbau vorgeschlagen, unter dem allerdings fahrlässig sperrigen Arbeitstitel „Audiovisuelles Kommunikationszentrum". Mit Ausstellungshalle, Produktionsstätten, Vortragssaal, Clubräumen, Ateliers, Bibliothek und Gastronomie wäre es in Deutschland am ehesten vergleichbar gewesen mit dem später in München errichteten „Gasteig". Als Walter Möller die Bühne seines Wirkens schon mit 55 Jahren verlassen mußte, hat Nachfolger Rudi Arndt das Projekt mit dem Argument im Keim erstickt, den Titel könne ja keiner fließend aussprechen. Statt dessen verriegelt jetzt eine historisierende mittelalterliche Zeile aus Fachwerkhäusern mit Butzenscheiben das ehemals „gute Stubb" genannte Herzstück der City – vor allem beliebt bei den japanischen Touristen, die mit ihrer fernöstlichen Kameralinse eine vermeintliche Idylle ablichten möchten.

Roy Lichtenstein in der ihm gewidmeten Ausstellung in der Schirn 1988

Als ich 1974 Rainer Werner Fassbinder in seiner Berliner Stammkneipe „Zero“ überreden konnte, mit seinem Filmteam das TAT zu übernehmen, hat er mir damals auch deshalb spontan sein Jawort gegeben, weil ich ihm in dem geplanten Kulturzentrum auf dem Römerberg eine Produktionsstätte für seine Filme in Aussicht gestellt hatte. Leider war dieser Plan zum Scheitern verurteilt.

Die Stadt hat sich die Entscheidung über die Gestaltung ihres zentralen Bereichs nicht leichtgemacht. Erst nach mehreren Wettbewerben, zahllosen öffentlichen Diskussionen und kritischem Für und Wider in der Presse wurde der Entwurf der Architektengruppe Bangert, Jansen, Scholz und Schultes zur Ausführung bestimmt. Der gegenwärtigen und historischen Bedeutung des Baugrundstücks, das zwischen dem Römer, dem Wahllokal für die Könige des Heiligen Römischen Reiches, und dem Dom liegt, in dem seit dem 16. Jahrhundert auch die Krönungen vorgenommen wurden, sollte dadurch Rechnung getragen werden, daß sich das Ensemble bautypologisch aus historisch tradierten Raumformen zusammensetzt. Durch eine langgezogene Arkadenreihe gelangt der Besucher in eine glasgedeckte Rotunde, deren Wandaufriß bekannte Vorbilder von Zentralbauten zitiert und als Verteiler in die einzelnen Abteilungen des Komplexes fungiert. Der eigentliche Ausstellungsbereich ist als langgestreckter Galeriebau gestaltet, während der Vortragssaal mit seiner Tonnenwölbung einen ganz anderen Raumtypus verkörpert. Da der

Abstand zwischen den Außenwänden nur zwölf Meter mißt, begegneten die Museumsdirektoren dem Projekt zunächst mit Skepsis: Das Haus sei „nicht bespielbar". Mein Verweis auf das Lenbachhaus in München, das trotz seines Wandabstandes von acht Metern durch viele Sonderausstellungen weltweiten Ruf genießt, hatte die metrischen Bedenken schließlich zerstreut. Gründungsdirektor Christoph Vitali hat mit wechselnden Raumarchitekturen gezeigt, was die Schirn im enggeschnürten Korsett alles leisten kann, obwohl das Institut über keine eigene Sammlung verfügt, um im Gegenzug Bilder ausleihen zu können. Die von Vitali initiierte Qualitätsoffensive setzt Max Hollein erfreulich intensiv fort.

Der Frankfurter Kunstverein

Vom Geist der Toleranz und der Aufklärung inspiriert, wurde der Kunstverein 1829 von Frankfurter Bürgern gegründet, im selben Jahr, als auch Goethes *Wilhelm Meisters Wanderjahre* veröffentlicht wurden. Goethe fordert in seinem Roman die Selbstbeschränkung des Individuums in der praktischen Tätigkeit für die Gemeinschaft, quasi eine Handlungsmaxime auch für die Künstler. Maler vom Rang eines Carl Friedrich Lessing wurden vom Kunstverein ermutigt, für den Kaisersaal des Rathauses Römer Kaiserporträts wie etwa von Friedrich Barbarossa zu malen. Andere Künstler der Stadt haben geholfen, den Kunstsinn der Bürger durch Ausstellungen und Malkurse zu wecken und den Kunstgeschmack zu verfeinern. Dem Kunstverein war es zu verdanken, daß Kunstwerke durch Verlosungen zu günstigen Preisen erworben werden konnten, um in privaten Wohnungen eine Heimstatt zu finden, eine Vorwegnahme des Prinzips der später „Artothek" genannten Praxis des günstigen Kunsterwerbs.

Der Kunstverein residierte bis 1861 am Roßmarkt und anschließend in der Junghofstraße. Er hing nicht am städtischen Haushaltstropf, er finanzierte sich durch Spenden und Mitgliedsbeiträge. Das 75. Jubiläum wurde mit einer bilanzierenden Ausstellung zur Geschichte der Frankfurter Künstler angemessen gefeiert. Mit sicherem Blick für große Zusammenhänge hat der Kunstverein Anfang der 1930er Jahre damit begonnen, eigene Kunst-Editionen zu publizieren, beispielsweise mit Werken von Max Beckmann oder Max Slevogt.

Als privater Verein von den Nazis weniger scharf gegängelt als städtische Institute wie die Städtische Galerie oder die Städelschule, hat der Kunstverein mutig auch nach 1933 Werkmonographien von verfemten Künstlern wie Karl Schmidt-Rottluff, Emil Nolde, Käthe Kollwitz oder Alfred Kubin vorgestellt.

Im März 1944 wurden die Räume in der Junghofstraße durch einen Luftangriff völlig zerstört. Erst 1962 fand der Kunstverein im restaurierten Steinernen Haus sein heutiges Domizil auf dem Römerberg.

Im Kunstverein wird über Ästhetik und Ethik gestritten

Nach dem Kriege hatten wir mit der Berufung so bedeutender Direktoren wie Ewald Rathke, Georg Bussmann, Peter Weiermair und Nicolaus Schafhausen viel Glück; sie verhinderten, daß Kunst zur reinen Performance verkam. Jeder brachte neben seinen exquisiten Vorlieben aber auch den jeweiligen Zeitgeist zur kritischen Anschauung, darunter auch verwegene Zumutungen einer radikalen Moderne: Anfang der 70er Jahre wurde im Nachklang der 68er-Revolte der Kunstverein immer wieder Ort heftiger Diskussionen über die Funktion der Kunst bei der Formulierung kulturpolitischer Utopien sowie ihre Theatralisierung und ihre Grenzen im Bewußtsein der Macher.

Die vielbeachtete Ausstellung „Deutsche Malerei 2003", mit der die Revolutionierung der ästhetischen Mittel vor Augen geführt werden sollte, hat vor sechs Jahren noch viele Besucher angelockt. Mit der Berufung von Holger Kube Ventura zum neuen Direktor im April 2009 entsteht jetzt hoffentlich wieder eine ernstzunehmende ästhetische Konkurrenz, der sich Schirn, Museum für Moderne Kunst und Portikus produktiv zu stellen haben. Ein edler Wettstreit ist der beste Motor für den Erfolg aller vier.

Wie sehr die Frankfurter Museumsbauten gerade durch ihr Verhältnis zur Geschichte zu Vorbildern nicht nur für moderne Museumsarchitektur wurden, dafür stehen auch die nicht unmittelbar am Museumsufer gelegenen Neubauten der letzten Zeit als beredte Zeugen.

Das Jüdische Museum im Rothschildpalais

Bis das reiche jüdische Erbe vieler Generationen in Verfolgung und Vernichtung unterging, galt die Jüdische Gemeinde Frankfurt als Ort „der Weisen und Schriftgelehrten“, als „Anhöhe, zu der alle sich wenden“. Wie kein anderer Bevölkerungsteil der Freien und Reichsstadt Frankfurt haben die Juden in ihrer über achthundertjährigen Geschichte alle Höhen und Tiefen menschlichen Daseins erlebt und durchlitten. Unbarmherzig ihren Ängsten ausgeliefert, als bloß geduldete, von Haß und Hetze bedrohte Minderheit, lebten sie hier lange Zeit in bedrückender Enge. Erst im 19. Jahrhundert gewährte ihnen die Obrigkeit uneingeschränkte Teilnahme am städtischen Leben zusammen mit der übrigen Bevölkerung. So konnte sich nach und nach jene unvergleichliche Kraft herausragender geistiger, kultureller und wirtschaftlicher Bedeutung entfalten, von der ihre Stadt Frankfurt bis heute segensreich profitiert.

Ab 1933 fand diese Entwicklung in der nationalsozialistischen Schreckensdiktatur ein jähes Ende. Im Namen des deutschen Volkes wurden sechs Millionen Juden gefoltert und ermordet. Von den über 30 000 Juden, die vor 1933 in Frankfurt ihre Heimat hatten, waren am Ende der zwölfjährigen Gewaltherrschaft hier nur noch dreißig registriert. Weil nicht nur unsere untilgbare Schuld an diesem grausamsten Kapitel deutscher Geschichte, sondern auch der radikale Traditionsbruch es den Juden heute schwermacht, eine Brücke zu bauen von der Tradition der vergangenen jüdischen Gemeinschaft zur wiedererstandenen Gemeinde nach dem Zweiten Weltkrieg, war 1987 die Neugründung des Jüdischen Museums ein vordringlicher Imperativ der Frankfurter Kulturpolitik. Die Gründung dieses Museums, dessen Inhalte zu vermitteln den Frankfurter Bürgern ein besonderes Anliegen war, hat damals weltweit spontane Zustimmung gefunden: Der Umbau des 1821 von Johann Friedrich Christian Hess errichteten Rothschildpalais zum Jüdischen Museum hat den deutschen Bundeskanzler Helmut Kohl bewogen, das Haus im November 1988, am 50. Jahrestag der Pogromnacht, mit einer angemessenen Rede höchstselbst zu eröffnen. Der aus zwei Bauwerken bestehende Komplex am Untermainkai war noch gut erhalten und konnte auch im Inneren denkmalwürdig ausgestaltet werden, so daß architektonische Eingriffe auf behutsame Umnutzungsvorschläge beschränkt bleiben konnten. Gerade eine scheinbar nur geringfügige architektonische Operation ist aber besonders schwierig; der mit der Umrüstung beauftragte Architekt Ante Josip von Kostelac hat sich dieser Aufgabe mit besonderer Subtilität entledigt. So garantiert seine neue Innenraumdisposition eine funktionale Museumsdidaktik im vorgegebenen historischen Ambiente.

Zwei bestehende Mietverhältnisse mußten gekündigt werden, um für das Museum Platz zu schaffen. Hart getroffen hatte das ausgerechnet den damaligen Kultusminister Hessens, Hartmut Holzapfel, der erst kurz zuvor die zweite Etage kostspielig hatte renovieren lassen. Da ich auch mir selbst meine Wohnung über ihm gekündigt hatte und weil es schließlich nicht um irgendein Museum, sondern um das für jüdische Geschichte ging und um den Einfluß der mitteleuropäischen Geistes-

Gläserner Aryballos, Archäologisches Museum, Dauerleihgabe der Haeuser-Stiftung

welt auf die Entwicklung unserer Stadt Frankfurt am Main, zeigte der Kultusminister vornehm Verständnis für seinen „Rauswurf" – ohne Ersatzforderungen. Auch die Schar von Mäusen, die er ein Jahr zuvor als Kostgänger und Untermieter übernommen und irgendwie tierlieb geduldet hatte, ist dem Umbau zum Opfer gefallen. Weil sie in den im Louis-Seize-Stil schön vertäfelten Parterreräumen keine Nahrung gefunden hatten, waren die spitzschnäuzigen Kostgänger den kulinarischen Düften aus des Kultusministers Küche bis in den zweiten Stock hinauf gefolgt.

Das Archäologische Museum

Während mit der neuen Nutzung des Rothschildpalais ein für das historische Flair des Mainufers wichtiges Gebäudeensemble am „Nizza" erhalten wurde, bedeutete der Um- und Erweiterungsbau des Karmeliterklosters, das mit den restaurierten Wandmalereien Jörg Ratgebs eines der kostbarsten Frankfurter Kunstdenkmäler besitzt, von vornherein ein Stück Stadtreparatur: Hier residiert das 1937 zunächst im Dominikanerkloster und ab 1953 im Holzhausenschlösschen sowie im Souterrain des Kulturdezernats untergebrachte Museum für Vor- und Frühgeschichte, das jetzt als Archäologisches Museum firmiert. Die städtebauliche Situation rings um die Ruine des Karmeliterklosters war gezeichnet durch Kriegszerstörungen und charakterisiert durch eine nachfolgende Stadtplanung, die vorzüglich am reibungslosen Autoverkehr interessiert war. Der Gewinner des wiederum international besetzten Wettbewerbs, Josef Paul Kleihues, gab der gesamten Anlage ihre historische Geschlossenheit zurück. Der Neubau ist 1988 eröffnet worden. Später sollte Kleihues mit den Hamburger Deichtorhallen erneut Furore machen.

Nach innen wie nach außen wurde eine wohltuend ruhige architektonische Sprache gewählt, die sich stilvoll in die Umgebung einfügt, ohne sich ihr unterzuordnen. Dabei beläßt der Anbau die historische Architektur nahezu unangetastet, fügt ihr jedoch ein sehr gelungenes Detail hinzu: Der ursprünglich hölzerne spätgotische Dachstuhl mit seinem eleganten Netzgewölbe wurde mit modernen Mitteln und zeitgenössischen Materialien kongenial nachempfunden. In dem Rohbau haben einen Sommer lang wunderbare Theateraufführungen unter freiem Himmel stattgefunden, zum Beispiel hatte hier das Theater Willy Praml seine beste Zeit.

Das Archäologische Museum definiert sich als „archäologisches *und* historisches Museum", das die Geschichte der schriftlosen Zeit von der Steinzeit bis zu Christi Geburt und der ersten acht Jahrhunderte nach Christus anschaulich mit modernsten museologischen und museographischen Mitteln veranschaulicht. Anschauung war für Goethe bekanntlich „der beste Unterricht".

Das Erotikmuseum in privater Hand

1985 hatte Peter Zingler die glorreiche Idee, das weitgehend kulturöde Gebiet des Frankfurter Ostends mit einem „utopischen Projekt" zu bereichern, mit einem „autonomen Treffpunkt für freie Autoren und Intellektuelle". Im Haus Uhlandstraße Nr. 21, einem vormaligen Eros-Center, durfte ich später das nun „Romanfabrik" genannte Projekt unfeierlich eröffnen. Das Kulturamt half damit Zingler bei dem, was man sonst euphemistisch „Resozialisierung" nennt, was in diesem Falle sogar einmal nachhaltig gelingen sollte. Mit 100 000 Mark Anschubfinanzierung hat sich die Romanfabrik zu einem bis heute wichtigen Faktor des Literaturbetriebes in unserer Stadt gemausert. Gleich in den ersten beiden Jahren haben wichtige Autoren die Arbeit der Romanfabrik mit ihrem Namen und mit Lesungen aus ihren Texten geadelt: Eva Demski, Robert Gernhardt, Peter Rühmkorf, Chlodwig Poth oder Mario Adorf. Peter Kurzeck war 1986 der erste „Fabrikschreiber" der Romanfabrik.

Zinglers faszinierende literarische Karriere beginnt mit einer langen Reifezeit im Knast: Wegen schweren Bankraubs zu zwölf Jahre langem Kerkerleben verurteilt, hatte er bis 1985 viel Zeit, wie weiland Jean Genet literarische Texte schreiben zu lernen. Heute ist er ein renommierter Drehbuchautor für Kriminalfilme

Schamlos, nicht unverschämt: erotische Kunst in in der „Venusberg Bar"

des ZDF (*Ein Fall für zwei*) und der ARD (*Tatort*), wofür er auch schon diverse Preise wie etwa den Grimme-Preis kassierte. Weil er als vielgefragter Autor nur noch wenig Zeit für seine Romanfabrik übrig hatte, übernahm Michael Hohmann die Verantwortung ab 1998, jetzt in erweiterten Räumen in der Hanauer Landstraße, die sich längst zur Kulturszene gemausert hat. Im nahen Osthafen lockte im Juli 2009 das Sommerfest 80 000 Besucher ins Ostend, wo demnächst die EZB für eine weitere Belebung des Stadtteils sorgen wird. Zum Deutschen Turnfest an Pfingsten 2009 strömten über 1,2 Millionen Sportfreunde an die Ufer des Mains, dorthin, wo die Museen die Kulisse bilden.

Von keinerlei Konventionsplunder beeinträchtigt, hat sich 1999 im Souterrain der Uhlandstraße 21 das von einem Mann mit dem keuschen Namen Dieter Engel privat finanzierte Erotikmuseum „Venusberg Bar" etabliert. Es spricht die Besucher vom Pranger bigotter Prüderie frei. Hier wird Moral nicht mit puritanischer Elle gemessen. Da in diesem Fall der Zweck die Mittel nicht heiligt, gab es auch keinen Zuschuß aus Steuergeldern: nicht für eine abseitige Nische in der Polyphonie musealer Hochkultur mit auf das Entlegene fixiertem Scharfblick für Voyeure. Das einschlägige Konzept verdankt sich dem Autor Hans-Jürgen Döpp (*Musik & Eros*), den man sogar in Castros Kuba kennt. Der vom Magnetfeld Erotik angezogene Betrachter soll freilich nicht nur somatisch, sondern auch ästhetisch affiziert werden. Seine Schaulust wird sich so lange mit dem Frankfurter Erotikmuseum bescheiden müssen, solange der Zugang zur weltweit größten pornographischen Sammlung „Secret Museum" im Vatikan ein heiliges Tor mit abertausend Siegeln bleibt, weil es den Besucher vielleicht zur Sünde anstiften könnte. Aber „ohne Sünde sind die Menschen keine Menschen mehr", hält John Updike dagegen, „sie sind nur noch seelenlose Schafe".

Wir verbinden erotische Kunst mit Namen wie Rodin, Picasso oder mit den berühmten Bordell-Monotypien von Degas. Rodins damals als provokant erotisch empfundene Aquarelle entfalten noch heute eine einzigartige Wirkung, so wie auch Picassos intime Blicke auf seine diversen Geliebten immer noch gern nachvollzogen werden. Das Erotikmuseum präsentiert aber keine Originale, sondern nur Repliken oder Faksimiles der bekannten Motive erotischer Phantasien. Die meisten sind schamlos, aber nicht unverschämt.

Aus einer Reihe von Bildern und Skulpturen der erotischen Kunst ließe sich exemplarisch der Befund der Paranoia als Triebenergie erhärten, wenn hier etwa Gott Merkur brüsk die Musen besteigt oder andere gepfefferte Aspekte einer himmlischen *amour fou* oder poetisierende Plädoyers für genitale Erotik den Besucher zum Voyeur machen. Erotische Kunst kennt keine Verfremdungen, alles ist ziemlich eindeutig. Wie einst Stendhal den leidenschaftlichen Menschen als ästhetisches Ereignis feierte, lädt das Erotikmuseum mit beliebten Kopulationen auf hellenischen Vasen zur musealen Liebkosung und zum Nachdenken ein. Frage: Ist tatsächlich „*alle* Kunst der Freude gewidmet", wie Schiller in *Die Braut von Messina* mutmaßte? Wir übersetzen in diesem Fall „Freude" am besten mit „Pläsier". Will das Museum mit dem animierenden Potential seiner erotischen Bilder eher kokettieren oder kritisch über Exhibitionismus und über den als Geheimnis gelüfteten Eros reflektieren?

Wer sich in die weltumspannende erotische Mystik vertiefen möchte, der kann in der „Venusberg Bar" bei der Lektüre der zahlreichen einschlägigen Folianten fündig werden, die aber nicht ausgeliehen werden. Immerhin werden die Erwartungen des Lesers dabei mehr durch Entblößung als durch Offenbarung bedient.

„Ufer“ oder „Park“? – Ein Streit um des Kaisers Bart

Das Museumsuferkonzept war vom Magistrat und von der Stadtverordnetenversammlung bis in die entlegensten Details hinein längst beschlossene Sache, als das Planungsbüro Albert Speer und Partner im Sommer 1980 von Oberbürgermeister Walter Wallmann beauftragt wurde, diesem „Jahrhundertprojekt“ (*F.A.Z.*) nachträglich einen sogenannten „Gesamtplan“ überzustülpen. Nachdem die Stadtverordnetenversammlung am 23. Februar 1978 den Magistrat aufgefordert hatte, „unter den Straßenschildern Schaumainkai und Sachsenhäuser Ufer das Zusatzschild ‚Museumsufer‘ anbringen zu lassen“, hatte ein enger Vertrauter dem Oberbürgermeister geraten, durch eine neutrale und möglichst renommierte Architekturinstanz vom Kaliber eines Albert Speer mit Hilfe kosmetischer Korrekturen das eingeführte Gütesiegel „Museums*ufer*“ durch den aus dem Hut gezauberten neuen Begriff „Museums*park*“ zu ersetzen, eine romantisierende Wortfigur, die leicht mit dem negativ besetzten Begriff „Erlebnispark“ konnotiert werden konnte und sich so selbst widersprochen hätte. Die neue Park-Idee sollte sich auf semantisch möglichst unanstößige Weise als krönende Zuspitzung des Mammutprojekts quasi spielerisch auf das Erfolgskonto des Oberbürgermeisters und seiner Partei buchen lassen. In vorauseilendem Gehorsam verwenden die Vorlagen aus dem Planungsdezernat des CDU-Kollegen Küppers vom 9. Januar, 6. Februar und 13. Juli 1981 denn auch den Begriff „Museumspark“ ganz offiziell. Das Museumsufer war aber von Anfang an keine ideologieverdächtige Option, in welche politische Richtung auch immer. Dieser Copyright-Tausch sei, wie die *Frankfurter Rundschau* es spitz formulierte, schon deshalb „ein skurriles Täuschungsmanöver“, weil alle Museen am Ufer längst gebaut oder geplant seien oder sich teilweise schon in der Realisierungsphase befänden. Das mit gehörigem Tempo vorangetriebene Vorhaben der Namenstransplantation glich einer Notoperation am kerngesunden Körper ohne intime Kenntnis von dessen Anatomie. „Des Kaisers neue Kleider“ sind letztlich denn auch im Schrank geblieben.

Auf Grundlage unseres Museumsentwicklungsplans Nr. 1 vom August 1979 hatte das Büro Speer im Oktober 1980 eine vorzüglich recherchierte Bestandsaufnahme mit einer analogen Situationsanalyse vorgelegt, die insbesondere für die Verkehrswege funktionsgerechtere Alternativen für die Pkw-Ströme vorschlug. Allein mit den alternativen Planungen für das Museum für Kunsthandwerk und das Museum für Moderne Kunst mochte ich mich nicht befreunden. Dabei konnte ich mir der Unterstützung von Baudezernent Haverkampf sicher sein. Wie schon vom Wiesbadener Denkmalpfleger wurde auf Seite 20 des Speer-Plans der genialische Meiersche Entwurf massiv in Frage gestellt: „Die planerischen Zielsetzungen und städtebaulichen Leitideen lassen eine derartig massierte Bebauung nicht zu.“ Und

Der Oberbürgermeister und sein Kulturdezernent in freundschaftlichem Einvernehmen

noch apodiktischer: „Der architektonische Entwurf für das Museum für Kunsthandwerk hat gezeigt, daß ein derartiges Bauvolumen (11 000 qm Bruttogeschoßfläche) an dieser Stelle nicht zu verwirklichen ist. Eine Reduzierung um mindestens ein Drittel ist vorzunehmen.“ Auch der Behnisch-Neubau für das erweiterte Postmuseum wurde im Speer-Plan als „zu groß“ kritisiert. Der OB winkte den Plan mit den Worten durch, es seien „die von Professor Albert Speer geltend gemachten stadtplanerischen und städtebaulichen Gesichtspunkte zu berücksichtigen.“ Wie man heute sehen kann, irrt manchmal eben auch ein Goethe! Am Ende wurde die ursprüngliche Konzeption des Museumsufers nicht angetastet.

Nach diesem auch in der Presse kommentierten Streit sind mir Albert Speer und seine Frau Ingmar Zeisberg, in den 60er Jahren Schönheitsideal im deutschen Spielfilm, die besten Freunde geworden.

Um die ziemlich kostspielige Absurdität dieser Umplanung nur an einem Beispiel zu demonstrieren: Für den Neubau des Museums für Kunsthandwerk (heute Museum für Angewandte Kunst) hatte ja schon im April 1980 ein internationaler Wettbewerb den renommierten Architekten Richard Meier aus New York auserkoren, dessen beeindruckende Pläne vom Magistrat einstimmig abgesegnet worden waren. Gleichwohl amputierte das Büro Speer kurzerhand einen der drei substantiellen Meierschen Bauquader zugunsten eines Erweiterungstraktes des benachbarten Klinikums und legte damit das Skalpell an ein ingeniöses autonomes Kunstwerk. Ein solch einschneidender Eingriff in den später hochgefeierten Meierschen Entwurf war aber als Frevel an der Grundidee des Museumsufers für mich nicht tolerierbar. Richard Meier, für dessen Eins-zu-hundert-Pläne bereits viele Millionen städtisches Geld geflossen waren, hätte zudem jeden Prozess gewonnen, hätte sich die Stadt an dessen Urheberrecht derart radikal versündigt.

Das nächste wichtige Projekt auf dem Seziertisch der Stadtplaner war das Museum für Moderne Kunst. Der Neubau sollte auf der dafür stillzulegenden Hofstraße unmittelbar hinter dem Technikgebäude der Städtischen Bühnen angesiedelt werden, obwohl das Areal für den zukünftigen Expansionsbedarf des Theaters freizuhalten war; mit dem Werkstättenneubau konnte Petra Roth diese Baulücke 2009 endlich schließen. Vor allem aus städtebaulichen Gründen hatten wir seinerzeit gemeinsam mit dem Baudezernat und dem Liegenschaftsdezernat ohnehin längst das vor sich hin gammelnde sogenannte Tortenstück zwischen Berliner Straße und Braubachstraße als Bauplatz für das Museum für Moderne Kunst in Auge gefaßt.

Dank auch des kompetenten Vetos des damaligen Baudezernenten Hans-Erhard Haverkampf gegen diese romantisierend verbrämte Park-Camouflage heißt das Museumsufer, um dessen Palette historischen und ästhetischen Reichtums uns heute viele Städte beneiden, immer noch Museumsufer. Die Prägekraft des Namens avancierte zum eigenen Wert. Schließlich war es Walter Wallmann selbst, dessen persönliche und politische Schwerkraft entscheidend geholfen hatten, das ursprüngliche Museumsuferkonzept zu realisieren.

Die Vergeblichkeit dieser „Park“-Initiative konnte das gute Verhältnis zwischen dem Oberbürgermeister und seinen beiden Dezernenten für Kultur und für das Bauwesen denn auch nicht im mindesten beschädigen, der „Casus“ barg keinerlei Symptome einer persönlichen Krise. Der Logik zu folgen, gehörte zu Wallmanns Maximen, schließlich wird er nicht ohne Grund für seine herausragende individuelle Tugend der Souveränität gerühmt. Das Duo Wallmann/Hoffmann galt manchem gar als „kulturelles Parallelogramm“. Wer sich wie Walter Wallmann aus Platons im *Staat* entwickelter Kulturtheorie deren Betonung des Ethischen zu eigen machte, wußte als Exeget der *res publica* aus historischer Kenntnis, daß ohne Kultur der Städte kein Staat zu machen sei. Gewissensbil-

einmal dieses Mindestmaß an Modernität mochte Abs in den heiligen Hallen des Städel dulden. Erst als Deutsche-Bank-Chef Hilmar Kopper ihm auch im Städel nachfolgte, konnte mit dessen Hilfe der Direktor des Hauses Herbert Beck das „Holbeins“ durchsetzen, mit der wahrscheinlich höchsten Deckenhöhe aller Frankfurter Restaurants. Dabei dürfte das Metropolitan Museum in New York Pate gestanden haben, wo Gäste aus aller Welt Bekannte aus der internationalen Szene treffen. Die Museumsrestaurants sind kommunikative Orte des Austauschs virulenter Ideen und Meeting Points der Zerstreuung, wo jeder ohne hermeneutische Belehrung über die Gesetze der Ästhetik sich beim Espresso seinen eigenen Reim auf die Welt und die Welt der Künste machen kann. Gedruckte Gedanken zwischen Buchdeckeln speziell zur Kunstgeschichte findet der Städelbesucher auf seinem Weg ins „Holbeins“ in der erstklassig sortierten Museumsbuchhandlung.

In Frankfurt hat inzwischen jedes größere Museum ein Café, in allen Neubauten wurden Mußezonen von den Architekten fest eingeplant, vom Historischen Museum bis zum Filmmuseum, vom Jüdischen Museum bis zur Kunsthalle Schirn. Das Café im Liebieghaus empfängt schon seit eh und je Gourmets mit Lust auf selbstgebackenen Kuchen in einer heimeligen Atmosphäre mit vielen Stammplätzen.

Museumsufer für alle

Um das Frankfurter Museumsufer noch populärer zu machen, wurde eine Vielzahl von Angeboten, Veranstaltungen und Initiativen entwickelt, von denen hier nur die wichtigsten genannt seien.

Kulturdezernent Hans-Bernhard Nordhoff hat im Jahr 2000 die *Museumsufer-Card* eingeführt, die für jährlich 75 Euro zum freien Eintritt in 33 Museen berechtigt. Bis heute haben 14 000 Kunst-Interessierte ein solches Abonnement erworben. Mit den Einnahmen, die dem Museumsufer-Kooperations-Pool zufließen, werden besonders solche Ausstellungen, Vorträge, Symposien usw. gefördert, die als Joint-venture von mehreren Museen gemeinsam geplant und realisiert werden.

Und es gibt das *Museumsufer-Ticket*, das für 15 Euro an zwei Tagen den Besuch von 33 Museen erlaubt, das sind weniger als 50 Cent pro Museum. Eine großer Schritt zur Demokratisierung der Kultur im Rahmen zunehmend begrenzter pekuniärer Möglichkeiten!

Im Rahmen der *Museumsinitiative „Satourday“* laden die Frankfurter Museen (außer Filmmuseum und Goethe-Haus) von Januar bis März an fünf Samstagen Familien gebührenfrei in ihre Häuser ein. So können Kinder mit ihren Eltern nach Herzenslust gemeinsam auf Entdeckungsreise gehen. Anhand der Exponate werden Geschichten erzählt, „Irrtümer und Mißverständnisse aufgedeckt, die Welt der Formen und Farben sichtbar gemacht, der Zauber des Anfangs entfaltet und Natur pur geboten".

Kultur durchdringt alle Lebensbereiche, Kultur ist Motor für gesellschaftliche Entwicklungen, Kultur setzt Impulse für Veränderungen, Kultur läßt Menschen teilhaben, fordert sie heraus und ermutigt. Weil in Frankfurt am Main über 80 000 Erwachsene, Kinder und Jugendliche aufgrund ihrer finanziellen Lage von der Teilhabe an der Kultur und den Künsten weitgehend ausgeschlossen sind, möchte die 2008 gegründete Initiative *Kultur für ALLE e. V.* mit dem *Kulturpass* helfen, diesen Zustand zu ändern. „Denn: Kultur muß sich leisten können, auch wer sie sich finanziell nicht leisten kann", lautet das Credo des Vereins. Der Kulturpass wird an kulturinteressierte Frankfurter ausgegeben, die teure Theaterkarten oder die Eintrittspreise der Museen nicht bezahlen können. Er kostet für Erwachsene und Jugendliche 1,00 Euro, für Kinder bis 13 Jahren 0,50 Euro. Er gilt ein Jahr lang für mehr als 50 Veranstaltungen. Die Initiative Kultur für ALLE e. V. prüft und dokumentiert, ob die Antragsteller aufgrund ihrer finanziellen Lage Berechtigte sind. Die Adresse lautet: Kultur für ALLE e. V., Postfach 17 04 01, 60078 Frankfurt am Main, Tel.: (0 69) 97 76 14 70, E-Mail: kulturfueralle@kulturpass.net, Internet: www.kulturpass.net.

Das seit 1988 jeweils am letzten Augustwochenende stattfindende *Museumsuferfest*, inzwischen ein populärer Zwitter aus Kunstgenuß und zwecklos-spielerischem Volksvergnügen, lockte 2009 mit 200 Veranstaltungen, 20 Bühnen und 500 Ständen drei Millionen Besucher an die beiden Mainufer. Damit avancierte das Museumsuferfest zur größten jährlichen Kulturparty der Republik. Während des Festes sind bis weit in die Nacht hinein nicht nur die Museen des Museumsufers, sondern auch die Kunstsammlungen der hier ansässigen Großbanken zu besichtigen. Wem der Sinn nach etwas anderem steht, wird angesichts der Fülle der Veranstaltungen gewiß ebenfalls sein Pläsier finden, etwa beim Drachenboot-Rennen auf dem Main. Das Museumsuferfest endet traditionell mit einem gigantischen Feuerwerk.

Auch die seit 2000 veranstaltete *Nacht der Museen* erfreut sich wachsender Beliebtheit, nicht zuletzt in eher „bildungsfernen" Schichten. 2009 machten mehr als 40 000 Kunstflaneure in 46 Museen und 14 Galerien in Frankfurt und Offenbach die Nacht zum Tage.

München hat sein Museumsviertel, Berlin seine Museumsinsel, Paris sein Louvre-Quartier und Frankfurt hat sein Museumsufer, das sich als ein überschaubar-kleinteiliges, homogenes großes Ganzes von den genannten unterscheidet. Das Museumsufer wurde als ein singuläres Gesamtkunstwerk von den Bürgern als Mikrokosmos in Besitz genommen, in dem sich ein Makrokosmos der Kultur aller Zeiten und Völker spiegelt.

Desiderate am Museumsufer

Eine Kunst- und Ausstellungshalle für Frankfurt

Nicht erst bei seinen diversen Staatsbesuchen in Paris, Rom oder London hat Bundeskanzler Helmut Kohl begriffen, wie sehr die Macht anderer Nationen sich in deren Kulturrezeption manifestiert. Dem gelernten Historiker und passionierten Musenfreund war das Defizit an kultureller Identität seines Regierungsdorfes am Rhein mit der Bundesrepublik von an Anfang an schmerzlich bewußt. Mit der kulturellen Substanz der damaligen Bundeshauptstadt, der legendären Universität und dem Beethovenhaus, war allein kein Staat zu machen. Um diesen Mangel an kultureller Ausstrahlung zu kompensieren, hatte der Kanzler gleich bei seinem Amtsantritt 1982 zwei den tradierten kulturellen Selbstanspruch der Nation kennzeichnende Initiativen ergriffen: Eine signifikante Ausstellungshalle sollte her, in der unser Staat sich mit den kreativen Kräften der Kunstwerke schmücken könnte, und in der Adenauer-Allee gleich daneben ein repräsentatives „Haus der Geschichte“ als sozusagen staatliche Agentur der Erinnerung an deutsche Ideengeschichte. Die „Kunst- und Ausstellungshalle der Bundesrepublik Deutschland“ öffnete ihre Pforten im Jahr 1992, das „Haus der Geschichte der Bundesrepublik Deutschland“ zwei Jahre später. Dessen Pendant, das Deutsche Historische Museum in Berlin, war noch vor der „Wende“, 1987, anläßlich der 750-Jahr-Feier der Spreemetropole gegründet worden; bei seiner Eröffnung 1991 war die Stadt schon Regierungssitz der neuen „Berliner Republik“.

Es war weniger die Architektur der beiden opulent dimensionierten Bonner Bauten als vielmehr die weit über das rheinische Regierungskaff hinausweisende Idee der nationalen Selbstdarstellung, die ihren Glanz auch ein wenig auf den Sitz der Bundesregierung abstrahlen sollte. Kohl hatte erkannt, daß sich mit der Investition in symbolische Gesten und einem klaren kulturellen Wertekanon mehr bewirken ließe als mit schnödem Mammon für entlegene Entwicklungsländer, wie diese damals noch hochmütig genannt wurden.

So wie die nach Berlin heimgekehrte Republik mit den Pfunden ihrer Kunsthäuser und Museen in Ost und West wuchert, die helfen sollen, ihre kulturelle Identität zu beglaubigen, wäre es für die Museumsstadt Frankfurt zur krönenden Abrundung ihres kulturellen Selbstverständnisses aller Anstrengung und Ehren wert, ein auch städtebaulich interessantes Ausstellungszentrum als weithin leuchtenden signifikanten *point de vue* ihres urbanen Ehrgeizes und ihrer ambitionierten Kunstpolitik zum unverwechselbaren Wahrzeichen auszurufen wie Bilbao mit dem Gehry-Bau. Wer nannte Bilbao vor Gehry mit Respekt beim Namen?

Wie die Bundesrepublik, die jährlich 1 Milliarde Euro in die öffentliche Kulturförderung investiert, mit dieser exorbitanten Summe kritisch beäugtes Vorbild für Europa wurde, steht die Stadt Frankfurt, die zehn Prozent ihres Haushaltsvolumens in die Kultur steckt, jetzt wieder an der Spitze aller europäischer Kommunen. 1970 waren es nur blamable fünf Prozent!

„Bespielt" werden dürfte die Ausstellungshalle ausschließlich von den Frankfurter Museen, die endlich ohne Raumbeschränkung Großprojekte realisieren könnten. Sie würde wie die von James Stirling erbaute Neue Staatsgalerie auf Stuttgarts Kunstehrgeiz weltweit auf Frankfurts Anspruch als Kulturmetropole verweisen. Sie würde als signifikante Architektur-Perle nicht nur das Signet der Stadt mit glitzernder Skyline, internationalem Airport und Commerzbank Arena um ein kulturelles Wahrzeichen bereichern, sondern auch den krönenden Abschluß des Museumsufers bilden – und einer glorreichen Ära Petra Roth!

Zwei Beispiele mögen genügen, um das Desiderat Ausstellungshalle mit anschaulichen Projekten zu illustrieren:

Das Archäologische Museum verfügt in der Karmeliterkirche nur über maximal 260 Quadratmeter freie Spielfläche für Sonderausstellungen. So ist es weder möglich, eine kulturhistorische Ausstellung über die Karolingerzeit zu planen, wofür eine Ausstellungsfläche von 800 Quadratmetern und ein Etat von 700 000 Euro benötigt würden, noch eine Ausstellung über die kulinarische Kultur in Pompeji oder über die Ravennazeit Theoderichs des Großen. Im Falle der beiden letztgenannten Projekte haben die italienischen Museen und Behörden bereits Zusagen für großzügige Leihgaben und wissenschaftliche Begleitung gegeben.

Zusammen mit dem Archäologischen Museum, dem Liebieghaus, dem Jüdischen Museum und dem Museum der Weltkulturen würde das Historische Museum gerne die Ausstellungen „Interkulturelle Geschichte" und „Zur Gegenwart von Stiftungen" realisieren, zwei Großprojekte von internationaler Relevanz und Ausstrahlung.

Ein Industriemuseum am Museumsufer

Mit über vierhundert international agierenden Kreditinstituten gilt Frankfurt heute als Ort des Dienstleistungsgewerbes. Nur wenige werden sich noch an jene prosperierenden Zeiten erinnern, als Markenunternehmen von Weltruf die industrielle Infrastruktur Frankfurts prägten. Die von hier in alle Welt führenden Verkehrsströme haben Frankfurts industrielle Entwicklung stark begünstigt: Mit ihrem dichten Autobahnnetz, dem größten Flughafen Zentraleuropas und 15 Eisenbahnstrecken, die vom Hauptbahnhof „nach allen Enden der Weltgegenden deuten und Reiselust erwecken" (Goethe), war die Stadt schon damals der zentrale Verkehrsknotenpunkt Deutschlands. Auch die Rhein-Main-Schiffahrt sorgt im modernen Westhafen für regen internationalen Warenverkehr.

Noch in den 60er Jahren fanden in Frankfurts zahlreichen Industriebetrieben 120 000 Menschen Arbeit und Brot, die einen exorbitanten Jahresumsatz von mehr als 4 Milliarden D-Mark erwirtschafteten. Die tragenden Säulen der Wirtschaft waren hier einst Chemie, Elektronik, Genußmittelindustrie, Maschinenbau, Feinmechanik, Büromaschinen, Druckindustrie und Brauereien. Nicht nur der Chemieriese Farbwerke Hoechst und die IG Farben-Holding haben der Stadt ihren Stempel aufgedrückt. Auch namhafte Firmen wie Casella, Degussa, die Metallgesellschaft, Adler, Mouson, Naxos, Holtzmann, die Meß- und Regeltechnik von Hartmann und Braun, die Bauersche Schriftgießerei oder Binding und Henninger sowie zahlreiche Verlage haben mit ihren Steuern den Wohlstand der Stadt mitbegründet.

Um die reiche und glorreiche Industriegeschichte unserer Stadt nicht der Vergessenheit anheimfallen zu lassen, hatte ich 1980 den kulturaffinen Stadtkämmerer Ernst Gerhardt in seiner Funktion als Liegenschaftsdezernent gebeten, die Naxoshalle in der Waldschmidtstraße anzumieten, um dort ein Industriemuseum einzurichten, wobei er diesmal weit über seinen Schatten springen mußte. Aus dem Museum ist dann leider nichts geworden, weil der Boden mit Industriemüll kontaminiert war. Gleichwohl haben sich dort private kulturelle Institutionen häuslich eingerichtet wie das Off-Theater von Willy Praml, das Kabarett „Die Käs“, die experimentelle Bühne teAtrum VII sowie die Bildhauerin E. R. Nele mit einem großen begehbaren Atelier.

Ein Industriemuseum – zum Beispiel auf dem Grundstück des Edelbordells „Sudfaß“ an der Ignatz-Bubis-Brücke – würde nicht nur das Frankfurter Museumsufer bereichern, sondern ließe sich als weiterer Meilenstein auch nahtlos einfügen in ein „Museumsufer“ von weit größeren Dimensionen: die „Route der Industriekultur Rhein-Main“, die von Aschaffenburg bis Bingen an den beiden die Region prägenden Flüssen entlangführt und zu der übrigens die Naxoshalle bereits gehört. Zusammen mit der zu errichtenden großen Ausstellungshalle und dem architektonisch extravaganten Neubau der Europäischen Zentralbank im Ostend würde das Industriemuseum auch dazu beitragen, den verwaisten Stadtteil kulturell aufzuwerten.

Ein Brückenturm-Museum an der Alten Brücke

Ohne das hochentwickelte vaterstädtische, bürgerschaftliche Engagement der Frankfurter schon von alters her präsentierte sich die Kulturgeschichte unserer Stadt weit weniger glanzvoll. Neben illustren Namen wie Städel, Senckenberg,

Die Alte Brücke mit Blockhäusern und Mühlen (1738)

Rothschild, Merton oder Metzler haben sich viele weitere Stifter, Mäzene und kulturelle Vordenker in die Annalen der kulturellen Prosperität eingetragen, bis heute.

Das private Museum Giersch steht am Museumsufer stellvertretend für den Glücksfall, daß in Frankfurt heute wieder zahlreiche private Initiativen die Stadtpolitik auf Trab halten, damit sie die kulturelle Infrastruktur als Work in progress mit immer neuen Ideen versorgt und diese auch realisiert – wie das Museumsufer, das vom Glück eines epochalen Auftrags des Magistrats „gesegnet" war. Die Stadt wird durch Denkanstöße der Bürger herausgefordert, ihre Rolle als kultureller Trendsetter der Republik weiterzuspielen.

Mit Blick auf die fast achthundertjährige Geschichte der 1222 erstmals urkundlich erwähnten Alten Brücke wird der Magistrat das Bauwerk jetzt gründlich sanieren. Den internationalen Wettbewerb für die Sanierung und Verbreiterung hat 2001 Christoph Mäckler gewonnen. Nachdem für das 1926 mit rotem Sandstein erneuerte Bauwerk entsprechende Mittel in den Etat eingestellt worden sind, hat auch die neu gegründete Bürgerinitiative „Neuer Brückenbauverein Frankfurt am Main" die ideelle und materielle Förderung Frankfurter Stadtbaukunst auf ihre Fahnen geschrieben: Als erstes konkretes Objekt plant der umtriebige Architekt Christoph Mäckler auf der Maininsel einen Brückenturm, dessen architektonische Form sich auf die Typologie der mittelalterlichen Bauten beruft wie schon Mäcklers Portikus auf der anderen Brückenseite. Für Christoph Mäckler sind Bauten „Markierungen der Identität einer Stadt" (Alexander Mitscherlisch).

Im neuen Brückenhaus wird in einem Ausstellungstrakt das Historische Museum die Geschichte der Alten Brücke und die Lebensspuren des mittelalterlichen Milieus veranschaulichen. Das Brückenhaus wird ein Restaurant beherbergen, das auf dem krönenden Belvedere den staunenden Gästen einen beeindruckenden Panoramablick auf die moderne Skyline erlaubt.

Ehedem war die Alte Brücke auch mit Bauwerken besetzt: Mit einer Mühle, mit einem kleinen Gefängnis, mit einer Kapelle und mit einer Zollschranke. Die Brücke war das Einfallstor für die Warenströme aus norditalienischen Städten und für den Nord-Süd-Transfer. Für Goethe war die Alte Brücke nicht nur ein „Ort der Geschichte", sondern auch der Nostalgie: „Der schöne Fluß auf- und abwärts zog meine Blicke nach sich. Und wenn auf dem Brückenkreuz der goldene Hahn im Sonnenschein glänzte, so war es mir eine erfreuliche Erscheinung."

Wie stark das bürgerschaftliche Engagement für dieses frankfurtspezifische Eigene zu mobilisieren war, wird darüber entscheiden, ob das ehrgeizige Projekt nur ein ewiger Traum bleiben wird. Der Brückenturm könnte ein Manifest der Erinnerung an Frankfurts Urzeit werden.

Die Untertunnelung des Schaumainkais

Während mit Ausnahme des Neubaus eines Museums der Weltkulturen alle übrigen Blütenträume am Museumsufer schon reiften und Gestalt gewonnen hatten, wurde mein Desiderat, die Akzeptanz des Museumsufers noch zu erhöhen und der „neuen Urbanität" unserer Stadt Tribut zu zollen, gar nicht erst ernsthaft in Erwägung gezogen. Schon auf seinem Weg ins Bonner Kabinett war Walter Wallmann für ein futuristisches Projekt dieser Größenordnung leider nicht mehr zu erwärmen gewesen: Ich hatte vorgeschlagen, die Sachsenhäuser Mainuferstraße in eine parkähnliche Flußlandschaft umzuwandeln und mit der blühenden Naturebene der schon jetzt populären tiefer gelegenen wassernahen Flanierzone – mit ihren imponierenden Sandsteinmauern des Hochkais, den Rampen und alten Treppenanlagen und dem vollkronigen Platanenkorso – zu einer grünen Oase zu verschmelzen, zu einer auch ästhetischen Augenweide. Der den Fluß von den Museen abriegelnde Verkehrsstrom sollte unter den Schaumainkai zwischen Alter Brücke und Friedensbrücke in einen Tunnel verlagert werden. Als nicht unwichtiger Nebeneffekt hätte der tückische Feinstaub die Museumsschätze nicht länger gefährdet. Ja, das wär's gewesen, das Museumsufer ins Utopische ausschreiten wie weiland Benjamins verwegener Flaneur! Aber vielleicht sollten Utopisten von Roland Barthes lernen, daß modern sein zu wissen bedeutet, was nicht mehr möglich ist.

Jüngst hat der parteilose neue Oberbürgermeister von Heidelberg, Eckart Würzner, das Undenkbare gedacht und unter dem von Frankfurt adaptierten Motto „Stadt an den Fluß" eine analoge Utopie mit einem konkreten Planungsvorschlag geerdet: Der OB jener romantischen Stadt, die Hölderlin einst als „der Vaterlandsstädte ländlich Schönste, so viel ich sah" gerühmt hatte, will die Neckaruferstraße in eine Flanierpromenade verwandeln, indem er sympathisch rigide den Straßenverkehr „unter Tage" verbannt. Die Rückkehr der Natur in die

Asphaltwüste ist ihm die finanzielle Anstrengung wert, dem Mahlstrom der Krise antizyklisch zu begegnen: Die Kosten für den Bau des Autotunnels belaufen sich auf 150 Millionen Euro. Für Frankfurt käme ein entsprechendes Umdenken (noch) nicht zu spät! Was Frankfurt auf der Klimax der Finanzkrise noch zu leisten imstande ist, haben Magistrat und Stadtparlament im Frühjahr 2009 mit ihrem Konjunkturprogramm für Sanierungen und Umbauten in Höhe von 169 Millionen Euro mutig demonstriert, darunter 5 Millionen Euro für das Städel und 5,8 Millionen für das Filmmuseum.

Falls die Banken, die von ihren Türmen den Gästen stolz den Blick auf „unser Museumsufer" gönnen, der Stadt keinen günstigen Kredit einräumen möchten und die Unterführung deshalb nicht Petra-Roth-Tunnel heißen kann, dann findet sich ja vielleicht ein Frankfurter Milliardär oder ein solcher aus dem Taunus mit Panoramablick auf die Mainmetropole. Der noble Name, der dieses wirkliche Jahrhundertwerk schmückte, würde Myriaden von Verkehrsteilnehmern bis in alle Zukunft begleiten: „Wenn sein Leib erloschen, leuchtet hell sein guter Name noch!" Hier könnte der im Zusammenhang mit dem Museumsufer verwendete Begriff der „kulturellen Tiefendimension" einmal wörtlich verstanden werden.

Frankfurter Museen stellen sich vor

Ikonen-Museum

Name:	Ikonen-Museum der Stadt Frankfurt am Main – Stiftung Dr. Schmidt-Voigt
Adresse:	Brückenstraße 3–7, 60594 Frankfurt am Main Tel.: (0 69) 2 12–3 62 62, Fax: 2 12–3 99 68 E-Mail: info.ikonen-museum@stadt-frankfurt.de Internet: www.ikonenmuseumfrankfurt.de
Öffentliche Verkehrsmittel:	Bus 30, 36 bis Elisabethenstraße
Öffnungszeiten:	Mo., Di., Do.–So. 10.00–17.00 Uhr, Mi. 10.00–20.00 Uhr
Eintrittspreise:	Sonderausstellung: 4 €, ermäßigt 2,50 € Dauerausstellung: 3 €, ermäßigt 2 € Am letzten Samstag im Monat Eintritt frei
Gründungs-/Eröffnungsjahr:	gegründet 1988, eröffnet 1990 (Architekt: Oswald Mathias Ungers)
Träger:	Stadt Frankfurt am Main
Leitung:	Das Ikonen-Museum wurde eingerichtet als Abteilung des Museums für Angewandte Kunst. Leitung seit 1988: Dr. Richard Zacharuk
Wissenschaftlicher Dienst:	Dr. Snejanka Bauer
Museumspädagogischer Dienst/ Führungen:	Dr. Snejanka Bauer, Alexandra Neubauer M. A. Öffentliche, thematisch ausgerichtete Führungen: jeden Sonntag 14.00 Uhr, Führungen für Gruppen: Anmeldung telefonisch unter (0 69) 2 12–3 62 62
Bestand:	Holz- und Metallikonen, ca. 1200 Exponate
Vorsitz Freundeskreis:	Wolfgang Bersch
Titel der wichtigsten Kataloge:	Ikonen (Bestandskatalog) (1990, 2005); Der Glanz des christlichen Orients (2002); Großmächtiges Nowgorod (2003); Als Chagall das Fliegen lernte (2004); Helden, Heilige, Himmelsstürmer (2006); Feuer und Geist (2008)

Das Frankfurter Ikonen-Museum zählt zu den wenigen öffentlichen Institutionen in Deutschland (nur in Deutschland gibt es zwei solche Museen) und in Westeuropa, die sich mit Kunst, Kultur und Religion der orthodoxen Länder beschäftigen. Durch seine internationalen Kontakte und seine Ausstellungstätigkeit ist es zur ersten Anlaufstelle für östliche Institutionen geworden, die Ausstellungsprojekte in Deutschland bzw. Westeuropa realisieren möchten. Besonders eng ist die Verbindung mit den Museen in Moskau. Basierend auf dem Kulturabkommen zwischen Frankfurt und Moskau von 1991, an dessen Verwirklichung der Leiter des Ikonen-Museums Dr. Richard Zacharuk beteiligt war und ist, entstand eine ganze Reihe von Kontakten und Freundschaften, die sich bis heute nicht nur für das Ikonen-Museum auszahlen. So sind zum Beispiel der Auftritt Rußlands als Hauptgast auf der Frankfur-

ter Buchmesse 2003 sowie die meisten Ausstellungsprojekte in den Frankfurter Museen vom Ikonen-Museum organisiert worden, darunter auch die Porzellanausstellung 2008 im Museum für Angewandte Kunst und im Schloß Bad Homburg.

Richard Zacharuk

Das Ikonen-Museum

Das Ikonen-Museum der Stadt Frankfurt am Main, Stiftung Dr. Schmidt-Voigt ist seit 1990 im Deutschordenshaus ständig untergebracht. Die Sammlung basiert auf einer Stiftung des Königsteiner Herzspezialisten Dr. Jörgen Schmidt-Voigt an die Stadt Frankfurt aus dem Jahre 1988. Schmidt-Voigt war ein passionierter Ikonensammler, der seit den 1960er Jahren bis zum Zeitpunkt der Schenkung eine stattliche Sammlung von über 800 Ikonen zusammenbrachte. Immer wieder suchte er nach Verbindungen zwischen dem Arztberuf und seinem Sammelgebiet und publizierte mehrere Bücher zum Thema „Ikonen und Medizin". Seiner Sammelleidenschaft kamen zahlreiche Besuche in der damaligen Sowjetunion entgegen. Hier pflegte er enge Kontakte zum russischen Patriarchat, und hier bekam er auch die ersten Hinweise und Informationen zu Ikonen und ihrer Bedeutung. Dr. Schmidt-Voigt war als Kardiologe und ausgezeichneter Diagnostiker ein gerngesehener Gast im Moskauer Kreml, wo er als angesehener Spezialist die Spitzenpolitiker der Kommunistischen Partei medizinisch betreute.

Mit dem Ausbau des Museums wurde der Kölner Architekt Oswald Mathias Ungers beauftragt. Seine Aufgabe bestand darin, das ehemalige Refektorium und einen Teil des Kreuzganges der Kommende des Deutschordens so zu gestalten, daß eine homogene Verbindung zwischen seiner modernen Innenarchitektur und den orthodoxen Ikonen in einem katholischen Kloster gelingt. Das Modell, nach dem der Architekt arbeitete, wurde der gotischen bzw. barocken Architektur der Klosteranlage angepasst, und so wurden Räume geschaffen, die sich harmonisch mit der bereits vorhandenen Architektur verbinden. Die Handschrift des Architekten bleibt jedoch unverkennbar.

Die Ikonensammlung des Museums umfaßt heute neben der Gründungsstiftung weitere Sammlungen oder einzelne Exponate, die als Dauerleihgabe ihren neuen Platz gefunden haben. Dazu zählen die postbyzantinische Ikonensammlung der Staatlichen Museen Preußischer Kulturbesitz zu Berlin und eine private Sammlung von äthiopischen Ikonen und Kreuzen. Ferner wird der Bestand des Museums durch gezielte Ankäufe und weitere Leihgaben vergrößert.

Die Ikonensammlung gliedert sich in verschiedene Gruppen, die sich auch zeitlich und räumlich unterscheiden. Einen besonderen Schwerpunkt bilden russische Ikonen des 18. und 19. Jahrhunderts, die sich durch eine reiche Vielfalt der ikonographischen Typen dieser Kunst auszeichnen. Dieser Aspekt verleiht der Sammlung auch einen Studiencharakter, der die Ikonenkunst nicht nur von der ikonographischen Seite beleuchtet, sondern auch die räumliche Zuordnung ermöglicht und die Unterschiede der Stilbildung in verschiedenen Zeitepochen präsentiert. Ferner werden auch die Herstellungsverfahren einer Ikone gezeigt und die Bedeutung und Aufgaben im sakralen und im privaten Bereich dokumentiert.

Einen weiteren bedeutenden stilistischen und räumlichen Schwerpunkt bilden postbyzantinische griechische Ikonen, vor allem der kretovenezianischen Malschule, die mit Werken von so herausragenden Ikonenmalern wie Emmanuel Tzanes und Angelo Bissamano vertreten ist. Ikonen dieser Epoche und dieser Gegend sind die besten Beispiele für die Fortentwicklung der Ikonenkunst nach dem Niedergang Konstantinopels im Jahr 1453 und der Neugliederung des Ostens unter der Herrschaft der Osmanen. So galt Kreta unter dem venezianischen Protektorat für die Künstler aus Byzanz als Zuflucht vor den Türken. Die Kunstentwicklung dieser Epoche auf der Insel ist getragen und gekennzeichnet durch eine Verschmelzung der traditionellen byzantinischen Form und der westlichen, durch Venedig transportierten Stilelemente.

Eine Besonderheit in der Sammlung bilden einige melkitische Ikonen aus Syrien bzw. dem Libanon, islamische Länder, in denen eine lange Ikonenmaltradition nicht vermutet wird. Es sind Arbeiten von Youssuf al-Moussawir und seinem Sohn Neemeh al-Moussawir, die in der zweiten Hälfte des 17. Jahrhunderts in Aleppo Ikonenwerkstätten unterhielten. Interessanterweise stehen ihre Arbeiten

Gottesmutter Dneprskaja, Rußland (19. Jh.)

der postbyzantinischen Ikonenmalerei auf Kreta recht nahe. Das zeugt vor allem davon, daß die damalige christliche und islamische Welt keineswegs hermetisch voneinander abgeschottet waren, wie man heute vielleicht glauben mag.

Seit 2008 beherbergt das Frankfurter Ikonen-Museum eine Sammlung von äthiopischen Kreuzen und Ikonen, die den Blick nach Nordafrika lenken, wo die ostkirchliche Tradition bis heute fortlebt. Hiermit wird auch dokumentiert, in welchen geographischen Dimensionen die Ostkirche ihre Ausbreitung fand und welche Unterschiede der künstlerischen Ausführung der vorgegebenen Themen in einzelnen Ländern zu beobachten sind. Bemerkenswert ist auch, daß in Äthiopien neben den sonst bekannten Heiligen auch einige Heilige in den Malkanon aufgenommen wurden, die in allen anderen orthodoxen Gegenden unbekannt sind. Die äthiopische Abteilung wird aber durch eine Vielzahl von Kreuzen dominiert, die je nach Ausführung von Vortragekreuzen über Segenskreuze bis hin zu Brustkreuzen reicht. Ihre Machart unterscheidet sich grundsätzlich von den uns bekannten Beispielen. Durch die abstrakte, florale und geometrische Ornamentik ihrer Ausführung symbolisieren sie den paradiesischen Lebensbaum und damit auch die Erlösung.

Neben der Betreuung und Präsentation der eigenen Sammlung werden im Ikonen-Museum Sonderausstellungen durchgeführt. Diese basieren auf Kooperationen mit anderen Museen im Ausland. Die Spannweite dieser Projekte erstreckt sich von Rußland über die Balkanländer, wie Griechenland und Bulgarien, bis nach Libanon, Syrien und Ägypten. Solche internationalen Projekte eröffnen die Möglichkeit, diese Länder nicht nur von der Seite der Ikonen, sondern auch deren Geschichte, Kulturgeschichte, Religionsgeschichte und Volksgläubigkeit kennenzulernen. Die Vermittlung basiert nicht nur auf der reinen Präsentation der Objekte, sie wird in entsprechenden Rahmenprogrammen wie Fachführungen, Vorträgen und Lesungen vertieft. Neben den reinen Ikonenausstellungen werden immer wieder gerne Themenverbindungen hergestellt. Dazu zählen solche Ausstellungsprojekte, die eine Verbindung zwischen der Ikonenkunst und der russischen Avantgarde am Anfang des 20. Jahrhunderts thematisieren. Ein weiteres interessantes Projekt war, anläßlich der Fußballwelt- bzw. -europameisterschaft die Beziehung zwischen Fußball und Religion zu präsentieren und mit entsprechenden Beiträgen im Katalog zu erläutern.

Da das Museum über keinen Sonderausstellungsraum verfügt, muß für jede Sonderausstellung der gerade präsentierte Eigenbestand ausgeräumt und ins Depot gelagert werden. Dieser Umstand bringt es mit sich, daß Exponate der eigenen Sammlung nach jeder Sonderausstellung eine neue Wertung erfahren und meistens in einer neuen Konstellation präsentiert werden. Durch die Revision eigener Exponate ergibt sich die Möglichkeit, manche bereits ausgestellte durch andere, noch nicht präsentierte, neu hinzugekommene oder frisch restaurierte zu ersetzen. Bei dieser Gelegenheit wird die Präsentation neu konzipiert, und sie erfährt dadurch eine neue Thematisierung, die mit neuen Schwerpunkten betont wird. Das ergibt auch die Gelegenheit, einen größeren Teil der eigenen Sammlung zu präsentieren, was in einer festgesetzten Konstellation und Konzeption nicht möglich wäre. Zu den besonderen Schwerpunkten gehören z. B. die orthodoxen Kirchenfeste wie Ostern oder Weihnachten, die mit einer entsprechenden Auswahl von Exponaten thematisiert werden können.

Außer den obengenannten Aktivitäten präsentiert sich das Ikonen-Museum mit seinen Beständen mit eigens konzipierten Ausstellungen nach außen. Diese Ausstellungstätigkeit führte das Museum international nach Krakau, Thessaloniki und sogar bis nach Quito in Ecuador. Aus den Beständen des Frankfurter Museums wird auch jährlich eine neue Auswahl von Ikonen für das Ikonenmuseum in Traben-Trarbach für die Präsentation zur Verfügung gestellt, um die Sammlung des dortigen Museums mit neuen Exponaten zu bereichern.

Neben der Ausstellungstätigkeit werden im Museum Fachvorträge, Lesungen und Konzerte organisiert und veranstaltet. Die Fachvorträge beziehen sich meistens auf die Themen der Sonderausstellungen, können aber auch andere landesspezifische, kulturhistorisch bedingte Themen erläutern. Solche Veranstaltungen werden häufig kulinarisch abgerundet, um bei der Vermittlung der religiösen, kunst- oder kulturhistorischen Thematik des jeweiligen Landes auch den Geschmack dieser Gegend zu vermitteln.

Einen festen Platz in der Veranstaltungsreihe haben die „Ikonenbegegnungen" bekommen. Jeweils an einem Mittwoch im Monat gibt es zu einem ausgesuchten Thema einer Ikone zwei Fachvorträge, einen kunsthistorischen und einen theologischen, die musikalisch umrahmt werden. Das Ziel dieser Veranstaltungen ist, nach den Vorträgen dem Publikum das besprochene Exponat näherzubringen und ins Gespräch mit ihm zu kommen.

Halbjährlich werden vom Museum mehrtägige Ikonenmalkurse angeboten, die sehr gut frequentiert werden. Die Ikonenvorbilder des Museums sind der thematische Ausgangspunkt dieser Veranstaltungen, die in der Weihe der frisch erstellten Ikonen in der angrenzenden Deutschordenskirche kulminieren.

Monatlich werden im Museum Kammerkonzerte veranstaltet, die meist von russischen Musikern gespielt werden. Bei den Auftritten der russischen Chöre mit der Kirchenmusik wird auf die benachbarte Deutschordenskirche ausgewichen, die nicht nur den sakralen Raum, sondern vor allem den entsprechenden akustischen Rahmen bietet.

Von dem Museum und dem dazugehörigen Förderverein werden jährlich Exkursionen in die Länder organisiert, in denen Ikonen beheimatet sind. Bisherige Ziele waren Rußland, der Südosten Polens, die Slowakei, Georgien und Armenien. Häufig stehen die Ziele der Exkursionen mit den Themen der Sonderausstellungen des Museums in Verbindung.

Dem Ikonen-Museum ist eine Restaurierungswerkstatt angeschlossen, in der eigene Bestände restauriert werden. Sie ist auch die einzige Restaurierungswerkstatt für Ikonen in Deutschland, die von öffentlicher Hand finanziert wird. Die Restaurierungstätigkeit basiert auf internationalen Kontakten zu ähnlichen Einrichtungen, vor allem nach Rußland, Finnland und Griechenland. Diese Tätigkeit dokumentiert sich auch in internationalen Restaurierungssymposien, die in Frankfurt abgehalten werden.

Das Ikonen-Museum verfügt über eine eigene Fachbibliothek mit Ikonenliteratur sowie Publikationen über andere Bereiche der Kunst, Kultur, Architektur und Liturgie der Ostkirche. Die Bibliothek ist nach Absprache auch dem interessierten Publikum zugänglich.

Seit einigen Jahren steht dem Ikonen-Museum der Freundeskreis „Freunde und Förderer des Ikonen-Museums Frankfurt am Main" zur Seite. Durch seine Unterstützung, vor allem in der Beschaffung der Mittel, wird die Arbeit des Museums wesentlich erleichtert.

Portikus

Name:	PORTIKUS
Adresse:	Alte Brücke 2, Maininsel, 60594 Frankfurt am Main Tel.: (0 69) 9 62 44 54–0, Fax: (0 69) 9 62 44 54–24 E-Mail: info@portikus.de, Internet: www.portikus.de
Öffentliche Verkehrsmittel:	Alle S-Bahnen Richtung City bis Konstablerwache; U4, U5 bis Römer; Bus 30, 36 bis Schöne Aussicht
Öffnungszeiten:	Di., Do.–So. 11.00–18.00 Uhr, Mi. 11.00–20.00 Uhr, Mo. geschlossen
Eintrittspreise:	Eintritt frei
Gründungs-/Eröffnungsjahr:	1987 (Architekten: Marie-Theres Deutsch und Klaus Dreißigacker). Neuer Portikus: 2006 (Architekt: Christoph Mäckler)
Träger:	Staatliche Hochschule für bildende Künste – Städelschule
Leitung:	1987–2001 Prof. Kasper König seit 2001 Prof. Dr. Daniel Birnbaum
Mitarbeiter:	Melanie Ohnemus, Kuratorin Julia Jung, Organisation
Führungen:	auf Anfrage
Bestand:	Dauerinstallation von Olafur Eliasson
Vorsitz Freundeskreis:	Elisabeth Haindl
Titel der wichtigsten Kataloge:	Jörg Immendorff: Immendorffs Handbuch der Akademie für Adler (1990); Gilbert & George. Nine Dark Pictures (2002); Dominique Gonzales-Foerster. Films (2003); Turbulenz. Portikus Projekte 2001–2004 (2004); Die Sammlung Rausch. It takes something to make something (2007)

In den zwanzig Jahren seines Bestehens hat sich der Portikus mit mehr als einhundertsechzig Ausstellungen als weltweit wahrgenommener Produktions- und Ausstellungsort für zeitgenössische Kunst etabliert. An die Städelschule angegliedert, ist er nicht nur in Deutschland einzigartig: Keine andere Kunsthochschule verfügt über ein Ausstellungshaus mit einem ähnlich ambitionierten internationalen Programm.

Kasper König

Amnesie und Morgen

War zwölf Jahre gern in Frankfurt – geholt hat mich als Hochschullehrer und Rektor der große Filmkünstler Peter Kubelka, empfangen hat mich Thomas Bayrle, die Seele der Schule, und die Segel für die Zukunft hat der Kulturkapitän der ehemaligen freien Reichsstadt gesetzt. Auf den Wind konnte sich Hilmar Hoffmann verlassen, auch bei größter Flaute gab es immer riskante Manöver – Ay, ay, Capitano.

Die Mutation von Frankfurt am Main: Elvis hat als Abschied von seiner GI-Zeit in Friedberg nach der Volksliedmelodie „Muß i denn, muß i denn zum Städtele hinaus“ seine Fräuleins besungen: von Annemarie aus Heidelberg on the Rhine bis hin zu Barbara in Frankfurt on the Main – und keiner scheint es bemerkt zu haben.

Nach dem fetten Wirtschaftswunder mit Onkel Dagobert als Vorsitzendem des Städelkuratoriums sollte Bankfurt auf dem Weg zu Krankfurt zu Frankfurt zurückmutieren – Kultur für alle war die programmatische Parole vom Capitano. Und damit die Sache nicht zu bombastisch ausfiel, war als ironische Fußnote der Portikus geboren. Dem damaligen Magistrat sei Dank, der die Sache binnen weniger Monate als fliegenden Bau hinter der Ruine des Portikus, der vormaligen Stadtbibliothek, ermöglichte. Beim Richtfest gab es Brezeln und Apfelwein. Albert

Mangelsdorff spielte auf der Posaune trotz Verkehrslärms; dem Kämmerer gefiel das karge Ambiente, weshalb er die „Negermusik" tolerierte, wie er sagte. Die Sache lief mit wenig Hardware, aber 1A-Software – egal, ob aus Frankfurt oder aus aller Welt auf Montage in der Städelschule, im Portikus.

Gute Studenten, unabhängige KünstlerInnen als ProfessorInnen, eine super postgraduierte Architekturklasse unter Peter Cook und Enrique Miralles. Das neu gegründete Institut für neue Medien, auf Frankfurterisch: „Institut für neue Mädschen", wurde irgendwann zu teuer – hier der Krach elektrischen Kitschs oder lernen, wie man ein gutes Butterbrot schmiert. Der Portikus hat das Beste daraus gemacht. Eine Kerze von Nam June Paik, die dann in der Sammlung des MMK ihre permanente Heimat fand – Gerhard Richter hat damals einen Plakatentwurf beigesteuert, und ich erinnere mich an einen angereisten Kunstsammler, der von Richter eine Widmung aufs Plakat bekam und den auf dem Boden sitzenden Paik bat, das auch zu tun. Stolz auf die Trophäe bat er um eine Papprolle. Paik sagte, er könne das besser besorgen und knüllte den edlen Druck zu einem Knäuel, um ihn dem armen Mann sodann in die Manteltasche zu stecken. Also an Anekdoten fehlt es nicht. Siehe *Portikus 1987–1997*, herausgegeben von Brigitte Kölle.

Frankfurt ist wieder da – nicht nur zur Buchmesse oder im Waldstadion, das jetzt Commerzbank Arena heißt. Als die Eintracht nach großem Höhenflug aus der Bundesliga flog, sagte der Trainer Dragoslav Stepanović (genannt Steppi) für den lokalen Sponsor Possmann Äpfelwein: „Lebbe geht weiter".

Ja, aber Kapitäne wie Kurt Hackenberg in Köln und Hilmar Hoffmann in Frankfurt sind wie die drei FCs aus Kaiserslautern, Köln und Nürnberg: unvergeßlich.

Daniel Birnbaum

Portikus – Kunst an erster Stelle

Der Portikus wurde 1987 von Kasper König als Ausstellungsraum für zeitgenössische Kunst gegründet. Von Beginn an war er an die Städelschule angegliedert und der Rektor der Frankfurter Kunstakademie zugleich als Direktor für den Portikus verantwortlich. In enger Zusammenarbeit mit den üblicherweise drei Jahre am Portikus arbeitenden jungen Kuratorinnen oder Kuratoren werden das Ausstellungsprogramm sowie die Kataloge und die Editionen des Portikus erarbeitet.[1]

1 Kuratoren des Portikus: Dr. Ulrich Wilmes 1988–1991, Dr. Martin Hentschel 1991–1993, Brigitte Kölle 1994–1997, Dr. Angelika Nollert 1997–2000, Jochen Volz 2000–2004, Nikola Dietrich 2004–2007, Melanie Ohnemus seit 2007.

Pro Jahr finden etwa sechs Ausstellungen statt. Das Besondere am Ausstellungsprogramm des Portikus ist, daß die eingeladenen Künstlerinnen und Künstler immer speziell für diesen Ausstellungsraum neue Arbeiten herstellen. Zuweilen sind die Installationen dezidiert ortsspezifische Arbeiten, die entweder die besondere Lage des Portikus oder seinen Ausstellungsraum zum Anlaß nehmen. Manchmal entstehen diese auch im Dialog mit den Studierenden der Akademie, was die besondere Funktion des Portikus auch als „Lehrmittel" der Städelschule verdeutlicht. In den vergangenen Jahren kam es so zu einer ganzen Reihe kollektiver Produktionen, die von Künstlern verschiedener Generationen initiiert wurden: von Rirkrit Tiravanija und Jason Rhoades, Michael Beutler und Yona Friedman bis hin zu Yoko Ono, deren Haiku-artige *Instruction Pieces* im Jahr 2005 Ausgangspunkt einer von Studierenden in Szene gesetzten Ausstellung waren. Bei einer Parade mit Arto Lindsay im Jahre 2008 zogen Studierende gemeinsam mit Roboterhunden, Tänzern und Blasmusikern sowie einer Philosophengruppe durch Frankfurts Straßen. Viele wichtige Künstler wie Tobias Rehberger oder Gregor Schneider hatten zu einem sehr frühen Zeitpunkt ihrer Karriere Ausstellungen im Portikus. In den 20 Jahren seines Bestehens und mit mehr als einhundertsechzig Ausstellungen hat er sich als weltweit wahrgenommener Ausstellungsort für zeitgenössische Kunst etabliert. Die an der Städelschule lehrenden Künstler haben im Portikus ebenfalls ihre Arbeiten gezeigt oder kooperative Ausstellungsprojekte initiiert, wie zuletzt Michael Krebber und Wolfgang Tillmans, die beide Gruppenausstellungen mit den Werken internationaler Künstlerkollegen kuratiert haben. In gewisser Weise ist dieser Raum keine traditionelle Kunsthalle, sondern eine experimentelle Bühne, auf der sich die verschiedensten Ausstellungsszenarien verwirklichen lassen: von der stillen Kathedrale zum lebendigen Basar, vom eleganten Filmtheater zur Bäckerei, von der ruhigen Bibliothek zum überschäumenden Club.

Nicht nur in Deutschland ist der Portikus einzigartig. Keine andere Kunsthochschule verfügt über ein Ausstellungshaus mit einem ähnlich ambitionierten internationalen Programm. Die Studierenden können dort wichtige Künstler kennenlernen und Erfahrungen darin sammeln, wie Ausstellungen organisiert werden. Vorgesehen ist immer auch ein Vortrag aus der Werkstattperspektive über die eigene Arbeit, oft besteht Gelegenheit für individuelle Ateliergespräche mit den Studierenden. Und die breitere Frankfurter Öffentlichkeit kann einen Eindruck von den aktuellen Tendenzen der zeitgenössischen Kunst gewinnen. Eine Besonderheit ist auch, daß die im Portikus tätigen Studierenden der Städelschule, die als junge Künstler naturgemäß einen eigenen Blick auf die jeweilige Ausstellung haben, den Besuchern gerne die zu sehenden Arbeiten erklären. Die Ausstellungseröffnungen schließlich sind Ereignisse, die sich über die Kunstszene hinaus größter Beliebtheit erfreuen.

Paola Pivi: *It's A Cocktail Party (2008)*

Bei der Auswahl der Künstlerinnen und Künstler ist die Mischung der Generationen außergewöhnlich – ein Markenzeichen des Portikus. So folgten etwa auf die Ausstellung eines Pioniers wie John Baldessari die jungen Berliner Künstler Judith Hopf und Henrik Olesen; auf Gilbert & George folgte Simon Starling; und auf Dan Graham der junge thailändische Künstler Att Poomtangon. Blickt man auf die beiden Jahrzehnte der Ausstellungstätigkeit des Portikus zurück, dann scheint es so, als habe nahezu jeder bedeutende zeitgenössische Künstler dort ausgestellt, von Gerhard Richter, Marlene Dumas und Martha Rosler, Isa Genzken bis zu Maurizio Cattelan, Rachel Harrison und Paul Chan. Die Liste liest sich wie ein *Who is who* der zeitgenössischen Kunst. Und dennoch ist es gerade die programmatische Vermischung von etablierten Positionen mit jungen, aufstrebenden und interessanten Künstlern, die den Portikus ausmacht. Die Einladung der Kuratoren zu einem frei gewählten Projekt im Portikus versetzt die Künstlern in eine Situation, die sie sonst nur selten vorfinden. Gerade durch die enge Anbindung an die Städelschule und die beim Aufbau helfenden Studierenden entsteht eine besondere Atmosphäre, die sich wohltuend vom üblichen Ausstellungsbetrieb unterscheidet.

Der Portikus führte bisher gleichsam ein Wanderleben. Die erste Station war ein ursprünglich temporär angelegter Ausstellungscontainer hinter der im Zweiten Weltkrieg zerstörten neoklassizistischen Fassade der Frankfurter Stadtbücherei. Später wurden die Ausstellungen für ein paar Jahre in einem in Zusammenarbeit mit Tobias Rehberger entworfenen flexiblen Raum im Leinwandhaus veranstaltet, einem weiteren rekonstruierten historischen Gebäude in der Innenstadt. Seit Frühjahr 2006 befindet sich der Portikus in einem von Christoph Mäckler entworfenen Neubau auf der Maininsel an der Alten Brücke. Niemand würde wohl einen solch speziellen Ort für zeitgenössische Kunst an einer derart prominenten Stelle, in gewisser Weise der zentralsten und historisch wichtigsten der Stadt, erwarten (man darf nicht vergessen, daß die Gebrüder Grimm eine Sage über diese Brücke, ihren Architekten und den Teufel überlieferten!). Das große Glasdach, in dem seit der Eröffnung wechselnde Lichtinstallationen von Olafur Eliasson gezeigt werden, läßt den Portikus von der Stadtseite aus betrachtet als „Leuchtturm" zeitgenössischer Kunst erstrahlen. Und manchmal tauchen in den Bäumen der Insel verblüffende Dinge auf: eine von Maurizio Cattelan gestaltete schwebende Frau oder in der Dunkelheit aufscheinende Leuchtballons von Tomas Saraceno.

„Eine Galerie wird nach Gesetzen errichtet, die so streng sind wie diejenigen, die für eine mittelalterliche Kirche galten. Die äußere Welt darf nicht hereingelassen werden, deswegen werden Fenster normalerweise verdunkelt. Die Wände sind weiß getüncht. Die Decke wird zur Lichtquelle."[2] Dies ist Brian O'Dohertys Beschreibung einer klassischen *White-Cube-Situation*. Der Portikus kann diese Art Raum zur Verfügung stellen, wenn ein Künstler ihn braucht. Von außen hat das Gebäude mittelalterlichen Charakter, zeigt aber auch postmoderne Züge. Im Inneren überzeugt der Raum durch seine besondere Höhe, weist aber sonst eine denkbar reduzierte Struktur auf. Benötigen die Werke ein spezifisches Ausstellungsdesign, dann kann dies durch diverse Einbauten ermöglicht werden; diese verändern das Raumgefühl dann allerdings grundlegend. Jede Ausstellung im Portikus sieht anders aus und die Künstlerinnen und Künstler werden nicht müde, ihr Bestes dazu beizutragen. Der Portikus ist eine „Low-Tech-Maschine". Man kann ihn in Minuten und ohne viel Aufwand verändern. Im Vordergrund stehen Experiment und Produktion.

Die Stadt Frankfurt am Main verfügt über eine große Anzahl herausragender Museen. Der Portikus liefert zum Museumsufer einen ganz eigenen Beitrag: Sein ungewöhnlicher Ort, der wandlungsfähige Ausstellungsraum, verbunden mit einem ambitionierten künstlerischen Ansatz, sind Auslöser vieler außergewöhnlicher Projekte.

2 Brian O'Doherty, In der weißen Zelle/Inside the White Cube, übers. von Ellen und Wolfgang Kemp, hrsg. von Wolfgang Kemp, mit einem Nachwort von Markus Brüderlin, Berlin 1996, S. 14.

Museum für Angewandte Kunst

Name:	Museum für Angewandte Kunst Frankfurt
Adresse:	Schaumainkai 17, 60594 Frankfurt am Main Tel.: (0 69) 2 12–3 40 37, Fax: (0 69) 2 12–3 07 03 E-Mail: info. angewandte-kunst@stadt-frankfurt.de Internet: www.angewandtekunst-frankfurt.de
Öffentliche Verkehrsmittel:	U1, U2, U3 bis Schweizer Platz; Straßenbahn 15, 16 bis Schweizer Straße/Gartenstraße; Bus 46 (Museumsuferlinie) bis Eiserner Steg
Öffnungszeiten:	Di., Do.–So. 10.00–17.00 Uhr, Mi. 10.00–21.00 Uhr, Mo. geschlossen
Eintrittspreise:	5 €, ermäßigt 2,50 € Freier Eintritt an jedem letzten Samstag des Monats
Gründungs-/Eröffnungsjahr:	Museumsgründung 1877
Erweiterungsbauten:	1985 (Architekt Richard Meier)
Träger:	Stadt Frankfurt am Main
Leitung:	1898–1918 Hermann von Trenkwald 1918–1928 Robert Schmidt 1928–1930 Georg Swarzenski 1930–1938 Adolf Feulner 1938–1945 Walter Mannowsky 1945–1956 Ernstotto Graf Solms-Laubach 1956–1974 Peter Wilhelm Meister 1974–1987 Annaliese Ohm 1988–1998 Arnulf Herbst 2000–2002 James Bradburne seit 2003 Ulrich Schneider
Wissenschaftliche Mitarbeiter:	Sabine Runde, Kuratorin Jugendstil bis Gegenwart Volker Fischer, Kurator Design Eva Linhart, Kuratorin Buchkunst und Graphik Stephan von der Schulenburg, Kurator Abteilung Ostasien Heidrun Zinnkann, Kuratorin Europäische Abteilung
Museumspädagogischer Dienst/ Führungen:	?KnowHow! Kommunikation & Lernen E-Mail: knowhow. angewandte-kunst@stadt-frankfurt.de
Bestand:	45 000 Objekte, 15 000 graphische Werke; davon 10 Prozent ausgestellt
Vorsitz Freundeskreis:	Dr. Friedrich Heigl
Titel der wichtigsten Kataloge:	Geschriebene Welten. Arabische Kalligraphie und Literatur im Wandel der Zeiten (2004); Faszination Keramik. Moderne japanische Meisterwerke in Ton

tung von Ernstotto Graf Solms-Laubach, dann bis 1974 unter Direktor Peter Wilhelm Meister. 1967 konnte das Museum für Kunsthandwerk in die klassizistische Villa am Eisernen Steg direkt am Main ziehen. Freilich hatte dieses viel zu kleine Gebäude stets den Charakter eines Provisoriums. Auf Initiative des damaligen Kulturdezernenten Hilmar Hoffmann kam es 1979 unter der tatkräftigen Direktorin Annaliese Ohm (1974–1987) zur Ausschreibung des Internationalen Wettbewerbs für einen Museumsbau als Initiale des Projektes Frankfurter Museumsufer. So entstand von 1982 bis 1985 mit dem Gebäude des amerikanischen Architekten Richard Meier eine der Inkunabeln des neueren deutschen Museumsbaus.

Von 1988 bis 1998 leitete Arnulf Herbst die Geschicke des Hauses, James Bradburne (2000–2002) setzte mit dessen Umbenennung in „Museum für Angewandte Kunst" die Umwandlung zu einem Museum für Kunst und Design durch, wie sie zuvor bereits in Wien und danach in Köln stattgefunden hat. Unter Ulrich Schneider wird seit 2008 die Umstrukturierung der Historischen Villa durchgeführt sowie die Gesamtrenovierung des Meierschen Museumsbaus.

Sammlungsschwerpunkte

Mehrere Schwerpunkte bestimmen die Sammlungen des Museums für Angewandte Kunst Frankfurt:

In der Europäischen Abteilung wird der Zeitraum vom 12. bis ins 21. Jahrhundert abgedeckt, also vom hohen Mittelalter bis in die Gegenwart. Aufgrund der Überlieferungs- und Sammlungsgeschichte stehen dabei Monumente edlen Handwerks bis zum späten 19. Jahrhundert im Vordergrund. Liturgische Objekte zeugen von der mittelalterlichen Kunst der Goldschmiede, der Emailleure und der Bronzegießer ebenso wie von der bildreichen Ausdruckskraft der Teppichwirker. Gerade in diesem Bereich sind Zeugnisse profaner Literaturdarstellungen Hauptanziehungspunkte. In der Renaissanceabteilung werden Objekte edlen Hausrats, wie monumentale Schränke, Glas und Keramik, von diesseits und jenseits der Alpen sowie Goldschmiedewerk als Meisterstücke gezeigt. Exotische Werkstoffe zeugen von der Entdeckung neuer Welten und deren Präsentation in Kunst- und Wunderkammern. Höhepunkte bürgerlicher und fürstlicher Repräsentation aus dem 17. und 18. Jahrhundert zeigen die Bereiche Barock und Rokoko mit den kunstvoll ornamentierten und schikanereichen Möbeln, den Tafelzierden und den Geschirren und Figuren aus dem neuen Werkstoff Porzellan. Neue Zeiten evozieren neue Lebensumfelder: Mit Empire und Biedermeier, Historismus und Jugendstil eröffnen sich Fenster zum Kunsthandwerk der Moderne im 20. Jahrhundert.

Die relativ junge Design-Abteilung des Museums für Angewandte Kunst widmet sich hauptsächlich dem Produktdesign seit der Gründung des Hauses im

19. Jahrhundert. Hier werden über Anthologien industrielle Fertigungsmöglichkeiten von hohem ästhetischem Reiz, aber auch die wichtigen Design-Ikonen vermittelt. Selbstverständlich kann diese in Europa beginnende Abteilung in Zeiten der Globalisierung des Designs nicht mehr geographisch beschränkt werden und blickt auch auf Amerika und Asien.

Einen weiteren Schwerpunkt zumeist europäischer Prägung bietet die Abteilung Graphik und Buchkunst. Schreibmeister des späten Mittelalters sind hier ebenso vertreten wie Typographen der Gegenwart, mittelalterliche Buchmalerei ebenso wie Künstlerbücher unserer Tage. Einmalig ist die Sammlung von über 700 Stammbüchern, die als sehr persönliche Widmungs- und Erinnerungsschriften von der hohen literarischen und künstlerischen Kompetenz weiter Teile der Bevölkerung zeugen.

Als international ebenso bedeutend wie die Europäische Abteilung gilt jene, die der asiatischen Kunst gewidmet ist. Von höchster Qualität sind die chinesischen Ton- und Porzellankeramiken aus der Tang- bis Ming-Dynastie, eine ganz besondere Bedeutung besitzt die Sammlung chinesischer Glaskunst des 17. Jahrhunderts. Auch die japanische Sammlung vermag mit historischer und zeitgenössischer Keramik zu bezaubern und immer wieder Bezüge zwischen Ost und West aufzuzeigen. Herausragend ist die Sammlung von Ukiyo-e-Einblattholzschnitten. Eine kleine koreanische Kollektion rundet den Bereich der ostasiatischen Künste ab.

Nicht weniger wichtig sind die Sammlungen des Mittleren Ostens und aus der islamischen Welt, die von Anfang an zu den Hauptsammlungsgebieten zählten. Von Istanbul bis Mogulindien reicht das vermittelbare Gebiet, vom 8. bis ins 19. Jahrhundert. Auch hier stehen die keramischen Künste im Mittelpunkt, neben kostbaren Teppichen und den unschätzbaren Zimelien der Mughals, seien es Buchmalereien oder fürstliche Prunkwaffen.

So können im Museum für Angewandte Kunst Frankfurt europäische wie orientalische Lebenskulturen betrachtet, genossen und verglichen werden.

Sammlungsgeschichte

Die Entstehung der beschriebenen Sammlungen ist eine Geschichte bürgerlichen Engagements in Frankfurt am Main. Stiftungen von über fünfzig Familien bildeten den Grundstock des Kunstgewerbemuseums und waren zusammen mit zeitgenössischen Arbeiten, nach Materialien geordnet, Anschauungsobjekte der Kunstgewerbeschule. Bedeutendster Zugang im Jahre 1892 war die Sammlung der Brüder Michael und Albert Linel, die alle Bereiche des Hauses bedachte. Bedeutende Ankäufe wurden mit Unterstützung der Stadt auf den großen Weltausstellungen getätigt, so etwa 1900 in Paris, wo vornehmlich Werke des Art nouveau erworben wurden. 1904 konnte mit der Sammlung des Frankfurter Bankiers Wilhelm Peter Metzler sowohl die Renaissance- als auch die Japanabteilung erweitert werden. Gleichzeitig wurden verstärkt frühe Meißener Porzellane erworben. 1922 schließlich wurde mit der bibliophilen Kollektion von Michael und Albert Linel die Abteilung Buchkunst eröffnet. Die bedeutendsten Erwerbungen für die Mittelalterabteilung konnten 1928 mit der Hohenzollern-Sammlung aus Schloß Sigmaringen und 1954 mit der Oskar und Ilse Mulert Stiftung getätigt werden. Wertvollste Unterstützung bei Erwerbungen leisten seit 1956 die Adolf und Luisa Haeuser-Stiftung sowie der Kunstgewerbeverein in Frankfurt am Main e. V.

Die wichtigsten Kunstobjekte

Wertvollstes Objekt der Mittelalterabteilung ist zweifellos eine emaillierte Scheibe, die allegorisch die christliche Tugend des Glaubens und das Sakrament der Taufe verbildlicht. Mitte des 12. Jahrhunderts entstanden, ist sie – neben einer weiteren Scheibe in Berlin – letztes Relikt des monumentalen Hauptaltars der Abtei Stavelot in den Ardennen, der den Umtrieben der Französischen Revolution zum Opfer fiel. In ihrem farbenfrohen Reichtum steht sie für den hochmittelalterlichen Anspruch, göttliche Macht mit weltlicher Pracht zu vermitteln.

Nicht weniger prächtig gibt sich ein spätmittelalterlicher Wirkteppich, der um 1420 am Mittelrhein entstanden ist und einen der wichtigsten Minneromane verbildlicht: Die Geschichte von Wilhelm von Orlens und Amelie von England, wie sie Rudolf von Ems 1238 verfaßt hatte. In unglaublicher Dichte werden hier höfische Liebe und ritterliche Kultur vorgeführt, prächtige Kleidung und edle Rösser, Spiele und Turniere verbunden mit Herzensfreud' und Herzeleid.

Ganz im Sinne humanistischer Denkungsart waren die Liebesgaben des 16. Jahrhunderts gestaltet, wovon eine Schale aus Castel Durante Zeugnis gibt. Elisabetta Bella zeigt sich in höchster Anmut und mit allen modischen Accessoires, aber eben auch in gekonntester Majolika-Malerei, deren flotter Strich auf hohe Auflagen schließen läßt.

Ein Nürnberger Pultkasten, entstanden um 1570, vereint alle Ansprüche seiner Zeit. Die schräge Auflagefläche für das Buch ist mit einer Vielzahl geometrischer Körper verziert und steht für das Verständnis der Naturwissenschaften. Umfassende Bildszenen außen wie innen zitieren die *Metamorphosen* des Ovid und zeugen von Antikenkenntnis. Die Materialen schließlich, exotische Hölzer, Perlmutt und Elfenbein, geben die globale Erreichbarkeit der fernen Erdteile zu erkennen.

Bemerkenswert in der Möbelsammlung aus Barock und Rokoko sind die Verwandlungstische der Werkstatt von Abraham und David Roentgen, die bis zum

Verwandlungstisch aus der Werkstatt von Abraham und David Roentgen, Leihgabe der Adolf und Luisa Haeuser-Stiftung

Revolutionsjahrzehnt die Höfe in Europa teuerst versorgte. Eine Coiffeuse, die 1769 für den Kurfürsten Friedrich August III. von Sachsen gefertigt worden war, verfügt neben reichsten Tier- und Pflanzenmarketterien über ein Dutzend geheimer Schikane, mit der der Fürst seine grundsätzliche Überlegenheit demonstrieren konnte.

Die neue Kunst der Porzellanherstellung ließ bald nach 1708 in ganz Europa viele Manufakturen entstehen, deren wichtigste im Museum mit Werken vertreten sind. Höhepunkt bleibt allerdings die Meißensammlung, etwa mit dem monumentalen Tafelaufsatz des Musenhains Parnaß, der um 1750 vom Meistermodelleur Johann Joachim Kändler ausgeformt wurde.

Eine besondere Rolle spielt die Jugendstilsammlung des Museums. Neben Möbeln vieler bekannter deutscher und französischer Entwerfer ist hier eine Glaskanne René Laliques als Spitzenstück zu betrachten. Die glühende Masse ist hier kunstvoll in eine netzartige Bronzemontage geblasen, deren stark bewegte erotische Figurengruppe an die Plastiken des Höllentors von Auguste Rodin denken läßt.

Konsequent setzt sich die Reihe der Meisterwerke bis in die Gegenwart fort, bis hin zum Industriedesign, wo Stil-Ikonen wie das ausgefallene Regal Carlton, das Ettore Sottsass 1981 für die erste Memphis Collection entworfen hat, zu sehen sind.

Museum der Weltkulturen

Name:	Museum der Weltkulturen Frankfurt am Main
Adresse:	Schaumainkai 29–37, 60594 Frankfurt am Main Tel.: (0 69) 21 23 59 13, Fax: (0 69) 21 23 07 04 E-Mail: museum.weltkulturen@stadt-frankfurt.de Internet: www.mdw-frankfurt.de
Öffentliche Verkehrsmittel:	U1, U2, U3 bis Schweizer Platz; Straßenbahn 15, 16 bis Schweizer Straße/Gartenstraße; Bus 46 (Museumsuferlinie) bis Untermainbrücke
Öffnungszeiten:	Di.–So. 10.00–17.00 Uhr, Mi. 10.00–20.00 Uhr, Mo. geschlossen
Eintrittspreise:	Villa 29: 3,60 €, ermäßigt 2,00 € Galerie 37: 3,10 €, ermäßigt 1,50 €
Gründungs-/Eröffnungsjahr:	1904 Eröffnung im Gebäude Münzgasse Nr. 1 1908 Wiedereröffnung des Museums im Palais Thurn und Taxis, Große Eschenheimer Straße 26 1944 Zerstörung des Palais Thurn und Taxis; bis 1969 bleibt das Museum ohne Domizil 1969 Eröffnung des Museums für Völkerkunde am Schaumainkai in der Villa 29
Erweiterungsbauten:	ab Mitte der 1990er Jahre: Erweiterung des Museums am Schaumainkai um die Villen 35 und 37 seit 2008 in Planung: Museumsneubau am Museumsufer
Träger:	Stadt Frankfurt am Main
Leitung:	1904–1919 Hofrat Dr. med. Bernhard Hagen, Direktor 1919–1935 Dr. Johannes Lehmann, kommiss. Direktor 1935–1938 Geheimrat Prof. Leo Frobenius, Direktor 1938–1946 Dr. Adolf Ellegard Jensen, kommiss. Direktor 1946–1965 Dr. Adolf Ellegard Jensen, Direktor 1965–1966 Prof. Dr. Carl August Schmitz, Direktor 1966–1967 Prof. Dr. Hermann Niggemeyer, kommiss. Direktor 1967–1969 Prof. Dr. Hermann Niggemeyer, Direktor 1972–1983 Dr. Heinz Kelm, Direktor 1983–1985 Dr. Johanna Agthe, kommiss. Direktorin 1985–1999 Prof. Dr. Josef Franz Thiel, Direktor 1999–2000 Dr. Johanna Agthe, kommiss. Direktorin 2000–2008 Dr. Anette Rein, Direktorin seit 2008 Dr. Christine Stelzig, kommiss. Direktorin

Wissenschaftliche Mitarbeiter:	Dr. Christine Stelzig, kommiss. Direktorin, Sammlung Afrika Dr. Eva Raabe, Kustodin, Sammlung Ozeanien Dr. Achim Sibeth, Kustos, Sammlung Südostasien Dr. Mona Suhrbier, Kustodin, Sammlung Amerika Annabelle Springer M. A., Öffentlichkeitsarbeit Dr. Doris Stambrau, Museumspädagogik
Museumspädagogischer Dienst/ Führungen:	Unter dem Motto „Mit allen Sinnen begreifen" bietet die pädagogische Abteilung IKAT (Interkulturelles Atelier) regelmäßige Führungen zu laufenden Ausstellungen sowie umfangreiche Programme für Kinder, Jugendliche und Erwachsene an. Als Ort zum Anfassen und Ausprobieren verknüpft es ethnologisches Fachwissen mit künstlerischen Aktionen
Bestand:	ca. 67 000 Objekte aus Afrika, Asien, Amerika, Ozeanien
Vorsitz Kuratorium:	Prof. Dr. Michael Stolleis
Vorsitz Freundeskreis:	Adelheid Tröscher
Titel der wichtigsten Kataloge:	Im Auge des Betrachters. Kunst und Sehen in Papua Neuguinea (1998); Ostindonesien im 20. Jahrhundert: Auf den Spuren von Ernst Vatter (2004); Ansichtssachen. Ein Lesebuch zu Museum und Ethnologie in Frankfurt am Main (2004); Augenblicke. Keramik der Moche und Shipibo, Peru. Inkl. Kinderkatalog: Kartoffeln fürs Jenseits und ein Weltall im Topf. Geschichten für Kinder (2005); Being Object. Being Art. Meisterwerke aus den Sammlungen des Museums der Weltkulturen (2009)

Die Sammlung des Museums umfaßt ca. 67 000 Objekte aus Afrika, Asien, Amerika, Ozeanien – Ethnographica zu unterschiedlichen Themenkreisen wie Religion, Kunst, Macht und Alltag, die es heute in den Herkunftsländern oft nicht mehr gibt. Jedes dieser Sammlungsobjekte vereint eine Vielfalt an Bedeutungen und Weltsichten in sich. Nur ein Bruchteil davon konnte seit 1945 der Frankfurter Öffentlichkeit gezeigt werden. In den Magazinen des Museums wird eine Reihe von weltweit einzigartigen Meisterwerken der traditionellen außereuropäischen Kunst verwahrt, die man in der internationalen Fachwelt kennt, nicht aber in Frankfurt selbst. Mit der Realisierung eines Neubaus besteht die Chance, diese international bedeutenden Museumssammlungen auch vor Ort, das heißt im Rhein-Main-Gebiet und deutschlandweit, bekannt zu machen. In seiner Galerie 37 präsentiert das Museum zeitgenössische außereuropäische Kunst, die sich in eigener Symbol- und Formensprache mit globalen Themen, aber auch mit Tradition und Gegenwart der eigenen Kultur auseinandersetzt.

Christine Stelzig, Eva Raabe und Gerda Kroeber-Wolf

Vom Städtischen Völker-Museum zum Museum der Weltkulturen

Das Museum der Weltkulturen wurde 1904 als „Städtisches Völker-Museum" gegründet. Im Jahr 1946 in „Städtisches Museum für Völkerkunde" umbenannt, erhielt das Museum in den 1960er Jahren den Namen „Museum für Völkerkunde der Stadt Frankfurt a. M." Seit 2001 heißt es „Museum der Weltkulturen". Diese Namensänderungen spiegeln die wechselhafte Geschichte des Hauses wider, die geprägt ist von Umzügen, Sammlungsumlagerungen und provisorischen Unterbringungen.

Anders als viele aus fürstlichen Kuriositätenkabinetten hervorgegangene Völkerkundemuseen ist das Frankfurter Museum eine Einrichtung, die von Bürgern für Bürger gegründet wurde. Seine Anfänge reichen in das Jahr 1817 zurück, das Gründungsjahr der Senckenbergischen Naturforschenden Gesellschaft. Diese legte neben naturwissenschaftlichen zunächst auch ethnographische Sammlungen an, die 1877 der Stadt Frankfurt übergeben wurden und im Historischen Museum eine eigene völkerkundliche Abteilung zugewiesen bekamen. Aufgrund der Bemühungen des ethnologisch interessierten Kolonialarztes Hofrat Bernhard Hagen wurde 1904 schließlich das „Städtische Völker-Museum" als eigenständige

Institution gegründet. Unter der Leitung Hagens (Direktor 1904–1919) eröffnete das Haus seine Ausstellung im Gebäude Münzgasse 1. Da die Sammlungen schnell wuchsen, erhielt das Museum bereits 1908 ein neues Domizil in den weitläufigen Räumen des Palais Thurn und Taxis, Große Eschenheimer Straße 26. Hier wurden die inzwischen fast 15 000 Ethnographica umfassenden Bestände in einer permanenten Schau- und Studiensammlung (einschließlich einiger kleinerer Sonderausstellungen) präsentiert. Bernhard Hagen verstand das Völker-Museum als Institution mit wissenschaftlichem Forschungs- und Bildungsauftrag. Bis zum Zweiten Weltkrieg entwickelte es sich zum meistbesuchten Museum der Stadt Frankfurt.

1935 übernahm der bekannte Afrikaforscher Geheimrat Prof. Leo Frobenius die Museumsdirektion. Er war zugleich Leiter des von ihm in München gegründeten Instituts für Kulturmorphologie, das mit nach Frankfurt übersiedelte. Mit Frobenius begann die enge Zusammenarbeit des Völker-Museums mit dem Institut für Kulturmorphologie, dem späteren Frobenius-Institut. 1940 wurde das Museum für die Öffentlichkeit geschlossen. Unter der Leitung der Kustodin Karin Hissink wurden zwei Drittel der Sammlungen des Museums verpackt und in zehn unterschiedliche Orte in Thüringen, Franken und Bayern ausgelagert. So war ein großer Teil der Sammlung bereits in Sicherheit, als das Völker-Museum im Palais Thurn und Taxis mit sämtlichen darin verbliebenen Ethnographica, dem Fotoarchiv, der Sammlungsdokumentation und den Forschungs- und Verwaltungsunterlagen im großen Bombenangriff auf Frankfurt am 18. März 1944 komplett zerstört wurde.

In der Nachkriegszeit lagerten die geretteten Sammlungen in einem provisorisch als Magazin hergerichteten Bunker. Teile davon wurden in wechselnden Ausstellungen präsentiert. So zeigte das Städtische Museum für Völkerkunde zwischen 1945 und 1972 an den unterschiedlichsten Orten innerhalb und außerhalb der Stadt Frankfurt einunddreißig Ausstellungen. Diese Ausstellungen informierten über Forschungs- und Sammeltätigkeiten, die schon bald nach Kriegsende (ab den 1950er Jahren) wiederaufgenommen wurden, und machten die Öffentlichkeit zugleich immer wieder auf die schwierige Situation aufmerksam, in der sich das Museum ohne eigenes Museumsgebäude befand.

Ab 1946 leitete Prof. Dr. Adolf Ellegard Jensen, ein bedeutender Theoretiker der deutschsprachigen Ethnologie, der bereits nach dem Tod von Frobenius 1938 die kommissarische Direktion innehatte, das Museum zusammen mit dem Frobenius-Institut und dem neu gegründeten Seminar für Völkerkunde an der Johann Wolfgang Goethe-Universität. Eine Trennung dieser Institutionen erfolgte nach den Direktionen von Prof. Dr. Carl August Schmitz und Prof. Dr. Hermann Niggemeyer im Jahr 1969. In diesem Jahr bezog das Museum eine Villa am Schaumainkai 29, in der Büros und Ausstellungsfläche untergebracht waren. Die

Maske, Kuyu, Gabun (19./20. Jh.)

inzwischen auf ca. 50 000 Objekte angewachsene Sammlung lagerte in einer angemieteten Industriehalle im Osthafen.

Unter dem sechsten Museumsdirektor Dr. Heinz Kelm (1972–1983) erfolgte ein Neuanfang im eigenen Haus. Beeinflußt von der Studentenbewegung der 1960er Jahre, setzte ab den 1970er Jahren eine lebhafte Diskussion über zeitgemäße Aufgaben und Ziele der Institution Völkerkundemuseum ein. Der Ruf nach Reformen wurde laut. In dem eher aufklärerischen Klima der 1970er Jahre, in dem sich die Ethnologie fächerübergreifend auch von der Soziologie inspirieren ließ, wurde der Bildungsauftrag im Museum für Völkerkunde der Stadt Frankfurt am Main daher vor allem soziopolitisch verstanden. Dies zeigte sich besonders mit der vieldiskutierten Ausstellung „Herrscher und Untertanen. Indianer in Peru. 1000 v. Chr. – heute“. Das Museum definierte sich bis in die 1980er Jahre als Informationszentrum für die Dritte Welt, das in wechselnden Ausstellungen Geschichte, Kultur und Lebensformen anderer Ethnien vorstellte und über ihre heutige Situation, insbesondere über Probleme der Gegenwart informierte. Dabei wurden Besucher in den thematisch und regional begrenzten Ausstellungen stets auch mit der eigenen Gesellschaft konfrontiert, vornehmlich mit den zersetzenden Einflüssen von Imperialismus und Neoimperialismus auf Kultur und Wirtschaftsform der Völker der Dritten Welt. Man legte großen Wert darauf, soziale Zusammenhänge in den Ausstellungen kritisch zu beleuchten. Es ging in jener Zeit vor allem auch um eine radikale Abkehr von verstaubten Vitrinen und realitätsfernen Inszenierungen, die die meisten ethnologischen Museen jener Zeit charakterisierten.

Ab Mitte der 1980er Jahre verabschiedete man sich im Museum für Völkerkunde Frankfurt von dem Konzept der primär soziopolitischen Ausstellung, die sich in ihrer Gestaltung einer sinnlichen Annäherung vehement verwehrte. Unter der Leitung von Prof. Dr. Josef Franz Thiel (Direktor 1985–1999) wurden neue Ansätze entwickelt und neue Ausstellungsprojekte und -programme realisiert. Themen der Religionsethnologie, der Mythenforschung, aber auch das Phänomen der Xenophobie wurden erstmals in kulturvergleichenden Ausstellungen dargestellt und deren Hintergründe kritisch beleuchtet. Mit vielbeachteten Ausstellungen wie „Langsamer Abschied. Tod und Sterben im Kulturvergleich" oder „Fremde. Die Herausforderung des Anderen" setzte das Museum wichtige Akzente. Es handelte sich um Themen, die in ethnologischen Museen bis zu diesem Zeitpunkt noch kaum Beachtung gefunden hatten. Eingeführt wurde außerdem als neuer Sammlungsschwerpunkt die zeitgenössische Kunst aus den Ländern des Südens, obwohl man sich in der museumsethnologischen Diskussion damals noch längst nicht einig war, ob diese für ein ethnologisches Museum überhaupt „sammel- und ausstellungswürdig" sei. Da die Ausstellungsfläche im neuen eigenen Haus für eine Dauerausstellung zu klein war, fanden kontinuierlich große und kleine Wechselausstellungen statt.

Die umfangreichste Ausstellung des Museums nach 1945 wurde 1987 in der neuerbauten Kunsthalle Schirn gezeigt. Um auf die Notwendigkeit eines Neubaus aufmerksam zu machen, wurden unter dem Titel „Neuguinea. Nutzung und Deutung der Umwelt" viele Objekte wie Boote, Hauspfosten und Schlitztrommeln präsentiert, die wegen ihrer Größe und ihres Gewichts in den Räumen der Villa 29 nicht ausgestellt werden können. Bereits 1985 hatten erste Planungen eines Neubaus im Museumspark begonnen. Bis 1992 fanden zwei Architektenwettbewerbe und unterschiedliche Planungsarbeiten statt. Aufgrund stadtpolitischer Auseinandersetzungen und der Mittelknappheit der Stadt Frankfurt kam es aber trotz intensiver inhaltlicher Vorbereitungen des Museumsteams niemals zu einer Realisierung der Projekte. Statt dessen erhielt das Museum zwei Nachbarvillen für Büros und Archive, und im Kutscherhaus der Villa 29 wurden Restaurierungswerkstätten eingerichtet. Unter Thiels Leitung wurden außerdem eine Bibliothek und ein Bildarchiv gegründet. Die Sammlungen konnten 1994 aus den unzulänglichen Industriehallen zumindest zum größten Teil in ein neuerbautes, modernes Magazin umgelagert werden.

Mit der Ausstellung „Sinnwelten" eröffnete das Museum 1997 eine von der Hauptausstellungsfläche getrennte Galerie. Bis heute werden hier Bilder, Skulpturen, Fotos und Filme außereuropäischer oder in der Migration lebender Künstler präsentiert, die sich in eigener Symbol- und Formensprache mit globalen Themen, aber auch mit Tradition und Gegenwart ihrer eigenen Kultur auseinandersetzen. Es handelt sich vielfach um Arbeiten, die weder als moderne Kunstwerke

Maske, Melanesien, Neuirland (19. Jh.)

akzeptiert sind, noch dem Klischee der ursprünglichen Stammeskunst entsprechen. Als Forum für nichteuropäische Künstler aus Afrika, Amerika, Asien oder dem Pazifik wurde die Galerie 37 von der UNESCO als ein deutscher Beitrag zur Weltdekade für kulturelle Entwicklung anerkannt. Eine Konzepterweiterung erfuhr die Galerie 2008 mit der Ausstellung „Kirchner und die Kunst Kameruns", in der der Einfluß der afrikanischen Kunst auf die europäische Moderne in Umkehrung des kolonialen Blicks einmal nicht vom europäischen, sondern vom afrikanischen Kunstwerk aus betrachtet wurde.

Unter der Leitung von Dr. Anette Rein (Direktorin 2000–2008) wurde das Museum für Völkerkunde in „Museum der Weltkulturen" umbenannt und eine eigene museumspädagogische Abteilung, das IKAT (Interkulturelles Atelier), gegründet. Das IKAT vereint ethnologisches Fachwissen mit kreativen Aktivitäten und spricht mit seinem breiten pädagogischen Programm Kinder, Jugendliche und Erwachsene an.

Die Sammlungen

Kulturen in ihrer Einzigartigkeit und Vielfalt zählen zum Reichtum dieser Welt. Sehr deutlich spiegelt sich dieser in den qualitätsvollen Sammlungen des Museums der Weltkulturen Frankfurt am Main wider. Inzwischen lagern 67 000 Objekte aus Afrika, Amerika, Asien und Ozeanien in den Magazinen des Museums – Ethnographica zu unterschiedlichen Themenkreisen wie Alltag, Religion, Macht und Kunst, Objekte, die es heute in den Herkunftsländern oft nicht mehr gibt. Nur ein Bruchteil davon konnte bisher der Öffentlichkeit gezeigt werden. Fast jedes dieser Sammlungsobjekte ist nicht nur funktional, sondern vereint eine Vielfalt an Bedeutungen und Weltsichten in sich. Ein Federschmuck aus Amazonien zum Beispiel beeindruckt nicht nur durch seine Farbenpracht. Er symbolisiert zugleich das menschliche Auge, die Sonne und die runde Form der Dorfanlage mit den Bereichen für Männer und Frauen. Darüber hinaus ist er ein wichtiges Symbol indianischer Identität. Weltweit ist er heute auch Zeichen für indigene Umweltbewegungen und den Widerstand gegen die Zerstörung der Regenwälder. Neben den umfangreichen ethnographischen Sammlungen gibt es Sammlungen zeitgenössischer außereuropäischer Kunst aus den Ländern des Südens und eine kleine Europa-Sammlung, die kontinuierlich ausgebaut wird, um in kulturvergleichenden Ausstellungen die eigene Gesellschaft mit einzubeziehen.

Die Sammlungen der Stadt Frankfurt enthalten zahlreiche Objekte mit dem Kennzeichen „Alleinstellungsmerkmal“. Da das Museum bis heute keine Ausstellungsfläche für Dauerausstellungen erhalten hat, sind die Objekte zwar der internationalen Fachwelt bekannt, aber nicht den Bürgern der Stadt Frankfurt. Hier nur eine kleine Auswahl von Spitzenstücken:

- das komplett erhaltene farbige Federgewand aus dem Grab eines peruanischen Fürsten aus dem 7. bis 10. Jahrhundert
- der Königsthron aus dem Kameruner Grasland
- die Frau mit dem Goldhelm und die Meeresgöttin Yemanjá, zwei Werke zeitgenössischer Kunst aus Brasilien
- das hochseetüchtige Auslegerboot aus Melanesien, das mit seiner einzigartigen Konstruktion die nautischen Leistungen der Südseebewohner dokumentiert
- die wertvollen Textilien aus Ostindonesien, die es im Herkunftsland nicht mehr gibt; sie wurden auf einer von der Stadt Frankfurt finanzierten Forschungsreise 1928/1929 vom damaligen Kustos Ernst Vatter gesammelt
- die Sammlung von Objekten der Aranda, die der Missionar Carl Strehlow von 1899 bis 1922 in Zentralaustralien zusammentrug; sein weltberühmtes vierbändiges Werk zur Kultur der Aranda wurde vom Völker-Museum Frankfurt veröffentlicht.

Ein internationales Museum für eine internationale Stadt

Das Museum der Weltkulturen zählt zur Gruppe der kulturwissenschaftlichen Museen. Es ist ein Ort der Annäherung, Begegnung und Erfahrung des Anderen. Seine Aufgabe sieht es darin, mit seinen Sammlungen, Ausstellungen und Veranstaltungen Kulturen beispielhaft erlebbar zu machen, darüber hinaus auch komplexe Zusammenhänge der Globalisierung aufzuzeigen. Nicht zuletzt vermittelt es grundlegende Strukturen von Gesellschaften und die mannigfachen Möglichkeiten des Zusammenlebens von Menschen weltweit – von Frauen und Männern, Alten und Jungen, mit Nachbarn, in multikulturellen Gemeinschaften und vieles mehr. Themen wie der Umgang mit Prestige, Macht und Herrschaft in geschichteten Gesellschaften oder die Stellung des Individuums in Gruppen mit egalitären Strukturen sind ebenso relevant wie die Verehrung von Geistern, Gottheiten und Ahnen.

Ziel des Museums der Weltkulturen ist es, ein positives Verständnis für andere Menschen, Lebensweisen und Kulturen in unserer Gesellschaft zu wecken und zu vertiefen. Vergleichbar dem Erlernen von Fremdsprachen ist auch das Verstehen anderer Kulturen erlernbar. Erfahren – Lernen – Verstehen erfolgt im Museum der Weltkulturen auf leicht verständliche, fast spielerische Weise: „Mit allen Sinnen begreifen" lautet die Devise. Einen Schwerpunkt setzt das Museum daher auf die Vermittlung, die ethnologisches Fachwissen mit künstlerischen Aktionen verbindet. Das geschieht auf der einen Seite durch umfangreiche pädagogische Programme, auf der anderen Seite bieten Veranstaltungen wie Lesungen, Theater-, Musik- und Tanzaufführungen mit internationalen Autoren und Künstlern eine zusätzliche Dimension an kulturellem Erleben.

Menschen aus allen Erdteilen leben und arbeiten heute bereits in der dritten Generation in Frankfurt am Main, einer Stadt mit internationaler Bürgerschaft, einem internationalen Flughafen, internationalen Messen, Banken und mehr als drei Millionen auswärtigen Besuchern pro Jahr. Frankfurt pflegt und fördert weltweite Beziehungen und findet weltweite Beachtung. Als ethnologisches Museum bietet das Museum der Weltkulturen das Know-how für interkulturelle Lebenszusammenhänge. Frankfurt braucht Orte, die Respekt vor anderen Kulturen vermitteln, die zur Akzeptanz von kulturellen Unterschieden ermutigen und unsere eigene Kultur und Lebensweise als eine von weltweit vielen Möglichkeiten interpretiert. Die Stadt braucht Orte, an denen Menschen unterschiedlicher Herkunft sich begegnen, aufeinander zugehen, voneinander lernen – Orte, die angesichts der Diskussion um Migration, Integration und Leitkultur zugleich deutlich machen, daß Kulturen weder statisch noch in sich geschlossen sind, sondern sich kontinuierlich wandeln und daß schon immer Einflüsse vieler Kulturen auch unsere eigene Gesellschaft geprägt haben.

Seit 2006 wird in der Stadt Frankfurt erneut auf eine Erweiterung des Museums der Weltkulturen im Museumspark hingearbeitet. Wenn die Sammlungen des Museums der Weltkulturen, das 1904 von Frankfurter Bürgern als Völker-Museum gegründet wurde, in einem Neubau „das Licht der Welt“ erblicken, besteht die Chance, daß einige der herausragenden Objekte zum Markenzeichen des Museumsufers werden.

Dieter Kramer

Das Museum der Weltkulturen neu erfinden? Ein Haus nicht nur für die Sammlung

Als Grund für den Rücktritt der früheren Direktorin des Museums der Weltkulturen 2008 wurden unterschiedliche Vorstellungen über die konzeptionelle Ausrichtung der geplanten Museumserweiterung genannt: Der Kulturdezernent plante eine Konzentration auf die Sammlung, während der Direktorin unterstellt wurde, ein „internationales lebendiges Forum zur Begegnung von Themen und Kulturen“ gewollt zu haben. Unabhängig davon, ob wirklich eine solche Konzeption existierte, kann man diesen Gegensatz so verstehen, daß die offizielle Intention besteht, möglichst viel von der Sammlung zu zeigen. Von dieser Vorstellung kann sich die Postkarten-Kampagne „Ich bin ein Kunstwerk. Holt mich hier raus!“ bestätigt sehen, mit der 2007/2008 der Freundeskreis des Museums der Weltkulturen dafür plädiert hat, für die Sammlung von mehr als 67 000 Objekten des Museums einen Erweiterungsbau zu fordern.

Zweierlei ist bemerkenswert: Zum einen wird distanzlos auf den Kunstcharakter der Sammlungsgegenstände abgehoben. Als Kunstwerke sollen sie gewürdigt werden. Aber ethnologische Sammlungen beziehen sich nicht nur auf „die Kunst der Welt“, längst nicht alle sind selbst bei einem extrem erweiterten Kunstbegriff als Kunstwerke zu würdigen, und damit sind auch überhaupt nicht alle wichtigen Dimensionen abgedeckt. Vielmehr zeugen die Objekte von fremden Lebenswelten, in denen Kultus, Kunst und Lebenspraxis untrennbar miteinander verbunden sind (so die gängige Vorstellung), aber sie charakterisieren auch die intellektuellen und praktischen Beziehungen der (sammelnden und kolonisierenden) europäischen Forscher zu den außereuropäischen vorindustriellen Gemeinschaften.

Bei der inhaltlichen Debatte über das Konzept des Museums im Kulturausschuß heißt es, man müsse „sich entscheiden, ob man sich an der Maxime orientiere, die vielen Exponate zu zeigen, oder dieses Ausstellungshaus vor allem als ein Forum der Diskussion zu verstehen“. Der Dezernent hat immer die erste Auffassung vertreten; im Ausschuß wurde der kulturvergleichende Ansatz verteidigt, der eigentlich nur sinnvoll ist, wenn man diskursiv vorgeht und eigene Selbstverständlichkeiten relativiert. Einfach die europäische Kunst einer (vergangenen) Epoche wie der „klassischen Moderne“ in Relation zu setzen zu außereuropäischen Kultobjekten, wie es die Stiftung Beyeler bei Basel seit vielen Jahren tut, ist kein Kulturvergleich. Der kann auch nicht gelingen in einer auratisierenden Schau von als Kunstwerke isolierten Objekten (wie im Musée du quai Branly in Paris).

„Kulturvergleichende Ausstellungen“ sollen keine Kunstobjekte isolieren und auratisieren, sondern andere Ethnien mit der eigenen „Ethnie“, mit der industriellen europäisch-atlantischen Welt, vergleichen, heißt es in der genannten Diskussion. Das war in der Tat der Tenor der epochemachenden großen Kölner kulturvergleichenden Ausstellungen „Rausch und Realität“ (1981) oder „Männerbünde“ (1990), in denen die eigene Realität zu ganz anderen Lebensformen in Beziehung gesetzt wurde. Aber dieser Vergleich muß heute unter den Bedingungen von Globalisierung, ökologischer und ökonomischer Krise und der einzufordernden gemeinsamen Verantwortung neue Dimensionen entwickeln.

Die Diskussion um das Museum der Weltkulturen sollte begriffen werden als Teil der Diskussion um die gesamte Frankfurter Museumsszene. In dieser Diskussion wird gefordert, daß „produzierende“ Museen entstehen sollen, die auf die Zukunft hin ausgerichtet sind. Sie sollen teilhaben an den Auseinandersetzungen in Frankfurt und werden aufgefordert, „stärker in den Gegenwartsdiskurs zu rücken“.

Und die Museen sollen eigene Visionen entwickeln, bei denen auch die Veränderungen durch Globalisierung und Migration berücksichtigt werden. Damit wird dazu aufgefordert, Ideen dafür zu entwickeln, wie denn in Frankfurt mit Zukunftsfragen umgegangen werden soll.

Jener zukunftsorientierte „Think Tank“, den Jean-Christophe Ammann gern beschwor, sind weder die ausgeübten Künste noch die Museen geworden. Die Akteure der Wirtschaftsregion Rhein-Main erwarten sich affirmierende Zuarbeit von den Trägern der Kultur, keinesfalls Problematisierungen. Wirtschaft, Banken, Verkehrsunternehmen wie der Flughafen geben derzeit die Themen für die Region vor. Das sind freilich genau die Akteure, die verantwortlich sind für die aktuellen ökonomischen und ökologischen Krisen, Klimawandel eingeschlossen. Die Museen in Frankfurt können sich auf ihre Weise beteiligen an der Definition dessen, was heute Einwanderungsgesellschaft und Stadt in der Globalisierung bedeutet. Was würde es heute für die künstlerische, intellektuelle und wissenschaftliche Welt von Frankfurt am Main bedeuten, auf ähnlich intensive Weise brennende aktuelle Themen aufzugreifen, wie vor 100 Jahren das Thema der sozialen Integration die intellektuellen Diskurse in Frankfurt am Main dominierte? Die „Lösung“ der „Sozialen Frage“ war damals Thema politischer Bestrebungen von allen Seiten, auch der Kirchen und Kultureinrichtungen. Und Frankfurt war da vorbildlich, nicht zuletzt mit der neuen Universität: Mit ihrer Gründung 1914 widmete sie sich durch die Etablierung von neuen Themen wie Soziologie, Arbeitsrecht, Sozialrecht, Sozialmedizin etc. der intellektuellen Arbeit, mit der die Industrialisierung und der Umgang mit den sozialen Problemen dieser Zeit wissenschaftlich begleitet und angeregt wurde. Durch die Arbeit an den Problemen, Begriffen und Prozeduren wurde die Rechtsordnung angepaßt, haben sich Standards und Normen verändert, hat die soziale Kultur ein anderes Gesicht bekommen. Diese „Begriffsarbeit" fand ihren Niederschlag in der Politik, der Arbeitswelt, der Sozialpolitik, der Erwachsenenbildung, in den Kultureinrichtungen – und im Städtebau, was Wohnungsbau und Infrastruktur anbetrifft. Das „Neue Frankfurt" der 1920er Jahre ist ohne diesen Aufbruch nicht zu denken.

Frankfurt stand im 20. Jahrhundert immer wieder für „Impulse für die Moderne in aufklärerischer Absicht" (Matthias Arning), und solche Impulse könnte es auch heute geben, freilich bezogen auf eine *reflexive Modernisierung* und die Selbstzweifel der Moderne einbeziehend.

Globalisierung, internationale Gerechtigkeit, nachhaltige Entwicklung, ökologische Krisen, gewaltarmes Zusammenleben, Migrationsgesellschaft, Integration heute als eine ähnlich umfassende Querschnittsaufgabe wie damals die „Soziale Frage" zu begreifen – das wäre die Herausforderung, auf die mit „Visionen" zu antworten wäre. Die Museen könnten begreifen helfen, was Einwanderungsgesellschaft und Globalisierung bedeuten und welche Konsequenzen es hat, wenn die europäisch-atlantische Welt gerade nach der aktuellen Krise nicht mehr allein tonangebend ist. In ihren Schätzen und Ausstellungen sind die Anwesenheit und Anerkennung von Fremden sowie die Verflechtungen Europas mit anderen Regionen der Welt schon immer eine Selbstverständlichkeit. In der „Wissensregion Rhein-Main" sind für ein Museum der Weltkulturen und seine ethnologischen Sammlungen mehr und andere Akzente denkbar als die Konzentration auf Kunst oder auf Kultur und Religion. Die Perspektive liegt auch nicht in esoterischer Ethno-Romantik. Sie liegt in der konsequenten Orientierung auf ergebnisoffenen Dialog mit den Vertretern anderer Lebenswelten, gestützt auf eine ethnologische Wissenschaft mit historischer und erkenntniskritischer Dimension, verbunden mit einer Abkehr von der Arroganz des europäisch-aufklärerischen Universalismus und „Fortschritts"-Denkens.

Deutsches Filmmuseum

Name:	Deutsches Filminstitut – DIF e. V./Deutsches Filmmuseum Frankfurt am Main
Adresse:	Schaumainkai 41, 60596 Frankfurt am Main Tel.: (0 69) 96 12 20–0, Fax: (0 69) 96 12 20–999 E-Mail: info@deutsches-filminstitut.de Internet: www.deutsches-filminstitut.de; www.deutschesfilmmuseum.de
Öffentliche Verkehrsmittel:	U1, U2, U3 bis Schweizer Platz; U4, U5 bis Willy-Brandt-Platz; Straßenbahn 16 bis Schweizer-/Gartenstraße; Bus 46 (Museumsuferlinie) bis Untermainbrücke
Öffnungszeiten:	Ausstellungen: Di., Do., Fr. 10.00–17.00 Uhr, Mi., So. 10.00–19.00 Uhr, Sa. 14.00–19.00 Uhr Bibliothek und Textarchiv: Di., Do., Fr. 10.00–17.00 Uhr, Mi. 10.00–19.00 Uhr oder nach Vereinbarung
Eintrittspreise:	Dauerausstellung: 2,50 €, ermäßigt 1,30 € Sonderausstellungen: 4–6 €
Gründungs-/Eröffnungsjahr:	1980/1984 (Architekt: Helge Bofinger)
Träger:	Deutsches Filminstitut – DIF e. V.
Leitung:	1984–2003 Prof. Walter Schobert 2004–2006 Hans-Peter Reichmann, kommissarisch seit 2006 Claudia Dillmann, nach Fusion mit dem Deutschen Filminstitut
Vorstand:	Claudia Dillmann, Dr. Dr. h. c. Nikolaus Hensel
Mitarbeiter:	Hans-Peter Reichmann, stellv. Direktor, Sonderausstellungen, Non-Film-Sammlungen Daniela Dietrich, Museumspädagogik Georg Eckes, IT-Projekte Petra Kappler, Kinderfilmfestival LUCAS Maja Kappler, Dauerausstellung David Kleingers, filmportal.de Horst Martin, Presse- und Öffentlichkeitsarbeit Ronny Loewy, Cinematographie des Holocaust Nadja Rademacher, Filmfestival goEast Jörg Raftopoulos, IT-Abteilung Ulrike Stiefelmayer, Kino Thomas Worschech, Michael Schurig, Filmarchiv
Museumspädagogischer Dienst/ Führungen:	Daniela Dietrich Schule des Sehens (Führung, Workshop, Filmanalyse) für angemeldete Gruppen täglich ab 9.00 Uhr

	Kinderatelier am Wochenende (Trick- und Knetfilme drehen im Museumsfoyer) Sa., So. 14.00–18.00 Uhr Öffentliche Führungen am Wochenende: Sonderausstellung Sa. 15.00 Uhr, Dauerausstellung So. 15.00 Uhr
Bestand:	Filmarchiv: ca. 20 000 Verleih- und Archivkopien sowie Negative Bildarchiv: ca. 1,5 Mio. Fotos, Negative, Dias, Scans Plakatarchiv: ca. 50 000 Plakate Bibliothek: über 80 000 Medieneinheiten, darunter Bücher, graue Literatur (u. a. Festivalkataloge), ca. 140 laufende Zeitschriftenabonnements, 9000 Videos und DVDs Textarchiv: 1 Mio. Presseartikel, 40 000 Filmprogramme, 3000 Zensurkarten Graphische Sammlung: ca. 50 Regalmeter Material zur Vorgeschichte des Films, u. a. seltene Laterna-Magica-Bilder Gerätearchiv: ca. 3000 Einzelobjekte Sammlungen, Nachlässe: mehr als 50 Regalmeter (Teil-)Nachlässe und Deposita von rund 100 Filmschaffenden Musikarchiv: ca. 5000 Tonträger, ca. 50 Regalmeter Notenmaterial Dauerausstellung Filmmuseum: weit über 500 Einzelobjekte aus allen Archivbereichen
Vorsitz Verwaltungsrat/ Förderverein:	Prof. Dr. h. c. Hilmar Hoffmann
Vorsitz Freundeskreis:	Margot Müller
Titel der wichtigsten Kataloge:	Artur Brauner und die CCC. Filmgeschäft, Produktionsalltag, Studiogeschichte 1946–1990 (1990); Lebende Bilder einer Stadt. Kino und Film in Frankfurt am Main (1995); Die Vergangenheit in der Gegenwart: Cinematographie des Holocaust (2001); Akira Kurosawa (2003); Das Boot: Auf der Suche nach der Crew der U 96 (2006)

Das Deutsche Filmmuseum ist das erste ganz der Erforschung und Vermittlung aller Aspekte des Films gewidmete Haus in Deutschland und hat Vorbildcharakter in Europa. Mit der Integration in das Deutsche Filminstitut verfügt das Museum über die hierzulande umfangreichste Textsammlung zum Film seit seinen Anfängen. In Europa ist es führend in der Vermittlung von Filmwissen und Filmkultur im Internet. Das Deutsche Filmmuseum bietet ein ganztägiges Kinoprogramm mit bundesweiter Beachtung, veranstaltet international beachtete Filmfestivals sowie regelmäßige internationale Tourneen seiner Ausstellungen und unterhält zahlreiche Kooperationen, auch des Filmarchivs, auf europäischer Ebene.

Claudia Dillmann

Das Deutsche Filmmuseum

Das Deutsche Filmmuseum ist dem faszinierenden Medium Film gewidmet, dessen Geschichte und Gegenwart, Ästhetik und Wirkung es auf vielfältige Weise in Ausstellungen und im hauseigenen Kino präsentiert. Eingebunden in das Deutsche Filminstitut mit seinen Sammlungen, Archiven, wissenschaftlichen Projekten und der Bibliothek, bietet das Museum seinen Besucherinnen und Besuchern einen außergewöhnlichen Ort für die intensive Auseinandersetzung mit dem bewegten Bild, seinen Ursprüngen, seiner Entwicklung, seiner Zukunft: in der Dauerausstellung, die noch vor der „Erfindung" des Kinos im Jahre 1895 ansetzt und dessen Entwicklung nachzeichnet, in den Sonderausstellungen, die häufig herausragenden Filmschaffenden gewidmet sind, oder im Kino, das neben Klassikern das ganze Spektrum künstlerisch bedeutender Produktionen präsentiert. Seit seiner Eröffnung im Juni 1984 hat das Filmmuseum mehr als vier Millionen Besucher gezählt.

Keimzelle des Deutschen Filmmuseums, historisch, architektonisch und inhaltlich, ist das Kino. Hilmar Hoffmann gründete es 1971 als erstes bundesdeutsches Kommunales Kino in direkter städtischer Regie, in dem der Film kulturpolitisch den etablierten Künsten gleichgestellt wurde. Für den Plan, ein Deutsches Filmmuseum aus der Taufe zu heben, gab ein Ankauf den Anstoß: 1976 erwarb die Stadt Frankfurt am Main Paul Sauerlaenders „Archiv für Filmkunde", die größte deutsche filmhistorische Privatsammlung, die nach dem Kriege zusammengetragen wurde. Sauerlaenders Sammlung bildete zunächst den Grundstock des Museums, das Kommunale Kino sein Herz.

Auch im neuen, 1984 eröffneten Haus blieb das alte Kommunale Kino seiner Grundkonzeption treu. Prinzipiell zeigt das Kino keine Einzelfilme, seine Absicht ist es vielmehr, Filme im Kontext zu vermitteln, Zusammenhänge deutlich zu machen. Das geschieht in Werkschauen, Retrospektiven auf das Gesamtwerk von Regisseuren oder Schauspielern, durch Reihen, die Ländern gewidmet sind, und durch internationale Festivals.

Als integraler Bestandteil des Museums ist das Kino in besonderer Weise dem kulturellen Filmerbe verpflichtet und dessen Vermittlung auch an ein jüngeres Publikum, dem häufig selbst die Meisterwerke unbekannt sind. Dafür üben Schulklassen morgens im Kino die Grundtechniken der Filmanalyse in der „Schule des Sehens"; an Wochenenden lädt das Kinderatelier im Foyer den Nachwuchs ein, Filmtechniken auszuprobieren; freitags und sonntags präsentiert das Kinderkino herausragende Filme für die Jüngsten, während Heranwachsende in der Jugend-Film-Jury Klassiker beurteilen und über sie schreiben lernen. Und nicht zuletzt erleben Tausende von Schülerinnen und Schülern innerhalb der Dauerausstellung den Zauber früher Stummfilme – häufig zum ersten Mal.

Die Dauerausstellung, die den ersten und zweiten Stock des Museums umfaßt, geht zunächst der Frage nach, welche Erfindungen und Entdeckungen das Kino möglich machten und unter welchen Voraussetzungen wir eine Folge an sich unbewegter Einzelbilder als Bewegung wahrnehmen. Zur Beantwortung dieser Frage stellt das Museum nicht allein die technischen Versuche vor, die im engeren Sinne zur Kinematographie, also zu „Verfahren zur Aufzeichnung und Wiedergabe von Bewegung" geführt haben; es ermöglicht dem Besucher auch, sich in nachempfundenen vorfilmischen Rezeptionssituationen in die Rolle eines Zuschauers des 19. Jahrhunderts zu versetzen und zu verstehen, was all die Apparate, die Guckkästen, Lebensräder und Zauberlaternen mit dem Film zu tun haben und für ihn bedeuten.

Diese historischen Geräte, halb wissenschaftliche Apparatur, halb Spielzeug, sowie die für sie hergestellten Bilder gehören technik- und motivgeschichtlich zu den Vorläufern des Films. Die erstmalige öffentliche Vorführung des „Cinématographe Lumière" gegen Eintrittsgeld am 28. Dezember 1895 markiert deshalb sowohl einen Höhepunkt der kulturhistorischen Entwicklung als auch den Beginn von „Kinogeschichte".

Entwürfe von Hans Poelzig zu *Der Golem, wie er in die Welt kam* (1920), Dauerleihgabe der Adolf und Luisa Haeuser-Stiftung

Versucht der erste Teil der Dauerausstellung, Vergangenes zu vergegenwärtigen, so will der zweite Teil eine Vorstellung davon vermitteln, wie Filme entstehen und worauf ihr augenscheinliches Vermögen gründet, wie Realität wahrgenommen zu werden. Filmgeschichte ist in diesem Sinne mehr als das Aneinanderreihen von Kunstwerken, Stilentwicklungen, Epochen; Filmgeschichte entsteht vor allem im Zusammenspiel von Technik, Ästhetik und Ökonomie, als dessen Produkt der populäre Film steht. Auf ihn richtet die Ausstellung ihre Aufmerksamkeit, indem sie in abstrakter Form die Entstehung eines Films darstellt. In zwei authentisch nachgebildeten Kulissen aus der Stummfilmzeit und aus dem klassischen Hollywood-Kino kann der Besucher den Prozeß einer Filmaufnahme durchschauen und zum Illusionscharakter des Kinos in Beziehung setzen. Entwürfe berühmter (Film-)Architekten der Weimarer Zeit wie Hans Poelzig, Otto Hunte und Walter Reimann zeigen die Ideen, die legendären Filmbauten zugrunde liegen, Kostümskizzen und fertige Gewänder, Drehbücher wie das von *Casablanca* und Produktionsnotizen geben Einblick in den Herstellungsprozeß, und schließlich verweisen Rückprojektion und Blue Screen auf die Illusionsmacht des Films. Die sich in einem kleinen Kino innerhalb der Dauerausstellung neuerlich erleben läßt.

Die Dauerausstellung trifft notgedrungen eine enge Auswahl in der Absicht, Aspekte und Zusammenhänge der Film- und Kinogeschichte zu verdeutlichen. Um der Vielschichtigkeit des Mediums Film gerecht zu werden, bedarf es aber vieler

Ferienkurs im Deutschen Filmmuseum

Perspektiven. Darum sind das Erdgeschoß und eine Galerie im zweiten Stock Wechselausstellungen vorbehalten. Hier stellt das Museum fünf- bis siebenmal im Jahr sehr unterschiedliche Aspekte des Phänomens Film dar. Diese Präsentationen können einzelnen Filmschaffenden gewidmet sein, Regisseuren, Schauspielern, Pionieren, rücken manchmal Filmtechniken in den Mittelpunkt, erklären Filmtricks in populären Filmen oder populäre Trickfilme, arbeiten Epochen auf und konfrontieren den Besucher mit den Grenzüberschreitungen des Films zur Fotografie, zur Malerei, zu den neuen Medien. Große eigene Ausstellungen wie die zu Stanley Kubrick oder zum japanischen Zeichentrickfilm touren anschließend um die Welt.

Das Deutsche Filmmuseum ist vielfältig verflochten mit der Arbeit der anderen Häuser am Museumsufer: Gemeinsame Ausstellungen mit dem benachbarten Deutschen Architekturmuseum oder dem Museum für Angewandte Kunst, begleitende Filmreihen zu den Schauen des Städel oder des Museums der Weltkulturen bieten neben interdisziplinären Erfahrungen auch die Chance, neue Zielgruppen anzusprechen und sie als Besucher zu gewinnen. Die unkomplizierte und erprobte Kooperation, vom Kulturdezernenten der Stadt Frankfurt gefördert, sowie die Möglichkeit zum inhaltlichen Austausch machen die Stärke der kulturellen Perlenkette am Mainufer aus.

In engem Zusammenhang mit den Ausstellungen stehen die Archive und Sammlungen des Deutschen Filminstituts, seit 2006 Träger des Filmmuseums.

	Außer den 25 Modellen der Dauerausstellung „Von der Urhütte zum Wolkenkratzer" sind keine Sammlungsbestände permanent ausgestellt. Nur ein geringer Anteil der Sammlung wird in den jeweiligen Wechselausstellungen des Hauses oder im Rahmen des internationalen Leihverkehrs gezeigt. Der Anteil bleibt weit unter 1 Prozent.
Vorsitz Freundeskreis:	Marietta Andreas
Titel der wichtigsten Kataloge:	NEU BAU LAND. 1990–2007. Architektur und Stadtumbau in den neuen Bundesländern (2007); High Society. Aktuelle Hochhausarchitektur und der Internationale Hochhauspreis 2006 (2007); Gaudí Unseen. Die Vollendung der Sagrada Família (2007); Heterotopia. Arbeiten von Willem van Genk und anderen (2008); Ready for Take-Off. Aktuelle deutsche Exportarchitektur (2008)

Das Deutsche Architekturmuseum DAM ist Präsentations- und Diskussionsort für die deutsche und internationale Architektur des 20. und 21. Jahrhunderts mit bedeutender Sammlung und Fachbibliothek zum Thema. Neben den zum Teil international wandernden Ausstellungen und den sie begleitenden deutsch-englischen Katalogen tragen Symposien, Werkberichte und Vorträge sowie das jährlich erscheinende *Deutsche Architektur Jahrbuch* zum internationalen Renommee des Museums bei. Seit 2004 wird in Partnerschaft mit der Stadt Frankfurt und der DekaBank alle zwei Jahre der „Internationale Hochhaus Preis" ausgelobt, seit 2007 vergibt das Haus jährlich den „DAM Preis für Architektur in Deutschland". Seit 2007 ist das DAM Partner im Global Award for Sustainable Architecture, das von der Pariser Cité de l'architecture et du patrimoine vergeben wird, und seit 2008 im Steering Committee des EU Award Mies van der Rohe Price der Fundació Mies van der Rohe, Barcelona. 2007 hat das DAM Deutschland bei der VII. Internationalen Architekturbiennale São Paulo vertreten.

Volker Fischer

„Soviel Anfang war nie"

Als Heinrich Klotz Mitte der 1970er Jahre in verschiedenen Kommunen Deutschlands für die Realisierung eines nationalen Architekturmuseums warb, erntete er zunächst eher Befremden und Ablehnung. Auch die bundesrepublikanische Architektenschaft verhielt sich bis auf Ausnahmen eher ironisch abwartend. Denn für die herrschende Riege der funktionalistischen Baumeister war es eine bis dahin nicht hinterfragte Selbstverständlichkeit, die Skizzen, Ausführungspläne, ja selbst Modelle als ästhetisch unbedeutendes Arbeitsmaterial nach Fertigstellung eines Baus zu entsorgen.

Einen Sensus für die kulturelle Signifikanz solcher Architekturdokumente – für viele historische Epochen eine Selbstverständlichkeit – war im Lande von Bau-

haus und Ulm ein fremder Gedanke geblieben, nicht nur für Architekten, sondern auch für Kommunalpolitiker. Die zeitgenössische Architektur der endsiebziger Jahre allerdings wurde im Zeichen der amerikanischen Postmoderne und des metaphysischen italienischen Rationalismus wieder narrativ und fiktional, wie sie dies seit alters her bis zum Purgatorium der Moderne im Grunde immer gewesen war.

Erst 1978/1979 stieß Heinrich Klotz mit seiner Idee nun ausgerechnet in Frankfurt am Main – damals in nicht wenigen Publikationen und Feuilletons als „Bankfurt" und „Krankfurt" denunziert – auf offene Ohren, hatte doch Hilmar Hoffmann dem noch neuen Oberbürgermeister Walter Wallmann die Idee eines Museumsufers plausibel gemacht und nahegebracht.

Ich habe es damals als Auszeichnung empfunden, daß mich Heinrich Klotz, mein zweiter Doktorvater, noch als Doktorand in Marburg gefragt hat, ob ich nicht Lust hätte, mit ihm gemeinsam in Frankfurt das Deutsche Architekturmuseum aufzubauen. Natürlich war ich ebenso begeistert wie unsicher. Doch als dann endlich das Kulturamt der Stadt Frankfurt meine Einstellung beschlossen hatte, immerhin anderthalb Jahre nach meiner abgeschlossenen Dissertation, fanden wir uns, also Heinrich Klotz und ich, wieder in einer aufgelassenen 1950er-

Jahre-Architektur in der Innenstadt Frankfurts, von der aus wir das neue Museum vorbereitend aufbauen sollten.

Hier nun allerdings lernte ich meinen bis dahin mit gehörigem Respekt wahrgenommenen zweiten Doktorvater jenseits aller professoralen Seminarpsychologie kennen. Wir waren ja zunächst in diesem Flachbau in der Frankfurter Weißadlergasse so gut wie immer alleine. Zwar waren wir noch im *statu nascendi*, aber alle kamen sie schon, die Baumeister, nicht nur jene aus Frankfurt, sondern jene aus München, Berlin, Hamburg, aus New York, Paris und Tokio und auch die Architekturkritiker aus Toronto, London, Mailand, Madrid oder Melbourne. Eine meiner frühen Aufgaben war es, eine solche Phalanx von Gästen innerhalb eines Tages logistisch zu organisieren und zu koordinieren. Wenn dies dann gelang, war Heinrich Klotz in seinem ureigensten Element: Er konnte eine Institution an die Wand malen, die noch gar nicht wirklich existierte; er konnte ihre gesellschaftliche Wirkmächtigkeit imaginieren und damit weltberühmte Architekten und international renommierte Architekturkritiker überzeugen und – nebenbei – eben jenen Architekten auch nicht eben gerade kleine Konvolute von Skizzen und Plänen aus der Tasche ziehen, um die entstehende Sammlung des Architekturmuseums zu bereichern und zu konsolidieren.

Dann kam nach etwa drei Jahren der Vorbereitung der Umzug in das von Oswald Mathias Ungers umgebaute Gebäude der Jahrhundertwende am Schaumainkai, welches zukünftig als Deutsches Architekturmuseum firmierte. Auch nachdem wir dort eingezogen waren und noch vor der Eröffnung für ein Publikum waren Klagen über Überstunden oder Wochenendarbeit verpönt. Wir hatten eine Vision. Und wenn ich dies sage, so meine ich natürlich auch die dann nach mir eingestellten Wissenschaftlerkollegen, ehemals Kommilitonen aus meinen Marburger Studienzeiten, Hans Peter Schwarz und Andreas Gleiniger. Zu viert versuchten wir die damals schon in Marburg angestoßenen architekturtheoretischen und architekturhistorischen Diskurse auf die Museumsarbeit zu übertragen.

Schon in der ersten Ausstellung, der Eröffnungsausstellung des Museums, mit dem Titel „Postmoderne Architektur – Die Revision der Moderne“ versuchten wir, die Artefakte der Architekturvergegenwärtigung bis hin zu einem realisierten Bau als kulturhistorische Dokumente *sui generis* zu etablieren. Dabei kam uns nicht nur die neue, fiktional aufgeladene Architekturüberzeugung der damals international wirksamen Postmoderne entgegen, sondern sicherlich auch, daß eben Heinrich Klotz als Kunsthistoriker – anders vielleicht als ein praktizierender Architekt oder Ingenieur – die gewissermaßen literarisch-fiktionale Kraft solcher Architekturdokumente zu schätzen wußte.

Nun allerdings ging es um sehr viel pragmatischere, auch ökonomisch anspruchsvollere Zusammenhänge als lediglich um Seminardiskurse an einer Universität. Es galt Haushalte durchzusetzen, es galt Ankäufe zu ermöglichen.

Baudezernent Hans-Erhard Haverkampf und Gründungsdirektor Heinrich Klotz bei der Eröffnung des Deutschen Architekturmuseums am 1. Juni 1984

Es war ebenso schön wie selten, daß wir in dem erwähnten Kollegenkreis mit dem Direktor ohne irgendeine Hierarchie über Ausstellungsstrategien streiten und diskutieren konnten. Dies waren Diskussionen von einer sehr deutlichen und intensiven Sinnlichkeit hinsichtlich des in Rede stehenden Materials, welches Heinrich Klotz in seinem Büro oft nonchalant auf den Fußboden ausbreitete – also Pläne, Fotografien, Modellaufnahmen usw. –, um dann mit spitzen Fingern das eine oder andere Häuflein dem oder dem Kollegen zur weiteren wissenschaftlichen Bearbeitung zuzuweisen. Allerdings waren solche Zuweisungen immer diskutabel, und ich erinnere, daß es da oft noch Änderungen gegeben hat.

Heinrich Klotz sorgte auch dafür, daß wir alle neugierig darauf waren, wie sich die Architektur, die Baukunst also, in anderen ästhetischen Gattungen wie etwa der Malerei oder der Skulptur zeitgenössisch darstellte. Auch dazu haben wir Ausstellungen konzipiert und realisiert, vielleicht mehr als jede andere vergleichbare Institution. Im Zeitraum zwischen 1980 und 1988 hat es das Deutsche Architekturmuseum vermocht, Bauen als kulturelle Disziplin zu vermitteln bis hin durchaus auch zu ihren Verzerrungen, Perversionen und Banalisierungen.

Dazu gehörten dichte Vortragsprogramme von national und international renommierten Architekten, mindestens ein Vortrag pro Woche. Und in dieser Zeit, da Heinrich Klotz noch seine Professur in Marburg wahrzunehmen hatte, wuchs mir das Privileg zu, diese Architekten jeweils am Beginn ihrer Vorträge mit einer Werkübersicht dem Publikum gegenüber einzuführen. Die Liste ist lang, sie reicht von Rem Koolhaas, Arata Isozaki, Jean Nouvel, Helmut Jahn, James Stirling, Charles Moore, Aldo Rossi, Oswald Mathias Ungers über Otto Steidle, Herzog & de Meuron, Toyo Ito oder Stanley Tigerman bis zu Michael Graves, Giorgio Grassi, Christian Portzamparc, Mario Botta, Frei Otto oder Thomas Herzog.

Neben der Vermittlungsarbeit in und durch das Museum haben wir versucht, und natürlich Heinrich Klotz sehr viel mehr und dominanter als sein Wissenschaftlerteam, nicht zuletzt in Architekturwettbewerben durch Juryteilnahmen eben jene damals von uns gemeinsam als richtig und wichtig erkannte Postmoderne auch in der gebauten Realität zu fördern und durchzusetzen.

Seitdem Heinrich Klotz 1989 das Architekturmuseum verlassen hatte, wurde es im Architekturmuseum weniger spektakulär und in gewisser Weise auch akademischer. Die folgenden Direktoren gefielen sich darin, sehr oft lediglich die Diskurse eines gedruckten Buches in der Abfolge von Text und Bildern, in diesem Falle von Plänen, als Ausstellung an den Wänden des Architekturmuseums „wegzumetern". Dies hat der Vitalität der Institution nicht gutgetan, ja es hat sie beschädigt – ebenso wie dann in noch späterer Zeit der Versuch und die Tendenz, die Arbeit dieser national tätigen Institution überwiegend auf Frankfurter Belange zu reduzieren. In vorauseilendem Gehorsam ergaben sich dann oft Situationen, in denen das Deutsche Architekturmuseum Bauzusammenhänge und Baudiskussionen von eher lokalem Interesse aufgegriffen und präsentiert hat. Bei allem Verständnis für Budget-Strategien habe ich das für einen starke Verengung des ehemals angedachten, aber doch auch etablierten Horizontes dieser Institution gehalten. Dazu gehörte auch, daß das Architekturmuseum insofern Vorbildcharakter hatte, als sowohl in Kanada und Österreich wie auch in Spanien und der Türkei nationale Architekturmuseen nach dem Frankfurter Beispiel realisiert bzw. geplant wurden.

Peter Cachola Schmal und Wolfgang Voigt

Das Deutsche Architekturmuseum DAM

Als der Magistrat der Stadt Frankfurt im Januar 1979 die Gründung des Deutschen Architekturmuseums (DAM) beschloß, war der Gedanke, die Architektur als eine Sparte der Kunst zu würdigen und ihr ein eigenes Museum zu widmen, eine neue und aufregende Sache. Die spätmoderne Architektur war während des vorangegangenen Baubooms in Westdeutschland in die Krise geraten. Mit Alexander Mitscherlichs legendärer Schrift *Von der Unwirtlichkeit der Städte* (1965) hatte eine kritische Auseinandersetzung mit der gebauten Umwelt begonnen, und mit dem Aufkommen der postmodernen Bewegung in den 1970er Jahren entstand ein neues Interesse an der Disziplin der Architektur und an ihrer Geschichte.

Zwar gab es vorher schon seit längerem in anderen Ländern Architekturmuseen. Weil diese jedoch ein Schattendasein führten, zog die von der Stadt Frankfurt ergriffene Initiative um so mehr Aufmerksamkeit auf sich. So wurde das DAM nach seiner Eröffnung 1984 nicht nur einer der Ecksteine des spektakulären neuen Museumsufers. Es wurde zum vielbeachteten Impulsgeber für eine Serie von Neugründungen von Architekturmuseen und -zentren in der ganzen westlichen Welt. So hat fast jedes europäische Land heute sein nationales Architekturmuseum.

Eine Hauptrolle für den Erfolg des neuen Museums spielte das von Oswald Mathias Ungers zwischen 1979 und 1984 umgestaltete Gebäude. Eine großbürgerliche Villa wurde vollständig entkernt und auf der Rückseite mit einer neu errichteten Ausstellungshalle verbunden. Von besonderer Wirkung ist Ungers' gebaute Theorie vom „Haus im Haus", das in die Mitte des entkernten Altbaus gestellt wurde. Auf der obersten Ebene wird der Besucher von einem auf ein bloßes Volumen reduzierten Idealhaus überrascht, das an Vorstellungen der Aufklärung im 18. Jahrhundert erinnert, die in einer „Urhütte" der ersten Menschen die Wiege aller Architektur vermuteten. Als Symbol nicht allein für die „Idee" des Hauses im philosophischen Sinne, sondern für die Architektur schlechthin wurde Ungers' Haus im Haus zu einer weltbekannten Ikone.

Das hochgesteckte Ziel, die Architektur zum Gegenstand der öffentlichen Debatte zu machen, bediente Heinrich Klotz, Gründungsdirektor des DAM, mit spektakulären und großzügig ausgestatteten Ausstellungen wie „Revision der Moderne" oder „Bauen heute – Architektur der Gegenwart in der Bundesrepublik Deutschland". Das Haus wurde aktuellen Tendenzen in der Architektur geöffnet, womit damals die Postmoderne und später der Dekonstruktivismus gemeint waren. Mit dem 1990 berufenen zweiten Direktor, dem Publizisten und Architekten Vittorio Magnago Lampugnani, begann eine Serie eher wissenschaftlich

Das „Haus im Haus“ (Ausschnitt) von Oswald Mathias Ungers

orientierter Ausstellungen, die auf nichts weniger abzielten, als die Architekturgeschichte des 20. Jahrhunderts neu zu schreiben. Architekt Wilfried Wang, dritter Direktor ab 1995, führte parallel zur Buchmesse Länderausstellungen zum Thema Moderne des 20. Jahrhunderts ein. Die Archäologin Ingeborg Flagge folgte im Jahr 2000 als Direktorin, die das Haus der breiten Öffentlichkeit wieder verstärkt ans Herz legte, besonders mit der Wiederentdeckung der Dauerausstellung, die – noch von Heinrich Klotz konzipiert – anfangs nur für ein Jahr zu sehen gewesen und dann hinter Wänden schamhaft versteckt worden war. „Von der Urhütte zum Wolkenkratzer“ zeigt in 23 anschaulichen Großmodellen, die hinter Glas in beleuchteten Dioramen präsentiert werden, die gesamte Siedlungsgeschichte der Menschheit und zielt damit weniger auf den Kenner der Architekturgeschichte als auf den wissenshungrigen Laien und insbesondere auf Kinder, bei denen dieses Angebot auf großes Interesse stößt. Das pädagogische Programm wurde inzwischen um ein Vielfaches ausgebaut, neben der legendären Lego-Baustelle in den Schulferien werden Workshops nicht nur für Schüler, sondern auch Fortbildungen für Architekten und für Lehrer als Multiplikatoren angeboten. Das DAM geht mit seinen Programmen sogar direkt vor Ort, in die Schulen hinein, unterstützt von lokalen Sponsoren. Mit seiner Reihe „Pecha Kucha Nights“ vernetzt das DAM die Kreativen der Region mit einem unterhaltsamen japanischen Format der geballten Schnellpräsentationen.

Als ein Architekturmuseum neuen Typs bietet das DAM in erster Linie auf mehreren Ebenen Raum für Sonderausstellungen und in seinem Auditorium eine vielgenutzte Plattform für öffentliche Vorträge, Symposien und Diskussionen rund um die Architektur. Von Anfang an gab es den Auftrag, das Museum mit einer Präsenzbibliothek und einer Sammlung auszustatten. Dem Kunsthistoriker Heinrich Klotz war bewußt, daß Ideenskizzen, Konstruktionszeichnungen, Werk- und Ausführungsplanungen sowie Architekturmodelle unschätzbare Geschichtszeugnisse sein können. Ende der 1960er Jahre hatte er erlebt, daß dieses wertvolle Material von den Architekten nach Fertigstellung der Bauten oft auf den Müll geworfen wurde. Klotz besuchte bedeutende Architekten in den USA, Japan und Europa, um sie zur Herausgabe solcher angeblich ephemerer Baudokumente für die Sammlung des DAM zu bewegen. Bis heute umfassen die Zeichnungen und Modelle, die von ihm bis 1990 erworben werden konnten, den größeren Teil der Bestände. Aber auch die nachfolgenden Direktoren sorgten für den Erwerb wertvoller Bestände, oft vollständiger Nachlässe.

Die Sammlung des DAM umfaßt heute rund 180 000 Pläne und Zeichnungen, ca. 600 Architekturmodelle sowie einige Gemälde und Möbel. Die ältesten Stücke sind Stiche von Giambattista Piranesi und eine Originalzeichnung von Gottfried Semper. Das 18. und 19. Jahrhundert sind ansonsten kaum vertreten, um so mehr jedoch das 20. Jahrhundert und die aktuelle Gegenwart. Gesammelt wird deutsche und internationale Architektur. Aus der Zeitspanne der klassischen Moderne besitzt das DAM ein Originalmodell des Einsteinturms (1921) von Erich Mendelsohn, dazu die Teilarchive von Hannes Meyer und Mart Stam sowie einen Teilnachlaß Ernst Mays, dazu kostbare Sammlungen von Blättern Hans Poelzigs und Hans Scharouns. Aus den späteren Perioden des 20. Jahrhunderts finden sich umfangreiche Bestände von Aldo Rossi und James Stirling, außerdem die Archive von Emil Steffann, Heinz Bienefeld, Dominikus Böhm, Gottfried Böhm und Rob Krier. Zu den in der Sammlung mit wichtigen Projekten vertretenen Architekten gehören auch Archigram, Rem Koolhaas, Frei Otto, Frank O. Gehry, Norman Foster, Robert Venturi und viele andere. Auch Arbeiten von bildenden Künstlern wie Ben Willikens, Martin Kippenberger oder Christo, die sich mit dem Thema Architektur auseinandersetzen, sind zu finden und zeigen die Bandbreite der Sammlung. Ein eigener regelmäßiger Ankaufsetat steht dem DAM allerdings schon länger nicht mehr zur Verfügung. Zu den Akquisitionen der letzten Zeit gehören erstmals Projekte, die komplett am Computer entworfen und ausgearbeitet wurden. Dabei bleibt die Frage, wie die nur als digitale Dateien vorhandenen Werke der Gegenwart langfristig konserviert werden können, ein drängendes Problem, an dessen Lösung an vielerlei wissenschaftlichen Institutionen in der Welt gemeinsam mit dem DAM geforscht wird.

Für das ambitionierte Programm des DAM erwies sich das Haus am Schaumainkai schon sehr früh als zu klein. So wurden für die stark angewachsene Sammlung, die Bibliothek mit ihren etwa 20 000 Bänden und die damals gegründeten Restaurierungswerkstätten für Papier und Modellbau ausgedehnte Flächen in einer früheren Schriftgießerei in der Hedderichstraße 104 angemietet, die 1989 nach einem Umbau durch die Architekten Dudler, Dudler und Welbergen bezogen werden konnten. Inzwischen sind weitere Außenlager hinzukommen, unter anderem in der Borsigallee im neuen Zentrallager der städtischen Institute.

Das Deutsche Architekturmuseum versteht sich als nationaler Vertreter auf internationaler Ebene und hat diesen Anspruch auf der VII. Architekturbiennale São Paulo im November 2007 mit seinem spektakulären Beitrag für Deutschland „Ready for Take-Off. Aktuelle deutsche Exportarchitektur" unterstrichen. Umgekehrt bietet sich das DAM als Bühne für nationale Repräsentationen anderer Länder an, zum Beispiel für die Gastländer der Frankfurter Buchmesse Korea, Katalonien und Türkei und deren Kulturinstitutionen Korean Architects Institute, Institut Ramon Llull und der Garanti Galeri, die eigenständige Ausstellungen für das DAM erstellten – und finanzierten.

Der 2003 von Ingeborg Flagge initiierte „Internationale Hochhaus Preis" der Stadt Frankfurt, den das DAM in Partnerschaft mit der DekaBank organisiert, konnte 2007 durch eine Vertragsverlängerung bis 2012 konsolidiert werden. Dieser Preis bietet Frankfurt die Chance, am dynamischen Wettlauf der Megastädte der Welt vom vergleichsweise gemütlichen Rand der Alten Welt aus teilzunehmen. Zusammen mit fünf weiteren europäischen Architekturzentren gründete der DAM-Direktor 2007 den zukunftsträchtigen „Global Award for Sustainability", der von der „Citè de l'architecture" in Paris organisiert wird. Ebenfalls 2007 wurde der „DAM Preis für Architektur in Deutschland" als neue Marke etabliert, der zusammen mit dem *Deutschen Architektur Jahrbuch* (vor 2007: *DAM Jahrbuch für Architektur in Deutschland*) und einer Ausstellungsreihe den nationalen Auftrag verdeutlicht.

Grundsätzlich öffnet sich das DAM und bietet sich als Plattform zur Vermittlung von Architektur an. Verstärkt wird die Partnerschaft mit regionalen und nationalen Institutionen, Sammlungen und Architekturzentren gesucht, besonders aber mit dem Bundesministerium für Verkehr, Bau und Stadtentwicklung (BMVBS) in Berlin und dem Goethe-Institut in München. Anstelle von Konkurrenz soll ein fruchtbarer und partnerschaftlicher Austausch mit geeigneten Partnern künftig auch gemeinsam finanzierte Ausstellungen und Forschungsvorhaben ermöglichen.

Im Sommer 2007 präsentierte das DAM der Öffentlichkeit erstmals Architektur im Maßstab 1 : 1 – ein vormals unbekannter Ort in der Stadt, das ehemalige Polizeigewahrsam in der Klapperfeldstraße 5 von 1888, direkt neben der Ostzeil, wurde als zweiter Standort bespielt. Dieser außergewöhnliche Schauplatz vieler dunkler Seiten Frankfurter Geschichte erregte große Aufmerksamkeit, denn er zeigte nicht nur umfassende Ausstellungen wie die Geschichte der Gefängnisarchitektur und war mit seinem fast idyllischen Gefängnishof Schauplatz diverser Veranstaltungen, sondern überzeugte auch mit seiner authentischen Atmosphäre. Schon bald wird dieses Bauwerk abgerissen, um Platz zu machen für künftige Projektentwicklungen. Im Sommer 2009, pünktlich zum 25. Jubiläum des DAM, wird dagegen ein temporäres Bauwerk das Ausstellen von Architektur im Maßstab 1 : 1 noch eine Stufe weiterführen. Der neu gebaute „DAM Pavillon" der Berliner Architekten Barkow und Leibinger und des Stuttgarter Ingenieurs Werner Sobek wird aus Mangel an eigener Außenfläche im Museumspark des Museums für Angewandte Kunst stehen, dank freundlicher Kooperation mit dessen Direktor Ulrich Schneider. Sämtliche Planungsleistungen und Baumaterialien für den rundlich geformten, nachhaltigen Pavillon werden dabei von den Projektbeteiligten gesponsert, nach dem Beispiel der Londoner Serpentine Gallery, deren 10jähriges Jubiläum in einer großen Ausstellung zur gleichen Zeit im DAM thematisiert wird. Tagsüber wird der DAM Pavillon als Café und abends als Veranstaltungsort erlebbar sein, in direktem Dialog mit dem pneumatischen Pavillon von Kengo Kuma und dem frisch renovierten Museumsbau von Richard Meier, und so die hervorragenden baulichen Zeugnisse des Frankfurter Museumsufers um ein Beispiel höchster zeitgenössischer Architektur bereichern.

Museum für Kommunikation

Name:	Museum für Kommunikation Frankfurt
Adresse:	Schaumainkai 53, 60596 Frankfurt am Main Tel.: (0 69) 60 60–0, Fax: (0 69) 60 60–6 66 E-Mail: mfk-frankfurt@mspt.de Internet: www.mfk-frankfurt.de
Öffentliche Verkehrsmittel:	U1–U5 bis Schweizer Platz; Bus 46 (Museumsuferlinie) bis Untermainbrücke; Straßenbahn 15, 16 bis Otto-Hahn-Platz
Öffnungszeiten:	Di.–Fr. 9–18 Uhr, Sa., So. und Feiertage 11–19 Uhr
Eintrittspreise:	6–15 Jahre: 1 € ab 16 Jahre: 2,50 €
Gründungs-/Eröffnungsjahr:	1954 Ankauf der ehemaligen Villa der Frankfurter Bankiersfamilie de Neufville; 1958 Eröffnung Bundespostmuseum
Erweiterungsbauten:	1990 Eröffnung Neubau (Architekt: Günter Behnisch)
Träger:	Museumsstiftung Post und Telekommunikation, öffentlich-rechtliche Stiftung unter der Rechtsaufsicht des Bundesfinanzministeriums, getragen von der Deutschen Post und Deutschen Telekom
Leitung:	1958–1962 Erwin Müller-Fischer 1962–1985 Gottfried North 1985–1993 Dr. Thomas Werner 1993–1997 Dr. Klaus Beyrer (kommissarisch) seit 1997 Dr. Helmut Gold
Wissenschaftliche Mitarbeiter:	Frank Gnegel, Abteilungsleitung/Referent Sammlung Rainer Gierth, Referent Mediengeschichte Lioba Nägele, Referentin Nachrichtentechnik Dr. Anja Eichler, Referentin Kunstsammlung Dr. Klaus Beyrer, Abteilungsleitung/Referent Öffentlichkeitsarbeit Jürgen Küster, Bibliotheksleitung/Archiv Monique Behr, Organisation Wechselausstellung/Eventmanagement Regine Meldt, Medienarbeit
Museumspädagogischer Dienst/Führungen:	Rosemarie Wesp, Barbara Brand
Bestand:	388 Gemälde, 50 Skulpturen, 27 000 Graphiken, 250 Fahrzeuge, 45 000 Videokassetten, 1000 Filme, 400 000 Fotos, 65 000 Objekte. Davon sind ausgestellt: von den Objekten und Graphiken unter 1 Prozent, von den Gemälden etwa 20 Prozent

Vorsitz Kuratorium:	Marion Schöberl
Vorsitz Freundeskreis:	Dr. Liselotte Kugler
Titel der wichtigsten Kataloge:	Der Brief – eine Kulturgeschichte der schriftlichen Kommunikation (1996); Mensch Telefon – Aspekte telefonischer Kommunikation (2000); Kunst und Kommunikation – die Kunstsammlung der Museumsstiftung Post und Telekommunikation (2006); Geld oder Leben! – vom Postkutschenüberfall zum virtuellen Datenraub (2006); Museum für Kommunikation Frankfurt – Geschichte, Sammlungen, Architektur (2008)

Das Museum für Kommunikation Frankfurt ist mit 50 Jahren Bestehen vergleichsweise jung. Die Sammlungsbestände, auf denen es aufbaut, reichen jedoch bis in die Mitte des 19. Jahrhunderts zurück. Die in Frankfurt betreute Sammlung zur Mediengeschichte, Telekommunikation und Nachrichtentechnik gehört weltweit zu den größten ihrer Art, in Europa gibt es keine vergleichbaren Umfangs. Die Ausstellungen zur Geschichte der Kommunikation finden weite überregionale Resonanz, was sich auch in der Zusammensetzung der jährlich etwa 120 000 Besucher niederschlägt, etwa ein Drittel des Publikums kommt aus entfernteren Bundesländern bzw. dem Ausland. Auch innerhalb der Stiftung hat das Frankfurter Haus überregionale Bedeutung: Finanziell und personell ist es dem Berliner Museum gleichgestellt und teilt sich mit diesem zentrale administrative Aufgaben; so wird die stiftungsweite Finanz- und Liegenschaftsverwaltung von Frankfurt aus gesteuert, der Direktor des Hauses ist zugleich ständiger Vertreter der Kuratorin und damit Teil der Stiftungsleitung.

Helmut Gold

„Medien erzählen Geschichte(n)“ Das Museum für Kommunikation Frankfurt

Architektur und Dauerausstellung

1990 eröffnete am Frankfurter Museumsufer der Neubau eines Museums, das sich dem Thema Kommunikation und deren Geschichte auf insgesamt vier Geschoßebenen widmet. Die mehrfach preisgekrönte Architektur von Günter Behnisch besticht durch Transparenz und Offenheit mit Durchblicken auf alle Geschoßebenen von einem zentralen Lichthof aus. Ingeborg Flagge, ehemalige Direktorin des Deutschen Architekturmuseums, bezeichnete das Haus als einen der schönsten Museumsbauten Frankfurts, sicher aber als den „heitersten“. Diese freundliche Stimmung und Offenheit der Architektur galt es, auch in der Präsentation der Ausstellungen zu bewahren, ohne das Ziel einer stringenten Struktur aufzugeben. Dem Gestalterbüro Studio Andreas Heller gelang es bei der Präsentation der stän-

digen Sammlung, die Stärken und Eigenheiten der Architektur durch die Ausstellungsgestaltung hervorzuheben: Der Lichthof, der zentrale Ort des Museums, wurde zugleich zum zentralen Ort der aktuellen Dauerausstellung. Er ist ein „Marktplatz" geworden, mit einladenden Bänken und hinterleuchteten Großfotos, die gleichermaßen als Eyecatcher wie zur Orientierung dienen. Es wird spürbar, daß das Museum nicht nur zur Präsentation von Kommunikationsgeschichte dient, sondern zugleich als ein Ort der Kommunikation. Vom zentralen Lichthof aus erschließen sich – wie Tortenstücke – sieben Themenbereiche und ergeben so eine klare Gliederung des Raumes, die durch ein gleichermaßen dezentes wie klar strukturiertes Farb- und Graphikkonzept (A. Haller, Frankfurt) unterstützt wird. Die Themenbereiche sind:

1. Zeichen/Schrift/Nachricht
2. Brief und Paket
3. Telegraphie
4. Telefon
5. Radio
6. Fernsehen
7. Neue Medien und Übertragungstechnik.

Die Präsentation der Kunstsammlung schließt sich in den unmittelbar mit dem Neubau verbundenen Räumen der angrenzenden Villa an.

Brieffund von 1585 und „Titanic"-Telegramme als Auftakt

Sogenannte „Intros", besonders gestaltete Eingangsinszenierungen, stehen am Beginn eines jeweiligen Themenbereichs/Tortenstücks. So wird zum Besispiel erstmals ein Packen ungeöffneter Briefe aus dem Jahr 1585 präsentiert, der als Zufallsfund vor 150 Jahren im Frankfurter Stadtgericht entdeckt wurde. Die Briefe waren als Beweisstück dorthin gelangt und einem kaiserlichen Postreiter auf dem Weg von Norditalien nach Köln und Antwerpen abhanden gekommen. Ungeklärt sind bis heute die Gründe für die amtliche Verwahrung: War es ein Überfall, ein Streit zwischen konkurrierenden Stadtboten oder ein Streik aus Ärger über rückständige Lohnzahlungen durch die Taxissche Post? Nicht nur die Spekulationen über das Verschwinden der Briefe erweisen sich als spannend, der Frankfurter Brieffund bietet auch einen faszinierenden Einblick in die alltägliche Korrespondenz der Frühen Neuzeit, als die organisierte Postbeförderung entstand.

„Sinking, wants immediate assistance!" Dieser gleichermaßen knappe wie dramatische Funkspruch findet sich ordnungsgemäß auf den Formbögen der Marconi International Marine Communication protokolliert. Er stammt aus der Nacht vom 14. auf den 15. April 1912 von Bord des damals größten Passagierdampfers der Welt:

der „Titanic". Für über 1500 Passagiere und Besatzungsmitglieder kam allerdings jede Rettung zu spät, und der Untergang der „Titanic" ging als eine der schlimmsten Tragödien – mitten in einer Epoche großer Technikeuphorie – in die Geschichte ein. Das Medium Funk spielte in mehrfacher Hinsicht eine entscheidende Rolle: Über Funktelegramme wurden Schiffe herbeigerufen, die viele Menschenleben retteten. Und das Unglück selbst hätte möglicherweise verhindert werden können, wäre am späten Abend das Funkgerät der „Titanic" nicht abgeschaltet gewesen: So blieben die eindringlichen Eiswarnungen anderer Schiffe ungehört.

Vom Postmuseum zum Museum für Kommunikation

Der Brieffund aus dem 16. Jahrhundert und die spektakuläre Exponatserie von „Titanic"-Telegrammen sind nur zwei der zahlreichen Highlights, die in der aktuellen Dauerausstellung im Frankfurter Museum für Kommunikation zu sehen sind. Galt es zur Eröffnung des Museums 1990 anläßlich des Jubiläums „500 Jahre Post" die Institution und ihre Historie darzustellen, so wird heute übergreifend die Geschichte der Kommunikation in ihrer Bedeutung für Gegenwart und Zukunft thematisiert. Medienkompetenz zu vermitteln heißt dabei, nicht nur die technischen Entwicklungen im Blick zu haben, sondern auch die Art und Weise der Mediennutzung und die Inhalte der transportierten Botschaften. So verstanden, erzählen Medien Geschichte und Geschichten.

Nicht immer sind sie so spektakulär wie bei den „Titanic"-Telegrammen oder wie bei Orson Welles' berühmter Hörspielfassung von *Krieg der Welten*, die in den 1930er Jahren in den USA eine Massenpanik auslöste und die ebenfalls in der neuen Dauerausstellung zu hören ist. Aber auch der Alltagsgebrauch der Medien liefert viele spannende Zeugnisse einer Welt, die sich durch Kommunikationsmedien ständig ändert.

Auswahl aus 600 000 Objekten

Zu den Themenbereichen öffnet sich nach der jeweiligen Eingangsinszenierung die Welt der Objekte: Das Frankfurter Museum besitzt mit über 17 000 Quadratmetern Depotfläche die wohl größte Sammlung zur Kommunikationsgeschichte in Deutschland, wenn nicht in Europa. Nur ein Bruchteil kann jeweils ausgestellt werden: Das älteste gezeigte Exponat ist ein Tontäfelchen aus dem 21. vorchristlichen Jahrhundert, das jüngste ein Mobiltelefon der aktuellen Generation. Exponate wie ein elektrobetriebener Lkw zum Pakettransport, der erste Postbus in Deutschland aus dem Jahr 1905, Postkutschen sowie zahlreiche Fahrzeuge zur Zustellung – vom Heinkel-Motorroller über den millionenfach eingesetzten VW-Käfer bis hin zum Renault Kangoo – dokumentieren die Geschichte des Posttransports. Sie wird besonders anschaulich ergänzt durch eine moderne Briefverteilanlage, die auch vorgeführt werden kann.

Zu den besonderen Stärken des Frankfurter Hauses zählt auch die Sammlung historischer Telegraphen. Während von der optischen Telegraphie nur Modelle und Originalkarten zeugen, so bestechen der Nadeltelegraph von Cooke und Wheatstone von 1837 sowie der mit einer Klaviertastatur ausgestattete Hughes-Telegraph nicht nur technisch, sondern auch ästhetisch. Daneben wird die wirtschaftliche Bedeutung der Telegraphie thematisiert, zum Beispiel die für die aufstrebenden Nachrichtenbüros des 19. Jahrhunderts wichtigen Agentur- und Börsennachrichten oder die Verbindungen der Kontinente durch Transatlantikkabel bzw. später die drahtlose Telegraphie.

Weltweit einzigartig sind auch die Originale des Friedrichsdorfers Philipp Reis sowie das erste zu Vorführzwecken nach Deutschland gebrachte Bell-Telefon, die die Anfänge des Telefonierens veranschaulichen. Vom Telefonalltag, der Geräteentwicklung bis hin zur modernen Mobiltelefonie reicht die Bandbreite im Bereich Telefon. Eine voll funktionsfähige, vom Besucher zu aktivierende Vermittlungsanlage von 1916 läßt erahnen, welche technische und logistische Leistung hinter der Ablösung des „Fräuleins vom Amt“ und ihrer handvermittelten Gespräche steht.

Interaktiv sind ebenfalls die zahlreichen Audio- und TV-Stationen, die Glanzlichter der Radio- und Fernsehgeschichte zeigen. „Vom Bastler zum Hörer“, „Melodien für Millionen“, „Der Führer spricht“, „Alliiertes Allerlei“, „Heim ins Heim“ und „Video kills the Radiostar“ sind die vielsagenden Überschriften des neuen Ausstellungsbereichs zum Rundfunk, der ebenso wie der des Fernsehens einen großen Raum in der Dauerausstellung einnimmt: Geräte, wie der mit Designpreisen überhäufte „Braunsche Schneewittchensarg“ oder der futuristische „Kuba Komet“ von 1960, dokumentieren die Technik- und Designentwicklung. Thema sind auch die Rezeptionsgewohnheiten, deren Wandel sich gleichermaßen in Statistiken zum täglichen Radio- und Fernsehkonsum niederschlägt wie in der wachsenden Vielfalt der (privaten) Programme.

Kunst und Kommunikation

Das Frankfurter Museum beherbergt die stiftungsweite Kunstsammlung, von der eine repräsentative Auswahl in der Dauerausstellung zu sehen ist. Die Sammlung umfaßt Gemälde vom 17. bis zum 21. Jahrhundert, Skulpturen, Objekte und Multiples bis zur Gegenwart, Fotokunst und Kunst der Neuen Medien. Darunter befinden sich herausragende Werke von Künstlern wie Carl Spitzweg, Max Ernst,

Der Lichthof im Museum für Kommunikation

Franz Radziwill, Salvador Dalì und Joseph Beuys. Die Präsentation veranschaulicht die Struktur und die Geschichte der Sammlung anhand ausgewählter Werkgruppen.

Seit der Antike befaßt sich die bildende Kunst mit Themen der Brief- und Schriftkultur sowie des Verkehrswesens und der Nachrichtensysteme. Einen ersten Sammlungsschwerpunkt bilden gegen Ende des 19. Jahrhunderts die Genremaler der Düsseldorfer und Münchener Malerschulen, von denen bedeutende Namen vertreten sind. Künstler wie Carl Spitzweg widmeten eine ganze Werkgruppe dem Thema des Reisens. Ein Kreis von „Postmalern" dokumentierte im Auftrag des Reichspostmuseums Berlin den Betriebsalltag der Reichspost. Unter ihnen ragen Otto Antoine, Otto Thiele, Friedrich Kleukens und Alexander Kircher heraus. Besonders Otto Antoine begründete seinen Ruhm als ehrgeiziger und produktiver Maler von Postthemen.

Im 20. Jahrhundert und in der klassischen Moderne traten Darstellungen hinzu, die die Geschichte der Telekommunikation, der optischen und elektrischen Telegraphie reflektieren. Als eines der wichtigsten Beispiele in der Sammlung dient Franz Radziwills Bild *Sender Norddeich*. Werke des „Blauen Reiters" wie Gabriele Münters spätes Gemälde *Der blaue See* verarbeiten Telegraphenmasten als Motive mit rein formal-kompositorischer Funktion. Das Bildnis einer *Jungen*

Frau am Telefon des Frankfurter Malers Max Schüler zeigt als weitere Facette, wie die technische Entwicklung bereits in den Alltag hineinreicht und von einer bürgerlichen Schicht – gewöhnlich positiv – aufgenommen wird.

Mit Entwicklung der Kommunikationstechnologien werden auch Motive der Telekommunikation wie selbstverständlich von Künstlern adaptiert, verfremdet und in zum Teil kritischer Distanz mit neuen Inhalten belegt. Die Kunstsammlung besitzt zahlreiche Werke des 20. Jahrhunderts, die das Telefon und die Telefonie als Motiv verarbeiten, darunter Arbeiten von Arman, Jacques Lennep, Konrad Klapheck, Christo, Ed Ruscha und John Register.

Funktionsträger der Massenkommunikation wie Fernsehen, Radio, Fax- und Kopiergerät sowie Computer werden seit den 1960er Jahren selbst zu Ausdrucks- und Gestaltungsmedien, etwa in Ed Kienholz' Multiple *TV-Billionaire* oder Klaus Geldmachers Auflagenobjekt *Geldmacher 2b*. Außerdem befassen sich Künstler mit Sprache und Zeichen, stehen wie Helmut Löhr in der Tradition der „Visuellen Poesie" oder greifen wie Brigitte Kowanz in ihrer Arbeit *Transformation-Information* Zeichen des Morsealphabets zur Verschlüsselung von Botschaften auf.

Traditionelle postalische Informationsträger wie die Briefmarke und die Postkarte sind konstitutiver Bestandteil von Künstler- und Kommunikationsnetzwerken, in der Mail Art und in davon unabhängigen Formen – auch dazu finden sich Beispiele in der Kunstsammlung.

Von der Plan- und Modellkammer zur Museumsstiftung

Die Geschichte des Museums für Kommunikation in Frankfurt reicht zurück ins ausgehende 19. Jahrhundert, als Heinrich von Stephan, der spätere Generalpostmeister, 1872 mit der Einrichtung einer „Plan- und Modellkammer" den Grundstock für eine post- und telekommunikationsgeschichtliche Sammlung legte. Sein Ziel war, „die Entwicklung des Verkehrswesens von den Völkern des Altertums beginnend bis zur neuesten Zeit kulturgeschichtlich zu veranschaulichen". Zur Präsentation der Sammlung wurde das Reichspostmuseum in Berlin errichtet, das 1898 seine Pforten öffnete. Das Museum, im Ostteil Berlins gelegen, wurde im Zweiten Weltkrieg stark beschädigt und Mitte der 50er Jahre in sehr viel bescheidenerem Umfang als „Postmuseum der DDR" wiedereröffnet. Teile der vor den Luftangriffen ausgelagerten Bestände waren nach Hessen gelangt und bildeten zusammen mit regionalen Sammlungen den Grundstock für das 1958 als westliches Pendant eröffnete Bundespostmuseum, das in einer angekauften Villa am Schaumainkai untergebracht wurde. Seit dem Neubau von 1990 beherbergt die Villa heute Bibliothek, Verwaltung, Öffentlichkeitsarbeit und Direktion des Museums. Im Untergeschoß, das als Ausstellungsfläche dient, sind Neubau und Villa miteinander verbunden. Seit 1995 gehört das Frankfurter Haus, wie die Schwestermuseen in Berlin, Nürnberg und Hamburg und das Archiv für Philatelie in Bonn, zu einer Stiftung, die von den Unternehmen Deutsche Post und Deutsche Telekom in einem einzigartigen Public-Private-Partnership-Engagement getragen wird.

Verbindung von Technik- und Kulturgeschichte

Der Wandel vom Museum einer ehemals staatlichen Institution, vom Postmuseum, zum Museum für Kommunikation bedeutete nicht nur organisatorisch, sondern vor allem inhaltlich einen Paradigmenwechsel. In den letzten Jahren waren es vor allem zahlreiche Sonderausstellungen, die die große Bandbreite und Attraktivität des Themenspektrums Kommunikation deutlich machen konnten:

Das Frankfurter Museum hat zwei Bereiche, die kontinuierlich mit Wechselausstellungen bespielt werden. Im ersten Obergeschoß befindet sich das sogenannte Forum, ein exquisiter Ausstellungsraum mit Blick auf die Frankfurter Skyline, der zugleich über besondere klima- und sicherheitstechnische Voraussetzungen verfügt. Hier wird auf rund 150 Quadratmetern ein mehrmals im Jahr wechselndes Ausstellungsprogramm geboten, das besonders aktuelle Bezüge aufgreift und Kooperationen sucht, so zum Beispiel mit dem jeweiligen Gastland der Buchmesse, mit anderen Museen, Institutionen und Universitäten.

Das gesamte zweite Obergeschoß des Museums ist die Hauptfläche für große Wechselausstellungen. Auf 550 Quadratmetern ergibt sich ein vielfach nutzbarer attraktiver Raum, der sowohl mit reizvollen Ausblicken zum Park bzw. zur Frankfurter Skyline als auch in absoluter Konzentration auf die Exponate abgedunkelt genutzt werden kann. Die Bandbreite der gezeigten Wechselausstellungen ist groß. Sie reichen von kunst- und kulturgeschichtlichen Themen bis hin zur Technikhistorie – stets auch mit aktuellen Bezügen. Es gehört zum Konzept der Museumstiftung, daß die in Frankfurt und Berlin konzipierten großen Wechselausstellungen anschließend zu anderen Standorten wandern. Auf diese Weise kann eine Ausstellung in bis zu vier Großstädten gezeigt werden. Durch diesen Mehrfacheinsatz werden die Finanzmittel besonders effektiv eingesetzt, und in der Öffentlichkeit erreichen diese Wechselausstellungen eine große Resonanz.

„Hands on"-Bereich – ein innovatives Betreuungsmodell

Als weiterer Teil der Dauerausstellung ist im ersten Obergeschoß ein großer Mitmachbereich speziell für Kinder ab sechs Jahren eingerichtet. „Hands on" lautet das Motto an zahlreichen Stationen, wo spielerisch verschiedene Wege und Möglichkeiten der Kommunikation erkundet und ausprobiert werden können: Die Aktivitäten reichen vom Zeichnen mit dem Federkiel bis zum Malprogramm oder Chat am Computer, vom Drucken und Stempeln bis zum Fernsehen via Bildtelefon. Auch per Rohrpost kann eine eigenhändig in eine Kartusche gesteckte Nachricht durch das transparente Röhrensystem geschickt werden. Besonders beliebt, sogar bei Erwachsenen, ist die sogenannte Erfinderwerkstatt, wo aus Elektroschrott phantasievoll Neues kreiert wird.

Alle Angebote dieses Mitmachbereichs werden von pädagogisch geschulten Mitarbeiterinnen und Mitarbeitern angeleitet und betreut – und das während der gesamten Öffnungszeiten des Museums! Große und kleine Besucher sind jederzeit herzlich willkommen, eine Anmeldung ist nur bei Gruppen erforderlich! Über 25 000 Besucher zählt allein dieser aufpreispflichtige Bereich in jedem Jahr. Darüber hinaus gibt es für Familien, Schulklassen und außerschulische Gruppen ein breites museumspädagogisches Angebot, das von klassischen Führungen, medienpädagogischen Workshops und Ferienprogrammen bis hin zur Ausrichtung von Kindergeburtstagen reicht.

Ausblick

Insgesamt kann das Museum für Kommunikation in den letzten Jahren mit einem konsequent besucherorientierten Angebot, besonders für Familien und Kinder, mit jährlich im Schnitt 110 000 bis 120 000 Besucherinnen und Besuchern einen der vorderen Plätze in der Gunst des Frankfurter Publikums behaupten. Als einziges technisches Museum in Frankfurt hat das Haus zudem eine Sonderstellung. Zugleich steht es mit seinen starken Bezügen zur Kunst und zur Kulturgeschichte in engem Kontext zu den Themen der benachbarten Häuser des Museumsufers, wie auch vielfältige Kooperationen zeigen.

Mit dem Fokus auf Kommunikationsgeschichte und die Vermittlung von Medienkompetenz ist das Museum zudem hochaktuell: Die rasante Entwicklung der Kommunikations- und Informationstechnologie bildet den Hintergrund eines tiefgreifenden gesellschaftlichen Wandels von der Industrie- zur Informations- und Wissensgesellschaft. Medienkompetenz gilt daher als eine der Schlüsselqualifikationen von Gegenwart und Zukunft. Und sie erfährt nochmals besondere Virulenzen ihrer Bedeutung für Chancengleichheit und Bildungsgerechtigkeit. Die Chancen auf den Zugang zu modernen Informations- und Kommunikationstechniken und die Kompetenzen zur Nutzung sind ungleich verteilt. Diese Kluft wird als „digital divide" verstanden. Sie zu überbrücken ist eine wichtige gesellschaftliche Herausforderung der Zukunft, zu deren Lösung das Museum für Kommunikation beitragen kann und will.

Städel Museum

Name:	Städel Museum
Adresse:	Schaumainkai 63, 60596 Frankfurt am Main Tel.: (0 69) 60 50 98–0, Fax: (0 69) 60 50 98–111 E-Mail: info@staedelmuseum.de Internet: www.staedelmuseum.de
Öffentliche Verkehrsmittel:	U1, U2, U3 bis Schweizerplatz; Straßenbahn 15, 16 bis Otto-Hahn-Platz; Bus 46 (Museumsuferlinie) bis Städel
Öffnungszeiten:	Di., Fr.–So. 10.00–18.00 Uhr, Mi., Do. 10.00–21.00 Uhr, Mo. geschlossen
Eintrittspreise:	Ausstellung und Sammlung 10 €, ermäßigt 8 €, Familienkarte (bis zu 2 Erwachsene, mind. 1 Kind) 18 €
Gründungs-/Eröffnungsjahr:	1815 Johann Friedrich Städel legt in seinem Testament das Fundament für die Gründung des Städelschen Kunstinstituts; die Sammlung wird zunächst in seinem Wohnhaus am Roßmarkt, ab 1833 in der Neuen Mainzer Straße gezeigt 1878 Museumsbau am Schaumainkai (Architekt: Oskar Sommer)
Erweiterungsbauten:	1915–1921 Erweiterung Gartenflügel (Architekten: Hermann von Hoven, Franz Heberer) 1990 Städel-Anbau Holbeinstraße (Architekt: Gustav Peichl)
Träger:	Städelsches Kunstinstitut (Stiftung bürgerlichen Rechts)
Leitung:	1817–1840 Carl Friedrich Wendelstadt 1830–1843 Philipp Veit 1840–1861 Johann David Passavant 1861–1889 Gerhard Malß 1885–1889 Georg Kohlbacher 1889–1891 Henry Thode 1891–1904 Heinrich Weizsäcker 1904–1905 Ludwig Justi 1906–1937 Georg Swarzenski 1938–1972 Ernst Holzinger 1974–1994 Klaus Gallwitz 1994–2006 Herbert Beck seit 2006 Max Hollein
Wissenschaftliche Mitarbeiter:	Prof. Dr. Jochen Sander, stellv. Direktor und Sammlungsleiter Deutsche und Niederländische Malerei bis 1800

	Dr. Andreas Schuhmacher, Sammlungsleiter Romanische Schulen bis 1800 Dr. Felix Krämer, Sammlungsleiter für Malerei und Skulptur des 19. Jahrhunderts und der klassischen Moderne Dr. Martin Engler, Sammlungsleiter für die Kunst nach 1945 Dr. Eva Mongi-Vollmer, Kuratorin für Sonderprojekte Dr. Martin Sonnabend, Leiter Graphische Sammlung bis 1750 Dr. Jutta Schütt, Leiterin Graphische Sammlung ab 1750
Museumspädagogischer Dienst/ Führungen:	Leitung: Dr. Chantal Eschenfelder Öffentliche Führungen jeden Mittwoch, 18.30 Uhr Führungen für private Gruppen und Schulklassen: Information und Anmeldung unter (0 69) 60 50 98–200 Führungen/Kreativ-Events für Firmen: Information und Anmeldung unter (0 69) 60 50 98–200, firmeninfo@liebieghaus.de
Bestand:	2700 Gemälde, 100 000 Zeichnungen und Druckgraphiken, 600 Skulpturen
Vorsitz Administration:	Prof. Dr. h. c. mult. Nikolaus Schweickart
Vorsitz Kuratorium:	1982–1990 Hilmar Hoffmann seit 2007 Prof. Dr. Carl-Heinz Heuer
Vorsitz Freundeskreis:	Sylvia von Metzler
Titel der wichtigsten Kataloge:	Im Detail die Welt entdecken. Adam Elsheimer (1578–1610) (2006); Cranach der Ältere (2007); Albrecht Dürer. Die Druckgraphiken im Städel Museum (2007); Kunstentdecker im Städel Museum. Überraschende Einblicke in die Welt der Kunst (2007); Meisterwerke im Städel Museum (2007)

Das Städel Museum gehört zu den international bedeutendsten und ältesten Kunstmuseen in Deutschland. In seinem Bestand befinden sich herausragende Meisterwerke vom frühen 14. Jahrhundert bis zur zeitgenössischen Kunst, darunter weltberühmte Gemälde wie die *Lucca-Madonna* von Jan van Eyck, das *Idealbildnis* von Sandro Botticelli, der *Geograph* von Jan Vermeer van Delft, das weltweit bekannte Goethe-Bildnis von Johann Heinrich Wilhelm Tischbein und der *Liegende Hund* von Franz Marc. Einen hervorragenden Ruf genießt das Städel auch aufgrund der vorbildlichen wissenschaftlichen Erschließung seiner Sammlung. Viele Ausstellungs- und Forschungsprojekte zielen auf die enge Vernetzung des Museums mit internationalen Partnern ab. Bedeutende Ausstellungen des Städel werden nach einer ersten Station in Frankfurt in Häusern wie der Royal Academy of Arts oder der Dulwich Picture Gallery in London oder dem Guggenheim Museum in Bilbao gezeigt.

Max Hollein

Das Städel Museum

Die Institution Museum ist so erfolgreich, beliebt und begehrt wie nie zuvor. Neue Museen werden gegründet, Sammlungen erweitert, das Publikum strömt in Massen zu den Ausstellungen. Um so mehr stellt sich die Frage, welche Rolle das Museum heute spielt, welchen Beitrag zur Entwicklung oder zur Erkenntnis es für die Gesellschaft und den einzelnen leisten kann, welche Alternativen es in der Mediengesellschaft des 21. Jahrhunderts zu bieten vermag.

Die Anziehungskraft des Kunstmuseums beruht heute mehr denn je auf seiner Andersartigkeit gegenüber dem Alltag. Das Museum ist ein zu unserer Gegenwart asynchroner Raum und muß als solcher verstanden werden. Es ist ein symbolischer Ort mit einem alternativen Zeit- und Realitätsbegriff, ein Ort des Innehaltens, des Verlangsamens und Fokussierens. Während rasant fortschreitende Kommunikations- und Reproduktionstechnologien virtuelle Räume kreieren und reale Orte zunehmend auflösen, ist das Museum jener Ort, an dem ein einzigartiges Kunstwerk, eine Sammlung physisch im Hier und Jetzt erfahrbar ist. In dieser bewußten Abgrenzung gegenüber dem Ephemeren und Virtuellen, der Schnelllebigkeit und der „limited attention span" liegt heute mehr denn je die Chance der Institution Museum. Nur so kann ein Museum seinem Anspruch nachkommen, einer breiten Öffentlichkeit Kultur zu vermitteln und Identität zu stiften.

Durch das Betreten des Städel Museums eröffnet sich den Besuchern eine vielschichtige Welt. Lucas Cranachs *Venus*, eine kleine Tafel des großen Renaissancemeisters, die die lediglich mit einem durchsichtigen Schleier drapierte Göttin der Liebe zeigt, empfängt sie in einem der Kabinette im ersten Stock des Museums. Ein paar Schritte weiter gewährt Jan van Eycks *Lucca-Madonna* Einblick in die intime Beziehung zwischen der Mutter Gottes und ihrem Sohn. Besonnen blickt nebenan Jan Vermeer van Delfts *Geograph* in die Welt, deren Geheimnisse er mit Hilfe der Wissenschaft zu ergründen versucht. Dominant, das Zentrum des Raums beanspruchend, hängt in einem weiteren Sammlungssaal Rembrandt Harmensz. van Rijns *Blendung des Simson*, ein Werk, dessen rohe Gewalt dem Besucher heute noch den Atem verschlägt. Erhaben schweift Goethes Auge auf Johann Heinrich Wilhelm Tischbeins Gemälde über die stilisierte römische Campagna. Hätte Goethe in der Zeit der Renaissance gelebt, wäre er dem *Weiblichen Idealbildnis*, das Sandro Botticelli auf Leinwand verewigt hat, gewiß gerne in persona begegnet. Ausschließlich sich selbst zu genügen hingegen scheint Franz Marcs *Liegender Hund im Schnee*, eines der beliebtesten Gemälde der Sammlung.

Cranach, van Eyck, Botticelli, Rembrandt, Vermeer, Tischbein, Marc sind nur einige der Künstler, die mit großartigen Werken in der Sammlung des Städel vertreten sind. Als eines der international bedeutendsten und ältesten Kunstmuseen in Deutschland bewahrt das Haus eine Sammlung europäischer Kunst, die vom frühen Mittelalter bis zur Gegenwart reicht und derzeit aus rund 2800 Gemälden, 600 Skulpturen und über 100 000 Zeichnungen und Druckgraphiken besteht. International bekannt ist das Städel jedoch nicht nur wegen seiner qualitätsvollen Sammlung, sondern auch aufgrund seiner herausragenden wissenschaftlichen Arbeit, die in der kontinuierlichen Erforschung des Bestandes und in zahlreichen nationalen und internationalen wissenschaftlichen Kooperationen ihren Ausdruck findet.

Die Gründung des Städel

Das Städel ist eine typische Frankfurter Einrichtung. Den Grundstein für das Städelsche Kunstinstitut legte der Frankfurter Kaufmann und Bankier Johann Friedrich Städel im Jahre 1815 durch die Stiftung seines gesamten Vermögens. Städel, 1728 geboren, entstammte einer alten Patrizierfamilie und begründete seinen Reichtum durch Gewürzhandel und Bankgeschäfte. Am Roßmarkt errichtete er mitten in der Stadt ein Domizil, das er mit Gemälden, Zeichnungen, Graphiken, Kleinplastiken und Büchern füllte. Es hat in Frankfurt schon früher einige Sammlungen gegeben, aber Städels bahnbrechende, dem aufklärerisch-urbanen Denken verpflichtete Idee war es, seinen Kunstbesitz und sein Vermögen zum Grundstock einer öffentlichen Kunstsammlung zu machen. Mit dieser ersten Stiftung deutschen Rechts, die neben der öffentlich zugänglichen Sammlung auch eine Ausbildungsstätte für den künstlerischen Nachwuchs – die heutige Städelschule – umfassen sollte, ergriff ein Bürger die Initiative zur Förderung von Kunst, die bis dahin Sache von Adel und Kirche gewesen war. Bis heute ist das Städel Museum seiner Organisationsform als Bürgerstiftung treu geblieben, die nach Johann Friedrich Städels Willen von fünf Administratoren „aus der dahiesigen Bürgerschaft" – gegenwärtig unter dem Vorstand von Prof. Dr. Nikolaus Schweickart – verwaltet wird. Damit nimmt das Städel im Rahmen der europäischen Museumslandschaft durchaus eine Sonderrolle ein, die gerade jetzt, knapp 200 Jahre nach Gründung des Museums auf der Basis von bürgerlichem Engagement, eine zukunftsweisende Perspektive für das weitere Gedeihen darstellt.

Die Anfänge der Sammlung

Das Städelsche Kunstinstitut hatte seinen Sitz ursprünglich in Städels Privathaus am Roßmarkt. Erst 1833, nach Beilegung von Erbschaftsstreitigkeiten und der dadurch bedingten eigentlichen Aufnahme der Arbeit, erhielt es ein eigenes Gebäude in der noblen Neuen Mainzer Straße. 1878 übersiedelte es schließlich in den eigens für den Museumszweck von Oskar Sommer im Stil der Neorenaissance errichteten Neubau an den Schaumainkai. Die Sammlung des Städel hat von Beginn an durch Ankäufe wie durch großzügige Schenkungen großen Zuwachs erfahren. Dabei ging es nicht immer konfliktfrei zu: Die in den ersten Jahrzehnten des Bestehens des Hauses dominierende Künstlergruppe der Nazarener, aus deren Reihen mit Philipp Veit 1830 der erste Direktor des Städelschen Kunstinstituts hervorging, forderte (alt)christliche Themen und die Wiederbelebung der mittelalterlichen Monumentalmalerei. Ihr dogmatisches Konzept erhielt jedoch schon in der nächsten Generation harte Konkurrenz. Nun rückten Themen aus der nationalen Geschichte und das Leben des Volkes ins Blickfeld der Maler. Einblicke in diesen ideologischen Konflikt vermittelt den Besuchern heute die Galerie im Treppenhaus. Die Präsentation spiegelt ebenso die zeitgenössische Sammlungspolitik wie das komplexe Abhängigkeits- und Wirkungssystem innerhalb der Kunstszene wider, die das Städel damals umgab und bestimmte. Bereits in den Anfängen des Städel zeichnete sich somit ab, was sich wie ein roter Faden durch die gesamte Geschichte des Hauses ziehen sollte: Das Städel hat von Beginn an die aktuellen künstlerischen Positionen in den kunsthistorischen Kanon eingebunden – seien es die Nazarener oder Historienmaler zu Beginn des 19. Jahrhunderts, die klassische Moderne zu Beginn des 20. Jahrhunderts oder eben die Kunst der letzten Jahrzehnte und die aktuellen Strömungen des 21. Jahrhunderts.

Die alten Meister

Mit Philipp Veits Nachfolger Johann David Passavant, ebenfalls den Nazarenern zugehörig, nahm ab 1840 nicht nur das Bestreben nach einer Systematik der Kunstankäufe, sondern auch das wissenschaftliche Erfassen der Objekte seinen Anfang. Heute ist das Städel vor allem auch für seine Sammlung altniederländischer Malerei bekannt, die weltweit zu den besten zählt. Alle großen Namen – Jan van Eyck, der Meister von Flémalle bzw. Robert Campin, Rogier van der Weyden, Petrus Christus, Hugo van der Goes, Hieronymus Bosch – sind mit Schlüsselwerken vertreten. Diese Künstler leisteten durch die Hinwendung zum Naturalismus und zu seiner „Entdeckung der Wirklichkeit" sowie die Entwicklung der Ölmalerei einen ebenso spezifischen wie faszinierenden Beitrag zur Renaissance.

Zu den bedeutendsten und zugleich rätselhaftesten Werken der altniederländischen Malerei gehören die *Stillende Gottesmutter*, die *Heilige Veronika mit dem Schweißtuch* und der *Gnadenstuhl* aus der Zeit um 1430. Im 19. Jahrhundert entdeckt und bereits 1849 für das Städel erworben, nannte man den Meister nach dem vermeintlichen Herkunftsort seiner Hauptwerke „Meister von Flémalle". Seit dem frühen 20. Jahrhundert wird er mit dem in Tournai tätigen Robert Campin identifiziert. Die Fragestellungen rund um die Werke des Meisters von Flémalle bzw. Robert Campins und dessen zeitweiligen Mitarbeiter Rogier van der Weyden zählen heute international zu den wichtigen Forschungsaufgaben in der Kunstgeschichte und werden am Städel maßgeblich vorangetrieben. Höhepunkt der Forschung bildete die im Städel konzipierte und 2008/2009 gezeigte Ausstellung „Der Meister von Flémalle und Rogier van der Weyden", die den Großteil der verfügbaren Werke der niederländischen Meister in einer faszinierenden Zusammenschau vereinte und somit allgemeinem Publikum wie Wissenschaftlern die einmalige Gelegenheit des direkten Vergleichs bot.

Die Sammlung der niederländischen Malerei im Städel hat jedoch nicht nur im 15. Jahrhundert großartige Werke vorzuweisen. Auch im 16. und 17. Jahrhundert ist die Malerei der nördlichen und südlichen Niederlande, Hollands und Flanderns, durch Hauptwerke vertreten. Als Ausdruck des Strebens nach nationaler Unabhängigkeit von der Herrschaft des spanischen Königs und dem von ihm vertretenen Katholizismus entwickelte sich im protestantischen Norden die unverwechselbare „holländische" Kunst, die das Leben in Landschaftsdarstellungen, Porträts und in der Genremalerei wirklichkeitsnah in Szene setzte. Bildnisse von Frans Hals, Stilleben von Jan Davidsz. de Heem und Landschaften von Jacob van Ruisdael legen davon Zeugnis ab. Jan Vermeer van Delfts *Geograph* und Rembrandts *Blendung des Simson* zählen zu weiteren Glanzlichtern der Sammlung. Einer der jüngsten Neuankäufe im Bereich der alten Meister galt einem Haupt-

Meister des Frankfurter Paradiesgärtlein: *Paradiesgärtlein* (um 1400)

werk der Utrechter Carravagisten, dem *Singenden jungen Mann* von Dirck van Baburen.

Neben der niederländischen Malerei bilden die deutsche, italienische und französische Malerei weitere Sammlungsschwerpunkte. Die Abteilung der italienischen Malerei präsentiert herausragende Beispiele jener Bildrevolution, die sich seit dem 13. Jahrhundert mit dem Siegeszug des Tafelbildes vollzog. Vom Altarbild über das private Andachtsbild führte der Weg im Zeitalter des Humanismus und der Renaissance zu einer Kunst, die den Menschen und die reale Lebenswelt in den Mittelpunkt stellte. In der opulenten Bildwelt des Barock erfährt die Kunst eine starke Mystifizierung. In der Sammlung spiegelt sich dieses Spektrum von Martino di Bartolomeos Altartafeln zur *Legende des Heiligen Stephanus* über Fra Angelicos kostbare *Thronende Madonna*, Giovanni Bellinis *Madonna mit Kind und Johannes d. T.* und Botticellis geheimnisvolles *Weibliches Idealbildnis* bis hin zu Giovanni Battista Tiepolos *Die Heiligen der Familie Crotta*. Die Graphische Sammlung, die in ihrer Ausrichtung auf die Gemäldesammlung bezogen ist und diese hervorragend ergänzt, besitzt bedeutende Zeichnungen von Raffael, Tizian, Pontormo, Sebastiano del Piombo und wichtige Konvolute venezianischer Zeichnungen.

Lucas Cranach d. Ä.: *Venus* (1532)

Die deutsche Kunst wird im Städel von einer Anzahl herausragender Werke dokumentiert. Aus dem 15. Jahrhundert haben sich kostbare Tafeln wie das kleinformatige *Paradiesgärtlein* des Oberrheinischen Meisters, die beiden *Märtyrertafeln* von Stefan Lochner und die *Auferstehung* des Meisters des Hausbuchs erhalten, die mit ihrer Präzision und Eleganz die altdeutsche Malerei auf höchstem Niveau repräsentieren. Auch die großen Maler der deutschen Renaissance, die wie Hans Holbein d. Ä., Albrecht Dürer, Hans Holbein d. J., Grünewald, Lucas Cranach d. Ä., Albrecht Altdorfer und Hans Baldung von den Entwicklungen in den Niederlanden und Italien profitieren konnten, sind mit herausragenden Beispielen vertreten – die teils sogar zur Ausstattung von Frankfurter Kirchen dienten, so der Hochaltar Holbeins d. Ä. und Grünewalds Heller-Altarflügel aus der Dominikanerkirche. Einen besonderen Schatz birgt die Graphische Sammlung im Bereich der deutschen Kunst – genannt sei hier besonders das vollständige druckgraphische Werk von Albrecht Dürer, das bei seiner Präsentation im Guggenheim Museum Bilbao im Jahr 2007 über 330 000 Besucher anzog.

Stifter, Mäzene und Freunde

Mit dem Akt der Stiftung 1815 begann für die Museumssammlung eine bis heute andauernde Tradition: Immer wieder fanden bedeutende Werke bzw. ganze Werkgruppen durch Schenkungen Eingang in die Sammlung. So wurde Cranachs *Venus* dem Städel 1878 anläßlich des Umzugs in das neue Gebäude am Schaumainkai von einem Frankfurter Bürger geschenkt; das gilt auch für Tischbeins berühmtes Goethe-Bildnis. Um die Unterstützung des Städel durch die Bürgerschaft kontinuierlich zu festigen und um das Museum gesellschaftlich noch weiter zu öffnen, wurde 1899 der Städelsche Museums-Verein gegründet. Diese Initiative ging von Leopold Sonnemann, Bankier und Mitbegründer der *Frankfurter Zeitung*, aus. Der Verein begann seine Arbeit mit dem Ankauf von Max Liebermanns *Freistunde im Amsterdamer Waisenhaus*. Seither hat der Museums-Verein, der heute über 6000 Mitglieder zählt und von Sylvia von Metzler als Vorstandsvorsitzender geleitet wird, das Museum immer wieder bei bedeutenden Erwerbungen in beachtlicher Weise unterstützt. 2008 wurde außerdem das „Städelkomitee 21. Jahrhundert“ gegründet, das sich ausschließlich dem Erwerb zeitgenössischer Kunst widmet und bereits wichtige Werke der Gegenwartskunst von Daniel Richter oder Jonathan Meese angekauft hat, die zur Elite junger deutscher Künstler von internationalem Rang gehören.

Die Moderne

Auch das erste Werk des französischen Impressionismus, das *Seineufer im Herbst* von Alfred Sisley gelangte 1899 als Schenkung an das Städel. Bis zum Ausbruch des Ersten Weltkriegs kaufte das Museum nahezu alle impressionistischen Werke an, die wir heute hier noch sehen können, darunter Gemälde von Claude Monet, Auguste Renoir oder Vincent van Gogh. Dies war unter anderem möglich, weil 1906 Ludwig Josef Pfungst aus Worms der Stadt sein gesamtes Vermögen vererbt und verfügt hatte, daß davon zeitgenössische Kunst anzukaufen sei. Die Stadt Frankfurt, die das

Städel auch heute noch in vielen Belangen maßgeblich unterstützt, gründete daraufhin die Städtische Galerie im Städel Museum. Diese Sammlung war von Anfang an nicht als Konkurrenz, sondern als Teil des Städel Museums gedacht.

In der deutschen Museumswelt war diese dezidierte Hinwendung zur Kunst der Moderne zu Beginn des Jahrhunderts eine Ausnahme. Ein wesentlicher Grund war das diesbezüglich große Engagement Georg Swarzenskis, der dem Städel und der Städtischen Galerie seit 1906/1907 als Direktor vorstand. Nach dem Ersten Weltkrieg wurden die Ankäufe konsequent fortgesetzt. Neben der französischen Kunst wurden damals Arbeiten deutscher Expressionisten wie Max Beckmann, Franz Marc oder Ernst Ludwig Kirchner für das Haus angekauft – oft direkt aus dem Atelier der Künstler. Max Beckmanns Wirken in Frankfurt spiegelt sich in zahlreichen Frankfurter Motiven, die er in seinen Bildern festhielt, und vor allem auch in seiner Lehrtätigkeit an der Städelschule. Der Kirchner-Bestand des Städel, in dem sich neben Gemälden eine große Zahl von Zeichnungen und Druckgraphiken befinden, zählt nach wie vor zu einem der bedeutendsten. Bereits vor der wichtigen Schenkung von Kirchner-Werken durch die Erben des Sammlers Carl Hagemann 1940 notierte Kirchner am 21. Dezember 1925 in sein Tagebuch: „Ich staune über die Kraft meiner Bilder im Städel." Die Machtübernahme der Nationalsozialisten 1933 verhinderte den weiteren Ausbau der klassischen Moderne. Swarzenski wurde aller seiner städtischen Ämter enthoben, Beckmann fristlos aus seiner Professur an der Städelschule entlassen. Die Bilder der Avantgarde, aber auch die Werke jüdischer Künstler wie Max Liebermann verschwanden im Depot. Im Sommer 1937 wurden 77 Gemälde, 572 Handzeichnungen und Graphiken und drei Skulpturen von den Nationalsozialisten als „entartet" beschlagnahmt. Einige dieser Werke konnten nicht zuletzt dank der Unterstützung des Museums-Vereins nach dem Krieg vom Städel Museum zurückerworben werden. Die Museumsbestände wurden im Zweiten Weltkrieg ausgelagert, das Museum selbst wurde durch Bombenangriffe schwer beschädigt und in Teilen völlig zerstört. Der Wiederaufbau des Baukörpers nach dem Entwurf des Architekten Johannes Krahn dauerte bis 1966.

Die genauere Erforschung der Geschichte des Städel in der Zeit des nationalsozialistischen Regimes von 1933 bis 1945 ist seit 2008 Thema eines von der Administration und Direktion des Städel in Auftrag gegebenen wissenschaftlichen Forschungsprojektes. Im Rahmen des Projektes wird auch die Zeit nach 1945 beleuchtet, in der die Neusichtung der Sammlung erfolgte, die Verluste deklariert, einige der 1937 beschlagnahmten Werke zurückgekauft und in der NS-Zeit erworbene Werke unmittelbar restituiert wurden. Bereits seit 2002 wird am Städel Museum an einem Projekt zur Provenienzforschung gearbeitet, in dem die Herkunft von Gemälden, die in der Zeit von 1933 bis 1945 ans Haus kamen und noch immer in den Sammlungsbestand integriert sind, recherchiert und mögliche

Max Beckmann: *Stilleben mit Saxophonen* (1926), Dauerleihgabe der Haeuser-Stiftung

Restitutionsansprüche geprüft werden. Das Städel ist innerhalb von Deutschland eines der ersten Museen, das sich dieser Aufgabe systematisch angenommen hat.

Kunst nach 1945

Da die ersten Jahrzehnte nach dem Ende des Zweiten Weltkrieges vor allem durch die Wiederherstellung des Hauses und die Durchsicht der Bestände geprägt waren, wurde Kunst nach 1945 vor allem ab den 1970er Jahren innerhalb der 20jährigen Direktionszeit von Klaus Gallwitz intensiv gesammelt. Das Haus besitzt Hauptwerke von Alberto Giacometti, Yves Klein, Francis Bacon, Anselm Kiefer, Jörg Immendorff, A. R. Penck, Gerhard Richter, Emil Schumacher, Antoni Tàpies, Dan Flavin und vielen anderen. In jüngster Zeit kamen durch Schenkungen und Ankäufe bedeutende Arbeiten von Martin Kippenberger, Carsten Nicolai, Eberhard Havekost, Peter Roehr und anderen hinzu. Viele der großformatigen Arbeiten können in der derzeit vorhandenen Raumstruktur jedoch nicht gezeigt werden. Auch die Graphische Sammlung des Städel hat kontinuierlich Gegenwartskunst gesammelt und beherbergt mittlerweile über 5000 nach 1945 entstandene Graphiken und Zeichnungen. So liegt einer der Schwerpunkte der Graphischen Sammlung auf der amerikanischen Kunst ab den 1960er Jahren, die mit Werken von Andy Warhol, Robert Rauschenberg, Roy Lichtenstein, Claes Oldenburg, Jackson Pollock, Sam Francis, Richard Serra, Donald Judd u. a. umfangreich im Städel vertreten ist.

Dennoch besteht gerade im Bereich der Nachkriegskunst bis zur Gegenwart Bedarf, die Sammlungsbestände auszubauen und vorhandene Lücken zu schließen. Einen bedeutenden Beitrag zur Sammlungserweiterung leistete 2008 die DZ Bank durch die dauerhafte Übergabe von Werken aus ihren Sammlungen. Die Fotografiesammlung der DZ Bank zählt heute zu den international besten ihrer Art. Aus ihren Beständen wurden über 200 hochkarätige Werke an das Städel übergeben, die nun den Sammlungsbestand des Museums um die wichtige Position der zeitgenössischen Fotografie erweitern.

Eine weitere maßgebliche Erweiterung der Sammlung im Bereich der Kunst nach 1960 erlebte das Städel ebenfalls 2008 durch die Übergabe von 600 herausragenden Werken aus der Sammlung Deutsche Bank, einer der weltweit renommiertesten und größten Unternehmenssammlungen. Die Auswahl beinhaltet bedeutende Gemälde, Skulpturen, Zeichnungen und Druckgraphiken von Georg Baselitz, Joseph Beuys, Günther Förg, Anselm Kiefer, Martin Kippenberger, Markus Lüpertz, Sigmar Polke, Gerhard Richter und vielen anderen und ergänzt somit die bestehende Sammlung inhaltlich in idealer Weise.

Die Vermittlung von Kunst

Ein Museum hat jedoch nicht nur die Aufgabe, seine Sammlungen auszubauen, sie zu erforschen und zu bewahren, sondern das angesammelte Wissen auch an die Gesellschaft weiterzugeben. Eine zentrale Aufgabe des Museums kommt daher der Vermittlung zu. Vor allem im Bereich der Präsentation alter Meister stehen Kunsthistoriker und Vermittler zunehmend vor dem Problem, daß Gemälde nur mehr als rein ästhetische Phänomene wahrgenommen werden, ihr tatsächlicher Kontext, ihre historische Einbettung, der politische Wille des Auftraggebers, die soziologische Einsicht oder die ikonographische Lesbarkeit einem großen Teil des Publikums, das nicht mehr über dieses Wissen verfügt, jedoch nicht zugänglich sind. Das hat zur Folge, daß diese Bilder zu vielen nicht mehr „sprechen", daß sie nicht mehr als Botschaften oder radikale Bildformen ihrer Zeit wahrgenommen werden. Aber auch zeitgenössische Kunst steht in einem jeweils spezifischen Kontext, der erschlossen werden will. Die Frage ist jedoch, in welcher Form.

Das heutige Museumspublikum umfaßt eine breite – sowohl nationale als auch internationale – Besucherpalette, die Kinder, Schulklassen, Erwachsene und Familien ebenso einschließt wie etwa Studenten, Senioren und Firmen. Die Besucher kommen mit gänzlich unterschiedlichen Kenntnissen, Hintergründen und Erwartungen ins Haus. Um dem diversifizierten Publikum ein jeweils entsprechendes Kunsterlebnis bieten zu können, muß das Museum über ein ebenso diversifiziertes Spektrum an Präsentations- und Vermittlungsangeboten verfügen, das auf die unterschiedlichen Interessen und Wissensstände eingeht – von zielgruppenspezifischen Programmen vor Ort über die Erschließung der Sammlung auf der Website bis zur Einbeziehung von sozialen Netzwerkplattformen im Internet. Nur durch eine variantenreiche Behandlung des Publikums kann die Begegnung mit Kunstwerken vertieft und Erkenntnis generiert werden, nur so kann der Museumsbesuch für ein breites Publikum zum nachhaltigen Erlebnis werden.

Der Erweiterungsbau

Das Städel Museum hat seine Sammlung seit seiner Gründung im Jahre 1815 gemäß dem Auftrag seines Stifters Johann Friedrich Städel „von Jahr zu Jahr vermehrt (...) und vervollkommnet". Aus diesem Grund hat auch das Museumsgebäude am Schaumainkai seit seiner Errichtung durch Oskar Sommer zwischen 1874 und 1878 zahlreiche Erweiterungen erfahren: Von 1915 bis 1921 wurde der Bau durch Hermann von Hoven und Franz Heberer zum Garten hin um einen Flügel erweitert. Nach den durch den Zweiten Weltkrieg verursachten Schäden wurde das Gebäude von 1963 bis 1966 von Johannes Krahn wieder aufgebaut und um einzelne Bauteile ergänzt, 1990 kam der Bau von Gustav Peichl an der Holbeinstraße hinzu. Herbert Beck, der das Städel von 1994 bis 2006 als Direktor leitete, nahm weitere bauliche Veränderungen vor: Die Renovierungen und die Errichtung des gläsernen Restaurantbaus nach Plänen des Frankfurter Büros PAS (Jourdan und Müller) wurden 1999 abgeschlossen. Unter Becks Leitung fand mit der „Gunst-Sammlung" eine großangelegte Spendenkampagne zur Finanzierung der Baumaßnahmen statt, die vom großen Engagement der Frankfurter Bevölkerung für das Städel zeugt.

Um den Anforderungen des modernen Museumsbetriebs heute räumlich und funktional gerecht werden zu können, ist es inzwischen erneut notwendig geworden, die Galerieflächen um rund 3000 Quadratmeter zu erweitern. Eine internationale Jury kürte im Februar 2008 den Entwurf des Frankfurter Architekturbüros Schneider + Schumacher zum Sieger. „Ein leuchtendes Juwel am Tag, ein Lichtteppich in der Nacht – etwas ganz Besonderes ist den Architekten Schneider + Schumacher gelungen", urteilte die Wettbewerbsjury. Mit ihrem Entwurf, der eine großzügige Museumshalle für die Präsentation der Kunst nach 1945 unter dem Städelgarten vorsieht, deren Deckenöffnungen sich als einprägsames Muster über die Gartenfläche ausbreiten und die Halle mit natürlichem Licht versorgen, setzen sie ein „zugleich subtiles wie markantes, ja starkes, ein flächendeckendes Zeichen, das sich selbstbewußt in den städtebaulichen Kontext einfügt. (...) Frankfurt erhält nicht nur ein besonderes, ein einzigartiges neues Ausstellungsgebäude, sondern darüber hinaus eines, das als ‚green building' auf der Höhe seiner Zeit ist", so die Preisrichter.

Sowohl bei der Sammlungserweiterung als auch bei der Finanzierung des Erweiterungsbaus konnten durch die Zusammenarbeit mit Partnern aus der Wirtschaft, der Stadt Frankfurt und den Bürgerinnen und Bürgern neue Weichen gestellt werden. Der Erweiterungsbau, der 2011 fertiggestellt werden soll, wird das Frankfurter Museumsufer um einen weiteren Anziehungspunkt bereichern und die durch Johann Friedrich Städel begründete Tradition des bürgerlichen Engagements am Städel in die Gegenwart fortführen.

Liebieghaus

Name:	Liebieghaus Skulpturensammlung
Adresse:	Schaumainkai 71, 60596 Frankfurt am Main Tel.: (0 69) 65 00 49–0, Fax: (0 69) 65 00 49–1 50 E-Mail: info@liebieghaus.de Internet: www.liebieghaus.de
Öffentliche Verkehrsmittel:	U1, U2, U3 bis Schweizer Platz; Straßenbahn 15, 16 bis Otto-Hahn-Platz; Bus 46 (Museumsuferlinie) bis Städel
Öffnungszeiten:	Di., Fr.–So. 10.00–17.00 Uhr, Mi., Do. 10.00–21.00 Uhr, Mo. geschlossen
Eintrittspreise:	7 €, ermäßigt 5 €, Familienticket 14 €
Gründungs-/Eröffnungsjahr:	1907 gegründet, 1909 eröffnet. Die Villa wurde von dem Architekten Leonhard Romeis 1896 für den Baron Heinrich von Liebieg erbaut
Erweiterungsbauten:	1909 Galerietrakt (Architekt: Paul Kanold) 1990 zweiter Galerietrakt (Architekten: Scheffler/Warschauer) 2008 Neugestaltung des Liebieghauses (Architekten: Kuehn Malvezzi)
Träger:	Operativ betrieben vom Städelschen Kunstinstitut; Eigentümer: Liebieghaus Skulpturensammlung, Städtische Galerie, Stadt Frankfurt
Leitung:	1907–1933 Georg Swarzenski (Leiter der Städtischen Galerie im Liebieghaus) 1928–1949 Alfred Wolters (Direktor) 1938–1969 Ernst Holzinger (Direktor) 1959–1969 Anton Legner (Leiter des Liebieghauses unter Direktor Holzinger) 1969–2006 Herbert Beck (Kurator, seit 1981 Direktor) seit 2006 Max Hollein (Direktor)
Wissenschaftliche Mitarbeiter:	Prof. Dr. Vinzenz Brinkmann, Sammlungsleiter Antike und Ostasien Dr. Stefan Roller, Sammlungsleiter Mittelalter Dr. Maraike Bückling, Sammlungsleiterin Renaissance bis Klassizismus
Museumspädagogischer Dienst/ Führungen:	Leitung: Dr. Chantal Eschenfelder Öffentliche Führungen (kostenlos): jeden Mi. 19.00 Uhr und jeden So. 11.00 Uhr. Zu den jeweiligen Sonderausstellungen gibt es ebenfalls öffentliche Führungen

	Außerdem ein reiches Angebot an Führungen für private Gruppen, Schulklassen, Firmen, Studenten, Berufstätige, Kinder, Jugendliche, Familien, Senioren wie z. B.: Art after work, Kunst im Team, Studentenfutter, Kunst und Religion, Kunst kompakt, Kinder führen Kinder, Familiensonntag im Liebieghaus, Kinderführung, Atelierworkshops und -kurse, Ferienkurse. Information und Anmeldung unter (0 69) 65 00 49–1 10
Bestand:	ca. 3000 Exponate, davon ein Viertel ausgestellt
Vorsitz Administration:	Prof. Dr. h. c. mult. Nikolaus Schweickart
Vorsitz Freundeskreis:	Sylvia von Metzler
Titel der wichtigsten Kataloge:	Der Furienmeister (2006); Die phantastischen Köpfe des Franz Xaver Messerschmidt (2007); Launen des Olymp. Der Mythos von Athena, Marsyas und Apoll (2008); Meisterwerke im Liebieghaus (2008)

Das Liebieghaus wurde 1907 als städtische Skulpturensammlung gegründet. Heute ist es eine der bedeutendsten Skulpturensammlungen in Europa und präsentiert anhand von 3000 Werken fünf Jahrtausende Bildhauerkunst. Zu den Schwerpunkten gehören die ägyptische und die griechisch-römische Kunst der Antike ebenso wie die Kunst des Mittelalters, der Renaissance, des Barock, des Rokoko, des Klassizismus und Ostasiens.

Darüber hinaus hat sich das Liebieghaus durch eine Reihe bedeutender Forschungsprojekte einen Namen gemacht. So zählen zu den zahlreichen herausragenden Arbeiten von Peter C. Bol, Leiter der Antikensammlung im Liebieghaus bis November 2006, sie sechs Bände über die Villa Albini, für die er 1996 als erster Empfänger den neu gestifteten Passavant-Preis erhielt. Vinzenz Brinkmann, seit 2007 Leiter der Antikensammlung im Liebieghaus, forscht seit 25 Jahren zum Thema „Polychromie der Antike". Die aus seinen Forschungsarbeiten hervorgegangene Ausstellung „Bunte Götter", die als Wanderausstellung um die Welt reist und vom 8. Oktober 2008 bis 15. Februar 2009 in wesentlich erweiterter Form im Liebieghaus zu sehen war, verbindet originale antike Skulpturen mit spektakulären Rekonstruktionen, in denen die „bunte Antike" erneut auflebt. Maraike Bückling, langjährige Sammlungsleiterin der Abteilungen Renaissance bis Klassizismus im Liebieghaus, hat 2006 die vielbeachtete Ausstellung „Die phantastischen Köpfe des Franz Xaver Messerschmidt" kuratiert, zu der ein umfassender Katalog erschienen ist.

Herbert Beck

Das Liebieghaus – Museum alter Plastik

Leitbild Klassik

Das Liebieghaus ist ein museumsgeschichtlicher Glücksfall. Vor genau 100 Jahren eröffnet, ist die Frankfurter Skulpturensammlung eine der letzten bürgerlich-klassischen Museumsgründungen im Sinne der Aufklärung der Goethezeit. Die Sammlungskonzeption des Liebieghauses zeichnet weltweit Einzigartigkeit aus. Dabei ist sie in einem ganz kurzen, selbstverständlich erscheinenden Auftrag zusammengefaßt: die Bildhauerkunst der Kulturvölker während der historischen Zeiten in charakteristischen und qualitätsvollen Beispielen zu sammeln. Faktisch bedeutet dieser Grundsatz die Konzentration einzig auf die künstlerische Gattung der Skulptur, ausgeweitet allerdings auf alle Kunstlandschaften in Europa. Und über den immensen Zeitraum von nahezu fünf Jahrtausenden verbindet sie Altertum, Mittelalter und Neuzeit in einer gemeinsamen Idee. Nach diesem kunsthistorischen Entwurf steht im Zentrum der bildhauerischen Entwicklung und zugleich als ihr absoluter Gipfel die griechische Klassik des 5. Jahrhunderts v. Chr., die Epoche von Phidias und Polyklet. Alle zu ihr hinführenden Entwicklungen und ebenso die ihr nachfolgenden Zeiten, die sich schöpferisch, ihr sich annähernd oder sie ablehnend, mit der Klassik auseinandersetzten, waren gemäß dieser Konzeption im Museum exemplarisch zusammenzubringen. In der griechischen Antike gelangte nach der Überzeugung der Aufklärung die dem Menschen adäquate Bildkunst zu ihrem Höhepunkt, der niemals zu übertreffen und allenfalls mit äußerster Mühe noch einmal zu erreichen war. In der klassischen griechischen Kunst hatten dieser Auffassung nach die innere und äußere Natur des Menschen und, mit ihr zusammen gewachsen die demokratische Ordnung des Gemeinwesens, ihr vollendetes, kanonisch-gültiges Maß gefunden. Eine Steigerung erfuhr diese extreme Wertschätzung nochmals durch die emphatisch überhöhte philosophische Auslegung, Kunst versinnliche die ewige Ideenwelt. Der Dialog mit Kunst sei insofern der einzige dem Menschen zugängliche Weg, Wahrheit zu erkennen.

Um diesen Gedanken und die Absicht seiner musealen Manifestation zirkuliert der Aufbau der Sammlungen des Liebieghauses seit 100 Jahren. Das Spektrum reicht dementsprechend von altägyptischer Kunst über die griechische und römische Antike, aufgrund der Expedition Alexanders des Großen sogar das Asiatische einbeziehend, bis ins europäische Mittelalter, zu Renaissance, zu Barock und Rokoko. Der zur Zeit der Gründung weniger als historisch, sondern eher noch als zeitgenössisch angesehene Neoklassizismus von Dannecker oder

Thorvaldsen schließt, zumindest vorläufig, den Sammelbezirk erst seit den 1970er Jahren.

Die einmalige Museumskonstruktion des Liebieghauses verdankt sich ebenso der geschichtlichen Position der Kunstwissenschaft vor 100 Jahren wie der Sammlungstätigkeit in Frankfurt bis dahin. Noch zu Lebzeiten Goethes waren das Städelsche Kunstinstitut und die Senckenbergische Naturforschende Gesellschaft gestiftet worden; die preußische Annexion der ehedem Freien Reichsstadt hatte in einem Akt patriotischen Aufbegehrens zur Gründung des Historischen Museums geführt; eine geschichtliche Vorbildersammlung im Museum für Kunsthandwerk sollte schließlich alte handwerkliche Tradition wiederaufleben lassen. Ein spezielles Museum ausschließlich für Werke der Bildhauerkunst fehlte aber. Die damals bereits in die einzelnen künstlerischen Gattungen Malerei, Zeichnung, Architektur und Bildhauerei differenzierte Kunstwissenschaft wollte diesem Manko freilich begegnen.

Die Villa Liebieg

Zur Gunst der Gründungsstunde trug bei, daß unweit des Städelschen Kunstinstituts durch testamentarische Verfügung zur Museumsnutzung „auf ewige Zeiten“ die private Villa des Barons Heinrich von Liebieg, eines Textilfabrikanten aus dem böhmischen Reichenberg, in Aussicht gestellt wurde. Dieser seit 1896 errichtete Bau war den Frankfurtern aufgrund seiner Größe und Pracht geradezu legendär. Bewundernd sprach man in Frankfurt vom „Liebieghaus“; und deshalb sollte dieser Name, allen naheliegenden Verwechslungen mit dem Gießener Chemiker zum Trotz, auch für das in der Villa zu gründende öffentliche Museum erhalten bleiben. Im Innern der Villa durchschritt man, mit den Räumen im Erdgeschoß beginnend, die Geschichte der künstlerischen Stile Europas; von der Romanik durch die Gotik in die barocken Salons der repräsentativen Etagen, um über eine Wendeltreppe schließlich unterm Dach altdeutsche Stuben zu erreichen. Diesem Stilpluralismus entsprach das botanisch ausgeklügelte Pendant vielfältig exotischer Natur im parkähnlichen Garten. Für die Hochschätzung des bis heute von aller Welt bewunderten Kleinods tat die Lage von Villa und Park direkt am Mainufer ein übriges.

Vor Eröffnung des Museums 1909 wurde der Villa mit ihren für private Zwecke zugeschnittenen Räumlichkeiten eine den musealen Anforderungen gemäße Galerie angefügt. Der einer barocken Orangerie ähnelnde, den Garten abschließende Trakt, mangelnder Mittel wegen zunächst nur zur Hälfte ausgeführt, erfuhr vor etwa 20 Jahren seinen symmetrischen Abschluß. Erst diese bauliche Erweiterung erlaubte es, von nun an die in der Museumskonzeption angelegte Dualität von vorbildlicher Antike und späteren, sich mit dieser auseinandersetzenden Epochen augenfällig zu machen. Bis dahin hatte die Antike sich großteils – von einer kleinen Anzahl von Bildwerken tatsächlich oder vermeintlich griechischer Provenienz bzw. einigen, allerdings hervorragenden römischen Porträts abgesehen – bei fehlendem Tageslicht mit künstlich erhellten und obendrein ungünstig proportionierten, kammerartigen Räumen im Souterrain bescheiden müssen.

Tatsächlich scheint dieses Provisorium über lange Zeit durchaus nicht als schmerzliche Einschränkung angesehen worden zu sein. Im Zuge der Museumsgründung hatte man aus Rom eine größere Anzahl antiker Marmorwerke bezogen, angeblich eher auf das Sammlungsvolumen, denn auf Qualität bedacht. Doch die wissenschaftliche Auseinandersetzung mit diesen hauptsächlich aus römischer Zeit stammenden Werken und der präzise Ausbau der Porträtsammlung beförderte während der vergangenen drei Jahrzehnte Zug um Zug das gegensätzliche Urteil, das die Antikensammlung im Liebieghaus schließlich als die bedeutendste bürgerliche, also nicht der höfischen Tradition entstammende, in Deutschland anerkennt.

Wenn es vor Gründung des Museums alter Plastik im Liebieghaus auch kein spezielles Skulpturenmuseum in Frankfurt gab, so bargen andere Sammlungen am Ort doch bemerkenswerte Zeugnisse der Bildhauerkunst: Ägyptiaca seit den Afrikaexpeditionen des Naturforschers Eduard Rüppell bei Senckenberg, im Städelschen Kunstinstitut und ebenso im Historischen Museum sowie im Kunsthandwerksmuseum insbesondere mittelalterliche Skulptur. Sie wurden im Liebieghaus zusammengezogen, dazu die Antike quasi im Handstreich für Frankfurt usurpiert, die späteren Epochen durch gezielte Erwerbungen, Ankäufe wie Schenkungen, vehement ergänzt. Die Zusammenfügung dieser Mosaiksteine begründete die Sammlung im Liebieghaus, die heute, nicht ihres Umfangs, aber ihrer exquisiten Qualität wegen, Weltgeltung beanspruchen darf.

Skizze und Perfektion

Ein Glücksfall ist das Liebieghaus nicht nur aufgrund seiner einzigartigen Konzeption – ein denkmalwürdiges Gebäude beherbergt die Skulpturensammlung, umgeben von der Anmut eines botanischen Gartens in städtebaulich reizvollster Lage am Mainufer unweit der City. Insbesondere an Sonnentagen gilt zudem das gastliche Ambiente als Oase berückender Urbanität.

Vergleichbarer Anspruch tritt in Gestalt der Muse wissenschaftlicher Disziplin auf. Über Jahrzehnte hat das Liebieghaus sich als Institution der Altertums- sowie der Kunstwissenschaft Anerkennung verschafft: durch die komplette Veröffentlichung seiner Bestände, durch Kolloquien sowie Ausstellungen, die den anverwandten Wissenschaften häufig neue Forschungsfelder erschließen konnten. Als unverzichtbar in Kunstbibliotheken gelten die Ausstellungskataloge *Ägypten – Griechenland – Rom*, *Polyklet*, *Spätantike und frühes Christentum*, *Kunst um 1400 am Mittelrhein*, *Natur und Antike in der Renaissance*, *Dürers Verwandlung*, *Europa um 1770 – Die Epoche der Aufklärung*. Kunstkenner aus aller Welt trafen im Liebieghaus zum Disput zusammen, um zum Gelingen solcher Vorhaben wie auch zur Organisation dieser Standardwerke beizutragen. Zeitweilig trug das Liebieghaus Züge einer privaten Akademie; hier herrschte Gelehrsamkeit, unterstützt von drei gezielt erworbenen Forscherbibliotheken der Fachgrößen Ernst Schuchhardt, Andreas Linfert und Harald Keller. Auf dieser Basis entfaltete sich Erkenntnishunger – inmitten der schönsten künstlerischen Zeugnisse menschlichen Schaffensvermögens.

Freilich nimmt das Liebieghaus auch die der Institution seit der Aufklärung auferlegten genuinen Aufgaben des modernen Museums: Sammeln, Bewahren, Forschen, Bilden umfänglich wahr. Durch nichts aber ist, im Hinblick auf kommende Generationen, kraftvolle und mutige Erwerbungspolitik zu ersetzen. Sie vergrößert Substanz; sie schafft durch das fortdauernde Wagnis der Interpretation vertiefte Einblicke in die Werke der Kunst und zuletzt Entwürfe humaner Lebensmodelle. Bezogen auf die bisweilen intim anmutenden Räumlichkeiten kommt der Erwerbung von Kleinplastiken im Liebieghaus besondere Bedeutung zu. Den Weg hierfür dürfte der frühe Zugang der kompletten Sammlung des seinerzeit herausragenden Archäologen Adolf Furtwängler aufgezeigt haben, der – abseits der seit der Renaissance begehrten monumentalen antiken Marmore – das wissenschaftlich Besondere zusammengetragen hatte, die Rarität, gelegentlich das Absurde.

Einzigartigkeit, Richtungweisendes, das spirituell Zündende, die erste Phase der stofflichen Formfindung immaterieller künstlerischer Ideen münden in eine gemeinsame Spur. Sie führte in der Barockzeit zum Bozzetto, zum kleinformatig-skizzenhaften Modell. Davon haben sich im Liebieghaus zahlreiche Beispiele wie in einer die verschiedenen Kunstlandschaften übergreifenden, idealen europäischen Bildhauerwerkstatt angesammelt. Konträr zu solch flüchtig modellierten oder geschnitzten Entwürfen steht die perfekt ziselierte, miniaturhafte Kunstkammerarbeit, geschnitten in weichen Stein, herausgearbeitet aus hartem Buchsholz, aus schimmerndem Elfenbein oder gegossen in abschließend kostbar patinierter, gelegentlich vergoldeter Bronze. Seit der Renaissance gehörten solche Sammlerwerke zu den Ingredienzien jener „studioli" genannten Versuchswerkstätten italienischer Adelspaläste oder „Kunstkammern" nördlicher Patrizierhäuser, in denen Bilder des Kosmos konstruiert und zum Verständnis und zur Beherrschung der Welt mit natürlichen oder artifiziellen Elementarteilen experimentiert wurde.

Kongeniale Rezeption

Bei aller Vorliebe für Kleinplastik markieren gleichwohl monumentale Werke die herausragenden Stationen des langen historischen Parcours der Entwicklung der europäischen Bildhauerkunst im Liebieghaus: die in Ägypten von einem namentlich unbekannten Griechen gearbeitete Statue Alexanders des Großen aus dem frühen 4. Jahrhundert vor Christus; aus römischer Zeit die marmorne Version der ursprünglich bronzenen Athena des griechischen Bildhauers Myron; die Grabskulpturen des Tino di Camaino; die Sandsteinmadonna von Tilman Riemenschneider; der Majolikaaltar von Luca della Robbia; die Immaculata von Matthias Steinl; die Ariadne von Johann Heinrich Dannecker – sieben epochale Haltepunkte im Verlauf einer zweitausendjährigen Kunstgeschichte! Das Liebieghaus ist ein museumsgeschichtlicher Glücksfall.

Doch weist die Sammlung neben absoluten Höhepunkten auch Lücken in der Abfolge der europäischen Kunstgeschichte auf. Zwar durch einzelne Glanzlichter aufscheinend, insgesamt in ihrer naturwüchsigen Stärke, kreativen Vielfalt und domestizierenden Harmonie aber nicht hinreichend facettiert, präsentiert sich die italienische Renaissance. In den Gründungsjahren des Liebieghauses hatten die großen Museen der Welt, ob New York oder Washington, London oder gar Wien und Paris, sich durch Erbgänge oder kapitale Ankaufslust längst ihre Werke gesichert. Der Spätgeburt blieb das Nachsehen. Für die großen, kunsthistorisch angelegten Sammlungen repräsentierten Zeugnisse der Renaissance als Exempel wiedergeborener Antike jene maßvolle Mitte denkbarer Formextreme, jene Norm stilisierter Natur, die eigentlich den in den Glyptotheken gesammelten Antiken selbst oder der Literatur über die griechische Klassik in den Kompendien der Geschichte der Kunst des Altertums zugestanden worden waren. Diese Wertung hatte die Werke der italienischen Renaissance mehr als die aller anderen Kunstepochen zu Objekten der Begierde werden lassen. So mußte das Genre der Renaissancebronze im Liebieghaus zum Desiderat gerinnen. Gleichwohl funkelt, verweisend auf dieses, ein einsamer Stern. Pars pro toto pointiert die in der italienischen Renaissance höchst ausgebildete Fähigkeit zur schöpferischen Umsetzung antiker Vorbilder im Liebieghaus eine um 1500 gearbeitete Umsetzung der vorbildlichen Statue des Apoll von Belvedere im Vatikan. Wahrscheinlich aus dem Studiolo der Isabella d'Este überkommen, stammt sie aus der Hand des Mantuaner Hofbildhauers Jacopo Alari Bonacolsi, dem seiner artifiziell zelebrierten Kongenialität zur Antike wegen bereits zu Lebzeiten der Künstlername Antico verliehen worden war.

Profunde wissenschaftliche Kenntnis, Unabhängigkeit gegenüber den akademischen Strömungen der Zeit sowie ein hochentwickeltes Qualitätsgefühl zeichneten den Gründungsdirektor des Liebieghauses, Georg Swarzenski, aus. Nur ausnahmsweise entsprachen um 1900 einzelne Stilphasen der nördlich der Alpen heimischen Gotik dem allgemeinen und von der Kunstwissenschaft gestützten Geschmacksurteil. Ausschließlich die der antiken Formgebung angenäherte Gestaltungsweise der Mitte des 13. Jahrhunderts, beispielsweise die Naumburger Stifterfiguren oder der Bamberger Reiter, fanden Anerkennung. Exklusivität wurde eingeräumt nur den Bildhauern der sogenannten „deutschen Renaissance" wie dem Nürnberger Peter Vischer oder dem Würzburger Tilman Riemenschneider. Sie bildeten absolute Ausnahmen in einer finsteren Zeit des Niedergangs. Zwischen dem „griechischen Augenblick" im 13. Jahrhundert und einer neuen künstlerischen Blüte um 1500 sah man annähernd 250 Jahre „Verfall" in strikter Abkehr von den Vorbildern Natur und Antike. Während dieses Vierteljahrtausends aber entwickelten sich neue, bis dahin niemals erfahrene Qualitäten unmittelbarer Anmutung. Vom Naturvorbild abstrahierende Stilisierungen fanden in Mimik und Gestik einprägsam Form. Insbesondere aber stärkten emotional aufrührende Stakkati herabfallender Draperie oder arienartig breit, pathetisch angelegte Gewandrhetorik die jenseitig klingende, mystisch aufgeladene Bildsprache. Auf solche mittelalterlichen Besonderheiten war das Augenmerk des Museumsgründers gerichtet. Beinahe konkurrenzlos konnte er mit dieser der Mode abgekehrten Perspektive aus breiter Fülle das Beste wählen. Im Ergebnis sind heute berückende Entwicklungslinien zu verfolgen. Beispielhaft sei einer einzigen nachgegangen: Sie nimmt ihren Anfang bei der romanischen Madonna aus Schillingskapellen (um 1170), setzt sich fort in der dem Liebieghaus als Leihgabe vom Museum für Angewandte Kunst überlassenen rheinischen Muttergottes mit Kind (um 1230), sodann in der von der Mosel stammenden hochgotischen Thronenden (um 1250), weiter in der rheinisch-maasländischen Anna-Selbdritt-Gruppe (um 1270), um nach der Pariser Elfenbeinstatuette (um 1300) schließlich mit der alemannischen Christus-Johannes-Gruppe (um 1330) zu enden. Daneben verfügt das Liebieghaus mittlerweile über einen Reichtum von Werken aus mittelalterlicher Zeit, der, ganz dem Entwurf des Museumsgründers gemäß, einer illustren Dokumentation eines einschlägigen Kapitels der Entwicklungsgeschichte europäischer Bildhauerkunst genügen könnte. Mit Stolz darf das Liebieghaus sich einer Dichte von bildhauerischen Werken exemplarischer Qualität rühmen, die, international betrachtet, nicht häufig ihresgleichen findet.

Tatsächlich in ihrer historischen Kohärenz schwerlich zu übertreffen ist zuletzt jedoch die Gegenüberstellung des Alabasteraltars aus Rimini, einer vielfigurigen Kreuzigungsszene, entstanden um 1430 in den südlichen Niederlanden, mit der von Hans Multscher zeitgleich – wohl angesichts der französischen Hofkunst – geschaffenen alabasternen Dreifaltigkeitsdarstellung. Objektiv ist die Reihenfolge der Entstehung beider Werke, die noch dazu in verwandten künstlerischen

Alabasteraltar aus Rimini (um 1430), Detail

Hans Multscher: Dreifaltigkeitsrelief (um 1430)

Traditionen wurzeln, nicht zu klären. Stilistisch aber gehört der Alabasteraltar eindeutig einer älteren Entwicklungsphase an. Die unnatürliche Gewandformung seiner Protagonisten bleibt dem vorausgehenden Schönen Stil verhaftet. Multscher hingegen läßt plötzlich jener seither verdrängten Naturnähe freien Lauf, die von da an künstlerisch bestimmend wurde und die frühe Neuzeit nördlich der Alpen einleiten sollte.

Im Glasperlenspiel musealen Sammeleifers fügte sich im Liebieghaus durch diese – Jahrzehnte auseinanderliegenden – Erwerbungen eine Konstellation, die in selten brillanter, geradezu visionärer Klarheit über die Zeiten zurück einen markanten historischen Augenblick erfassen läßt. Hier offenbart das Liebieghaus nicht nur einen Wimpernschlag kunstgeschichtlicher Epochenwende, sondern es läßt darüber hinaus teilhaben an aufblitzender Innovation. Ein solcher museumsgeschichtlicher Glücksfall gibt Geleit zum idealen Ziel jeden Museumsbesuchs: zur Kunst schöpferischen Sehens.

Max Hollein

Die Liebieghaus Skulpturensammlung

Die Geschichte der Sammlung

Die Skulpturensammlung im Liebieghaus blickt auf eine 100jährige Geschichte zurück. Am 11. Oktober 1907 beschlossen der Magistrat der Stadt Frankfurt und die Administration des Städelschen Kunstinstituts die Angliederung einer Städtischen Galerie. Mit dieser Entscheidung wurde zum einen dem Städel der Weg zur klassischen Moderne geebnet, zum anderen gehörte zu dieser neuen Institution nun eine Skulpturensammlung, in der Werke der „Kulturvölker der historischen Zeiten“ vereint werden sollten. Mit dem „Museum alter Plastik“, wie das neue Haus auch genannt wurde, erhielt die Frankfurter Museumslandschaft eine wertvolle Bereicherung. Als – provisorischen – Ort der Unterbringung der Skulpturensammlung entschied man sich für die dem Städel nahegelegene Villa des böhmischen Textilfabrikanten Heinrich Baron von Liebieg (1839–1904). Dieser hatte das Haus am Schaumainkai der Stadt Frankfurt unter der Bedingung, hier „auf ewige Zeiten ein öffentliches Kunstmuseum“ einzurichten, zu einem Vorzugspreis vermacht. Bald hieß das Museum auch im Volksmund nur noch Liebieghaus; das „Provisorium“ wurde zur Dauereinrichtung.

Leonhard Romeis (1854–1904), renommierter Architekt des späten 19. Jahrhunderts, hatte zwischen 1892 und 1896 mit der Villa eine der schönsten und prachtvollsten Privatbauten der Gründerzeit errichtet. Geprägt durch zahlreiche Studienreisen, aber auch durch die Bauten seiner fränkischen Heimat, vereinte er in dem Gebäude viele Elemente verschiedener europäischer Baustile, so der Südtiroler, aber auch der Bamberger Renaissance. Während die reiche Ausstattung im Inneren bis auf wenige Reste entfernt wurde, sind die Fassaden der Villa einschließlich des aufwendigen Skulpturenschmucks außerordentlich gut erhalten.

Der am Mainufer inmitten eines kleinen Parks gelegene Bau wurde im Jahr 1909 für die Skulpturensammlung umgebaut und um einen ersten Galerietrakt erweitert, der – dem historistischen Stil der Villa angeglichen – einer barocken Orangerie ähnelt. Die geschickte Ankaufspolitik des Gründungsdirektors Georg Swarzenski (1876–1957), gleichzeitig Direktor des Städel und der Städtischen Galerie, ermöglichte, begleitet vom großen mäzenatischen Engagement Frankfurter Bürger, die zügige Realisierung des Sammlungsaufbaus. Als das Liebieghaus am 14. Oktober 1909 die Pforten öffnete, konnte das Museum Werke von hoher Qualität und internationaler Beachtung präsentieren. Frankfurter Bürger erwarben die antike griechische Marmorstatue der Athena des frühklassischen Bildhauers Myron – heute das bekannteste Werk des griechisch-römischen Altertums – sowie den Altar der Himmelfahrt Mariae des Renaissance-Bildhauers Andrea della Robbia und schenkten sie dem neuen Museum zur Eröffnung. Damit wurden Skulpturen aus Epochen ausgewählt, die in der Kunstgeschichte seinerzeit als Stile besonderer künstlerischer Vollendung galten. Swarzenski unterstrich ihre Bedeutung durch eine Aufstellung in den Blickachsen des Galerietraktes und unterlief doch gleichzeitig diese kunsthistorische Konvention: Es war ihm weniger an der Hervorhebung einzelner Stile als an der Vermittlung ihrer Zusammenhänge gelegen. Übergreifendes Ziel war, „die Entwicklung der Bildhauerkunst bei den Kulturvölkern während der historischen Zeiten durch Sammlung hervorragender oder charakteristischer Werke zu veranschaulichen". Alle historischen Stile von der altägyptischen Antike bis zum Rokoko galten als gleichwertig. Damit rückten auch Epochen in den Blick, die damals wiederentdeckt wurden: Was „als neu bewegte und erregte", so Swarzenski, war die Spätantike, der Manierismus, der Barock und vor allem das Mittelalter.

Die „Kulturvölker" waren im Verständnis des damaligen Zeitgeistes die europäischen Kulturen, beginnend mit der griechischen und römischen Antike unter Hinzunahme der Hochkulturen Ägyptens, Mesopotamiens und schließlich der ostasiatischen, durch den Buddhismus geprägten Länder. Die Gründungsidee orientierte sich – für diese Zeit ganz selbstverständlich – an einem eher eurozentrischen Konzept.

Bei der Eröffnung im Jahr 1909 wies die Skulpturensammlung des Liebieghauses bereits 350 Objekte auf. In kurzer Zeit war es also gelungen, etwas bisher nicht Dagewesenes aufzubauen: eine kommunale Sammlung antiker und nachantiker europäischer und außereuropäischer Skulptur, die 5000 Jahre umspannt. Ein solch schwieriges und kostspieliges Unterfangen war bislang nur Fürsten- und

Königshäusern gelungen. Unterstützung fand das Liebieghaus nicht nur beim Magistrat der Stadt Frankfurt, sondern auch bei wohlhabenden Frankfurter Familien. In der Auflistung der mittelbaren und unmittelbaren Gönner, die dem Museumsführer von 1915 vorangestellt ist, finden sich Namen wie beispielsweise Freiherr Max von Goldschmidt-Rothschild, Martin Flersheim, Viktor Mössinger, Emma von Mumm, Adolf von Grunelius oder auch Mitglieder der Familien Passavant und Gans. Bis 1930 konnten weitere bedeutende Förderer gewonnen werden. Zu ihnen zählten die Familien von Bethmann, Herxheimer, Oppenheim, von Weinberg oder Merton. Mit ihrer Hilfe und mit städtischen Mitteln konnte Swarzenski die Sammlung beispielsweise um Werke wie das Relief mit der Darstellung der Schlachtung der Opfertiere aus dem Totentempel des Königs Sahure (Mitte 3. Jahrtausend v. Chr.), die fünf Musen aus Pozzuoli (spätes 2. Jahrhundert v. Chr.), den bedeutenden Rimini-Altar – eines der umfangreichsten und am besten erhaltenen Ensembles spätmittelalterlicher Alabasterfiguren (um 1430) – und Niclaus Gerhaerts beliebte und lebensnahe *Bärbel von Ottenheim* (1463/1464) sowie Ignaz Günthers der Aufklärung verpflichteten *Anbetenden Engel* (um 1770) bereichern.

Von Bedeutung war auch die jeweils sehr klug eingefädelte Eingliederung bestehender Sammlungen: Die Privatsammlung des großen deutschen Archäologen Adolf Furtwängler (1853–1907) wurde dem Liebieghaus von seiner Witwe übergeben. Ebenso gelang es, die Funde und Sammlungsobjekte, die von zwei Frankfurter Ägyptenexpeditionen unter Eduard Rüppell (1794–1884) und später unter Carl M. Kaufmann (1872–1951) stammten, für das Haus zu sichern. Swarzenskis Wirken fand durch den Nationalsozialismus ein jähes Ende: 1933 wurde er des Amtes als Generaldirektor der Frankfurter Museen enthoben. Als jüdischem Mitbürger gelang es ihm 1938, in die USA auszuwandern, wo er ab 1939 in Boston am Museum of Fine Arts tätig war. Seit 1928, dem Zeitpunkt also, zu dem Georg Swarzenski das Amt des Generaldirektors der Frankfurter Museen übernahm, war Alfred Wolters (1884–1973) Leiter der städtischen Skulpturensammlung im Liebieghaus; er lenkte die Geschicke des Hauses durch die „tiefste seelische, geistige und zum Teil auch praktische Not“ des „Dritten Reiches“ und des Zweiten Weltkrieges und organisierte danach den Wiederaufbau des Hauses, ehe er das Museum 1949 verließ.

Noch vor Ausbruch des Krieges wurde das Museum im Dezember 1938 geschlossen. Kriegsbeschädigungen des Galerietrakts und die nur allmähliche Rückführung zahlreicher während des Krieges ausgelagerter Werke führten dazu, daß erst ab 1955 nach und nach wieder Abteilungen geöffnet werden konnten. Gleichzeitig gelangen unter dem Direktor des Städel Ernst Holzinger (1901–1972), der seit 1949 in Personalunion auch das Liebieghaus führte, sowie anschließend unter Anton Legner als dem Leiter der Städtischen Galerie bedeutende Erwerbungen, zu

Museum Giersch

Name:	MUSEUM GIERSCH
Adresse:	Schaumainkai 83, 60596 Frankfurt am Main Tel.: (0 69) 6 33 04–1 28, Fax: (0 69) 6 33 04–1 44 E-Mail: museum-giersch@schaumainkai.de Internet: www.museum-giersch.de
Öffentliche Verkehrsmittel:	U1, U2, U3 bis Schweizer Platz; Straßenbahn 15, 16 bis Stresemannallee/Gartenstraße; Bus 46 (Museumsuferlinie) bis Stresemannallee/Gartenstraße oder Städel Museum
Öffnungszeiten:	Di.–Fr. 12.00–19.00 Uhr, Sa., So. 11.00–17.00 Uhr, Mo. geschlossen
Eintrittspreise:	5 €, ermäßigt 2,50 €
Gründungs-/Eröffnungsjahr:	eröffnet am 22. September 2000
Erweiterungsbauten:	Umbau der neoklassizistischen Villa 1999–2000 (Architekt: Warschauer, Scheffler & Partner)
Träger:	STIFTUNG GIERSCH, Frankfurt am Main
Leitung:	Dr. Manfred Großkinsky, seit 1. Oktober 1999
Wissenschaftliche Mitarbeiter:	Dr. Birgit Sander, Stellvertretende Leiterin Dr. Christian Ring, Volontär Carina Matschke M. A., Assistentin
Museumspädagogischer Dienst/ Führungen:	Führungen und vielfältige Veranstaltungen für Erwachsene und Kinder, durchgeführt durch freie Mitarbeiter
Bestand:	Das Museum verfügt über keinen eigenen Bestand
Vorsitz/Vorstand Stiftung/Kuratorium:	Stiftungsvorsitzende: Senatores Karin und Professor Carlo Giersch; Vorstand der Stiftung: Dipl. Kfm. Stephan Rapp; Kuratoriumsmitglieder: Dr. Dr. h. c. Nikolaus Hensel, Ulrich Höller, Max Hollein, Dieter Pleines
Titel der wichtigsten Kataloge:	Kunstlandschaft Rhein-Main – Malerei im 19. Jahrhundert 1806–1866 (2000); Frühe Photographie im Rhein-Main-Gebiet 1839–1885 (2003); Anton Burger 1824–1905 (2004); Bilder aus dem Leben. Genremalerei im Rhein-Main-Gebiet (2004); Mattheuer, Tübke, Triegel – Eine Frankfurter Privatsammlung (2007)

Das MUSEUM GIERSCH bietet als einziges Haus der Region regelmäßige Ausstellungen und Publikationen, die über die kunst- und kulturhistorischen Themen der Region Rhein-Main informieren. Indem die unterschiedlichsten lokalen Traditionen und Künstlerpersönlichkeiten von Aschaffenburg und Darmstadt, über Hanau, Mainz und Wiesbaden bis hin zur Mainmetropole Frankfurt zusammengesehen und -gefaßt werden, markiert sich – vor dem

Hintergrund der gesamtdeutschen Kunstgeschichte – ein spezifisches kunst- und kulturhistorisches Profil des Rhein-Main-Gebiets. Mit seiner Arbeit vertieft und erweitert das MUSEUM GIERSCH kontinuierlich die Kenntnis des lokalen und regionalen Kunstschaffens und erzeugt dadurch ein identitätsstiftendes Potential, das zu Vergleichen mit anderen deutschen, aber auch ausländischen Kunstregionen anregt.

Dr. Manfred Großkinsky

Das MUSEUM GIERSCH

Kurze Gründungsgeschichte

Das MUSEUM GIERSCH geht auf die Initiative der 1994 gegründeten STIFTUNG GIERSCH mit Sitz in Frankfurt am Main zurück. Das Stifterehepaar Senatores Karin und Professor Carlo Giersch rief diese Stiftung mit dem Ziel ins Leben, sein persönliches kulturelles Engagement für die Heimatstadt entsprechend eigenen Vorstellungen verwirklichen zu können. Nach mehrjähriger Suche nach einem geeigneten Domizil für das geplante Museum überzeugte sie eine Bürgervilla am Schaumainkai, die der Frankfurter Bauunternehmer Philipp Holzmann 1910 als „Villa Holzmann“ im neoklassizistischen Stil errichtet hatte. Im Juli 1998 erwarb die Stiftung das Anwesen aus dem Besitz der Stadt Frankfurt. Damit verbunden war die Auflage, das Gebäude als Museum herzurichten und als kunstgeschichtliches Institut der Öffentlichkeit zugänglich zu machen. In den Jahren 1999 und 2000 wurde die Villa durch das Büro Professor Scheffler grundlegend saniert und entsprechend den Anforderungen modernster Museumstechnologie ausgestattet.

Während der Umbauphase des Museums kristallisierte sich auch der in einer Satzung festgehaltene Wille der Stifter. Dieser sieht eine Nutzung des MUSEUMS GIERSCH als Forschungseinrichtung und Ausstellungsinstitut mit Schwerpunkt Kunst- und Kulturgeschichte des Rhein-Main-Gebiets im 19. und frühen 20. Jahrhundert vor. In der Praxis umfaßt dies regelmäßige Wechselausstellungen zu kunst- und kulturhistorischen Themen, die Einblicke in das Kunstschaffen dieser Zeit und der Region geben und bisherige Forschungslücken schließen. Dabei widmet sich das MUSEUM GIERSCH allen künstlerischen Ausdrucksformen – der Malerei, Bildhauerei und Architektur, der Graphik, dem Kunstgewerbe und der Fotografie. Regelmäßig erscheinende, wissenschaftlich erarbeitete Publikationen und Vorträge leisten mit den Ausstellungen einen umfassenden Beitrag zur Kunstgeschichte des Rhein-Main-Gebiets und würdigen das Schaffen derjenigen Künstlerinnen und Künstler, die durch Geburt, Wohnsitz, Ausbildung, Ausstellungs- oder Lehrtätigkeit bzw. durch das öffentliche und private Sammlungswesen mit der Region verbunden sind. In einem Künstlerarchiv werden Daten und Fakten zu Leben und Werk der lokalen und regionalen Künstlerschaft und in einer Bibliothek Schrifttum zur Kunst- und Kulturgeschichte der Region gesammelt.

Die konzeptionelle Ausrichtung auf die Region Rhein-Main basiert auf der Beobachtung zeitgenössischer, gesellschaftliche Phänomene. In Zeiten eines zusammenwachsenden Europas und einer Globalisierung, die auch unseren individuellen Alltag beeinflußt, wird in Zukunft das Bewußtsein für die eigenen Wurzeln eine zunehmende Bedeutung für das Selbstverständnis des einzelnen wie eben auch für die Regionen gewinnen. Vor diesem Hintergrund werden Begriffe wie „regional“ und „provinziell“ unter ganz anderen Vorzeichen gesehen und gewertet werden müssen. Das birgt auch Chancen für die Kunst. Perspektiven werden sich verändern und die Kunst wird nicht mehr nur aus dem Blickwinkel der internationalen „Highlights“ betrachtet werden. In diesem Sinne will das MUSEUM GIERSCH nicht Kunstgeschichte „von oben“, sondern „von unten“ betreiben. Es stellt primär den lokalen und regionalen Kontext in den Vordergrund, um die künstlerischen Leistungen sowie ihre fortschrittlichen und ihre retardierenden Momente darzustellen. Über die Jahre erstellt das Museum ein unverwechselbares Profil der Kunstlandschaft Rhein-Main.

Trotz der regionalen Akzentuierung steht die Qualität des einzelnen Kunstwerkes im Vordergrund. Allerdings ist der Qualitätsmaßstab, der bei der Auswahl der Werke zugrunde gelegt wird, nicht eindimensional an der ästhetischen Erscheinung eines Kunstwerks ausgerichtet. Von Interesse ist vielmehr, welche kunst- und kulturgeschichtlichen Phänomene sich an einem Werk ablesen lassen und welchen regionalen bzw. lokalen Bezug ein Werk dokumentiert.

Sammlungsschwerpunkte

Die STIFTUNG GIERSCH verfügt im Jahr 2008 über eine nur kleine Sammlung von Gemälden und Bronzeplastiken. Diese sammlungsspezifische Zurückhaltung resultiert aus der Stiftungssatzung, die den Aufbau einer großangelegten Kollektion ausdrücklich nicht vorsieht. Vielmehr gehört zur Philosophie der Stiftung der Anspruch, die regelmäßigen Wechselausstellungen ausschließlich mit Leihgaben aus öffentlichem und privatem Besitz zu bestücken. Vom Aufbau eines eigenen, größeren Bestandes wird bewußt abgesehen, um alle verfügbaren Ressourcen in die Erforschung, Präsentation und Vermittlung der lokalen und regionalen Kunst- und Kulturgeschichte fließen zu lassen. Aus diesem Grunde nimmt das Museum auch keine Schenkungen und Nachlässe entgegen. Die Aufarbeitung und Pflege dieser Bestände zögen zwangsläufig eine Blockade der Forschungs- und Ausstellungstätigkeit nach sich. Darüber hinaus schaffen wir durch die Arbeit mit Fremdbesitz die Möglichkeit, in Depots und privaten Sammlungen aufbewahrte Kunstwerke einem kunstsinnigen Publikum auf Zeit zu präsentieren. Daher praktiziert das MUSEUM GIERSCH eine enge Kooperation mit allen Museen, die an einer Förderung der lokalen und regionalen Kunst interessiert sind. Dazu gehören sowohl die Museen im Rhein-Main-Gebiet als auch deutsche und ausländische Institute, die als Leihgeber von Exponaten auftreten bzw. sich in ihrer Ausstellungspolitik der regionalen Kunstgeschichte widmen.

Kurze Sammlungsgeschichte

Die wenige Werke umfassende Sammlung der STIFTUNG GIERSCH geht auf das umfangreiche und vielfältige Stiftungsvolumen (Kapital, Immobilien, Kunstwerke) des Stifterehepaares Senatores Karin und Professor Carlo Giersch zurück. Ihr schwerpunktmäßiges Interesse für die regionale Kunst des 19. Jahrhunderts prägt die kleine Sammlung. Diese Werke stammen allesamt von Künstlern, die biographisch bzw. künstlerisch der Region Rhein-Main verbunden sind, darunter August Gaul, Hans Thoma, Anton Burger, Jakob Becker, Otto Scholderer. Alle diese Künstler genießen eine hohe Reputation in der lokalen, regionalen, aber auch nationalen Kunstgeschichte. In diesen Bestand werden laut testamentarischer Verfügung weitere Teile des privaten Kunstbesitzes des Stifterehepaares Giersch einfließen.

Würdigung der wichtigsten Kunstobjekte

Zu der Sammlung der STIFTUNG GIERSCH gehören bemerkenswerte Gemälde und Plastiken der namhaftesten Künstler der Region. Ein besonderes Interesse gilt Anton Burger, der lokalen – und heute noch hochgeschätzten – Künstlergröße der Region Rhein-Main in der zweiten Hälfte des 19. Jahrhunderts. Eine stattliche Anzahl an Genre-, Porträt- und Landschaftsgemälden dokumentiert seine künstlerische Dominanz im Frankfurt um 1900. Eine seiner Vorlieben, die Jagd, ging in sein Gemälde *Auf der Jagd* von 1878 ein. Mit seiner sehr verschliffenen Malweise und breiten, dunkeltonigen Palette steht er deutlich unter dem Einfluß von Gustave Courbet. Von seinem Lehrer Jakob Becker, der 1839 das Fach Genremalerei an der Städelschule einführte, nahezu alle wichtigen Frankfurter Künstler der zweiten Jahrhunderthälfte unterrichtete und daher auch mehrfach in der Sammlung vertreten ist, stammt *Der Liebesantrag* von 1854. Diese Szene stellt den Gründer der Höchst-Werke Eugen Lucius mit den beiden Töchtern des Malers in Schwälmer Tracht dar. Auch einer der bekanntesten deutschen Künstler der zweiten Jahrhunderthälfte, Hans Thoma, ist in der Sammlung vertreten. Der Wahlfrankfurter lebte und arbeitete über 20 Jahre in der Mainmetropole. 1916 malte er die großformatige, imposante Niddalandschaft, die den Fluß mit Wolkenspiegelung und Staffage zeigt. Zu Thomas Weggenossen gehört auch Wilhelm Trübner, der zwischen 1896 und 1903 als freier Lehrer an der Städelschule unterrichtete. Sein *Rosenhag*, um 1908/1909 entstanden, ist ein schönes Beispiel für seine markante künstlerische Handschrift mit ihrem breiten und kräftigen Duktus. Besonders der farbliche Reiz der unterschiedlichen Grüntöne erweist Trübner als einen Meister seines Fachs. Beachtlich ist auch der Bestand an 47 Tierplastiken des in Großauheim bei Hanau gebürtigen August Gaul, der als der beste und berühmteste deutsche Tierbildhauer des 20. Jahrhunderts gilt. Befreundet mit Max Liebermann, gehörte Gaul zu den Gründungsmitgliedern der Berliner Sezession. Eine freie Nachbildung seines Berliner Entenbrunnens steht im Garten des MUSEUMS GIERSCH.

Jakob Becker: *Der Liebesantrag* (1854)

Highlights der Sonderausstellungen

Den Anspruch des MUSEUMS GIERSCH, Forschungslücken in der lokalen und regionalen Kunst- und Kulturgeschichte zu schließen, begleitet ein abwechslungsreiches und anspruchsvolles Ausstellungsprogramm. Monographische, thematische und gattungsspezifische Ausstellungen bieten tiefgreifende Einblicke in die

Vielfalt des regionalen Kunstschaffens. Die gewählten Rezeptionsperspektiven breiten eine reiche, oftmals vergessene und daher mit viel Überraschungspotential versehene Kunst- und Kulturgeschichte aus. Von den Ausstellungen, die das MUSEUM GIERSCH seit seiner Eröffnung im September 2000 erarbeitete und präsentierte, seien einige herausragende Beispiele angeführt:

Die Ausstellung „Otto Scholderer 1834–1902 – Die neue Wirklichkeit des Malerischen" (2002) machte den Besucher mit einem der besten deutschen Stilllebenmaler des 19. Jahrhunderts vertraut. Dieser herausragende, in Paris und London zu Ehren gekommene Frankfurter Künstler, Freund von Gustave Courbet und Henri Fantin-Latour, wurde durch diese Ausstellung erstmals mit einer umfassenden Retrospektive und einem repräsentativen Katalog gewürdigt. Besonders die Stilleben zeugen von der außerordentlichen Subtilität seiner Malerei und einer malerischen Meisterschaft von Texturen.

Die Ausstellung „Sammlerin und Stifterin – Henriette Amalie von Anhalt-Dessau und ihr Frankfurter Exil" (2002/2003) gewährte Einblick in die einzige noch erhaltene Frankfurter Gemäldesammlung des 18. Jahrhunderts. Daneben ließen sich auch die Münz- und Mineraliensammlung, aber auch die Bibliothek der Fürstin, die nahezu 50 Jahre ihres Lebens in ihrem Schloß in Bockenheim sowie in ihrer Frankfurter Stadtvilla verbrachte, rekonstruieren.

Mit über 260 Leihgaben thematisierte die Ausstellung „Frühe Photographie im Rhein-Main-Gebiet 1839–1885" (2003/2004) ein noch junges Medium der Kunst, das ganz wesentlich die Bildproduktion des 20. Jahrhunderts mitbestimmt. Die Ausbreitung und Entwicklung in der Region Rhein-Main wurde anhand der verschiedenen Motivgattungen dargestellt. Zudem konnten viele namentlich bisher unbekannte Fotografen ins Bewußtsein der interessierten Öffentlichkeit gerückt werden.

Die Ausstellung „Willi Baumeister – Die Frankfurter Jahre 1928–1933" (2005) brachte einen großen deutschen Künstler in Erinnerung, dessen Frankfurter Lehr- und Arbeitsjahre an der Städelschule vollständig in Vergessenheit geraten waren. Neben seiner richtungweisenden modernen Malerei spielten vor allem seine graphischen Arbeiten, insbesondere für die Bewegung des „Neuen Frankfurt", eine herausragende Rolle. Wegen der Modernität seiner Kunst verfemt, mußte Baumeister – wie Max Beckmann – seinen Platz an der Städelschule 1933 räumen.

„Von Köpfen und Körpern – Frankfurter Bildhauerei aus dem Städel" (2006) lautete der Titel einer Ausstellung, die auf den beachtlichen, 600 Bildhauerarbeiten umfassenden Bestand des Städel Museums aufmerksam machte und dadurch den eingeengten Fokus auf dieses Museum als Gemäldegalerie um ein ungeahntes Spektrum erweiterte. Die Ausstellung im MUSEUM GIERSCH zeigte den lokalen Part dieser Sammlung und schloß mit ihren Forschungsergebnissen bestehende

Lücken zur bisher wenig beachteten Frankfurter Bildhauerei des 19. und 20. Jahrhunderts.

Die Schau „Marie-Louise von Motesiczky 1906–1996“ (2006/2007) stellte eine in Frankfurt vergessene Beckmann-Schülerin vor. Die Künstlerin – Muse Elias Canettis – emigrierte 1938 nach England und hinterließ einen umfangreichen künstlerischen Nachlaß. Besonders beeindruckten ihre eindringlichen Porträts bekannter Persönlichkeiten wie auch die Serie zu ihrer sterbenden Mutter. Konzeption und Redaktion des Katalogs zur Ausstellung, die in Liverpool, Frankfurt, Wien, Passau und Southampton zu sehen war, oblagen dem MUSEUM GIERSCH.

Eine zeitgenössische Frankfurter Privatsammlung stellte die Schau „Mattheuer, Tübke, Triegel“ (2007/2008) vor. Die drei Künstler aus der Partnerstadt Leipzig stehen für eine figürliche Malerei, die sich an der deutschen und italienischen Kunst der Renaissance orientiert. Erstmals konnte mit dieser Ausstellung und ihrem begleitenden Katalog der Aspekt des zeitgenössischen Frankfurter Sammlungswesens thematisiert werden – eine Reihe, die in loser Folge fortgesetzt werden soll.

Zukunftsplanung, Desiderate, Visionen

Die Ausstellungsplanung der nächsten Jahre erfordert umfangreiche und zeitintensive Recherchearbeiten, für die in Zukunft auch verstärkt mit interessierten Studenten zusammengearbeitet werden soll. Insofern soll der Kontakt mit den umliegenden Universitäten verstärkt werden. Die anvisierten Ausstellungen – teils auch Kooperationen mit anderen deutschen Museen – sollen weiterhin den Bekanntheitsgrad des Museum steigern. Eine Intensivierung der Bemühungen um jüngere Besuchergruppen gehört ebenso zu den Zukunftsplänen wie ein Ausbau des museumspädagogischen Angebots für Kinder.

Für das Museumsufer wäre eine verstärkte inhaltliche Zusammenarbeit mit den Kollegen der anderen Häuser wünschenswert. Erstrebenswert wäre gar ein anspruchsvolles gemeinsames Forschungsprojekt, das schließlich auch in eine großangelegte Ausstellung einfließen könnte. Eine Intensivierung des gemeinsamen und konsequent betriebenen Marketings wäre eine Bereicherung für alle Häuser. Auch die endgültige Entfernung des sogenannten Flohmarkts, eine Neuregelung der Einbahnstraßenführung im südlichen Museumsuferbereich, die sich vor allem für auswärtige Besucher etwas freundlicher und damit gastlicher darstellt, verbunden mit der Lösung der Parkplatznot, wären wünschenswert.

Literaturhaus

Name:	Literaturhaus Frankfurt e. V.
Adresse:	Schöne Aussicht 2, 60311 Frankfurt am Main Tel.: (0 69) 75 61 84–0, Fax: (0 69) 75 61 84–20 E-Mail: info@literaturhaus-frankfurt.de Internet: www.literaturhaus-frankfurt.de
Öffentliche Verkehrsmittel:	S1–S6, S8, S9 bis Ostendstraße; U6, U7 bis Zoo, Anschluß Straßenbahn 14 bis Hospital zum Heiligen Geist; Bus 30, 36 bis Schöne Aussicht
Öffnungszeiten:	Mo.–Fr. 11.00–24.00 Uhr, Sa. 18.00–24.00 Uhr, So. 11.00–18.00 Uhr
Eintrittspreise:	6 €/12 €, ermäßigt (Schüler, Studenten, Mitglieder) 3,50 €/10 €
Gründungs-/Eröffnungsjahr:	Gründung 1990, Eröffnung in der Villa Hoffmann 1991; Neueröffnung in der Alten Stadtbibliothek 2005 (Architekt: Christoph Mäckler)
Träger:	Literaturhaus Frankfurt e. V., gefördert vom Kulturamt der Stadt Frankfurt am Main
Leitung:	1991–1995 Dr. Thomas Beckermann seit 1995 Dr. Maria Gazzetti
Vorstand:	Dr. Joachim Unseld, 1. Vorstandsvorsitzender
Veranstaltungen:	Lesungen und Vorträge bedeutender Schriftsteller und Wissenschaftler, zahlreiche Veranstaltungsreihen wie „Schöne Aussichten – Das Frankfurter Litaraturgespräch“, „Streitfall – Autoren in der Kontroverse“, „ZeitBrüche – Diagnosen zur Gegenwart“, „Frankfurter Verlegergespräche“ etc.

Das Literaturhaus Frankfurt ist ein lebendiger Ort der literarischen Begegnungen und der Auseinandersetzung mit internationaler internationaler Literatur. Neben der klassischen Autorenlesung finden regelmäßige Diskussionsrunden über Sachbücher statt wie der „Streitfall“ (in Kooperation mit dem Hessischen Rundfunk) oder die „ZeitBrüche“ (mit dem Institut für Sozialforschung). Das Literaturhaus Frankfurt veranstaltet und initiiert Symposien und Tagungen und zeigt Ausstellungen zu literarischen Themen. Während der Buchmesse ist das jeweilige Gastland mit Lesungen und Veranstaltungen im Haus vertreten.

LITTERIS RECUPERATA LIBERTATE CIVITAS
FURT

Maria Gazzetti

Literaturhaus Frankfurt an der Schönen Aussicht

Ein Literaturhaus in der Mainmetropole zu errichten – das war für eine Gruppe engagierter Frankfurter Bürger 1989 ein Projekt mit Zukunft. Gemeinsam mit dem damaligen Kulturdezernenten Hilmar Hoffmann ging es für die engagierten Verleger, Schriftsteller und Literaturkritiker weniger darum zu erklären, worin sich ein Literaturhaus von einem Künstler-, Palmen- oder Frauenhaus unterscheidet, der Sinn einer solchen vergleichsweise neuen Kulturinstitution war für sie unbestritten; vielmehr ging es zunächst um Grundsätzliches: Ein Ort mußte gefunden werden, das Vereinsrecht studiert und die Institution finanziell abgesichert werden. Mit der Villa Hoffmann aus der Gründerzeit, im Frankfurter Westend an der Bockenheimer Landstraße 102, fand man ein altes, mehrstöckiges Haus mit Wintergarten und schönen Räumen, das nicht nur für literarische Veranstaltungen, sondern auch für ein Café und für Vermietungen genutzt werden konnte. Das Kulturamt der Stadt Frankfurt übernahm die Miete und übergab dem Literaturhaus-Verein das Haus mietfrei. Seitdem fördert das Kulturamt der Stadt Frankfurt darüber hinaus einen wesentlichen Teil des literarischen Programms. Knapp die Hälfte seines Etats erwirtschaftet das Literaturhaus eigenverantwortlich durch Vermietungen.

Nach einer sehr erfolgreichen Veranstaltungszeit ist das im Januar 1991 eröffnete Literaturhaus Frankfurt im Oktober 2005 vom Westend ans Mainufer, in die nach Plänen des Architekten Christoph Mäckler und mit Mitteln der Gemeinnützigen Hertie-Stiftung und der Helaba wiederaufgebaute Alte Stadtbibliothek gezogen, dorthin, wo früher die Kunsthalle Portikus stand. Der Umzug in die Alte Stadtbibliothek sichert die Existenz des Frankfurter Literaturhauses, denn 2008 wäre der Mietvertrag für die Villa Hoffmann im Westend ausgelaufen. Das Literaturhaus belebt diesen Ort, der seit dem Bau der Bibliothek im Jahre 1820 mit dem ureigensten Medium der Literatur, dem Buch, verbunden ist, neu.

Das Literaturhaus, dessen Verein mittlerweile knapp 800 Mitglieder zählt, kann seit seiner Eröffnung auf eine lange Reihe von Lesungen, literarischen Veranstaltungen und Ausstellungen mit internationalen Gästen zurückblicken: Eine kaum noch überschaubare Zahl bedeutender Schriftsteller waren und sind im Literaturhaus immer wieder zu Gast, darunter Nobelpreisträger wie Elfriede Jelinek, José Saramago, Imré Kertész und Orhan Pamuk, Autoren wie António Lobo Antunes, Marcel Bayer, Karl Dedecius, Péter Esterházy, Robert Gernhardt, Wilhelm Genazino, Durs Grünbein, Ernst-Wilhelm Händler, Peter Handke, Judith Hermann, Felicitas Hoppe, Alexander Kluge, Michael Lentz, Sibylle Lewitscharoff, Mario Vargas Llosa, Javier Marías, Friederike Mayröcker, Andreas Maier, Margriet de Moor, Martin Mosebach, Les Murray, Cees Nooteboom, Paul Nizon, Péter Nádas, Lídia Jorge, Amos Oz, Oskar Pastior, Christoph Ransmayr, Marcel Reich-Ranicki, Ralf Rothmann, Silke Scheuermann, Ingo Schulze, Jorge Semprún, Vikram Seth, Peter Stamm, Marlene Streeruwitz, Jean Philippe Toussaint, Urs Widmer, Christa Wolf, aber auch Philosophen und Forscher wie Ralf Dahrendorf, Horst Bredekamp, Rüdiger Safranski, Wolf Singer, Peter Sloterdijk.

Lesen verlangt von uns das gleiche wie das Leben – einen Sinn zu finden unter vielen. Mit der Literatur wird man ein besserer Leser von sich selbst. Lesungen geben den Büchern eine physische Realität in Lautform. Die klassische Lesung lebt von der Faszination der realen Gegenwart eines Autors, lebt von der Stimme hinter dem Buch. Eine gute Lesung läßt einen Sprachraum entstehen, in dem ein Buch sich dem Zuhörenden anders erschließt als dem einsamen Lesenden.

Das Literaturhaus Frankfurt versteht Literatur als öffentliche Angelegenheit, es ist ein Ort der literarischen Begegnungen und der Auseinandersetzung mit zeitgenössischer internationaler Literatur. Aber es erinnert zugleich, über die einzelne Veranstaltung hinaus, konzentriert und differenziert an Tendenzen und Formen der Literatur, denen mehr Aufmerksamkeit zu wünschen wäre, und an die Produktionsprozesse, denen die Literatur zu verdanken ist. Denn es wird immer noch einsam und konzentriert entworfen und geschrieben, verworfen, fortgesetzt und übersetzt. Neben der klassischen Autorenlesung und Buchpräsentationen finden im Literaturhaus in den Veranstaltungsreihen „Streitfall – Autoren in der Kontroverse“ (in Zusammenarbeit mit dem Hessischen Rundfunk) und „ZeitBrüche – Diagnosen zur Gegenwart“ (mit dem Institut für Sozialforschung) regelmäßig Diskussionsabende zu neuen Sachbüchern statt. Das Literaturarchiv Marbach öffnet im Literaturhaus regelmäßig „Zeitkapseln“, das heißt, es zeigt hier in Veranstaltungen neue Funde und verborgene Schätze aus den Schriftsteller- und Gelehrtennachlässen. Monatlich präsentieren sich Frankfurter Verlage bei den Verlegergesprächen mit Holger Ehling. Im Rahmen einer Kooperation mit der Johann Wolfgang Goethe-Universität Frankfurt liest der jeweilige Inhaber der Poetik-Gastdozentur zum Abschluß im Literaturhaus aus seinen Werken. „Lesung von A bis Z“ – unter diesem Titel wurde im März 2007 erstmals ein komplettes Buch gelesen. Acht Abende brauchte Ulf Erdmann Ziegler für die Lesung seines Romandebüts *Hamburger Hochbahn* – ein Experiment, das großen Zuspruch erfuhr und sicher wiederholt wird. Nachdem Peter Heusch 13 Jahre lang in einer monatlichen Lesung Marcel Prousts Werk *Auf der Suche nach der verlorenen Zeit* zu Gehör gebracht hatte, die letzte Lesung fand im März 2007 statt, hat er im Januar 2008 ein neues Projekt begonnen: An zehn Montagen im Jahr liest er Laurence Sternes Roman *Leben und Ansichten von Tristram Shandy, Gentleman.*

Außerdem veranstaltet das Literaturhaus Frankfurt Symposien und Tagungen, zum Beispiel 1997 die Tagung über den serbischen Autor Danilo Kis und

Entree des Literaturhauses

2000, vom Autor Thomas Hettsche kuratiert, das Symposium über „Buchmaschinen – Erinnerungen und ihre Speicher". Im September 2004 fand die Erste Frankfurter Literaturbiennale statt, die sich mit der Frage beschäftigte, wie sich die zeitgenössische deutschsprachige Literatur auf dem internationalen Markt durchsetzt. Die Zweite Frankfurter Literaturbiennale im Juni 2007 hatte es sich zur Aufgabe gemacht, über fünfzig Gästen aus dem Ausland (Übersetzern, Verlegern, Journalisten und Scouts) die neuesten Veröffentlichungen von fünfzehn deutschsprachigen Autoren vorzustellen. Hinzu kamen Diskussionen zur Übersetzungsförderung und Vermittlung deutschsprachiger Bücher ins Ausland sowie zum Deutschen Buchpreis. Verbunden mit der Biennale ist die jährliche Verleihung des mit 25 000 Euro dotierten „DekaBank-Preises des Literaturhauses Frankfurt zur Förderung der deutschen Literatur und Wissenschaft im Ausland".

Im April 2007 fanden erstmals die Internationalen Lyriktage „Main Poesia" statt. Zum fortan regelmäßig veranstalteten Festival werden international etablierte, aber auch jüngere Lyrikerinnen und Lyriker eingeladen.

Das Literaturhaus Frankfurt konnte im alten Haus kleinere Ausstellungen zu Autoren wie Michail Bulgakov, Vladimir Nabokov, Ernst Jandl und Franz Kafka zeigen. Die Räume im neuen Domizil an der Schönen Aussicht 2 bieten nun die Möglichkeit, umfangreichere literarische Ausstellungen zu planen, wie im Sommer 2007 die Ausstellung „Robert Walser, 1878–1956" zum 50. Todestag des Dichters. Im Frühjahr 2007 widmete sich die Schau „Hannah Arendt – Von den Dichtern erwarten wir Wahrheit" mit einem umfangreichen Begleitprogramm dem Verhältnis Hannah Arendts zur Literatur. „Kippfiguren. Robert Gernhardts Brunnen-Hefte" hieß die Ausstellung des Literaturarchivs Marbach, die im Frankfurter Literaturhaus 2008 gezeigt werden konnte. Dazu kommen bevorzugt auch Ausstellungen, die den Bogen von der Literatur zur bildenden Kunst schlagen, wie 2005 die Fotoausstellung „Etwas Licht" mit Bildern von Péter Nádas und Barbara Klemm oder die Austellung mit Fotomalereien von Rebecca Horn zum Manuskript *Das Lamm* von Martin Mosebach, 2006 die Fotografie- und Wortinstallationen zu Heiner Müllers *Der Tod ist ein Irrtum* von seiner Witwe Brigitte Maria Mayer oder im Sommer 2008 die von Juliane von Herz kuratierte Ausstellung „BOXER", bei der 28 Künstler aus der Frankfurter Städelschule das Literaturhaus in einen Ort der bildenden Kunst verwandelten.

Während der Buchmesse ist das jeweilige Gastland mit Lesungen und Veranstaltungen im Haus vertreten.

Auch für Kinder und Jugendliche macht das Literaturhaus Frankfurt Programm: Neben den Kinderbuch-Sonntagen, die seit September 2007 wieder regelmäßig stattfinden, gibt es Schreibwerkstätten für Jugendliche unter Anleitung bekannter, auch Frankfurter Autoren, die im Jahr 2007 durch die Werkstatt „open writing" in Kooperation mit der Literaturwerkstatt Berlin und der Crespo Foundation ergänzt wurden.

2005 erhielt das Literaturhaus Frankfurt den „Binding-Kulturpreis" für seine Aktivitäten und seine Bedeutung für das kulturelle Leben in der Stadt Frankfurt.

Museum Judengasse

Name:	Museum Judengasse – Dependance des Jüdischen Museums
Adresse:	Kurt-Schumacher-Str. 10, 60311 Frankfurt am Main Tel.: (0 69) 2 97 74 19, Fax: (0 69) 21 23 07 05 E-Mail: info@juedischesmuseum.de Internet: www.juedischesmuseum.de/judengasse/
Öffentliche Verkehrsmittel:	Bus 30, 36, Straßenbahn 11, 12 (Haltestelle Börneplatz)
Öffnungszeiten:	Di.–So. 10.00–17.00 Uhr, Mi. 10.00–20.00 Uhr, Mo. geschlossen
Eintrittspreise:	2 €, ermäßigt 1 €, Kombiticket mit Jüdischem Museum 5 €, ermäßigt 2,50 €
Gründungs-/Eröffnungsjahr:	eröffnet 1992 im Kundenzentrum der Stadtwerke (Architekt: Ernst Gisel)
Träger:	Stadt Frankfurt am Main
Leitung:	1985–2006 Georg Heuberger seit 2006 Prof. Dr. Raphael Gross
Wissenschaftliche Mitarbeiter:	Dr. Johannes Wachten, Judaistik, stellv. Direktor Fritz Backhaus, Museum Judengasse/Börnegalerie, stellv. Direktor Dr. Eva Atlan, Kunst/Sammlung Michael Lenarz, Geschichte bis 1800, Dokumentation, Bildarchiv, Kommission zur Erforschung der Geschichte der Frankfurter Juden Erik Riedel, Öffentlichkeitsarbeit, Ludwig-Meidner-Archiv Sabine Kößling, Geschichte seit 1900
Museumspädagogischer Dienst/ Führungen:	Fritz Backhaus
Bestand:	Objekte: ca. 6500, davon 4 % ausgestellt Fotos: ca. 21 500, davon 1 % ausgestellt
Vorsitz Freundeskreis:	Dr. h. c. Ernst Gerhardt
Titel der wichtigsten Kataloge:	Museum Judengasse. Katalog zur Dauerausstellung (1992); ansonsten siehe Kapitel Jüdisches Museum

Die sinnliche Erfahrbarkeit der Überreste des größten spätmittelalterlichen und neuzeitlichen abgeschlossenen Judenviertels nördlich der Alpen und die Nähe zum zweitältesten erhaltenen jüdischen Friedhof des deutschsprachigen Raums sowie zur Gedenkstätte für die deportierten und ermordeten Frankfurter Juden machen das Museum Judengasse zu einem Anziehungspunkt für Besucher aus aller Welt.

Raphael Gross

Museum Judengasse – Dependance des Jüdischen Museums

Bei den Bauarbeiten für das Kundenzentrum der Frankfurter Stadtwerke wurde 1987 am Börneplatz das südliche Ende der ehemaligen Judengasse freigelegt. Die dabei zu Tage getretenen Hausfundamente sollten ursprünglich nur archäologisch dokumentiert und danach abgeräumt werden. Nach heftigen Protesten in der Bevölkerung und monatelangen Diskussionen über den Umgang mit den Zeugnissen der jüdischen Vergangenheit Frankfurts wurde beschlossen, einen Teil der Ausgrabungen zu erhalten. So wurden einige Hausfundamente zwar abgetragen, aber nach dem Bau des Kundenzentrums am ursprünglichen Standort originalgetreu wieder aufgebaut. Seit 1992 sind sie im „Museum Judengasse" als Dependance des Jüdischen Museums öffentlich zugänglich. Zu sehen sind die Grundmauern von fünf Wohnhäusern, zwei Ritualbädern, zwei Brunnen und einem Kanal. Die Fundamente stammen überwiegend aus dem 18. Jahrhundert, die ältesten Teile gehen aber auf die Anfänge der Judengasse im 15. Jahrhundert zurück.

Im Mittelpunkt der archäologischen Ausstellung steht das sogenannte „Steinerne Haus", das Isaak Nathan Oppenheimer, Hoffaktor des Wiener Kaiserhofes, nach 1717 als einziges Haus der ansonsten aus Fachwerkbauten bestehenden Judengasse vollständig aus Stein im Stil eines barocken Stadtpalais errichten ließ. Im östlichen Teil des Gebäudes befand sich ein Ritualbad („Mikwe") für die Bewohner des Hauses und seine Nachbarn. Bei den Ausgrabungen wurden im westlichen Gebäudeteil auch die Reste eines älteren Ritualbades freigelegt, das von der Einrichtung der Judengasse 1462 bis zum Bau eines neuen Ritualbades an der weiter nördlich gelegenen Synagoge 1602 als Gemeindemikwe gedient hatte. Das nördlich an das „Steinerne Haus" angrenzende Gebäude mit einem in die Fassade eingelassenen öffentlichen Brunnen war eines der größeren Wohnhäuser der Judengasse. Ab etwa 1684 wurde es von dem sogenannten „Klausrabbiner" bewohnt, der hier eine Talmud-Schule leitete. Die drei südlichen Häuser des Ensembles besaßen einen gemeinsamen Dachstuhl und waren mit ihrer geringen Breite von etwa drei Metern typisch für die Wohnsituation der Mittel- und Unterschicht der Frankfurter Juden.

Die Ausstellungsteile westlich und östlich der Ausgrabungen schildern die Geschichte der Frankfurter Judengasse und das Leben ihrer Bewohner bis zum Abbruch der immer baufälliger werdenden Häuser Ende des 19. Jahrhunderts. Eine Ausstellung des Archäologischen Museums im Untergeschoß erläutert die Fundsituation und die Geschichte dieses Ortes von der Jungsteinzeit über die Einrichtung der Judengasse im Spätmittelalter bis ins 19. Jahrhundert.

Bei den Ausgrabungen wurden auch die Fundamente der 1882 errichteten und 1938 niedergebrannten Börneplatz-Synagoge freigelegt. Fundstücke und Fotos lassen eine der gewaltsam zerstörten großen Synagogen Frankfurts wieder anschaulich werden. Ein großes Modell zeigt die Judengasse und ihre Umgebung um 1860 mit zahlreichen Gebäuden der Frankfurter Israelitischen Gemeinde und der von ihr abgespaltenen orthodoxen Israelitischen Religionsgesellschaft, die nach dem Ende des Ghettozwangs in der Nähe der ehemaligen Judengasse errichtet worden waren. Dieses Modell schließt direkt an das Altstadtmodell der Brüder Treuner im Historischen Museum an. Um das Modell herum wird die Geschichte dieses Stadtviertels vom Ende der Judengasse bis zum Konflikt um die Ausgrabungen am Börneplatz beschrieben. Eine „Infobank Judengasse" enthält detaillierte Informationen zur Judengasse und ihren Bewohnern.

Die angrenzende Börnegalerie dient als Wechselausstellungsraum. Dort werden besonders Ausstellungen zur Gegenwartskunst und zur künstlerischen Auseinandersetzung mit dem Massenmord an den europäischen Juden gezeigt. Anläßlich der Frankfurter Buchmesse stellen hier häufig jüdische Museen aus dem Land des jeweiligen Buchmessenschwerpunkts ihre Sammlungen oder thematische Ausstellungen vor. Auch Frankfurter Schulen, die sich mit dem Schicksal ihrer früheren jüdischen Schülerinnen und Schüler, Lehrerinnen und Lehrer auseinandergesetzt haben, präsentieren hier ihre Forschungsergebnisse.

Im „Oskar und Emilie Schindler-Lernzentrum" widmet sich eine kleine Ausstellung der Rettung von über 1200 jüdischen Zwangsarbeitern durch Oskar

Modell der Frankfurter Judengasse

Schindler, der von 1958 bis 1974 in Frankfurt lebte, und seine Frau Emilie. Das Lernzentrum richtet sich vor allem an Schulklassen und Jugendgruppen und bietet unterschiedliche Informations- und Arbeitsangebote, darunter Interviews mit den Überlebenden von „Schindlers Liste“ und eine Datenbank mit biographischen Informationen zu den deportierten und ermordeten Frankfurter Juden.

Dem Gedenken an die Frankfurter Opfer der nationalsozialistischen Judenverfolgung ist seit 1996 auch die benachbarte „Gedenkstätte Neuer Börneplatz“ gewidmet. Mehr als 11 000 Metallblöcke mit den Namen der Ermordeten sind in die Mauer des alten jüdischen Friedhofs eingelassen. Dieser Friedhof, dessen Nutzung von 1272 bis 1828 belegt ist, gehört trotz schwerer Zerstörungen durch die Nationalsozialisten zu den ältesten und bedeutendsten jüdischen Friedhöfen Europas. Das Ensemble aus Friedhof, Gedenkstätte und Museum Judengasse bietet eine einzigartige Möglichkeit zur intensiven Auseinandersetzung mit der Geschichte der Frankfurter Juden.

Highlights der Sonderausstellungen

- Stationen des Vergessens. Der Börneplatzkonflikt (1992–2000)
- Fragmente und Rekonstruktionen. Börneplatzsynagoge – Synagoge Friedberger Anlage – Hauptsynagoge (1996)
- Ludwig Meidner – Apokalypse und Offenbarung. Religiöse Themen im Werk des Künstlers (1996)
- Goethe und die Judengasse (1999)

- Teofila Reich-Ranicki: Bilder und Erinnerungsstücke aus dem Warschauer Ghetto (1999/2000)
- Das Untergrundarchiv des Warschauer Ghettos/Ringelblum-Archiv (2000/2001)
- Grisha Bruskin. Fragmente einer endlosen Sammlung (2003)
- „Zurück aus Moskau". Das erste Familienarchiv der Rothschilds (2004)
- Moses Maimonides: Arzt, Philosoph und Oberhaupt der Juden 1135–1204 (2004/2005)
- Arnold Dreyblatt: Inschriften (2005)
- Christian Boltanski: Signal/Rainer Ganahl: Sprache der Emigration/Michaela Melián: Föhrenwald (2005)
- „Kick it like Kissinger". Ein Fußbalphabet (2006)
- Kammerknechte: Die Frankfurter Juden und der Kaiser. Der Beitrag des Jüdischen Museums zur Gemeinschaftsausstellung „Die Kaisermacher: Frankfurt am Main und die Goldene Bulle 1356–1806" (2006/2007)
- Jüdische Schüler/innen und Lehrer/innen an Frankfurter Schulen: Lessing-Gymnasium (2000), Kaiser-Friedrichs-Gymnasium (heute Heinrich-von-Gagern-Gymnasium) (2003), Viktoriaschule (heute Bettinaschule) (2005/2006)

Historisches Museum

Name:	historisches museum frankfurt
Adresse:	Saalgasse 19, 60311 Frankfurt am Main Tel.: (0 69) 2 21–3 55 99, Fax: (0 69) 2 12–3 07 09 E-Mail: info.historisches-museum@stadt-frankfurt.de Internet: www.historisches-museum.frankfurt.de
Öffentliche Verkehrsmittel:	U 4, U5 bis Dom/Römer; Straßenbahn 11, 12 bis Römer/Paulskirche
Öffnungszeiten:	Di., Do.–So. 10.00–18.00 Uhr, Mi. 10.00–21.00 Uhr, Mo. geschlossen
Eintrittspreise:	4 €, ermäßigt 2 €, Sonderausstellungen 6 €
Gründungs-/Eröffnungsjahr:	1877/1878 gegründet (Archivgebäude und Leinwandhaus am Weckmarkt)
Erweiterungsbauten:	seit 1954 im Saalhof am südlichen Ende des Römerbergs, 1968/1972 Erweiterungsbau (Hochbauamt Frankfurt)
Träger:	Stadt Frankfurt am Main
Leitung:	1878–1907 Otto Cornill 1907 Otto Lauffer 1907–1927 Bernhard Müller 1928–1930 Georg Swarzenski 1930–1937 Adolf Feulner 1937–1941 Ernstotto von Solms-Laubach 1941–1951 kommissarisch: Heinrich Bingemer, Albert Rapp 1951–1953 Heinrich Bingemer 1953–1959 Gerhard Bott 1959–1982 Hans Stubenvoll 1982–2005 Rainer Koch seit 2005 Jan Gerchow
Wissenschaftliche Mitarbeiter:	Dr. Wolfgang Cilleßen, stellv. Sammlungsleiter Dr. Jürgen Stehen, 20. Jahrhundert Ursula Kern, 19. Jahrhundert Patricia Stahl, Frühe Neuzeit Dr. Frank Berger, Mittelalter und Münzkabinett Susanne Gesser, kinder museum frankfurt Wolf von Wolzogen, Museumspädagogik, Bibliothek der Alten Achim Frenz, caricatura museum frankfurt
Museumspädagogischer Dienst/ Führungen:	Kindermuseum und Museumspädagogik, reiches Programm an Ausstellungen, Workshops und Führungen für Kinder, Jugendliche und Erwachsene

Bestand:	ca. 800 000 Objekte von der Antike bis zur Gegenwart, darunter 4000 Gemälde, 150 000 Graphiken, 350 000 Fotografien, 200 000 Münzen, Möbel, Gold- und Silberschmiedearbeiten, Skulpturen, Textilien, Spielzeug etc.
Vorstand Kuratorium:	Andrea von Bethmann, Albrecht Graf von Kalnein
Vorstand Freundeskreis:	Dr. Irmgard Burggraf
Titel der wichtigsten Kataloge:	Glaube Macht Kunst. Antwerpen – Frankfurt um 1600 (2005); Die Kaisermacher. Frankfurt am Main und die Goldene Bulle 1356–1806 (2006); Blickwechsel. Frankfurter Frauenzimmer um 1800 (2007); Frankfurt und der Nordpol. Forscher und Entdecker im ewigen Eis (2007); Die 68er. Kurzer Sommer – lange Wirkung (2008)

Das historische museum frankfurt ist eines der ältesten und größten Historischen Museen Deutschlands in kommunaler Selbstverwaltung. Es verfügt über einen großen Sammlungsbestand zur allgemeinen Kunst- und Kulturgeschichte, darunter bedeutende Gemälde-, Graphik-, Fotografie-, Textil-, Spielzeug- und Münzsammlungen, und ist zugleich Ort bedeutender Ausstellungen zur Frauen-, Industrie-, Kunst- und Kulturgeschichte.

Jan Gerchow

historisches museum frankfurt

1. Die Zukunft des Historischen Museums

Städte wie Frankfurt sind zu Schauplätzen touristischer Vermarktungsstrategien geworden, sie bieten ein kulturelles Angebot für das Dreifache ihrer eigenen Bevölkerung an, sie adressieren zunehmend ein nicht ortsgebundenes Publikum. In der Stadt hat sich die Zahl der Museen von vier im Gründungsjahr des Historischen Museums (1877/1878) auf über 50 im Jahr 2007 erhöht. Das Museumsufer hat seit den 1980er Jahren eine völlig neue Museumslandschaft entstehen lassen. Ein altes Universalmuseum wie das Historische Museum Frankfurt muß heute zum Spezialmuseum werden: für die Zukunftsthemen der Stadt. Eine reiche Sammlung zu haben, wie das Historische Museum mit etwa einer Million Objekten, ist dafür nur ein Baustein. Genauso wichtig ist es, immer wieder die richtigen Angebote für ein heterogenes und sich rasch wandelndes Publikum zu schaffen.

Das Historische Museum steht jetzt wieder an einem Wendepunkt seiner Geschichte. Wie schon bei früheren Wendepunkten (siehe Abschnitt 3) ist auch diesmal ein großes Bauprojekt damit verbunden. Der Betonbau von 1970/1972 soll abgerissen und durch einen Neubau ersetzt werden. Den Wettbewerb dafür hat im

HISTORISCHES MUSEUM
Öffnungszeiten
Mittelalter
Von Fremden zu Frankfurtern
Die Bibliothek der Alten
April – November 2008
Die 68er. Langer Sommer kurze Weile
Das Programm
Ab 1. Oktober 2008

Januar 2008 das Stuttgarter Büro Lederer + Ragnarsdóttir + Oei gewonnen; sofern das Projekt alle politischen und finanziellen Hürden passiert, wird es im Jahr 2014 fertiggestellt und eröffnet werden können. In der Zwischenzeit wird eine umfassende Sanierung und Bearbeitung der fünf historischen Bauten des Museums am Mainufer durchgeführt, die schon 2011 abgeschlossen sein wird. Im Wechsel von Altbausanierung und Neubau wird das Historische Museum über die gesamte Bauphase hinweg an seinem Standort geöffnet bleiben. Am Ende werden ca. 6000 Quadratmeter Ausstellungsfläche zur Verfügung stehen.

Diese komplette Bearbeitung der Bauten ermöglicht eine neue Ausstellungsplanung aus einem Guß. Das war zuletzt 1972 möglich gewesen. Die Konzeption dieser Neueinrichtung ist noch nicht abgeschlossen, doch können schon Einzelelemente und Strukturen angedeutet werden: Das Historische Museum wird zu einem Haus verwandelt, das mit unterschiedlichen Angeboten die Stadt – in ihrer Gegenwart, ihrer Vergangenheit, aber auch in ihren Visionen – erklärt. Das Zielpublikum wird in erster Linie die rasant ansteigende Zahl der Touristen, Gäste und Neubürger sein, aber auch für Frankfurterinnen und Frankfurter hält das Haus eine Vielfalt von vertieften und immer wieder erneuerten Angeboten bereit. Schwerpunkt wird die komplette Stadtgeschichte seit dem Mittelalter sein, mit besonderem Gewicht auf Frankfurt als Drehscheibe für Menschen, Ideen und Waren, als bedeutendster deutscher Finanzplatz sowie als altes republikanisches Gemeinwesen mit besonderen Brücken zur deutschen Geschichte seit den Kaiserwahlen des Hochmittelalters. Daneben wird es ein Stadtlaboratorium geben, in dem die Gestalt der Stadt in ihrem Wandel seit dem Mittelalter wie in ihren aktuellen Debatten und den Zukunftsprojekten interaktiv erklärt und visualisiert wird. Ein großes „Schaudepot“ soll die überraschende Vielfalt und den Reichtum der Museumssammlungen in ungewohnten Anordnungen zum Entdecken anbieten. Diese Angebote werden sich im Neubau auf der Seite des Römerbergs befinden, zusammen mit einer etwa 1000 Quadratmeter großen Wechselausstellungsfläche.

Die renovierten Altbauten am Mainkai werden durch einen kleineren Neubau zu einem Gebäudeensemble ergänzt und erschlossen. Außer dem neuen Auditorium, der Bibliothek (mit einem der schönsten Ausblicke auf den Main) und dem Kindermuseum im Bernusbau sind drei Ausstellungseinheiten in Vorbereitung: „Frankfurt und die Staufer“ im Keller des staufischen Saalhofs (ehemals „Altstadtgrabung“), das Sammlermuseum im Burnitzbau, mit einer Präsentation der alten Sammlungskerne des Museums (Münzkabinett und Degussa-Sammlung im Erdgeschoß; Instrumente und Globen aus der Stadtbücherei, Prehnsches Kabinett und Daemsche Gemäldesammlung sowie weitere Konvolute) in einer spektakulären Inszenierung. Der Rententurm an der Südwestecke des Museums wird für die Besucher komplett erschlossen und zum „Mainpanorama“ umgebaut: ein einzigartiger Aussichtspunkt auf den Ursprungsort der Stadt (die Furt und den alten

Hafen) und das Mainufer, mit Ausstellungseinheiten zur Funktion und Geschichte des Gebäudes.

2. Die neue Museumsfamilie „museum frankfurt"

Das Historische Museum hat seit 1972 ein eigenes *Kindermuseum*, das erste seiner Art in Deutschland. Es macht nicht nur museumspädagogische Angebote zu den Ausstellungen und Themen des Historischen Museums, sondern es konzipiert und realisiert eigene Ausstellungsprojekte und Ausstellungsformate, und zwar mit Beteiligung des Zielpublikums. Projekte des Kindermuseums seit der Jahrtausendwende waren:

- „Architektur Werk-Stadt" (2007/2008)
- „Wie man einen Kaiser macht. Kaisermacher für Kinder" (2006/2007)
- „WeltSpielZeug – Von Kindern für Kinder" (2005/2006)
- „Herzknistern. (D)eine Reise durch Liebe, Freundschaft und Liebeskummer" (2004/2005)
- „Den Großstadtpflanzen auf der Spur" (2003/2004)
- „Leben im, am und auf dem Main" (2001/2003).

Das Kindermuseum bietet daneben zahlreiche andere Veranstaltungen an, wie Workshops, Kurse, Stadtgänge, Kindermuseum unterwegs, Kindergeburtstage etc. Für die Zeit der Um- und Neubauten des Historischen Museums am Standort Römerberg ist es als *kinder museum frankfurt* an einen neuen Ort gezogen: in die U-/S-Bahn-Station „Hauptwache" im Zentrum der Stadt.

Seit dem Jahr 2000 hat das Historische Museum eine Abteilung *Caricatura. Museum für Komische Kunst.* Sie hat seither 20 Ausstellungen und Projekte durchgeführt, zuletzt zwei Retrospektiven zu den 2005 und 2006 verstorbenen Zeichnern Robert Gernhardt und F. K. Waechter. Schwerpunkt der Arbeit ist die Sammlung und sind Ausstellungen zum Werk der Zeichner der „Neuen Frankfurter Schule" (außer Gernhardt und Waechter auch F. W. Bernstein, Chlodwig Poth und Hans Traxler). Im Oktober 2008 eröffnete das *caricatura museum frankfurt* an einem eigenen Ort: im dafür umgebauten Leinwandhaus am Weckmarkt, südlich des Doms. Hier liegen zugleich die Ursprünge des Historischen Museums. Auf ca. 650 Quadratmetern werden dort eine Dauerausstellung zur Neuen Frankfurter Schule sowie Wechselausstellungen über aktuelle komische Kunst präsentiert und steht eine Medienlounge und Bibliothek für die Besucher bereit. Näheres erfahren Sie im entsprechenden Kapitel im vorliegenden Buch.

Seit 1996 unterhält das Historische Museum eine Dependance im Stadtteil Höchst: das historische *Kronberger Haus mit dem Höchster Porzellanmuseum.* Hier wird die Geschichte der Höchster Porzellanmanufatur (1746–1796), ihrer Nachfolger, aber auch der vorangehenden Fayence-Produktion in der Region mit umfangreichen Sammlungen präsentiert.

Die vier Häuser – historisches / kinder / caricatura / bolongaro museum frankfurt – bilden in Zukunft eine Museumsfamilie, die vom Historischen Museum aus geführt werden. Sie sind unter der gemeinsamen Wortmarke „museum frankfurt" vereint.

3. Gründung und Wandlungen eines Stadtmuseums

Das Historische Museum wurde am 13. Juni 1878 eröffnet; es ist das älteste städtische Museum Frankfurts, das heißt das erste Museum in kommunaler Trägerschaft. Seit der Gründung ist sein Thema die Geschichte der Stadt – und aller Aspekte, die sich daraus ableiten lassen. Es ist zugleich mit seinen umfangreichen Sammlungen die „Mutter" zahlreicher späterer Museumsgründungen in Frankfurt geworden (Museen für Kunstgewerbe, Völkerkunde, Vor- und Frühgeschichte, Filmmuseum, Jüdisches Museum).

Schon 1861, fünf Jahre vor einem der größten Einschnitte in der Geschichte der Stadt – dem Verlust der Selbständigkeit als Freie Stadt und der Integration in den preußischen Staatsverband im Jahr 1866 – hatte der Frankfurter Rechtsanwalt Friedrich Scharff die Gründung einer „Halle für Frankfurts Geschichte, Sitte und Kunst" vorgeschlagen: ein Universalmuseum nach dem Vorbild des in Nürnberg ansässigen Germanischen Nationalmuseums, als Ort der „Bildungsgeschichte im weitesten Umfang", ausgerichtet auf die Gestaltung von Gegenwart und Zukunft der Freien Stadt und seines selbstbewußten Bürgertums. Die teils aus dem Mittelalter vom Rat der Stadt und von bürgerlichen Stiftern zusammengetragenen Bestände waren ebenso umfassend wie heterogen: von der Ur- und Frühgeschichte und Ethnologie über städtische „Altertümer" wie Fahnen, Waffen, Siegel, Münzen, wissenschaftliche Instrumente, Ausgrabungsfunde, Antiken, regionale Keramik, Gemälde bis hin zu Graphik und Fotografie reichte das Spektrum. Getragen wurde es von einem bürgerlichen Gründungsverein, der Historisch-Archäologischen Gesellschaft, die schon 1877 entstanden war, mit einem hohen Anteil jüdischer Mitglieder. Das erste Gebäude befand sich südlich des Doms und war gemeinsam für das Archiv und das Museum errichtet worden. 1895 kam das angrenzende Leinwandhaus, eine gotische Tuchhalle, hinzu – das im Herbst 2008 mit dem *caricatura museum frankfurt* wieder von einer Abteilung des Historischen Museums bezogen wurde.

Das Museum hat in seiner über 130jährigen Geschichte mehrere Wandlungen, ja Kehrtwendungen vollzogen. Es wuchs anfänglich so rasch, wie die Stadt in der Zeit ihres wohl dynamischsten Wachstums im Zeichen von Industrialisierung und Motorisierung sich veränderte. 100 000 Objekte wurden schon 1914 gezählt. Die großflächigen Abrisse von alter Bausubstanz und der radikale Wandel von Berufs- und Lebenswelten füllte die Museumsmagazine. Nach dem Ersten Weltkrieg schlug sich das Museum auf die Seite der Altstadtfreunde, einhergehend mit romantischer Verklärung der 1866 untergegangenen „Freien Stadt". Das Historische Museum erklärte sich zum volkskundlich ausgerichteten „Heimatmuseum" und bezog Stellung gegen das „Neue Frankfurt" der Moderne. Damit war der aktive Gegenwartsbezug, den das Museum in seiner Gründungsphase ausgezeichnet hatte, in sein defensives Gegenteil verkehrt. Es ist charakteristisch für diese Phase, daß das Museum mehrere vom Bund der Altstadtfreunde restaurierte Altstadthäuser bespielte, darunter das Haus zur Goldenen Waage, das heute wieder aufgebaut werden soll. Das Museum wurde durch einen umfänglichen „Sammlungstausch" geschwächt, der zu „Dauerleihgaben" international bedeutender Sammlungsteile an Spezialmuseen (vor allem Städel, Museum für Kunsthandwerk) führte und dafür künstlerisch unbedeutende Sammlungen mit Lokalbezug aus diesen Häusern erhielt. Diese Entfremdungen nahmen auf Entstehungs- oder Sammlungszusammenhänge keine Rücksicht. Ohne eigenen Direktor – das Museum wurde in Personalunion von den Leitern des Museums für Kunsthandwerk verwaltet – firmierte das Haus während der Nazi-Diktatur als „Stadtgeschichtliches Museum". In diese Zeit fällt die Ausgründung des Museums für Vor- und Frühgeschichte (1937) mit den Beständen des Historischen Museums. Obwohl die bedeutende Judaica-Sammlung seit 1933 nicht mehr ausgestellt werden durfte, konnte das Museum 1938 wertvolle Teile des untergegangenen Museums für Jüdische Altertümer bergen und über den Krieg retten. Die offizielle Sammlungspolitik war jedoch der oberhessischen Volkskunde gewidmet, einem Parteiauftrag seit 1933.

Der Krieg verhinderte zwar die Umsetzung einer kompletten Neuausrichtung des Hauses auf die Blut-und-Boden-Ideologie der Nationalsozialisten, doch wurden alle Museumsgebäude bis März 1944 zerstört und trotz umfänglicher Auslagerungen viele fest eingebaute Objekte und auch die Museumsdokumentation vernichtet. Wie sooft stand auch nach dem Krieg ein Umzug bzw. ein Bauprojekt im engen Zusammenhang mit einer Neuausrichtung des Museums. 1955 bis 1957 wurde der Saalhofkomplex zwischen Römerberg und Main für das Museum hergerichtet. Unter der Leitung von Gerhard Bott wandelte sich das Haus zum Museum für Frankfurter Kunst und Kunstgewerbe. Stilzimmer und Gemäldekabinette prägten die neuen Ausstellungen, erstmals wurden Sammlungskataloge nach kunsthistorischen Kriterien publiziert. 1968 kam das Rothschildpalais am Untermainkai hinzu, wo auch Verwaltung und Magazine unterkamen. Dieses neue Konzept stellte nicht nur eine Abkehr von der dezidierten „Antimoderne" der 1920er bis 1940er Jahre dar, sondern war zugleich die Absage an Geschichte und Volkskunde („Heimat") als von den Nationalsozialisten kompromittierte Museumsfächer. Die Kunst bot sich als unstrittiger Wert- und Bedeutungszusammenhang an.

Eine weitere radikale Verwandlung vollzog das Museum im Kontext des großen Erweiterungsbaus aus Sichtbeton, der von 1970 bis 1972 auf der Nordseite des Saalhofs entstand und fortan den neuen Südabschluß des Römerbergs bildete. Mit dessen Neueinrichtung schlug sich das Museum nach fast 100 Jahren Traditionsbewahrung mit einem Schlag auf die Seite des dezidiert modernen, sozialkritischen, des intellektuellen Frankfurt, das die Stadt nicht erst seit dem Ersten Weltkrieg so markant geprägt hat. Kernstück war die „Historische Dokumentation", die von 1972 bis 1975 erarbeitet wurde. Dieser komplett neue Wurf rückte das Historische Museum Frankfurt für ein Jahrzehnt in den Fokus museologischer Diskussion in Europa. Erstmals wurde das Museum weit über Frankfurt hinaus wahrgenommen. Und in der Stadt selbst hatte es ebenso vehemente Anhänger wie erbitterte Gegner.

Unter den Schlagworten „Kultur für alle" (Hilmar Hoffmann) und „Lernort kontra Musentempel" trat das Historische Museum konsequent gegen die elitäre Ästhetisierung und für die gesellschaftskritisch verstandene Didaktisierung des Museums ein. Zum Konzept gehörte von Anfang an ein eigenes Kindermuseum, das erste in Deutschland. Im Geist der Studentenrevolte von 1968 wurden – für Museen – neue Fragen an die „alten Dinge" des Museums gestellt, etwa die nach den „Produktionsverhältnissen" und dem Machtkampf von „Klassen" und Schichten. Erstmals wurde das 20. Jahrhundert mit seinen Kriegen und Diktaturen zum Schwerpunkt einer historischen Dauerausstellung. Aus der Distanz von über 30 Jahren kann diese Konzeption heute unabhängig von ideologischen Positionen bewertet werden. Hier wurde eine neue Form genuin historischer Museumspräsentation jenseits kunsthistorischer Paradigmen (wie Stil, Qualität, Technik) gesucht. Die Erklärung und Kontextualisierung – mit vielen Texten und Dokumenten – stand im Vordergrund, die gesamte Gestaltung war auf Entauratisierung anstelle von Verehrung ausgerichtet, bis hin zur Architektur des Neubaus.

Der auf die Spitze getriebene rationale Formalismus des Gestaltungskonzepts hat die „Historische Dokumentation" aber sehr umstritten gemacht – sie wurde trotz ihrer Avantgarde-Leistung nicht prägend für die Museumsentwicklung der 1980er und 1990er Jahre. Statt dessen setzten sich neue Inszenierungsformen in spektakulären Architekturen durch. Dahinter fielen Neubau und Ausstellungskonzept des Historischen Museums rasch zurück. Von nachhaltiger Wirkung war jedoch die Wahl neuer Themen: Das Museum präsentierte innovative Sonderausstellungen, etwa zur Frauen-, Industrie-, Mode-, Kriegs- und Kunstgeschichte.

Ein Stadtmuseum spiegelt den Wandel der Stadt. Waren es Industrialisierung, Modernisierung und Nationalstaatsbildung in der „Gründerzeit", so sind es heute ebenso globale Phänomene wie Entindustrialisierung und Migration. Ein modernes Stadtmuseum muß heute die historisch gewachsenen „Identitäten“ einer Stadt mit ihren Zukunftsperspektiven in Beziehung setzen – und damit seine eigene „Identität“ schärfen. Es erfüllt seine Aufgabe nur dann, wenn es den Wandel der Stadtgesellschaft begleitet, kommentiert und damit deuten hilft. Das ist der Ausgangspunkt für die aktuelle Neukonzeption des Museums – die wiederum mit einem umfassenden Um- und Neubauprojekt zusammenhängt (siehe Abschnitt 4).

4. Die Sammlungen: Geschichte und Schwerpunkte

Die Sammlungsschwerpunkte des Historischen Museums sind auch heute noch sehr breit gefächert. Einschlägige Objekte und Bilder zur Geschichte der Stadt aus allen Epochen werden gesammelt. Aus den alten, gewachsenen Sammlungen ragen heraus:

Die Graphische Sammlung mit über 100 000 graphischen Blättern, die zusammen mit dem Fotoarchiv mit mehr als 300 000 Medien das größte historische Bildgedächtnis der Stadt darstellt. Hier sind nicht nur die wichtigen Stadtdarstellungen vom 15. bis zum 21. Jahrhundert versammelt, sondern auch detaillierte Dokumentationen einzelner Straßen und Häuser bis hin zu den Skizzenbüchern der Brüder Treuner (den Erbauern des berühmten Altstadtmodells), der Sammlung von Zeichnungen und Aquarellen des Carl Theodor Reiffenstein (1820–1893) oder dem Nachlaß des französischen Architekten Nicolas Alexandre Salins de Montfort (1753–1838), der sich von 1792 bis 1806 in Frankfurt aufhielt und den Klassizismus als Baustil der napoleonischen Wendezeit durchsetzte. Das Fotoarchiv beinhaltet eine der besten Sammlungen frühester Stadtfotografie (Mylius, Schäfer, Creifelds, Fay, Hertel, Abt u. a.) sowie mehrere große Nachlässe (vor allem Max Göllner) und Konvolute Frankfurter Fotografinnen und Fotografen (Paul Wolff, Hannah Reeck u. a.).

Die Gemäldesammlung mit ihren über 3000 Objekten vom 14. bis 20. Jahrhundert ist die beste Quelle zur Geschichte der Malerei im Rhein-Main-Gebiet. Große Konvolute sind die ca. 50 Altargemälde Frankfurter Kloster- und Stiftskirchen des Mittelalters – darunter der Heller-Altar von Albrecht Dürer und Matthias Grünewald (1507–1509) –, die Gerechtigkeitsbilder aus dem Römer und andere „Probestücke“ der Frankfurter Malerzunft zwischen 1631 und 1860, das Miniaturgemälde-Kabinett des Frankfurter Konditor-Meisters Johann Valentin Prehn und seines Sohnes Ernst Friedrich Carl Prehn mit über 800 Gemälden – darunter wertvollste Einzelstücke, etwa ein kürzlich identifiziertes Altarfragment des Geertjens tot Sint Jans oder das *Paradiesgärtlein* (seit 1921 als Dauerleihgabe im Städel) – oder die

Gemälde- und Skulpturen aus dem Spätmittelalter

Sammlung Daems aus der Mitte des 19. Jahrhunderts. Zu den bemerkenswerten Einzelstücken zählen Adam Elsheimers *Tobias mit dem Engel* (um 1600) oder Frans Posts *Westindische Landschaft* von ca. 1650. Eines der beliebtesten Gemälde des Museums ist die Ansicht des südlichen Mainufers vom Fahrtor aus, ein monumentales Panorama städtischen Lebens von Friedrich Wilhelm Hirt aus dem Jahr 1757, angefertigt für den in Frankfurt residierenden Fürsten von Meiningen.

Das Museum besitzt eine Sammlung von Glasgemälden, deren früheste zugleich die wertvollsten sind: die Scheiben aus dem Langhaus des frühgotischen Frankfurter Doms aus dem 13. Jahrhundert. Bedeutend ist der Bestand an Wappenscheiben Frankfurter Patrizierfamilien des 15. bis 17. Jahrhunderts.

Die umfangreiche Skulpturensammlung des Museums umfaßt großformatige Bildwerke aus Frankfurter Kirchen und Kirchhöfen, etwa den Grabstein des Pfarrers Lupi von 1470 mit der monumentalen Zehn-Gebote-Tafel oder die Kreuzigungsgruppe des Hans Backoffen von 1507/1508 vom Peterskirchhof. Zu den Holzskulpturen zählen zwei zugeschriebene Riemenschneider-Madonnen. Im Rampenlicht der Öffentlichkeit stehen seit kurzem die über tausend erhaltenen Fragmente der Frankfurter Altstadt, wie sie das Museum seit den ersten Sanierungsmaßnahmen des späten 19. Jahrhunderts bis zur Zerstörung der Altstadt im Bombenkrieg von 1943/1944 gesammelt und bewahrt hat. Diese Museumssammlung ist der einzige Ort, in der die Altstadt in authentischen Fragmenten fortlebt.

Eine bemerkenswerte Sammlung sind die ca. 80 wissenschaftlichen Instrumente, darunter frühneuzeitliche Astrolabien, Globen und Sonnenuhren, Fernrohre, Kompasse, Äquatorien, Planetarien und Theodoliten. 27 davon sind noch mit Futteralen aus dem 17. Jahrhundert versehen, die vermutlich für ihre erste Aufbewahrung in der Frankfurter Stadtbibliothek seit dem späten 17. Jahrhundert angefertigt wurden.

Auch die Münzen zählen zu den ältesten Sammlungskernen des Museums: Das auf die Antike konzentrierte „Numophylacium" des Anton Philipp Glock kam 1749 in den Besitz der Stadtbücherei, ergänzt durch die Sammlung des Orient- und Afrikaforschers Eduard Rüppell. Mit der Sammlung des Freiherrn Justinian von Günderrode wurde 1818 der Grundstock zum Erwerb nahezu aller Frankfurter Prägungen gelegt. 1939 schließlich stieg das Museum mit dem Erwerb der Sammlung Ernst Lejeune zur besten Sammlung von Prägungen deutscher Münzstände im Alten Reich auf. Ergänzt wird die Sammlung durch die Dauerleihgabe der Degussa-Münzsammlung zum 19. und 20. Jahrhundert.

Keramik wurde seit dem 17. Jahrhundert in Frankfurter und benachbarten Manufakturen hergestellt und exportiert: Die Frankfurter Fayencemanufaktur hat von 1666 bis 1710 herausragende Qualität geliefert, die in ganz Europa verkauft wurde. Ähnlich die drittälteste deutsche Porzellanmanufaktur in Höchst (1746–1796). Beide Produktionsstätten sind durch den Erwerb umfangreicher Privatsammlungen (Sammlung Oppenheim 1910, Sammlung Kratz 1953) im Museum vertreten. Seit 1996 ist das Höchster Porzellanmuseum als Außenstelle des Historischen Museums diesem Thema gewidmet.

Die Produktion der Frankfurter Goldschmiede des 15. bis 19. Jahrhunderts ist zwar nur ausschnittweise in der Museumssammlung vertreten, dafür wird hier ein einzigartiges Zeugnis aufbewahrt: das Meisterbuch der Goldschmiede, in das sich im 17. Jahrhundert alle Frankfurter Zunftmeister mit Wappen und Meisterzeichen eintrugen, mit einem kunstvollen Einband des Hans von den Popelieren.

Auch Möbel gehörten zu den Exportschlagern Frankfurter Handwerker und Manufakturen der Frühen Neuzeit. Von den bekannten „Frankfurter Schränken" des 16. bis 18. Jahrhunderts besitzt das Museum die wohl größte und beste Sammlung (ca. 30 Exemplare). Durch die Messen gelangte jedoch trotz strengem Zunftzwang immer wieder Mobiliar auswärtiger, vor allem französischer Produktion in die Stadt, was sich in der Möbelsammlung des Museums spiegelt.

Der Zunftzwang wurde in Frankfurt erst spät aufgehoben. Aus dem Inventar der 1864 aufgehobenen Zünfte ist eine eigene Museumssammlung entstanden („Zunftinventar"), in der sich zahlreiche Zunfttruhen, Probestücke, Willkomm-

Das Altstadtmodell der Brüder Treuner (1926–1955)

humpen und Gläser erhalten haben. Aus den städtischen „Rechtsaltertümern“ ragen die Musikinstrumente der Frankfurter Stadtkapelle (16./17. Jahrhundert) heraus, darunter die des mit der Messegeschichte verknüpften „Pfeifergerichts“. Sie wurden im 20. Jahrhundert erweitert durch die Sammlung für ein einst geplantes Musikinstrumentenmuseum.

Tief in die Geschichte Frankfurter bürgerlicher Haushalte führt die umfangreiche und qualitätsvolle Spielzeugsammlung hinein. Das Puppenhaus der Familie Gontard ist ihr Leitobjekt: Ein Gehäuse des frühen 18. Jahrhunderts, noch in den Niederlanden hergestellt, wurde bis zur Mitte des 19. Jahrhunderts immer wieder mit Mobiliar und Puppen ausgestattet und stieg danach zu einer Ikone Frankfurter Bürgerstolzes auf, so daß es 1879 als eine der ersten Schenkungen aus Privatbesitz in die Sammlungen des Museums gelangte. Die Sammlung umfaßt auch Puppentheater, Papiertheater, optische Instrumente (Laterna Magica, Guckkästen etc.), Kaufmannsläden und viele andere Modelle bis hin zu Spielkarten, Blechspielzeugen, Baukästen und Gesellschaftsspielen.

Eine der umfangreichsten Textilsammlungen mit einem Schwerpunkt auf bürgerlicher Kleidung ist seit der Museumsgründung entstanden. Der Sammlungsbestand umfaßt von koptischen Fragmenten und mittelalterlichen Paramenten bis hin zu Alltagskleidung des 20. Jahrhunderts eine ungewöhnliche Vielfalt von Textilien.

Mit dem Wandel der Stadt im Zeichen von Industrialisierung und Verkehr entstanden zahlreiche Modelle, die Verlorenes, Gebautes wie Geplantes abbildeten. Das berühmteste Modell und zugleich das wohl beliebteste Objekt des Museums ist das Altstadtmodell der Brüder Hermann und Robert Treuner. Es wurde von 1926 bis 1955 im Maßstab 1 : 200 aus Sperrholz von Hand gefertigt und beruht auf minutiöser Beobachtung und Dokumentation seiner Erbauer. Das Modell war vor dem Krieg ein „Argument" in der Debatte um den Umgang mit der Altstadt („Altstadtgesundung"), und nach der vollständigen Kriegszerstörung der Altstadt wurde es zum Denkmal einer – oft verklärenden – Erinnerung an das Verlorene. Die Sammlung bewahrt sowohl museumsdidaktische Modelle (Alte Brücke, Hafenkran, Messestand, Dioramen) als auch Planungsmodelle (Hafenmodelle etc.) auf.

Industrie- und Alltagsgeschichte sind seit den 1970er Jahren zu eigenen Sammlungsgebieten des Museums geworden. Vor dieser Zeit spiegeln sich die industriellen „Revolutionen" der Stadt vor allem in den Fotografien und der Werbegraphik der Graphischen Sammlung, seit den 1970er Jahren wurden technische Geräte und Produkte des 19. und 20. Jahrhunderts in die Sammlung aufgenommen. Als ein Beispiel sei hier die Sammlung Elektronische Meßtechnik des 1879 gegründeten Bockenheimer Unternehmens Hartmann und Braun genannt, die als Dauerleihgabe im Museum dokumentiert und aufbewahrt wird.

5. Highlights der Sonderausstellungen

Mit innovativen Ausstellungsprojekten hat das Historische Museum von den 1970er bis 1990er Jahren wichtige Beiträge zur deutschen Geschichtskultur geliefert, etwa mit den Ausstellungen zur

- Frauengeschichte („Frauenalltag und Frauenbewegung in Frankfurt 1890–1980", 1982; „Sklavin oder Bürgerin: Französische Revolution und Neue Weiblichkeit 1760–1830", 1989; „Tony Sender 1888–1964. Rebellin, Demokratin, Weltbürgerin", 1992)
- Modegeschichte („Die zweite Haut", 1988; „Frankfurt Macht Mode", 1999)
- Kindheitsgeschichte („Frankfurter Kinderleben um 1900", 1994)
- Kriegsgeschichte („Ein Krieg wird ausgestellt. Die Weltkriegssammlung des Historischen Museums 1914–1918", 1976; „Walter. * 1926 † 1945 an der Ostfront. Leben und Lebensbedingungen eines Frankfurter Jungen im III. Reich", 1983)
- Industriegeschichte („Die zweite industrielle Revolution. Frankfurt und die Elektrizität 1800–1914", 1981; „Eine neue Zeit. Die Internationale Elektrotechnische Ausstellung 1891", 1991)

- Fotografiegeschichte („Wie Frankfurt fotografiert wurde. 1850–1914", 1977)
- Kunstgeschichte („Georg Flegel 1566–1638. Stilleben", 1993; „Maria Sybilla Merian 1647–1717", 1997; „Das Gedächtnis der Kunst", 2000)

Seit der Jahrtausendwende wurden mehrere große Projekte realisiert:

- „Glaube Macht Kunst. Antwerpen – Frankfurt um 1600", 2005/2006, danach im Hessenhuis, Antwerpen
- „Die Kaisermacher. Frankfurt am Main und die Goldene Bulle" (zusammen mit Dommuseum, Institut für Stadtgeschichte und Jüdischem Museum, 2006/2007)
- „Blickwechsel. Frankfurter Frauenzimmer um 1800", 2007
- „Die 68er. Kurzer Sommer – lange Wirkung", 2008

Caricatura – Museum für Komische Kunst

Name:	caricatura museum frankfurt – Museum für Komische Kunst
Adresse:	Leinwandhaus, Weckmarkt 17, 60311 Frankfurt am Main Tel.: (0 69) 2 12–3 01 61, Fax: (0 69) 2 12–3 88 47 E-Mail: achim.frenz@stadt-frankfurt.de, Internet: www.caricatura-museum.de und www.caricatura.de/Frankfurt/start.html
Öffentliche Verkehrsmittel:	U4, U5 bis Dom/Römer
Öffnungszeiten:	Di., Do.–So. 10.00–18.00 Uhr, Mi. 10.00–21.00 Uhr Mo. geschlossen
Eintrittspreise:	5 €, ermäßigt 2,50 €
Gründungs-/Eröffnungsjahr:	2000 gegründet als Abteilung des Historischen Museums; Eröffnung im Leinwandhaus: 1. Oktober 2008
Träger:	Stadt Frankfurt am Main
Leitung:	Achim Frenz
Führungen:	Dr. Thomas Kronenberg
Bestand:	Exponate von den Zeichnern der Neuen Frankfurter Schule (Robert Gerrnhardt, Clodwig Poth, Hans Traxler, F. W. Bernstein) und von Felix Mussil
Vorsitz Kuratorium:	Hilmar Kopper
Titel der wichtigsten Kataloge in der caricatura edition:	Bernd Pfarr: Komische Welten (2008); Greser & Lenz: Hurra, die Krise ist vorbei! (2009); Hans Traxler: Traxler Cartoons (2009); Atak/Fil: Der Struwwelpeter (2009)

Mit der weltweit vermutlich höchsten Satirikerdichte pro Quadratmeter gilt Frankfurt heute als heimliche Hauptstadt des angriffslustigen Humors. Seit einigen Jahrzehnten sind zahlreiche Zeichner und Autoren der komischen Kunst in Frankfurt tätig und wirken mit der „Neuen Frankfurter Schule“ weit über die Mainmetropole hinaus. In Frankfurt wurden zudem die wichtigsten satirischen Magazine geboren – *Pardon* und *Titanic*. Das *caricatura museum frankfurt* im Leinwandhaus dokumentiert und präsentiert die verschiedenen Facetten dieser Kunstform, macht seinen Besuchern zeitgenössische Karikaturen zugänglich und rückt zugleich die historischen Vorläufer ins Licht.

Achim Frenz

Das Museum für Komische Kunst

Es ist das jüngste unter den Frankfurter Museen, aber hat es faustdick hinter den Mauern: Das Museum für Komische Kunst – Caricatura – weist mit mehr als 4000 Originalen (Cartoons und gezeichnete Geschichten) der „Neuen Frankfurter Schule" den höchsten Humorgehalt der Weltmuseumslandschaft auf.

Die Sammlung der Zeichnungen von F. W. Bernstein, Robert Gernhardt, Chlodwig Poth, Hans Traxler und F. K. Waechter[3], die Frankfurt mit der Gründung der deutschen Satirezeitschriften *Pardon* (1962) und *Titanic* (1979) zur „Hauptstadt der Satire" machten, bildet den Grundstock des Museums, das seit Oktober 2008 mit dem historischen Leinwandhaus sein eigenes, prominentes Domizil besitzt.

Es wurde auch Zeit. 160 Jahre zuvor schon hatte die Revolution Parlament und Pressefreiheit an den Main gebracht und Frankfurt zum Titelhalter in der Disziplin Karikaturen gemacht. „An keinem Orte Deutschlands", schrieb 1848 ein

3 Die Zeichnungen F. K. Waechters stehen dem Museum als freundliche, regelmäßige Leihgaben des Wilhelm-Busch-Museums Hannover zur Verfügung, das den Nachlaß des im Jahr 2005 verstorbenen Künstlers betreut.

Flugblatt-Verleger, „hat diese Kunst des Spottes und des Humors einen so ausgiebigen Boden gefunden, als gerade in unseren Tagen hier in Frankfurt.“

Auch in den Tagen von 1968 zeigte sich die befreiende Wirkung demokratischer Revolutionen auf die Humor- und Spottproduktion: *Pardon* erzielte die höchsten Auflagen der deutschen Satiregeschichte, mit 360 000 Exemplaren viermal soviel wie der Münchner *Simplicissimus* zu seinen besten Zeiten.

1848, 1968, 2008 – die letzte Ziffer dieser Zahlen, die Acht, ist auch konstitutiv für die „Neue Frankfurter Schule“. Neben den vorerwähnten fünf Zeichenkünstlern, die alle ebenfalls im belletristischen Fach brillieren, gehören ihr mit Bernd Eilert, Peter Knorr und dem Romancier Eckhard Henscheid noch drei hauptberufliche Autoren an. Macht zusammen acht, über mehrere Jahrzehnte gemeinsam arbeitende, feiernde, lachende, immer neue Untergruppen bildende Solisten, von deren „perhorreszierender Fruchtbarkeit“ (Henscheid) auch die Kunstformen Film, Theater und Hörstück profitierten.

Die Anfänge des Museums datieren aus den späten 1990er Jahren. Nach einem Treffen des damaligen Frankfurter Kulturdezernenten Hans-Bernhard Nordhoff mit den Zeichnern und Autoren im März 1999 hatte sich der Gedanke einer dauerhaften Würdigung der komischen Kunst am Ort ihrer Blüte ein für allemal eingenistet. Das erste Zeichen setzte schon im November die Ausstellung „Zwanzig Jahre Titanic“ im Frankfurter Karmeliterkloster, im März 2000 folgte die Bestallung eines Beauftragten für den Aufbau des Museums: des späteren Leiters und Verfassers dieser Zeilen.

Als Abteilung „Caricatura“ des Historischen Museums provisorisch in dessen Räumen untergebracht, nahm das Museum mit der dem Nachholbedarf eignenden Verve seinen Dienst an der komischen Kunst auf und legte mit fünf Ausstellungen noch im selben Jahr einen wahrhaft fulminanten Start hin. Sechzehn weitere Ausstellungen und mehr als dreißig Veranstaltungen währte das produktive Provisorium, bis schließlich am 1. Oktober 2008 Spott, Humor und Komik stolze Besitzer eines freistehenden, schlüsselfertigen Eigenheims wurden.

Das Leinwandhaus, einer der ältesten Profanbauten der Stadt, liegt in unmittelbarer Nachbarschaft zum Dom und in Rufweite zur Kunsthalle Schirn sowie dem Museum für Moderne Kunst. Um 1400 errichtet, diente das gotische Gebäude über die Jahrhunderte, neben dem Tuchhandel, verschiedensten Zwecken: als Gericht und Gefängnis, Lazarett und Schlachthaus, als Herberge für Stadtschreiber und Geisteskranke, als Stadtmuseum und Kunstgalerie.

Der notwendige Um- und Ausbau des dreigeschossigen Gebäudes erfolgte nach Plänen des renommierten Architektenbüros Diezinger & Kramer aus dem bayerischen Eichstätt. Die Baukosten in Höhe von 2,7 Millionen Euro dokumentieren einmal mehr den Rang, den die Stadt Frankfurt dem Standortfaktor Humor beimißt.

Das Erdgeschoß besteht aus einer 250 Quadratmeter großen und sechs Meter hohen Halle mit neu eingebauter Galerie. Hier finden sowohl wechselnde Ausstellungen namhafter Vertreter der komischen Kunst aus Deutschland und der Welt statt als auch Veranstaltungen wie Eröffnungen, Lesungen oder Aufführungen der Kleinkunst.

Über die Galerie gelangt man zum zweiten Geschoß, in den mit sieben hohen, auf den Dom weisenden Fenstern schönsten Saal des Gebäudes. Fünf Kabinette präsentieren hier das Werk der fünf Zeichner der „Neuen Frankfurter Schule" in ständiger Ausstellung. Vor Chlodwig Poths legendärem *Progressiven Alltag* im Original zu erschauern ist dort ebenso möglich wie vor Hans Traxlers berühmten „Birne"-Karikaturen des Kanzlers Helmut Kohl, vor F. K. Waechters glücksspendenden Klassikern aus *Wahrscheinlich guckt wieder kein Schwein*, vor Robert Gernhardts unvergeßlichen *Erzählungen* oder F. W. Bernsteins endgültigen Goethe-Karikaturen.

Das dritte Geschoß dokumentiert mit einer „Medienlounge" das Schaffen der „Neuen Frankfurter Schule" in Sachen Film, Theater, Hörstück und Literatur. Vor allem Bernd Eilert, Peter Knorr und Eckhard Henscheid werden hier in Ton, Bild und Buch gewürdigt, ihre Einzelwerke sowohl wie ihre Gemeinschaftsproduktionen mit den multitalentierten Kollegen Zeichnern. Zu den komischen Glanzlichtern zählen dabei die *Arnold Hau*-Kurzfilme (von Eilert, Gernhardt, Waechter und Arend Agthe), die *Otto*-Spielfilme und *Otto*-Fernsehsketche (Eilert, Gernhardt, Knorr und Otto Waalkes), die Hörfunkproduktion *Dr. Seltsams Sonntagssortiment* (Gernhardt und Knorr) und Henscheids Späße über die großen Lehrer der „Kritischen Theorie": *Wie Max Horkheimer einmal sogar Adorno hereinlegte.*

Auf den „Frankfurter Schule" genannten Philosophenzirkel des Frankfurter Instituts für Sozialforschung bezieht sich auch der Name, den sich die zuvor meist als „Pardon/Titanic-Leute" bezeichnete Gruppe gab. In die Öffentlichkeit gelangte der Begriff „Neue Frankfurter Schule" erstmals im Juni 1981, handgeschrieben von F. K. Waechter auf dem Plakat einer Münchner Ausstellung dieses Titels.

Sechs Jahre später kam, wieder auf einem Plakat, die Bildmarke hinzu: fünf seriös in Hut und Mantel gekleidete Elche, mit denen Hans Traxler den Titel einer Ausstellung der Stadt Marburg zum 25. Bestehen der „Neuen Frankfurter Schule" illustrierte: „Die schärfsten Kritiker der Elche / waren früher selber welche".

Die Tierart aus dem zum geflügelten Spruch gewordenen Zweizeiler von F. W. Bernstein ist denn auch im Museum für Komische Kunst vertreten. Genauer: davor, in Gestalt eines kleinen bronzenen Traxler-Elchs, dessen Geweih von den Besuchern zärtlich blank gerieben ist.

Das Museum für Komische Kunst sieht sich dabei nicht nur als attraktiver Ausstellungsort, sondern auch als Ort der Wissenschaft. Forschungsgegenstand:

die Erzeugung des Lachens mit künstlerischen Mitteln. Das geplante Archiv der Komik und komischen Zeichnerei im zweiten Stock des Museums kann zu einer zentralen Institution in Deutschland werden. Schon jetzt wird von den Medien gern auf das Fachwissen der Caricatura zurückgegriffen. Mit der jüngst gegründeten Akademie für Komische Kunst wird sich das Museum um die Nachwuchsförderung kümmern. In Workshops sollen jungen Zeichnern neue Wege, Möglichkeiten und Horizonte aufgezeigt werden, unter Anleitung von etablierten Künstlern des Genres. Die gewachsenen Verbindungen zu Institutionen und Vertretern der komischen Kunst werden dieses Vorhaben befördern.

Mit dem Museum für Komische Kunst findet das in den 1970er Jahren speziell für die topographische Situation Frankfurts konzipierte Projekt eines Museumsufers eine würdige Abschlußpointe. Hier bieten die Schirn, der Kunstverein, das Museum für Moderne Kunst und das Museum für Komische Kunst ein vielfältiges, sich gegenseitig befruchtendes und ergänzendes Panorama der bildenden Künste und anderer gestalterischer Medien der Moderne.

Frankfurter Kunstverein

Name:	Frankfurter Kunstverein
Adresse:	Steinernes Haus am Römerberg Markt 44, 60311 Frankfurt am Main Tel.: (0 69) 21 93 14–0, Fax: (0 69) 21 93 14–11 E-Mail: post@fkv.de, Internet: www.fkv.de
Öffentliche Verkehrsmittel:	U4, U5 bis Dom/Römer, Straßenbahn 11, 12 bis Römer
Öffnungszeiten:	Di.–So. 11.00–19.00 Uhr, Mo. geschlossen
Eintrittspreise:	6 €, Schüler und Studenten 4 € Gruppe regulär 5 €, ermäßigt 3 € Mit Frankfurt Card 2 € Mit Museumsuferticket Eintritt frei Mitglieder Eintritt frei Führung 2 € (zzgl. Eintritt)
Gründungs-/Eröffnungsjahr:	gegründet 1829, Wiedereröffnung im Steinernen Haus 1962
Erweiterungsbauten:	2007 Neugestaltung des Cafés im Kunstverein von den Künstlern Gorka Eizagirre (* 1971), Xabi Salaberria (* 1969) und Jakob Kolding, Umbau eines Raums im oberen Stockwerk zu einer Gästewohnung für Künstler und Kuratoren
Träger:	Frankfurter Kunstverein e. V.
Leitung seit 1945:	1945–1961 Curt Gravenkamp 1961–1970 Ewald Rathke 1970–1980 Georg Bussmann 1980–1998 Peter Weiermair 1999–2005 Nicolaus Schafhausen 2006–2008 Chus Martínez seit 2009 Holger Kube Ventura
Wissenschaftliche Mitarbeiter:	Kuratoren: Tobi Maier, Katja Schroeder Referentin Presse- und Öffentlichkeitsarbeit: Julia Wittwer Kuratorische Assistenz: Jasmin Matthies Presse- und Öffentlichkeitsarbeit: Corina Rombach
Vorsitzender des Vorstands:	Michael Loulakis
Wichtige Ausstellungen der letzten Jahre:	Ausstellungsreihe „Neue Welt“, „New Heimat“, „non-places“ 1. Juni 2001–28. Februar 2002; „deutschemalereizweitausenddrei“ 15. Januar–13. April 2003; „Populism“ 11. Mai 2005–4. September 2005; „whenever it starts it is the right time“ 22. März 2007–6. Mai 2007; „Pensée Sauvage – von Freiheit“ 25. Mai 2007–8. Juli 2007; „MACBA im Frankfurter Kunstverein. Eine

Werkauswahl aus der Sammlung des Museu d'Art Contemporani de Barcelona" 9. Oktober 2007–13. Januar 2008

Der Frankfurter Kunstverein ist national und international eines der wichtigsten Ausstellungshäuser für zeitgenössische Kunst. Die Ausstellungen sind in der Gegenwart verankert und unterstützen somit die Entwicklung und Produktion neuer künstlerischer Werke und Projekte. Regelmäßige Künstlergespräche, Diskussionen und Lesungen ermöglichen Zugangswege in die Kunst und regen gleichzeitig zur kritischen Diskussion über zeitgenössische Kunst an. Mit dem seit Mai 2007 existierenden „Deutsche Börse Residency Program" bietet der Kunstverein zahlreichen internationalen Künstlern oder Kuratoren im Haus des Kunstvereins einen Wohn- und Arbeitsraum.

Chus Martínez

Der Frankfurter Kunstverein

Der Frankfurter Kunstverein ist national und international eines der wichtigsten Ausstellungshäuser für zeitgenössische Kunst. Als Kunstzentrum ist es sein Hauptziel, dem Besucher schlüssig recherchierte Ausstellungen zu präsentieren, die in der Gegenwart verankert sind und in erster Linie auf die Entwicklung und Produktion neuer künstlerischer Werke und Projekte gründen.

Ein weiteres Anliegen des Frankfurter Kunstvereins besteht darin, zur kritischen Diskussion über die zeitgenössische Kunst anzuregen. Eine zentrale Rolle spielen hierbei regelmäßige Künstlergespräche, Diskussionen und Lesungen, die Zugangswege in die Kunst anbieten.

Der Frankfurter Kunstverein wurde im Frühjahr 1829 von Frankfurter Bürgern gegründet, in einer Zeit, als sich die ersten Kunstinstitute und Museen in Frankfurt etablierten. Gründungsgedanke war es, den Kunstsinn der Mitbürger durch Ausstellungen und Vorträge anzuregen; außerdem sollten Kunstwerke einer breiten Öffentlichkeit zugänglich gemacht werden.

In der Anfangsphase hatte sich der Kunstverein zum einen vorgenommen, Kunstinteressierten durch beispielsweise Verlosungen zum Erwerb von Kunstwerken zu verhelfen und gleichzeitig den Künstlern eine Verkaufsmöglichkeit zu bieten. Zum anderen konnten so die Einnahmen der Verkäufe für öffentliche Zwecke künstlerischer Art verwendet werden. So wurde beispielsweise der Maler Carl Friedrich Lessing gewonnen, ein Bildnis von Friedrich I. Barbarossa zu malen, das im neu ausgestalteten Kaisersaal des Römers seinen Platz fand. Für viele im 19. Jahrhundert ausgeführte Denkmäler berühmter Persönlichkeiten (wie Goethe oder Klinger) stellte der Kunstverein große Beträge bereit. Bis 1861 hatte der Kunstverein seine Ausstellungsräume am Roßmarkt, später siedelte er in die Junghofstraße um.

Aus Anlaß des 75jährigen Bestehens fanden zwei vielbeachtete Ausstellungen statt, zu denen eine *Geschichte der Frankfurter Kunst* erschien, die zugleich den Grundstein zum Eigenverlag des Frankfurter Kunstvereins legte. Diese erfolgreiche verlegerische Tätigkeit fand mit dem Bildband *Bauten und Landschaften in Hessen und Nassau* 1930 ihren vorläufigen Abschluß. Außer Büchern und Postkarten war im Lauf der Jahre eine umfangreiche Edition von Originalgraphiken von Ferdinand Hodler, Alfred Kubin, Max Slevogt, Max Beckmann und vielen anderen erschienen.

Die Ausstellungstätigkeit des Frankfurter Kunstvereins konnte auch während des Ersten Weltkriegs ziemlich ungestört aufrechterhalten werden. Zum 100jährigen Bestehen 1927 dokumentierte die Ausstellung „Frankfurter Kunst der Gegenwart" noch einmal die neuesten Tendenzen, bevor die freie Gestaltung der Ausstellungspraxis aus politischen Gründen zunehmend schwieriger wurde. Zu Goethes 100. Todestag am 22. März 1932 hat man für die Ausstellung „Frankfurter Kunst 1832–1932" alles zusammengestellt, was die Museen der Stadt und Privatsammlungen als universalen Querschnitt ermöglichen konnten. Trotz schärfster Überwachung nach 1933 ergriff der Kunstverein jede Möglichkeit, „entartete" Werke von Karl Schmidt-Rottluff, Emil Nolde, Käthe Kollwitz, Alfred Kubin und von Künstlern der „Darmstädter Sezession" zu zeigen.

Am 22. März 1944 brannte das Ausstellungshaus in der Junghofstraße bei einem Bombenangriff nieder; so waren die Verluste, vor allem der Verlagsbe-

Künstlergespräch im Café des Frankfurter Kunstvereins

stände, besonders groß. Dennoch ruhte die Vereinsarbeit nicht, trotz der Kriegswirren wurde die Vortrags- und Ausstellungstätigkeit zunächst fortgesetzt, bis schließlich auch diese Möglichkeiten sich erschöpften.

Bereits 1947 startete der Frankfurter Kunstverein wieder eine erste Ausstellung in den erhalten gebliebenen Räumlichkeiten des Städel; Vorträge fanden im Hörsaal der Senckenbergischen Naturforschenden Gesellschaft statt. Ein erstes eigenes Gebäude bezog der Kunstverein in der Eschenheimer Anlage 35. 1962 wurde schließlich nach langjähriger Restaurierung das Steinerne Haus am Römerberg mit der Eröffnung einer großen Munch-Ausstellung das endgültige Domizil des Frankfurter Kunstvereins.

Der Frankfurter Kunstverein bezieht heute in seinem gesamten Programm Künstler auf allen Ebenen mit ein: vom „Café im Kunstverein", das von den Künstlern Gorka Eizagirre, Xabi Salaberria und Jakob Kolding gestaltet wurde, über „10 Reasons to be a Member" – ein Raum im Erdgeschoß des Hauses, in welchem dem Besucher erstmals öffentlich die Gelegenheit geboten wird, sich mit der Geschichte und Struktur des Hauses auseinanderzusetzen – bis hin zum „Deutschen Börse Residency Program", das jeweils zwei Künstlern oder Kuratoren gleichzeitig im Haus des Kunstvereins einen Arbeits- und Wohnraum bietet. Der Frankfurter Kunstverein möchte die Bedeutung der Rolle des Künstlers in unserer Gesellschaft herausstellen: als Produzent, Denker, Vermittler und als einer derjenigen, die noch zu experimentieren wagen.

Der Frankfurter Kunstverein zählt gegenwärtig etwa 1700 Mitglieder.

Schirn

Name:	Schirn Kunsthalle Frankfurt
Adresse:	Römerberg, 60311 Frankfurt am Main Tel.: (0 69) 29 98 82–0, Fax: (0 69) 29 98 82–2 40 E-Mail: welcome@schirn.de, Internet: www.schirn.de
Öffentliche Verkehrsmittel:	U4, U5 bis Dom/Römer; Straßenbahn 11, 12 bis Paulskirche
Öffnungszeiten:	Di., Fr.–So. 10.00–19.00 Uhr, Mi., Do. 10.00–22.00 Uhr, Mo. geschlossen
Eintrittspreise:	8 €, ermäßigt 6 € Für Kinder bis 8 Jahre und Mitglieder der Freunde der Kunsthalle Schirn e. V.: Eintritt frei
Gründungs-/Eröffnungsjahr:	1986, entworfen und geplant vom Architektenbüro Bangert, Jansen, Scholz & Schultes
Träger:	Die Schirn Kunsthalle Frankfurt ist eine städtische Betriebs-GmbH
Leitung:	1986–1993 Christoph Vitali 1993–2001 Hellmut Seemann seit 2001 Max Hollein
Wissenschaftliche Mitarbeiter:	Ausstellungsleitung: Esther Schlicht Kuratoren: Katharina Dohm, Dr. Ingrid Pfeiffer, Matthias Ulrich, Dr. Martina Weinhart
Museumspädagogischer Dienst/ Führungen:	Mitarbeiter: Fabian Hofmann, Irmi Rauber, Simone Boscheinen, E-Mail: connected@schirn.de Anmeldung Führungen Gruppen und Schulklassen: Tel.: (0 69) 29 98 82–1 12, Fax: (0 69) 29 98 82–2 41, E-Mail: fuehrungen@schirn.de Öffentliche Führungen: Di. 17.00 Uhr, Mi. 11.00 und 19.00 Uhr, Do. 19.00 und 20.00 Uhr, Sa., So. 15.00 und 17.00 Uhr
Bestand:	Kein eigener Bestand
Vorsitz Administration/Kuratorium:	Geschäftsführung: Max Hollein; Vorsitz Kuratorium der Freunde der Schirn Kunsthalle e. V.: Rolf E. Breuer
Vorsitz Freundeskreis:	Christian Strenger
Titel der wichtigsten Kataloge:	Shopping – 100 Jahre Kunst und Konsum (2002); Die Eroberung der Straße. Von Monet bis Grosz (2006); Zwanzig Jahre Schirn (2006); Kunstmaschinen Maschinenkunst (2007); Die totale Aufklärung. Moskauer Konzeptkunst 1960–1990 (2008)

Die Schirn Kunsthalle Frankfurt präsentiert mit prägnanter Stimme brisante Themen sowie aktuelle Aspekte künstlerischer Œuvres aus einer zeitgenössischen Position heraus. Als Ort

der Entdeckungen bietet die Schirn dem Besucher ein originäres, sinnliches Ausstellungserlebnis sowie die Teilnahme an der kulturellen Diskussion. Seit 1986 hat die Schirn über 180 Ausstellungen realisiert, darunter große Übersichtspräsentationen zu Expressionismus, Dada und Surrealismus, zur Geschichte der Fotografie, zu aktuellen Positionen in der Sound Art, zu Themen wie Kunst und Konsum, visuelle Kultur der Stalinzeit, die neue Romantik in der Kunst der Gegenwart, die Jugend von heute, Picasso und das Theater und Op-art. Große Retrospektiven präsentierten Werke von Wassily Kandinsky, Alberto Giacometti, Henri Matisse, Julian Schnabel, Yves Klein, James Ensor, Max Beckmann und A. R. Penck. Aktuelle Positionen zeitgenössischer Kunst zeigten Ausstellungen u. a. von Thomas Hirschhorn, Ayşe Erkmen, Carsten Nicolai, Jan De Cock, Jonathan Meese und John Bock. Die Schirn genießt nationales und internationales Renommee und kooperiert mit Häusern wie dem Centre Pompidou, der Tate Gallery, dem Guggenheim Museum, der Eremitage in St. Petersburg oder dem Museum of Modern Art in New York.

Max Hollein

Die Schirn Kunsthalle Frankfurt

Die Schirn Kunsthalle wurde 1986 gegründet. Verglichen mit anderen Frankfurter Kunstinstitutionen, Museen oder Kunstvereinen, die ihr 100jähriges, 150jähriges oder bald 200jähriges Bestehen feiern, ist die Schirn insofern eine junge Institution, stolz darauf, langsam erwachsen zu werden. Galt es beim zehnjährigen Jubi-

Glück. Wiens Aufbruch in die Moderne" rückten auch andere Epochen stärker in den Fokus. So widmeten sich Ausstellungen der Kunst der Picener, den Schätzen der Grabstätte des Zhao Mo in Guangzhou oder der italienischen Kunst der Renaissance und des Barock.

Die Jahre ab 2001 waren davon geprägt, der Schirn ein stringentes Profil zu geben. Die Kunst des 19. und 20. Jahrhunderts sowie der Gegenwart wurde klarer ins Zentrum des Programms gerückt. Aber auch der Charakter der Ausstellungen änderte sich, grenzte sich deutlich vom musealen Ausstellungsangebot ab. Eine Kunsthalle wie die Schirn sollte sich sowohl in ihrer inhaltlichen Ausrichtung als auch in ihrer inszenatorischen Gestaltung und kunsthistorischen Perspektive nicht als temporäres Museum verkleiden. Die Aufgabe der Schirn wurde es vielmehr, virulente Themen aufzugreifen und aktuelle Aspekte des Œuvres bedeutender Künstler aus einer zeitgenössischen Perspektive zu präsentieren. Als Ort der Entdeckungen und Seismograph für brisante Entwicklungen in der bildenden Kunst ist die Schirn bestrebt, beides zu bieten: ein originäres und sinnliches Ausstellungserlebnis sowie eine engagierte Teilnahme an der kunsthistorischen Betrachtung. Das heißt auch, die gesellschaftliche Verankerung der Kunst zu benennen und immer wieder neu zu verorten, durchaus auch eine streitbare Meinung zu äußern und neue Wege zu gehen. Im Gegensatz zum Museum, das im Rahmen seiner Ausstellungstätigkeit Feststellungen aus einer langjährigen Sammlungs- und Forschungstradition heraus trifft, ist es Aufgabe einer Kunsthalle, fundierte Vorschläge aus einer aktuellen Perspektive zu entwickeln. Ganz bewußt fordern die Ausstellungen der Schirn zur Diskussion auf. Die Resonanz ist entsprechend: Mit einem solchen Konzept bekommt man viel Lob und Zustimmung, aber auch ein entsprechendes Maß an Gegenstimmen und Kritik – alles andere wäre eine Überraschung.

Die Ausstellungen der Schirn wenden sich an ein großes Publikum. Das Ziel, gemessen an den Besucherzahlen, populärste Kultureinrichtung der Region zu sein, wurde immer wieder und gerade auch in den letzten Jahren mehr als erreicht. Allerdings geht es uns nicht vorrangig um Besuchermaximierung – dann würde sich das Programm der Schirn anders gestalten. Ausstellungen wie „Traumfabrik Kommunismus. Die visuelle Kultur der Stalinzeit" oder „Die totale Aufklärung – Moskauer Konzeptkunst 1960–1990" sind aufgrund ihres Titels oder Themas sicherlich nicht prädestiniert, Besuchermassen in die Schirn zu ziehen – dazu würden sich Ausstellungen mit möglichen Titeln wie „Von Monet bis Picasso – Die Sammlung XY" oder „Das Gold der …" weit besser eignen. Darum geht es der Schirn jedoch nicht, vielmehr ist es unser Anliegen, komplexe Ausstellungen und faszinierende neue Themen durch die Art der Präsentation, die Qualität der Exponate, die Sorgfalt in der Vermittlung und den Einfallsreichtum in der Vermittlung und Bewerbung einem möglichst großen, neuen Publikum nahezubringen. Der

Erfolg der Schirn mißt sich insofern nicht ausschließlich an den Besucherzahlen, sondern in gleichem Maße auch an der Resonanz, welche die Ausstellungen finden, und an den Spuren, die die Schirn mit ihnen sowohl in der Kunstwelt als auch in der Gesellschaft hinterläßt. So wurde gerade auch mit den von dem Philosophen und Medientheoretiker Boris Groys kuratierten Ausstellungen „Traumfabrik Kommunismus" und „Die totale Aufklärung" einerseits der frühe Rußland-Schwerpunkt der Schirn fortgeschrieben, andererseits wichtigen und im Westen bisher wenig beachteten Strömungen der Kunst des 20. Jahrhunderts erstmals eine breite Plattform gegeben.

Bezeichnend für die Ausstellungen der Schirn ist deren neue Perspektive auf ein Thema, eine Epoche, einen Künstler oder einen Aspekt seines Werks. Die Ausstellung „Impressionistinnen" im Jahr 2008, die das künstlerische Schaffen von Berthe Morisot, Mary Cassat, Eva Gonzalès und Marie Braquemont vorstellte, war ein herausragendes Beispiel dafür, wieviel es auch für routinierte Kunstfreunde noch zu entdecken gibt. Denn noch nie zuvor konnte man das Wirken und den Einfluß der Frauen in der Pariser Kunstszene des ausgehenden 19. Jahrhunderts in so umfassender und überzeugender Weise nachvollziehen. Die Ausstellung war mit 185 000 Besuchern nicht nur die zweiterfolgreichste Schau in der Geschichte der Schirn, sie erhielt auch in den Medien überwältigende Resonanz. So schrieb die *Frankfurter Allgemeine Zeitung*, die Ausstellung ramme „mit der Wucht eines Schaufelbaggers in die Kunstgeschichte. (…) Hinter diese Ausstellung werden Museen und Kuratoren nicht mehr zurückkönnen." Die *Frankfurter Rundschau* befand: „Die Impressionistinnen-Ausstellung in der Frankfurter Schirn füllt eine erstaunliche Lücke." Der *Spiegel* schrieb: „Eine Frankfurter Ausstellung über vier Malerinnen des Impressionismus erweist sich als Überraschungserfolg (…), und es scheint so, als habe das Kunstpublikum nur darauf gewartet." Und schließlich die *International Herald Tribune*: „The Schirn Kunsthalle in Frankfurt begins a fantastic exhibition of four female Impressionists today."

Eine weitere spektakuläre Ausstellung war dem Spätwerk von Henri Matisse gewidmet. Unter dem Titel „Henri Matisse. Mit der Schere zeichnen" präsentierte die Schirn 2002 über 70 Scherenschnitte des Meisters der Moderne in bisher nie dagewesener Dichte und Qualität. Während die teilweise riesigen „Papiers Découpés" zu Lebzeiten des Künstlers kaum beachtet wurden, zählen sie heute zu den Höhepunkten seiner künstlerischen Laufbahn und den kostbarsten Werken der klassischen Moderne. In der Schirn begeisterten sie über 138 000 Besucher.

Große Ausstellungen nationaler und internationaler Ausstellungshäuser und Museen sollten durch die Gründung der Schirn in Frankfurt Station machen. Auch das war 1986 ein erklärtes Gründungsziel dieser Institution. Mittlerweile hat sich die Zielrichtung umgekehrt, bedingt durch eine der besonderen Stärken der Schirn: Große Ausstellungen – wie die Themenausstellungen „Shopping –

100 Jahre Kunst und Konsum", „Die nackte Wahrheit – Klimt, Schiele, Kokoschka und andere Skandale" und die „Impressionistinnen", die Ausstellung der großformatigen Aquarelle und Pastelle von Max Beckmann, die umfassenden Präsentationen der Werke von Yves Klein, A. R. Penck und Julian Schnabel oder eben der Scherenschnitte von Henri Matisse – hatten durchweg ihren Ausgangspunkt in Frankfurt. Sie wurden von den Kuratoren für die Schirn konzipiert und erarbeitet und reisten danach zu weiteren weltweit wichtigen Museumsinstitutionen. So waren Ausstellungen der Schirn in den vergangenen Jahren in der Tate Liverpool, dem Fine Arts Museum in San Francisco, dem Tinguely Museum in Basel, dem Musée d'Art moderne de la Ville de Paris, der Kunsthalle Wien, dem Museo Nacional Centro de Arte Reina Sofía in Madrid, dem Leopold Museum Wien oder dem Guggenheim Bilbao zu sehen und sorgten auch an diesen Orten für große Resonanz.

Dies ist insofern bemerkenswert, als eine Kunsthalle – eine Institution ohne eigene Sammlung – als Ausstellungsproduzent und somit auch Leihnehmer hochkarätiger Kunstwerke eine wesentlich schwierigere Verhandlungsposition hat als ein Museum. Die Schirn ist weltweit eine der wenigen Kunsthallen, die ganz gezielt nicht nur zeitgenössische Kunst präsentiert, sondern vor allem auch Ausstellungen zur Kunst der Moderne und deren Vorläufern in ihrem Programm hat – ein Bereich, in dem das Werben um Leihgaben besonders schwierig ist. Gerade in den letzten 20 Jahren hat sich die Ausstellungstätigkeit international sehr entwickelt: Es gibt immer mehr Ausstellungen und dadurch auch immer mehr institutionelle Bittsteller, die sich stets an dieselben Museen und Privatsammlungen wenden, um die notwendigen Leihgaben für ihre Projekte zu erhalten. Die große Zahl der hochkarätigen Leihgaben, welche die Schirn für ihre Ausstellungen erhält – ohne daß sie als Kunsthalle dazu imstande wäre, eine Gegenleihgabe in Aussicht zu stellen –, sind ein deutliches Zeichen der außerordentlichen Anerkennung und des hohen Vertrauens zahlreicher Institutionen und Privatsammler in die Schirn. Es ist deren Großzügigkeit und Unterstützung, die unsere Arbeit möglich macht, die aus einer Idee, aus einem Konzept nach mehrjähriger Vorbereitungszeit eine reale Ausstellung werden läßt.

Im Rahmen der Ausstellungen und Projekte der Schirn wurden in den vergangenen Jahren jedoch nicht nur Werke privater und institutioneller Leihgeber aus dem In- und Ausland präsentiert. Viele Arbeiten entstanden auch in direkter Zusammenarbeit mit den Künstlern und wurden eigens für die Schirn produziert. Oft ließen sich Künstler von den spezifischen örtlichen Gegebenheiten inspirieren. Der wichtige belgische Künstler Jan De Cock, 2005 noch ein Newcomer der Kunstszene, hatte für die Schirn seine erste monumentale Arbeit in Deutschland geschaffen: *Denkmal 7* fügte der äußeren Struktur der Schirn in Form einer Verbauung neue Elemente hinzu und provozierte den Betrachter, Allzubekanntes

und deshalb oft kaum mehr Wahrgenommenes durch den Filter seiner massiven Eingriffe neu zu sehen. Die türkische Künstlerin Ayşe Erkmen befaßte sich ebenfalls mit den architektonischen Strukturen der Schirn und ersetzte für ihre Installation *durchnässt* das Pflaster der Rotunde durch sich ausbreitende schmutzige Wasserpfützen und lehmige Inseln. In gleißendem Weiß gehalten hingegen war die Ausstellung des chinesisch-kanadischen Shootingstars der internationalen Kunstszene Terence Koh. Unter dem Titel *Captain Buddha* wurde der Besucher anhand von weißen Objekten eingeladen, den Künstler auf eine Reise zu begleiten, die ihn auf der Suche nach sich selbst durch die ganze Welt ins Nirwana führen sollte und doch im Nichts endete.

Zeitgenössische Kunst wurde in der Schirn in jüngster Vergangenheit jedoch nicht nur anhand von Einzelpositionen, sondern vor allem auch im Rahmen von Themenausstellungen zur Diskussion gestellt. So widmete sich die Ausstellung „Die Jugend von heute“ der aktuellen künstlerischen Auseinandersetzung mit den unterschiedlichen Lebenswelten junger Menschen. Das Projekt „Playing the City“ bespielte anhand von über 20 Aktionen und Performances den öffentlichen Raum quer durch Frankfurt. Die Ausstellung „Op Art“ bot einen opulenten visuellen Parcours durch die künstlerische Beschäftigung mit visueller Wahrnehmung, optischen Effekten und Täuschungen, während die Ausstellung „Nichts“ anhand von Installationen, Bildern und Skulpturen Erfahrungen von Leere und Stille transformierte.

Die Schirn ist in der glücklichen Lage, ihre programmatischen Ziele und Ansprüche durch eine hohe Anzahl von Ausstellungen und begleitenden Programmen sowohl für Kinder, Schüler und Jugendliche als auch für Erwachsene, Familien und Senioren realisieren zu können. Dennoch kann auch sie sich den gegenwärtigen Entwicklungen nicht entziehen. Ausstellungen zu machen wird immer schwieriger und teurer; man denke nur an die rasant steigenden Transport-, Versicherungs- und Installationskosten. Die Entscheidung, ob und in welcher Größenordnung Kulturinstitutionen agieren sollen, liegt schon lange nicht mehr nur bei Staat, Ländern oder Kommunen. Die Schirn Kunsthalle als städtische Gesellschaft hat mit der Stadt Frankfurt einen Auftraggeber, der ihre Tätigkeit mit allen erdenklichen Mitteln unterstützt und eine Perspektive für die Zukunft bietet. Das ist in Zeiten der andernorts angesagten rückläufigen Finanzierung von Kultur- und Sozialeinrichtungen nicht selbstverständlich und der Stadt Frankfurt und ihren Entscheidungsträgern nicht hoch genug anzurechnen. Nichtsdestotrotz kann ein Programm von dieser Fülle, Qualität und Ausstrahlung nicht mehr ohne die Unterstützung von Partnern aus der Wirtschaft, gemeinnützigen Stiftungen und jedes einzelnen Mitglieds des Vereins der Freunde der Schirn Kunsthalle realisiert werden. Es sind die Sponsoren und Förderer, die gerade im Fall der Schirn gezeigt haben, daß ihnen ein solches Programm wichtig ist – wichtig, daß es in Frankfurt stattfindet und daß es Auswirkungen weit über die Stadt hinaus zeigt; wichtig, daß es eine Plattform dafür bietet, sich als Good Corporate Citizen über eine Förderung unserer Tätigkeit in die Gemeinschaft einzubringen. Eine solche Vernetzung und Unterstützungsbasis entsteht nicht im luftleeren Raum, sondern ist das Resultat einer langjährigen Arbeit, an der viele Förderer und Freunde beteiligt gewesen sind – vor allem auch der Vorstand, das Kuratorium und die fördernden Mitglieder des Vereins Freunde der Schirn. Ohne ihre tatkräftige Hilfe und Vermittlungsarbeit wäre die Schirn nicht das, was sie heute ist.

Auch mit neuen Allianzen, mit einer Personalunion des Direktors der Schirn, des Städel Museums und der Liebieghaus Skulpturensammlung, mit neuen Partnern und Unterstützern ist eines gewahrt geblieben: die Eigenständigkeit des Programms der Schirn Kunsthalle und die spezifische Handschrift ihrer Ausstellungen. Das ist die Basis für eine interessante Zukunft der Schirn Kunsthalle und besonders für ein einzigartiges Ausstellungserlebnis ihrer Besucher.

Museum für Moderne Kunst

Name:	MMK Museum für Moderne Kunst Frankfurt am Main
Adresse:	Domstraße 10, 60311 Frankfurt am Main Tel.: (0 69) 2 12–3 04 47, Fax: (0 69) 2 12–3 78 82 E-Mail: mmk@stadt-frankfurt.de Internet: www.mmk-frankfurt.de
Öffentliche Verkehrsmittel:	S-Bahnen bis Konstablerwache; U4, U5 bis Dom/Römer; Straßenbahn 11, 12 bis Römer/Paulskirche
Öffnungszeiten:	Di., Do.–So. 10.00–18.00 Uhr, Mi. 10.00–20.00 Uhr, Mo. geschlossen
Eintrittspreise:	8 €, ermäßigt 4 €, freier Eintritt jeweils am letzten Samstag des Monats
Gründungs-/Eröffnungsjahr:	Gründung 1981, Eröffnung 1991 (Architekt: Hans Hollein)
Erweiterungsbauten:	seit 2007 werden im gegenüberliegenden „Haus am Dom" der Ausstellungsraum „MMK Zollamt", ein museumspädagogischer Raum und mehrere Büros genutzt
Träger:	Stadt Frankfurt am Main
Leitung:	1978–1988 Prof. Peter Iden, Gründungsdirektor 1989–2001 Dr. Jean-Christophe Ammann 2002–2008 Udo Kittelmann seit 2009 Dr. Susanne Gaensheimer
Wissenschaftliche Mitarbeiter:	Dr. Andreas Bee, stellv. Direktor Klaus Görner, Kurator Dr. Mario Kramer, Kustos der Sammlung
Museumspädagogischer Dienst/Führungen:	Kostenlose, thematisch ausgerichtete öffentliche Führungen durch Fachwissenschaftler des Museums: jeweils Di., Do., Fr. und Sa. 15.15 Uhr, Mi. 11.00 Uhr, 18.00 Uhr und So. 11 Uhr. Gruppenführungen: Anmeldung 14 Tage im voraus telefonisch unter (0 69) 2 12–4 06 91 oder schriftlich unter museumspaedagogik.mmk@stadt-frankfurt.de
Bestand:	ca. 4400 Werke internationaler Kunst von den 1960er Jahren bis heute
Vorsitz Förderverein:	Vorstand: Udo Corts, Vorsitzender; Kuratorium: Hans-Dieter Brenner, Vorsitzender
Titel der wichtigsten Kataloge:	Zehn Jahre Museum für Moderne Kunst Frankfurt am Main (2003); Andy Warhol's Time Capsule 21 (2003)

Teresa Margolles. Muerte sin fin (2004); What's New, Pussycat? Die Neuerwerbungen 2002–2005 (2006); Andreas Slominski. Roter Sand und ein gefundenes Glück (2007)

Die Sammlung des MMK Museum für Moderne Kunst umfaßt heute weit über 4000 Werke internationaler Kunst von den 1960er Jahren bis in die Gegenwart hinein. Sie ist nicht nur sehr umfangreich, sondern auch extrem vielfältig und qualitätsvoll. Aufgrund seiner Sammlungsgeschichte und -bestände ist das MMK eines der führenden Museen für Gegenwartskunst des 21. Jahrhunderts. Diesen Anspruch stellt das MMK nicht nur durch seine stetig wechselnden Sammlungspräsentationen unter Beweis, sondern auch durch richtungweisende und innovative Ausstellungen.

Jean-Christophe Ammann

Das Museum für Moderne Kunst von Beginn bis 2001

Am 6. Juni 1991 wurde das Museum für Moderne Kunst (MMK) vom damaligen Oberbürgermeister Andreas von Schoeler eröffnet. Zehn Jahre zuvor war der Bau beschlossen worden. Der Kulturdezernent Hilmar Hoffmann, der Schöpfer der „Museumsmeile", war der treibende Motor. Der Oberbürgermeister Walter Wallmann unterstützte ihn. Im Hintergrund agierte mit einem beharrlichen Instinkt der Feuilletonchef der *Frankfurter Rundschau* Peter Iden. Brauchte es ein Museum der

Gegenwartskunst? Sollte nicht das Städelsche Kunstinstitut diese Aufgabe übernehmen? Eduard Beaucamp, zuständig für die Kunst in der *Frankfurter Allgemeinen Zeitung*, warnte vor den Folgekosten. 1983 erwarb die Stadt – wiederum war es Hilmar Hoffmann, der die Richtung angab – einen Großteil der zum Verkauf anstehenden Sammlung Karl Ströher aus Darmstadt. Der Preis von knapp 5 Millionen DM ist aus heutiger Sicht ein großzügiges Geschenk. Die Sammlung sollte den Grundstock für das neue Museum bilden. Wenig später erwarb die Stadt als Dauerinstallation *Blitzschlag mit Lichtschein auf Hirsch* von Joseph Beuys. Peter Iden fungierte in den 80er Jahren als interimistischer Leiter. Ihm verdankt das MMK unter anderem eine monumentale Werkgruppe von Gotthard Graubner.

Auf einem schwierigen, brachliegenden Terrain in Dreieckform – ein Überbleibsel der im Zweiten Weltkrieg völlig zerstörten Innenstadt – konzipierte der Wiener Architekt Hans Hollein ein dreieckiges Gebäude mit drei Ausstellungsebenen, die von einer geradezu genialen Raumdurchdringung gekennzeichnet sind. Wer immer diesen Bau betritt, stellt fest, daß er von innen sehr viel größer ist, als es von außen den Anschein gibt. Die Ausstellungsfläche beträgt stolze 4300 Quadratmeter.

Hilmar Hoffmann lotste mich Ende 1987 nach Frankfurt. Ich leitete in meinem zehnten Jahr die Kunsthalle Basel. Der „Commandante", wie ich ihn respektvoll und mit Zuneigung nannte, gab mir den kürzesten „Marschbefehl", den ich je erhalten habe. Er sagte: „Mach' eine Sammlung zeitgenössischer Kunst und vermittle sie."

Mein erster offizieller Arbeitstag war der 1. Januar 1989. Natürlich war die Sammlung Ströher ein grandioser Grundstock. Herausragende Werke der Popart, der Minimal Art, aber auch solche deutscher Künstler wie Gerhard Richter, Franz Erhard Walther, Reiner Ruthenbeck und Blinky Palermo kennzeichneten sie. Die Herausforderung bestand darin, diesen Grundstock in die Gegenwart zu überführen.

Ich entwickelte ein Konzept, das nicht darin bestand, Lücken zu füllen, sondern Brückenköpfe zu schaffen. Brückenköpfe erschließen Brücken. Brücken verbinden. Zum Brückenkopf „Sammlung Ströher" (60er Jahre) schuf ich einen Brückenkopf mit Werkgruppen und Werken von teils monumentalen Ausmaßen: Hanne Darboven, On Kawara, Siah Armajani, Nam June Paik, Bernd und Hilla Becher, Günther Förg, Christian Boltanski, Anna und Bernhard Blume, Mario Merz, Lothar Baumgarten, Bill Viola, Bruce Nauman und Gerhard Richter mit seinem *18. Oktober 1977* (der sogenannte „Stammheimzyklus" wurde nach zehn Jahren, so die Dauer der Leihgabe, von Richter an das Museum of Modern Art in New York verkauft).

Es waren Werke, die konzeptuell an die 60er und 70er Jahre anschlossen und dennoch völlig eigenständig den Weg in die Zukunft wiesen. Wichtig war im nachhinein die Konzentration auf das Schaffen von Alighiero Boetti.

Alighiero Boetti: *Die tausend längsten Flüsse der Welt* (1988), Museum für Moderne Kunst

Aber für die Eröffnung des Museums am 6. Juni reichte es bei weitem nicht. Hilmar Hoffmann war nicht mehr Kulturdezernent; obwohl in seiner Funktion glanzvoll wiedergewählt, verweigerte er sich einer rotgrünen Koalition. Volker Hauff wurde für kurze Zeit Oberbürgermeister. Ohne seine Hilfe wäre das MMK am 6. Juni 1991 nicht eröffnet worden.

Mit der „Dieter Bock-Stiftung“ konnte ich, weit über das Eröffnungsdatum hinaus, Werke von herausragender Qualität erwerben. Die von Oberbürgermeister Volker Hauff ratifizierte Urkunde besagte, daß die von mir für die Stiftung erworbenen Werke nach 15 Jahren das MMK verlassen könnten. Da es sich um eine Stiftung handelte, ging ich davon aus, daß der Werkkomplex, in welches Museum er auch immer transferiert würde, ein geschlossenes Ganzes bliebe. Und natürlich hoffte ich, die Sammlung würde dem Museum als Dauerleihgabe verbleiben. Das sollte nicht der Fall sein. Als der Abzug bekannt wurde, ging ein Stöhnen durch die Stadt und die Medien. Ich war ein wenig stolz darauf, denn es zeigte sich, daß die für die Stiftung erworbenen Werke bereits Teil des kollektiven Gedächtnisses geworden waren. Schmerzlich berührt hat mich allerdings der Umstand, daß wichtige Werke aus dem Stiftungsbesitz für ernorme Preise versteigert wurden. In den Medien wurde dann wortreich berichtet, der Abzug der Werke hätte das MMK nachhaltig geschädigt. Sicher, auch eine Delle schmerzt, ist aber bei einem Bestand von insgesamt 4400 Werken zu verschmerzen. Wohlweislich hatte ich für meinen mir noch unbekannten Nachfolger über *drei Jahre* eine Gesamtsumme von 4,8 Millionen DM organisiert (800 00 DM p. a. seitens der Stadt, 800 000 DM p. a. von insgesamt zehn Unternehmen). Ich habe das aber auch deshalb getan, weil die Stadt durch drakonische Mittelkürzungen das MMK ab 1992 buchstäblich trockengelegt hat.

Das Problem entstand ein Jahr nach der Eröffnung 1991. „Die Kultur muß bluten", hieß es von seiten der Grünen. Ich war ratlos, erzwang Eintrittsgelder, um die Aufsichten bezahlen zu können. (Der Besuch der Museen war bis 1990 durch Dezernatsbeschluß unentgeltlich.) Geld für Ausstellungen und Erwerbungen stand jetzt nicht mehr zur Verfügung. Die mißliche Situation wurde weltweit kolportiert. Angebote aus den USA lehnte ich ab, ich wollte keine „Fahnenflucht" begehen. Und plötzlich zeigte sich der unbändige Wille der Frankfurter Bürgergesellschaft, dieses Museum am Leben zu erhalten. Zweimal im Jahr organisierte ich einen „Szenenwechsel". Jeder dieser „Szenenwechsel" wurde mehrheitlich von Unternehmen, privat, einmal auch vom Verein der Freunde des MMK, finanziert. Es ging um beträchtliche Summen. Von den 20 Szenenwechseln in meiner Zeit stammen 19 aus Frankfurt und einer aus Baden-Baden von Frieder Burda. Darauf bin ich stolz. Weshalb spreche ich davon? Weil von dem Außenstehenden – dem Besucher von nah und fern – die enorme *gemeinnützige* Leistung kaum zur Kenntnis genommen wird. Ja, ich habe mir diese Obsession bis heute bewahrt: das Museum als kollektives Gedächtnis, die Werke als Teile der kollektiven Biographie. Über viele Stiftungen, vor allem jene der „Ars Europa", über die wunderbare Bereitschaft der Mitglieder des Vereins der Freunde des MMK konnten wir eine Fülle von herausragenden Werken erwerben.

Wichtig war mir von Anbeginn die Zusammenarbeit mit den Künstlern vor Ort. Nie habe ich von Frankfurter Künstlern gesprochen, sondern von Künstlern, die in Frankfurt leben und arbeiten. Der Unterschied dürfte klar sein, denn die erste Formulierung verweist auf einen lokalspezifischen Aspekt, der mir völlig fremd ist. Für Künstler in Frankfurt hatte sich bisher niemand engagiert. Ich wurde, als ich 1989 hier Fuß faßte, fündig, was mich selbst überraschte. Es ging nie um einzelne Werke. Ich vereinte Werkgruppen und konnte nicht genug davon bekommen. Und sie haben Bestand.

Mein Bestreben war die Früherkennung: das Erfassen der Künstler in einer intensiven Schaffensperiode, wo immer sie leben und arbeiten. 1989 wurde ich vom Verein der Freunde des Städelschen Kunstinstituts eingeladen, meine Vorstellung vom MMK darzulegen. Letztlich ging es in der schon vor meiner Zeit öffentlich geführten Debatte darum festzulegen, wer was an zeitgenössischer Kunst sammeln dürfe. Ich sagte, der Blickpunkt des MMK sei die nachhaltige Gegenwart in Form von Werkgruppen einzelner Künstler, das Städel dagegen erwerbe, quasi rückblickend, Einzelwerke. Das seien methodisch völlig verschiedene Vorgehens-

Martin Honert: *Foto* (1993), Museum für Moderne Kunst

weisen. Überschneidungen seien erwünscht, weil sie, zusammengeführt, eine Intensivierung des Werkverständnisses ergäben. Damit war die öffentliche Auseinandersetzung über dieses „Problem" beendet.

Meine Devise lautete, *Ausstellungen* im Rahmen der „Szenenwechsel" stets im Kontext der Sammlung zu veranstalten. Manchmal gab es Ausstellungen, die unserem Begehren einen Ausdruck verliehen. Es waren Ausstellungen von Künstlern, deren Werke wir furchtbar gerne in unserer Sammlung gesehen hätten: Felix Gonzales-Torres, Andreas Gursky, Eric Fischl, Neil Jenney, Sigmar Polke, Alex Katz, Lucian Freud, Peter Fischli/David Weiss mit *Plötzlich diese Übersicht* sowie von Gilbert & George die frühen Zeichnungen. Unter keinen Umständen wollte ich das MMK zu einer „Kunsthalle" oder zu einem „Kunstverein" machen. Die Bindung an die Sammlung war mir auch deshalb ein zentrales Anliegen, weil mittels einer Ausstellung vorhandene Werke sich besser erschließen lassen. Ich erwähne die Ausstellungen mit frühen Zeichnungen und Gemälden von On Kawara, Alighiero Boetti, Bill Viola, Katharina Fritsch, Jeff Wall, Vija Celmins.

Ein grandioses Ereignis war die Zusammenarbeit mit dem Whitney Museum of American Art. Wir vermischten die beiden Sammlungen. Sowohl in New York (1996) als auch in Frankfurt (1997). Als der damalige Direktor des Whitney Museum, David Ross, nach Frankfurt kam, war er sprachlos. Er erkannte seine eigene Sammlung nicht wieder, weil sie Teil der unsrigen geworden war.

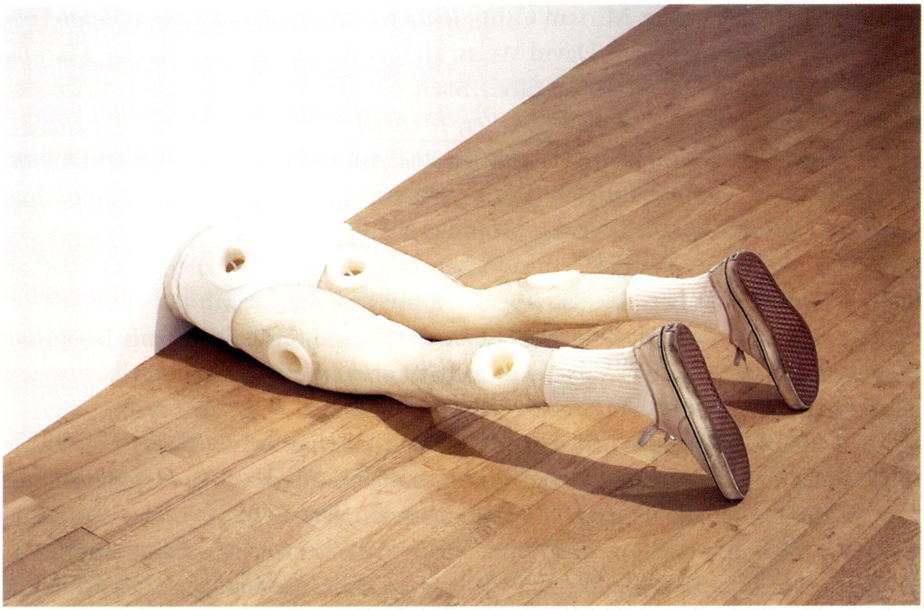

Robert Gober: *Drain Man* (1993), Museum für Moderne Kunst

Wichtig war mir in der Sammlungspolitik die punktuelle Ergänzung von Werken aus der Sammlung Ströher. So geschehen mit 100 Aquarellen von Franz Erhard Walther, entstanden zwischen 1963 und 1974. So geschehen mit Walter De Maria, der eine existierende Arbeit von 1966 vollendete. Später erwarben wir noch sieben großformatige Zeichnungen von ihm. So geschehen mit einer frühen Skulptur von John Chamberlain. So geschehen mit einem kapitalen Werk von Reiner Ruthenbeck, *Umgekippte Möbel* aus dem Jahr 1971. So geschehen mit frühen Zeichnungen von Andy Warhol.

Was letztlich jeden Szenenwechsel kennzeichnete, war zum einen die *Ausstellung von Neuerwerbungen* (ganze Werkblöcke), zum anderen *Dialogsituationen* zwischen Werken der Sammlungen.

Im Medium der *Fotografie* existieren folgende Werkblöcke: Barbara Klemm, Abisag Tüllmann, Sebastiao Salgado, Jock Sturges, Larry Clar, Anja Niedringhaus, Paul Almasy, Angelika Platen, Gisèle Freund, Nobuyoshi Araki, Inge Rambow, Noritoshi Hirakawa, Ralph Gibson, Bettina Rheims, Ryuji Miyamoto, Lothar Baumgarten.

In anderen Medien entstanden Werkblöcke mit Arbeiten von: Thomas Ruff, Peter Roehr, Thomas Bayrle, Charlotte Posenenske, Andreas Slominski, Udo Koch, Manfred Stumpf, Francesco Clemente, Axel Kasseböhmer, Rosemarie Trockel, Walter Dahn, Stephan Balkenhol, Rémy Zaugg, Martin Honert, Albert

Katharina Fritsch: *Tischgesellschaft* (1988)

immer noch enorme Ankaufssumme von 1,8 Millionen Euro wurde in einer einzigartigen Aktion großzügig durch den „Stifterkreis Sammlung Rolf Ricke" im Verein der Freunde des MMK, die Hessische Kulturstiftung und die Stadt Frankfurt aufgebracht. Durch diesen größten Zuwachs an Werken seit dem Erwerb der Sammlung Ströher im Jahr 1983 wurden nicht nur bestehende Werkgruppen ergänzt, sondern es konnten auch Lücken im Bereich der Minimal Art und der Post Minimal Art durch Werkgruppen von Bill Bollinger, Gary Kuehn, Barry Le Va, Lee Lozano, Matthew McCaslin, Thom Merrick, Cady Noland, Carl Ostendarp, Steven Parrino, David Reed, Richard Serra und Keith Sonnier geschlossen werden.

In vier das ganze Haus umfassenden Ausstellungen wurde die Sammlung des MMK unter wechselnden Perspektiven thematisiert: „Das Museum, die Sammlung, der Direktor und seine Liebschaften" (2002) wurde als eine Bestandsaufnahme konzipiert, die sowohl bekannte als auch nie gezeigte Werke des Hauses in einen Dialog miteinander brachte. „What's New, Pussycat?" versammelte 2005 erstmals die Neuerwerbungen zu einer Ausstellung, und im gleichen Jahr wurde dann die Sammlung mit Dingen konfrontiert, die bei eBay ersteigert wurden. „Spinnwebzeit. Die eBay-Vernetzung" nahm den Gedanken einer Kombinatorik innerhalb einer Ausstellung auf. Was bereits in der dialogischen Präsentation der bestandseigenen Werke angelegt war, erfuhr durch die Ausweitung auf die Nicht-Kunstwerke eine Steigerung und Radikalisierung: Kunstwerke und Dinge erschienen auf einem gemeinsamen Tableau, dem Museum.

Barbara Klemm und Taryn Simon, die mit großen Werkgruppen in der Sammlung vertreten sind, zeigten einen Ausschnitt aus dem großen und bedeutenden Bestand an *Fotografie* im MMK. Auch die sehr erfolgreiche Ausstellung „Humanism in China" stand im Zeichen einer intensiven Auseinandersetzung mit der Fotografie im MMK.

Umfassende Präsentationen wurden flankiert von zahlreichen kleineren Ausstellungen, die ausgewählte Werkgruppen zum Gegenstand hatten, darunter Hans-Peter Feldmann: „Das Kinderzimmer", Martin Boyce: „For 1959 Capital Avenue", Anton Henning: „Der Frankfurter Salon", Thomas Bayrle: „40 Jahre Chinese Rock 'n' Roll", Miroslav Tichy und Peter Roehr. Für diese Ausstellungen entstanden oftmals neue Arbeiten, die dann in den Bestand des MMK eingingen. Ein glanzvoller Höhepunkt dieser Reihe war die Werkschau Andreas Slominskis. „Roter Sand und ein gefundenes Glück" wurde um die größte in einem Museum befindliche Gruppe von Arbeiten herumkonzipiert. Das MMK besitzt inzwischen 52 Werke des international renommierten Künstlers aus den Jahren 1984 bis heute.

Für das MMK entstand im Jahr 2006 auch eines der wichtigen Werke von Thomas Demand, *Die Klause*. Sie wurde für eine gemeinsame Präsentation mit dem wiederaufgefundenen *Apokalypse*-Zyklus von Max Beckmann geschaffen. Ähnlich verhält es sich mit der Überblicksausstellung zum Werk von Teresa Margolles. „Muerte sin fin" (2004), eine der bewegendsten und vieldiskutierten Ausstellungen des MMK, vereinte ältere Werke der mexikanischen Künstlerin mit Neuproduktionen, die in die Sammlung eingegangen sind.

Schon zu Beginn der Amtszeit von Udo Kittelmann wurde deutlich, daß die Arbeit des MMK immer auch auf die Erprobung neuer „Formate" gerichtet ist. So wie der „Szenenwechsel" in der Zeit Jean-Christophe Ammanns die notwendige Wandlungsfähigkeit und Erneuerung zeitgenössischer Kunstmuseen unter Beweis stellte, so waren Ausstellungskonzepte wie „Das Lebendige Museum", „Andy Warhol's Time Capsules", insbesondere aber „Sturtevant. The Brutal Truth" (2004) und „© Murakami" (2008) ebenso umstritten wie richtungweisend. Elementare Fragen zu Originalität und Wiederholung im Falle von Sturtevant oder zu Kunstmarkt und Kommerzialisierung bei Takashi Murakami lassen sich sinnvoll nur in radikaler Form stellen.

Konzeption des MMK Museum für Moderne Kunst ab Januar 2009

Im Januar 2009 habe ich die Leitung des MMK Museum für Moderne Kunst übernommen. Nach seiner nun gut 18jährigen Geschichte umfaßt die Sammlung des MMK, das 1991 als ein Museum für Gegenwartskunst gegründet worden ist, heute weit über 4000 Werke internationaler Kunst von den 1960er Jahren bis in die unmittelbare Gegenwart hinein. Die Sammlung des MMK ist nicht nur sehr umfangreich, sondern auch extrem vielfältig und qualitätsvoll. Sie hat ein regional und international unvergleichlich eigenständiges Profil, das sowohl durch die besondere Qualität ihres Grundstocks, der ehemaligen Sammlung Ströher, als auch durch die individuellen Visionen der bisherigen Direktoren Jean-Christophe Ammann und Udo Kittelmann geprägt ist. So findet man in der Sammlung des MMK ganze Werkgruppen außergewöhnlicher und lange nicht beachteter Künstler wie Peter Roehr oder Charlotte Posenenske oder Einzelwerke von Außenseiterfiguren wie Jack Goldstein oder Cady Noland, die in keinem anderen Museum in Deutschland zu sehen sind. Herausragend ist auch, daß das MMK neben den eingangs bereits aufgelisteten Künstlern der 1970er bis 1990er Jahre in den letzten Jahren zahlreiche Spitzenwerke der aktuellen Gegenwartskunst von internationalen Größen wie Francis Alÿs, Martin Boyce, Tania Bruguerra, Maurizio Cattelan, David Claerbout, Thomas Demand, Cerith Wyn Evans, Douglas Gordon, Aernout Mik, Teresa Margolles, De Rijke/De Rooij, Gregor Schneider, Santiago Sierra und vielen anderen erworben hat.

Aufgrund seiner Sammlungsgeschichte und -bestände ist das MMK eines der führenden Museen des 21. Jahrhunderts. Die Funktion und Bedeutung, die ein Museum für Gegenwartskunst heute hat, und die Qualitäten, die es gegenüber dem reinen Ausstellungsbetrieb und dem Kunstmarkt aufweist, sollen in den kommenden Jahren durch eine intensive und programmatische Auseinandersetzung mit der Sammlung thematisiert und dargestellt werden. Um die vielen Meisterwerke, die den räumlichen Umfang des Museums weit übertreffen, und die zahlreichen Facetten der Sammlung der Öffentlichkeit zugänglich zu machen, werden in den kommenden Jahren unterschiedliche Schwerpunkte und Themen der Sammlung in regelmäßigen Abständen präsentiert. Neben den Ausstellungen im MMK wird seine Sammlung in Auszügen immer sichtbar bleiben. Werke aus verschiedenen Perioden von den frühen 1960er Jahren bis zur aktuellen Gegenwartskunst und die unterschiedlichsten Medien des 20. und 21. Jahrhunderts werden miteinander in Beziehung gesetzt. Alte Bekannte werden neben Neuankäufen, Meisterwerke neben Stillem und Ungewöhnlichem, Rauminstallationen neben Einzelwerken, Filme neben Malerei und Text neben Bild zu sehen sein. Auf diese Weise wird die Sammlung des MMK präsentiert und das Haus neben einem Ort für Ausstellungen und Diskurs auch ein Ort der lebendigen Kunstgeschichte und der vergleichenden Betrachtung sein.

Es ist ein vorrangiges Ziel des MMK, das ursprünglich von Jean-Christophe Ammann eingeführte Partnermodell weiterzuführen und auszubauen, um auf diese Weise die Mittel für einen kontinuierlichen Ausbau der Sammlung zur Verfügung zu haben. Neben dem Ankauf von Werken aus den Ausstellungen und Neuproduktionen für das MMK sollen auch die Sammlungsschwerpunkte des Museums ausgebaut und, wenn möglich, um fehlende Positionen ergänzt werden. Zu den Sammlungspräsentationen wird es ein Ausstellungsprogramm geben, in dem internationale Künstler der aktuellen Gegenwartskunst gezeigt werden. Zum anderen wird es eine kontinuierliche Reihe von Ausstellungen geben, die das MMK den „historischen" Positionen der Sammlung widmet. Einen weiteren Schwerpunkt wird ein diskursives Rahmenprogramm zu den Präsentationen und Ausstellungen bilden sowie ein museumspädagogisches Programm, das insbesondere für Kinder und Jugendliche stark ausgebaut wird.

Dommuseum

Name:	Dommuseum Frankfurt am Main
Adresse:	Domplatz 14, 60311 Frankfurt am Main Tel.: (0 69) 13 37 61–86, Fax: (0 69) 13 37 61–85 E-Mail: info@dommuseum-frankfurt.de Internet: www.dommuseum-frankfurt.de
Öffentliche Verkehrsmittel:	U4, U5 bis Dom/Römer; Straßenbahn 11, 12 bis Römer/Paulskirche
Öffnungszeiten:	Di.–Fr. 10.00–17.00 Uhr, Sa., So. und Feiertage 11.00–17.00 Uhr, Mo. geschlossen
Eintrittspreise:	3 €, ermäßigt 2 €
Gründungs-/Eröffnungsjahr:	1987
Erweiterungsbauten:	2007 (Architekten: Jourdan + Müller)
Träger:	Stadt Frankfurt am Main/Bistum Limburg
Leitung:	1987–1999 Dr. Raphael Hefele seit 1999 Prof. Dr. August Heuser
Führungen:	nach Vereinbarung, 45 € zzgl. Eintritt ins Museum
Bestand:	ca. 1000 Objekte (Gemälde, Skulpturen, Vasa sacra, Vasa non sacra, Paramente), davon ca. 200 ausgestellt
Vorsitz Administration:	Pfarrer Dr. Raban Tilmann
Titel der wichtigsten Kataloge:	Der Frankfurter Domschatz. Bd. I–III (1992/94); Ad Bibliothecam Ecclesiae S. Bartholomei … Mittelalterliche Handschriften aus der ehemaligen Stiftsbibliothek des Frankfurter Domes (1994); Karlsverehrung in Frankfurt am Main (2000); Der Glanz des Himmels. Sakrale Schätze aus byzantinischen Sammlungen und Museen Griechenlands (2002); Der Heilige Leib und die Leiber der Heiligen (2007)

Die Objekte des Dommuseums repräsentieren einen bedeutenden Aspekt der Geschichte des Heiligen Römischen Reiches Deutscher Nation. Sie sind daher Teil der Reichsgeschichte. Sie repräsentieren aber auch einen bedeutenden Teil von religiös geprägter bürgerlicher Stiftungskultur und katholischer Religion in einer historisch weitgehend evangelischen Stadt.

MUSEUM
EINGANG
ENTRANCE
ENTRÉE
DOMMUSEUM FRANKFURT AM MAIN
DOMMUSEUM
FRANKFURT

August Heuser

Das Dommuseum Frankfurt

Das Dommuseum wurde in der Zeit der Frankfurter Museumsgründungen der 80er Jahre 1987 vom damaligen Stadtdekan Klaus Greef gegründet und im historischen Kreuzgang des Kaiserdomes eingerichtet. Seit der Fertigstellung des Hauses am Dom 2007 steht dem Dommuseum dort eine weitere Ausstellungsfläche zur Verfügung, das Sakristeum. Während im Kreuzgang des Museums der Domschatz präsentiert wird, zeigt das Sakristeum den Kirchenschatz von St. Leonhard und den der Liebfrauenkirche.

Im Kreuzgang und im Sakristeum werden weitgehend historische, aber auch moderne Gold- und Silberarbeiten sowie Textilien für den römisch-katholischen Gottesdienst gezeigt. Dazu kommen Bilder, Skulpturen und Bücher für den liturgischen Gebrauch. Schwerpunkte der Präsentation sind im Kreuzgang die Geschichte der Wahl und Krönung der Kaiser im Dom seit 1356 und im Sakristeum das fromme Stiftungswesen. Ausgangspunkt der Dauerausstellung sind die 1993 bei Grabungsarbeiten im Dom gefundenen kostbaren Beigaben zum Grab eines adeligen merowingischen Mädchens.

Das Dommuseum will die reiche Tradition und die historische Bedeutung des Domes, das heißt der Stiftskirche des Hl. Bartholomäus als Wahl- und Krönungsstätte der römischen Kaiser sichtbar machen, aber auch die davon nicht unabhängigen, bedeutenden Stiftskirchen St. Leonhard und Unserer Lieben Frau auf dem Berg vergegenwärtigen und damit einen Beitrag leisten, die Frömmigkeits- und Kirchengeschichte der Stadt Frankfurt und ihrer seit der Reformation in der Minderheit lebenden Katholiken darzustellen.

Den Grundstock der Sammlung bilden historische Stiftungen von Stiftsherren und frommen Wohltäterinnen und Wohltätern seit dem 13. Jahrhundert und von im 18. Jahrhundert zugezogenen italienischen Familien. Ergänzt wurden sie durch Erwerbungen nach dem Dombrand von 1867, insbesondere durch Pfarrer Franz August Münzenberger, und durch Schenkungen im 20. Jahrhundert.

Neben dem Mädchenschmuck – goldene Ohrringe, goldenes Stirnband, goldene Ringe, eine Fibel, silberne Armreife – aus dem Grab des merowingischen Kindes sind liturgische Geräte (Vasa sacra und Vasa non sacra) vom Anfang des 15. Jahrhunderts bis in unsere Zeit von besonderer Bedeutung.

Zu den herausragenden Stücken des Dommuseums im Kreuzgang zählen die noch erhaltenen Teile des ehemaligen Krönungsaltars, eine goldene Tabernakelumrahmung, vier Ziervasen aus Silber, sechs silberne Leuchter. Sie standen wohl im 18. Jahrhundert mit weiteren Kostbarkeiten, die leider verloren sind, auf dem Altar anläßlich der Krönungen der Kaiser des Heiligen Römischen Reiches

Deutscher Nation. Zu diesen Reliquien der Kaiserkrönungen gehören vermutlich auch zwei sogenannte Spülkelche oder Kommunikantenbecher, aus denen der gekrönte Kaiser und seine Gemahlin das Blut Christi im Zeichen des Weines bei der Krönungsmesse tranken. Der größere von ihnen entstand in Frankfurt am Main in der zweiten Hälfte des 17. Jahrhunderts, der kleinere für die Kaiserin ist eine Augsburger Arbeit aus der Mitte des 18. Jahrhunderts. Darüber hinaus fanden wohl einige andere Kelche in der Liturgie der Kaiserkrönung Verwendung, so der sogenannte Theolot-Kelch des Johann Andreas Thelot aus Augsburg von 1728. Aus der gleichen Zeit stammt auch das Silberreliquiar für die Reliquie des Hl. Batholomäus, das in Form einer Büste ebenfalls in Augsburg von Meister Franz Ignaz Berdolt gearbeitet wurde. Heute wird das Reliquiar nicht mehr benutzt. Statt dessen ist der Reliquienschrein von Karl Borromäus Berthold im liturgischen Gebrauch, der mit Bergkristallen und ausgesucht schönen Edelsteinen besetzt ist. Berthold schuf diesen Schrein, noch bevor er 1933 als Rektor der Städtischen Kunstgewerbeschule bei der Stadt Frankfurt den Antrag stellte, seinen „entarteten“ Kollegen Max Beckmann und Willi Baumeister zu kündigen.

Zu den schönsten Stücken der Sammlung im Kreuzgang gehört außerdem der sogenannte „Schlosser-Ornat“, der um 1475 aus rotem Florentiner Brokatsamt mit Goldfäden hergestellt wurde und das Seelenheil des Kaufmanns Merten Moench aus ’s-Herzogenbosch und seiner Gemahlin Drutgin von der Groeven sichern sollte. Gestiftet wurde der Ornat von deren Nichte Alheit van Bruckhoven, die ihn dem Stift Maria im Capitol in Köln übergab, denn Onkel und Tante waren in der rheinischen Domstadt verstorben. Geziert wird der Ornat von vielen Stickereien mit Heiligendarstellungen und christologischen Szenen wie der Geburt Christi, der Anbetung der Könige und der Darbringung Jesu im Tempel. Im Winter 1842/1843 ließ der Frankfurter Rat Johann Friedrich Heinrich (gen. Fritz) Schlosser (1780–1851), ein Freud Goethes und bedeutender Vertreter des Frankfurter Katholizismus, unter Aufsicht von Edward von Steinle den Ornat in Köln restaurieren und schenkte ihn um 1845 dem Frankfurter Dom. Papst Pius XII. hat als Nuntius in Deutschland und Johannes Paul II. als Kardinal von Krakau in Frankfurt die Kasel des Ornates getragen. Mitteilungen, daß der Ornat zu Kaiserkrönungen angelegt worden sei, gehören freilich zu den vielen Legenden, die sich um den Dom ranken.

Neben der St. Bartholomäuskirche zählen die Leonhardskirche und die Liebfrauenkirche zu den bedeutenden römisch-katholischen Kirchen Frankfurts. Alle drei Gotteshäuser waren vor 1806 Stiftskirchen. Besonders der Leonhardskirche und der Liebfrauenkirche kamen immer wieder fromme Stiftungen von reichen Bürgern Frankfurts zu. Der Kirchenschatz der Leonhardskirche und der Liebfrauenkirche ist im Sakristeum im Haus am Dom ausgestellt, das zum Dommuseum

Monstranz, Johann Andreas Thelot, Augsburg (1719/20)

gehört. Somit kann das Dommuseum drei bedeutende Stiftsschätze zeigen, deren Sammlungen alle bis in die Gegenwart reichen.

Ein besonderes Stück im Sakristeum ist der goldene, reichverzierte Festkelch von St. Leonhard, der etwa um die gleiche Zeit wie der Schlosser-Ornat entstanden ist (1510). Er gilt mit der Darstellung der drei Patrone Maria, Georg und Leonhard und dem Wappen des Stiftskanonikers Sebastian Weisbrodt (1585–1601) als alter Besitz des Leonhardsstiftes. Seine kunstvoll angeordneten Schmuckformen sind solche der spätgotischen Architektur. Wahrscheinlich hat den Kelch Hans Baltz von Mertenstein entworfen, der 1508 die Holzhausenkapelle, das Salvatorchörlein, entworfen hat. Zwischen der Architektur des Salvatorchörleins und der des Kelches gibt es deutliche Bezüge.

Sehenswert ist auch die reiche Kelch- und Paramentensammlung und der silberne Altarschmuck aus der Liebfrauenkirche. Besonders schön ist das Hausaltärchen des Kanonikus Johannes Budlinger mit einer kretischen Ikone vom Ende des 15. oder Anfang des 16. Jahrhunderts, die vielleicht die erste Ikone ist, die nach Frankfurt kam. Sie ist gerahmt von zwei Seitenflügeln mit vier Hinterglasmalereien.

Das Kreuzreliquiar des Frankfurter Schultheißen Siegfried zum Paradies von 1370 ist nicht nur von künstlerischer und frömmigkeitsgeschichtlicher, sondern auch von höchster stadthistorischer Bedeutung. Der Reichsschultheiß Siegfried zum Paradies (1366–1372) wohnte im Haus zum Paradies gegenüber dem Liebfrauenstift. Er stiftete das Perlenkreuz mit Corpus und Kreuzreliquie in der Zeit, als er auch das Frankfurter Exemplar der Goldenen Bulle finanzierte.

Das Dommuseum zeigt neben der Dauerausstellung im Kreuzgang des Domes und im Sakristeum im Haus am Dom auch Wechselausstellungen mit liturgischen Geräten und Textilien aus Vergangenheit und Gegenwart, aber auch Ausstellungen zur Geschichte des Domes und der Kaiserkrönungen. Besonders herausragend waren hier die Ausstellungen „Der Glanz des Himmels. Sakrale Schätze aus byzantinischen Sammlungen und Museen Griechenlands" von 2001 in Kooperation mit dem Ikonen-Museum und die Ausstellung „Die Kaisermacher", die in Zusammenarbeit mit drei weiteren Frankfurter Museen 2006/2007 stattfand. Darüber hinaus gibt es Ausstellungen zur Geschichte des Domes, so „Karlsverehrung in Frankfurt am Main" (2000) oder „Der Dombrand von 1867" (2005), aber auch Ausstellungen zur zeitgenössischen Kunst im Horizont der Religion.

Das Dommuseum repräsentiert mit seiner Sammlung einen wichtigen Teil der Geschichte des Heiligen Römischen Reiches Deutscher Nation seit 1356, aber auch einen Teil der Konfessions- und Frömmigkeitsgeschichte der Stadt Frankfurt bis in die heutige Zeit. In vielen weiteren katholischen Gemeinden der Stadt ist diese Geschichte ebenfalls mit wertvollen Objekten präsent. Sie noch stärker zusammenzuführen und zu sichern wäre eine wichtige Aufgabe für die Zukunft des Dommuseums. Da das Museumsufer mit dem Ikonen-Museum über ein Museum der Orthodoxie und mit dem Dommuseum über ein Museum des römisch-katholischen Glaubens verfügt, fehlt zur Darstellung der Geschichte des christlichen Glaubens in Frankfurt nur noch ein Museum des protestantischen Glaubens. Könnte ein solches Museum errichtet werden – der Beitrag des Protestantismus zur Kunst und Kultur der Stadt ist nicht hoch genug einzuschätzen –, wäre unsere Stadt die einzige Deutschlands, die die Kunst und Kultur des Christentums umfänglich aufzeigte. Zusammen mit dem Jüdischen Museum in Frankfurt würden dann die jüdische und christliche Kultur und ihr Beitrag zur Geschichte der Stadt anschaulich der Öffentlichkeit vorgestellt.

Archäologisches Museum

Name:	Archäologisches Museum Frankfurt
Adresse:	Karmelitergasse 1, 60311 Frankfurt Tel.: (0 69) 2 12–3 58 96, Fax: (069) 2 12–3 07 00 E-Mail: info.archaeolmus@stadt-frankfurt.de Internet: www.archaeologisches-museum.frankfurt.de
Öffentliche Verkehrsmittel:	U1–U5 bis Willy-Brandt-Platz; Straßenbahn 11, 12 bis Willy-Brandt-Platz
Öffnungszeiten:	Di., Do.–So. 10.00–17.00 Uhr, Mi. 10.00–20.00 Uhr, Mo. geschlossen
Eintrittspreise:	6 €, ermäßigt 3 €
Gründungs-/Eröffnungsjahr:	Gründung 1937; Neueröffnung 1989 (Architekt: Joseph Paul Kleihues)
Träger:	Stadt Frankfurt am Main
Leitung:	1937–1942 Dr. Karl Woelke 1954–1979 Dr. Ulrich Fischer 1979–2001 Prof. Dr. Walter Meier-Arendt seit 2002 Prof. Dr. Egon Wamers
Wissenschaftliche Mitarbeiter:	Dr. Peter Fasold (Provinzialrömische Archäologie); Dr. Dagmar Stutzinger (Klassische Antike, Alter Orient); Prof. Dr. Egon Wamers (Archäologie des Mittelalters); Dr. Christoph Willms (Prähistorische Archäologie)
Museumspädagogischer Dienst:	Dr. Angelika Schmidt-Herwig
Bestand:	ca. 550 000 Einzelobjekte und Fundkomplexe (Grabfunde, Siedlungsfunde u. ä.); davon ca. 20 % ausgestellt
Vorsitz Freundeskreis:	Historisch-Archäologische Gesellschaft, Vorsitzende Dr. Irmgard Burggraf
Titel der wichtigsten Kataloge:	Hessen im Frühmittelalter. Archäologie und Kunst (1984); Germanen, Hunnen und Awaren. Schätze der Völkerwanderungszeit (1987/1988); Etrusker in der Toskana. Etruskische Gräber der Frühzeit (1988); Goldhelm, Schwert und Silberschätze. Reichtümer aus 6000 Jahren rumänischer Vergangenheit (1994); Des Lichtes beraubt. Totenehrung in der römischen Gräberstraße von Mainz-Weisenau (1995); Steppengold. Grabschätze der Skythen und Sarmaten am unteren Don (2003); Die Macht des Silbers. Karolingische Schätze im Norden (2005)

Das Archäologische Museum widmet sich der Erforschung, Darstellung und Vermittlung der prähistorischen, römischen, mittelalterlichen und neuzeitlichen Archäologie Frankfurts und seines Umlands. Darin ist es einzigartig in Hessen und ein wichtiger Vermittler für die internationalen Bewohner und Besucher der Mainmetropole. Mit seinen bedeutenden Sammlungen zur klassischen Antike des Mittelmeerraumes und zum Alten Orient kann es darüber hinaus einen hervorragenden Einblick in diejenigen archäologischen Regionen bieten, die in den vergangenen Epochen immer wieder Impulsgeber und Anreger für den Raum nördlich der Alpen waren.

Egon Wamers

Das Archäologische Museum Frankfurt

Architektur

Zu den wenigen erhaltenen Baudenkmälern des mittelalterlichen Frankfurts gehört das Karmeliterkloster mit der eingeschlossenen Marienkirche. Seit 1989 dient das gotische, 1806 säkularisierte Gotteshaus dem Archäologischen Museum als Domizil. Das kontrastreiche Wechselspiel zwischen der Spätgotik des Kirchenbaus und dem „romantischen Rationalismus“ der flankierenden Neubauteile für Verwaltung und Forschung, die der Architekt Josef Paul Kleihues in den Jahren 1984 bis 1988 schuf, verleihen dem Archäologischen Museum einen einmaligen Reiz.

In vielfältiger Hinsicht greift der Neubau Elemente der Klosterarchitektur auf und verleiht ihnen eine andere Gestalt. Die vielleicht deutlichste Spur dieses provozierenden Dialogs offenbart die stählerne Dachkonstruktion, die sich dem Längsschiff der Marienkirche einfügt.

Im Norden schließen sich an die Kirche der bezaubernde Kreuzgang sowie das Refektorium und das Dormitorium des Klosters an; sie werden gemeinschaftlich vom Archäologischen Museum und vom Institut für Stadtgeschichte für Ausstellungen, Konzerte, Tagungen und andere kulturelle Veranstaltungen genutzt.

Geschichte

Seit Ende des 19. Jahrhunderts führte das Historische Museum Frankfurts eine Archäologische Abteilung mit Sammlungen heimischer Altertümer und antiker Kleinkunst. Die Unterteilung in eigenständige Aufgabenbereiche und Platznot führten 1937 zur Gründung eines selbständigen „Museums für heimische Vor- und Frühgeschichte“. Ihm oblag auch die Bodendenkmalpflege im Stadtgebiet.

Erstes Domizil war das alte Dominikanerkloster, in dem auch die zahlreichen römischen Steindenkmäler der Öffentlichkeit zugänglich gemacht werden konnten. Der Krieg erzwang bereits 1942 die Schließung des Museums und vernichtete einen Teil der Bestände. 1954 konnte das „Museum für Vor- und Frühgeschichte“ im Holzhausenschlößchen mit einer Dauerausstellung zur Archäologie Frankfurts neu eröffnet werden.

In den nächsten beiden Jahrzehnten standen die umfangreichen und langwierigen Großgrabungen im römischen Nida (Heddernheim), in der Frankfurter Altstadt und im Stadtwald im Mittelpunkt der Museumsarbeit.

Die außergewöhnlichen Fundmengen sprengten bald das Fassungsvermögen der Museumsdepots. Zwei weitere Dauerausstellungen mußten außer Haus untergebracht werden: 1976 zur römischen Stadt NIDA im Deutschordenshaus und 1977 zu den Altstadtgrabungen im Historischen Museum.

Seit 1989 hat das Museum sein neues Domizil in der von Josef Paul Kleihues wiederaufgebauten gotischen Karmeliterkirche und den angeschlossenen Neubauflügeln (ca. 1400 Quadratmeter Ausstellungsfläche). Im südlichen Teil des Kreuzgangs des Klosters ist ein Lapidarium mit weiteren römischen Steindenkmälern eingerichtet.

Außerdem präsentiert das Museum die Ergebnisse seiner umfangreichen Grabungen im jüdischen Ghetto am Börneplatz samt den restaurierten Hausfundamenten im Museum Judengasse, einer Dependance des Jüdischen Museums.

Die Aufgaben der Bodendenkmalpflege, also die Grabungstätigkeiten im Stadtgebiet, gingen 1990 an das neu gegründete städtische Denkmalamt über.

Seit 2002 führt das Museum den Namen „Archäologisches Museum". 2006 erfolgte eine umfassende Neugestaltung der Dauerausstellung.

Aufgaben und Sammlungen

Hauptaufgabe des Archäologischen Museums ist die vom Hessischen Denkmalschutzgesetz vorgeschriebene Archivierung sowie konservatorische und wissenschaftliche Betreuung der beweglichen Bodendenkmäler, also der archäologischen Funde, aus dem Stadtgebiet Frankfurts. Von überregionaler Bedeutung sind dabei vor allem die reichen Fundkomplexe aus den ausgedehnten Grabungen in der Römerstadt NIDA-Heddernheim, der Frankfurter Altstadt und im ehemaligen jüdischen Ghetto am Börneplatz, aber auch der zahlreichen prähistorischen Fundstellen. Diese Funde werden kontinuierlich durch die laufenden Grabungen des Denkmalamtes ergänzt.

Darüber hinaus besitzt das Museum bedeutende Sammlungen zur klassischen Antike des Mittelmeerraumes und zum Alten Orient. Sie stammen vorwiegend aus Sammlungen Frankfurter Bürger des 19. Jahrhunderts sowie aus Ankäufen aus Privatbesitz und dem Kunsthandel sowie Geschenken. Der Schwerpunkt liegt auf der antiken Kleinkunst, Keramiken, Bronzen, Glas und Schmuck.

Dauerausstellung und Sonderausstellungen

In der *Dauerausstellung* wird ein chronologischer Überblick über die Archäologie des Stadtgebietes und der Region von den Anfängen in der Altsteinzeit bis in das Frühmittelalter gegeben.

Mithras-Kultbild mit Miträumsinszenierung (3. Jh. n. Chr.)

Schwerpunkte der Dauerausstellung bilden die ersten Bauernkulturen des Neolithikums (6000–4000 v. Chr.), die dynamische gesellschaftliche Differenzierung in den Metallzeiten (3500 v. Chr.–Chr. Geb.), die Römerstadt Nida in all ihren vielschichtigen Facetten (70–260 n. Chr.) – wobei vor allem die imposanten Jupitersäulen und Weihedenkmäler für den Gott Mithras herausragen –, die alamannischen und fränkischen Grabfunde des frühen Mittelalters (260–700 n. Chr.) sowie die Anfänge der Stadt Frankfurt auf dem Domhügel mit der karolingisch-ottonischen Pfalz (800–1000 n. Chr.).

Mit insgesamt sieben „Lebensbildern" werden exemplarisch charakteristische Momente der vor- und frühgeschichtlichen Epochen in Szene gesetzt, zum Beispiel die Grablege des Keltenfürsten von 700 v. Chr. aus dem Stadtwald, eine

Marktszene aus dem römischen NIDA oder der Fall des Limes und die germanische Besiedlung.

Die Archäologie des späten Mittelalters und der Neuzeit Frankfurts ist in der Ausstellung zum ehemaligen jüdischen Ghetto im Museum Judengasse sowie in der Ausstellung zu den ehemaligen Altstadtgrabungen im Historischen Museum vertreten.

Im Neubauteil West werden die herausragenden Stücke aus der antiken und der vorderasiatischen Sammlung gezeigt. Die Antikensammlung bietet im Ausschnitt der Kleinkunst einen Überblick über zwei Jahrtausende kultureller Entwicklung im Mittelmeerraum. Im Zentrum stehen die griechischen Keramiken des Mutterlandes und Süditaliens von der mykenischen Zeit bis zur römischen Epoche.

Die Abteilung Alter Orient enthält neben einer kleinen Auswahl an Fundstükken aus Anatolien und Syrien vor allem Kleinkunst aus dem alten Iran; sie ist eine der umfangreichsten ihrer Art in Deutschland. Besonders hervorzuheben sind Gefäße aus dem iranischen Hochland und von der Südküste des Kaspischen Meeres sowie Bronzen aus Luristan im Westiran.

Mit zahlreichen *Sonderausstellungen* will das Archäologische Museum zum einen auf Spezialthemen und auf besondere Ausgrabungen aus Frankfurt und der Region hinweisen. Zum anderen soll einem breiten Publikum die Vielfalt der unterschiedlichen Kulturen Alteuropas vermittelt werden.

Archäologische Freianlagen

Das Archäologische Museum betreut folgende archäologischen Freianlagen im Stadtgebiet: den Archäologischen Garten am Dom mit Fundamenten der ersten römischen Badeanlagen und der karolingisch-ottonischen Kaiserpfalz, die rekonstruierten römischen Töpferöfen in Heddernheim sowie die Fundamente einer römischen Villa in der Nordweststadt. Ein archäologischer Rundweg führt zu den römischen Denkmälern in der Nordweststadt.

Wissenschaft und Forschung

Zu den zentralen Aufgaben des Museums gehört die wissenschaftliche Auswertung der Funde und Befunde aus den Grabungen des Museums und des Denkmalamtes. Ziel ist die fundierte Darstellung und Vermittlung der Vor- und Frühgeschichte im Stadtgebiet Frankfurts und des Umlandes. Die Abteilungen Klassische Antike und Alter Orient hingegen konzentrieren sich mit ihren

Sammlungen auf den Kultur-Raum des Mediterraneums und Vorder- und Mittelasiens.

Seine Forschungen präsentiert das Museum in einer eigenen fach- und einer populärwissenschaftlichen Schriftenreihe sowie in weiteren Publikationen. Darüber hinaus sind die Wissenschaftler in mehreren überregionalen und internationalen Forschungsprojekten engagiert.

Museumspädagogik

„Mit allen Sinnen lernen“ heißt das Motto der museumspädagogischen Abteilung des Museums. Zu ihren zahlreichen Projekten und Programmen gehören „Museum und Schule“, „Abenteuer Archäologie“, „Den Römern auf der Spur“, „Archäologie und Kunst“ oder „Kinderatelier Indigo“. Darüber hinaus werden Fortbildungen für Pädagogen, Studenten und Museumsmitarbeiter sowie im Rahmen der Erwachsenenbildung Aktionen und Vorträge zu verschiedenen Themenbereichen angeboten. Besondere Ferienangebote widmen sich vor allem der experimentellen Archäologie und dem experimentellen Lernen.

Das Archäologische Museum 2010+

Mit 1400 Quadratmetern Fläche für Dauer- und Sonderausstellungen ist das Archäologische Museum denkbar knapp ausgestattet; für die reichen jährlichen Grabungszuwächse und für größere Ausstellungsprojekte ist nicht genügend Präsentationsraum vorhanden.

Es bleibt zu hoffen, daß im Zuge der Neugestaltung des Dom-Römer-Bereichs das Areal des Archäologischen Gartens vor dem Dom, des bedeutendsten Bodendenkmals Frankfurts, zusätzlichen Spiel-Raum für die Darstellung und Vermittlung der frühesten Geschichte der Stadt eröffnen wird.

Goethe-Museum

Name:	Freies Deutsches Hochstift/Frankfurter Goethe-Museum
Adresse:	Großer Hirschgraben 23–25, 60311 Frankfurt am Main Tel.: (0 69) 1 38 80–0, Fax: 1 38 80–2 22 E-Mail: info@goethehaus-frankfurt.de Internet: www.goethehaus-frankfurt.de
Öffentliche Verkehrsmittel:	alle S-Bahnen, U1–U3, U6, U7 bis Hauptwache; U1–U5 bis Willy-Brandt-Platz
Öffnungszeiten:	Mo.–Sa. 10.00–18.00 Uhr, So. und Feiertage 10.00–17.30 Uhr
Eintrittspreise:	5 €, Studenten 2,50 €, Schüler 1,50 €, Mitglieder frei
Gründungs-/Eröffnungsjahr:	1859
Erweiterungsbauten:	1897 neuer Bibliotheksbau an das Goethe-Haus angegliedert, der auch das Goethe-Museum aufnimmt; 1932 Eröffnung Erweiterungsbau mit neuem Museum im ersten Stock; 1951/1954 Wiedereröffnung Goethe-Haus/Goethe-Museum; 1997 Umbau Institutsgebäude
Träger:	Freies Deutsches Hochstift
Leitung:	1859 Gründung durch den Naturforscher Otto Volger 1888–1923 Otto Heuer 1925–1960 Dr. Ernst Beutler 1962–1982 Dr. Detlev Lüders 1982–1983 Prof. Dr. Arthur Henkel 1983–2003 Prof. Dr. Christoph Perels seit 2003 Prof. Dr. Anne Bohnenkamp-Renken
Wissenschaftliche Mitarbeiter:	Prof. Dr. Anne Bohnenkamp-Renken (Direktorin) PD Dr. Wolfgang Bunzel (Leiter Brentano-Redaktion) Dr. Michael Grus (Brentano-Redaktion) Dr. Konrad Heumann (Hofmannsthal-Forschungsstelle) Dr. Gerhard Kölsch (Graphische Sammlung) Dr. Dieter Krabiel (Hofmannsthal-Redaktion) Dr. Petra Maisak (Leiterin Goethe-Haus, Goethe-Museum, Graphische Sammlung) Dr. Renate Moering (Leiterin Handschriftenabteilung) Ellen Ritter (Hofmannsthal-Abteilung) Dr. Doris Schumacher (Bildung und Vermittlung) Dr. Joachim Seng (Leiter Bibliothek)
Museumspädagogischer Dienst/ Führungen:	Kostenlose Führungen durch das Goethe-Haus tgl. 14.00 und 16.00 Uhr, Sa. und So. auch 11.30 Uhr; Sonderführungen nach Vereinbarung; Führungen durch

	das Goethe-Museum auf Anfrage; Führungen durch Sonderausstellungen nach Vereinbarung
Vorsitz Verwaltungsausschuß:	Carl von Boehm-Bezing, Vorsitzender
Titel der wichtigsten Kataloge:	Musik und Musiker im Umfeld Goethes (2003), Auf Dornen oder Rosen hingesunken? Eros und Poesie bei Clemens Brentano (2003), Goethes *Faust* – Verwandlungen eines Hexenmeisters (2007), Eichendorff wieder finden. Joseph von Eichendorff 1788–1857 (2007), Der Brief – Ereignis & Objekt (2008)

Goethes Geburtshaus am Großen Hirschgraben zieht alljährlich über 100 000 Besucher aus aller Welt an. Über die Bedeutung als Dichter-Gedenkstätte hinaus gewährt es Einblick in die Wohnkultur des 18. Jahrhunderts. Im Goethe-Museum, der einzigen Galerie, die sich ausschließlich der Goethezeit widmet, finden sich Bilder bedeutender Künstler des deutschsprachigen Raums vom Spätbarock über den Sturm und Drang, den Klassizismus und die Romantik bis zum Biedermeier. Von überregionaler Bedeutung sind auch die wissenschaftlichen Forschungsstellen im Haus: die Spezialbibliothek, die Handschriftenabteilung, die im Haus betreuten Editionen (derzeit Clemens Brentano, Hugo von Hofmannsthal, kritische *Faust*-Ausgabe) und das *Jahrbuch des Freien Deutschen Hochstifts*.

Anne Bohnenkamp-Renken

Das Frankfurter Goethe-Haus/Freies Deutsches Hochstift

Goethes Elternhaus am Großen Hirschgraben ist heute Mittelpunkt der Kultur- und Forschungseinrichtung Frankfurter Goethe-Haus/Freies Deutsches Hochstift, die zu Schillers 100. Geburtstag im Jahr 1859 von engagierten Bürgern ursprünglich als eine unabhängige Akademie für „alle freie Tätigkeit in Wissenschaften, Künsten und allgemeiner Bildung“ unter dem Namen „Freies Deutsches Hochstift“ gegründet wurde. Der Name war Programm: Nachdem ihre Hoffnungen auf einen Nationalstaat 1848 enttäuscht worden waren, setzten die liberal und demokratisch gesinnten Gründer auf einen „Bundestag des deutschen Geistes“, der als weltliches Kulturzentrum allen Interessierten offenstehen sollte, unabhängig von Konfession, Geschlecht oder Stand.

Mit der Verantwortung für Goethes Elternhaus, das der junge Verein 1863 erwarb, um es vor einem radikalen Umbau zu retten und als Gedenkstätte zu erhalten, übernahm das Freie Deutsche Hochstift wenige Jahre nach seiner Gründung eine anspruchsvolle Aufgabe, die zu einer Fokussierung seiner weitgespannten Ziele auf die Bewahrung und Vermittlung der geistigen Welt Goethes und der literarischen Traditionen unseres Landes führte.

Bis heute ist das Frankfurter Goethe-Haus/Freie Deutsche Hochstift ein von seinen gegenwärtig rund 2000 Mitgliedern getragener Bürgerverein, dessen satzungsgemäßer Zweck die Förderung von Wissenschaft und Bildung im Zeichen Goethes ist. Mittelpunkt der traditionsreichen Institution sind seine reichen und vielfältigen Sammlungen, die sowohl der Forschung als auch dem Bildungsauftrag Grundlage und Profil geben.

Diese Sammlungen umfassen Bücher, Handschriften, Kunstwerke und Erinnerungsgegenstände vorrangig aus der Goethezeit. Der Schwerpunkt der rund 40 000 Katalogeinheiten umfassenden Handschriftensammlung liegt neben Goethe und seinem Umfeld im Bereich der deutschen Romantik. Die Sammlung beherbergt unter anderem den Nachlaß Clemens Brentanos und Friedrich von Hardenbergs (Novalis), Teilnachlässe von Bettine Brentano, Achim von Arnim sowie bedeutende Bestände zu Joseph von Eichendorff, Ludwig Tieck, Friedrich Schlegel und Karoline von Günderrode. Ein weiterer Akzent liegt mit dem umfangreichen Hofmannsthal-Archiv auf dem Gebiet der klassischen Moderne.

Die öffentlich zugängliche Lese- und Forschungsbibliothek enthält heute etwa 130 000 Bände vorwiegend zur deutschen Dichtung des Zeitraums von 1750 bis 1850. Zu den besonderen Beständen der goethezeitlichen Spezialbibliothek gehören unter anderem eine bedeutende Sammlung zum Themenkreis „Faust", eine der umfangreichsten Almanach-Sammlungen Deutschlands und die bemerkenswert vielseitige Bibliothek von Goethes Vater, die auf der Grundlage des Auktionskatalogs von 1794 im Freien Deutschen Hochstift rekonstruiert wird und den geistigen Horizont des Goetheschen Elternhauses vor Augen stellt.

Schwerpunkt der Kunstsammlungen ist die deutsche Kunst der Goethezeit. Der Gesamtbestand umfaßt Gemälde, Plastik, Kunstgewerbe, Gegenstände der Erinnerungskultur sowie eine umfangreiche Graphische Sammlung, in deren Zentrum die „Goetheana" stehen: Porträts von Goethe, seiner Familie und seinen Zeitgenossen, eigenhändige Zeichnungen und Radierungen des Dichters sowie ein umfangreicher Bestand an Illustrationen zu Goethes Werken mit einem Schwerpunkt auf Goethes *Faust*, diese Sammlung reicht von Quellen wie Rembrandts *Gelehrtem* über Peter Cornelius und Max Beckmann bis zur Kunst der Gegenwart.

Die vielseitigen Sammlungsschwerpunkte des Freien Deutschen Hochstifts haben sich aus dem ursprünglichen „Goethe-Schatz" entwickelt, der sich noch zu Goethes Lebzeiten in seinem Frankfurter Elternhaus am Großen Hirschgraben anzusammeln begann. War schon Goethes Vater ein passionierter Kunstsammler, dessen Gemäldekabinett am Großen Hirschgraben vor allem den Frankfurter Malern seiner Zeit gewidmet war, so richtete Goethes Mutter nach dem Fortgang ihres Sohnes nach Weimar im „Gelben Zimmer" im Erdgeschoß des Hauses eine erste „Gedenkstätte" ein, in der unter anderem die von Johann Ehrenfried Schumann gefertigte Version des Goethe-Porträts von Kraus verwahrt wurde, die als Geschenk der Herzogin Anna Amalia 1778 nach Frankfurt gelangt war. Heute hüten die Kunstsammlungen zahlreiche berühmte Goethe-Bildnisse, darunter Schmellers Altersbildnis und Tischbeins Zeichnung von Goethe am Fenster seiner römischen Wohnung.

Zu den ersten Sammlungsstücken des „Goethe-Schatzes" gehörten auch Manuskripte und Briefe von Goethes eigener Hand, die schon im frühen 19. Jahrhundert in einem als Gedenkraum eingerichteten Mansardenzimmer im Goethe-Haus ausgestellt wurden. Dazu zählt etwa Goethes erster Brief an Auguste Gräfin zu Stolberg, der mit dem Wohnhaus in den Besitz des Freien Deutschen Hochstifts kam. Später konnten weitere Briefe Goethes an Auguste ergänzend erworben werden; darunter auch derjenige mit Goethes eigenhändiger Skizze seines Arbeitszimmers im Elternhaus, die uns den Ort der Entstehung des *Urfaust*, der großen Hymnen des Sturm und Drang und der *Leiden des jungen Werthers* in größtmöglicher Authentizität vor Augen stellt. Weitere Höhepunkte der seit dem 19. Jahrhundert systematisch ausgebauten Goethesammlung mit Weltgeltung sind die Urschrift der *Marienbader Elegie*, das einzige überlieferte Kapitel aus dem Arbeitsmanuskript zum *Wilhelm Meister*, das sich in Schillers Nachlaß befand und dem Hochstift 1865 von Schillers Tochter Emilie von Gleichen-Rußwurm geschenkt wurde, sowie die Reinschrift der Rede *Zum Schäkespears Tag*, die Goethe im „Roten Salon" des Elternhauses hielt, als er dort im Herbst 1771 mit Gleichgesinnten die erste Shakespeare-Feier im deutschsprachigen Raum veranstaltete. Seit Beginn des 20. Jahrhunderts erwarb das Hochstift zielgerichtet außerdem Nachlässe und Handschriften von Dichtern der deutschen Romantik und beherbergt heute die weltweit umfangreichste Sammlung auf diesem Gebiet. Der Nachlaß Clemens Brentanos wird seit den 1970er Jahren in einer auf 38 Bände angelegten historisch-kritischen Ausgabe der Werke und Briefe erschlossen, von der im Jahr 2009 36 Teilbände vorliegen. Seit den 1970er Jahren wird im Hochstift auch die 40 Bände umfassende kritische Ausgabe der Werke Hugo von Hofmannsthals erarbeitet, das poetische Werk liegt seit 2006 in 31 Bänden vor. Große Teile des Dichter-Nachlasses einschließlich seiner Handbibliothek kamen in diesem Zusammenhang seit 1960 ins Haus und stehen hier der Forschung zur Verfügung.

Die Bemühungen des Hochstifts, für die wachsenden Sammlungen eine museale Präsentation zu ermöglichen, zeitigten mit der Gründung des Frankfurter Goethe-Museums unter der Leitung Otto Heuers im Jahr 1897 einen ersten Erfolg. Modernisierung und Erweiterung wurden seit 1825 von Ernst Beutler betrieben, der zum 100. Todestag Goethes 1932 ein auf elf Räume vergrößertes neues Museum „als Biographie Goethes in Bildern" einweihen konnte, das in der Folge seinen Sammelschwerpunkt immer stärker zur Kunst hin verlagerte.

Gemäldesammlung im Goethe-Museum

Heute präsentiert sich die 1997 von Petra Maisak in konsequenter Fortsetzung von Beutlers Strategie einer „Beglaubigung der Literatur durch die bildende Kunst“ neugestaltete Dauerausstellung im Goethe-Museum als eine um Büsten ergänzte Gemäldegalerie der Goethezeit, da die empfindlichen Sammlungsstücke aus Papier – Bücher, Handschriften, Graphiken – aus konservatorischen Gründen nur in strikt limitierten Zeiträumen in Wechselausstellungen gezeigt werden können.

In der ständigen Ausstellung erlebt der Besucher in einem Rundgang durch 14 Räume die Entwicklung der Kunst vom Spätbarock bis zum Biedermeier am Beispiel von rund 120 Gemälden vor farbig gefaßten Wänden, die dem Interieur der Goethezeit entsprechen und die Farbigkeit der Bilder zum Leuchten bringen. Von den Frankfurter Malern des mittleren 18. Jahrhunderts, deren Werke Goethes Vater sammelte und die Goethe selbst zum Teil von Kindheit auf persönlich bekannt waren, reicht der Bogen über hervorragende Beispiele der Porträtkunst des 18. Jahrhunderts von Anton Graff bis Angelika Kauffmann bis zu exquisiten Werken der Landschaftsmalerei – von den klassischen Ideallandschaften Philipp Hackerts bis zu den romantischen Kompositionen von Caspar David Friedrich und Carl Gustav Carus. Einen Höhepunkt des Rundgangs bietet der dritte Saal, in dem mit sieben Gemälden des Schweizer Sturm-und-Drang-Malers Johann Heinrich Füssli die bedeutendste Füssli-Sammlung Deutschlands zu finden ist. Eines der spektakulärsten Bilder des literarisch inspirierten Künstlers ist *Der Nachtmahr*, die gespenstisch-präromantische Darstellung einer von alptraumartigen

Gestalten bedrängten schlafenden Schönheit, deren zweite Fassung aus dem Jahr 1791 heute im Goethe-Museum hängt.

Hauptanziehungspunkt für Touristen und Goethefreunde aus aller Welt sowie für zahlreiche Schulklassen und Besucher aus der Region ist zweifellos das Elternhaus Johann Wolfgang Goethes, dessen wechselvolle Geschichte es zu einem ganz besonderen Dichterhaus macht. Das nach seiner Zerstörung im letzten Krieg authentisch rekonstruierte reiche Bürgerhaus des mittleren 18. Jahrhunderts ermöglicht dem Besucher einerseits die unmittelbare sinnliche Erfahrung der Lebenswelt des jungen Goethe und läßt sich andererseits als Wirklichkeit gewordenes Dichterwort erleben – orientierte sich die Rekonstruktion doch sowohl an den zahlreichen vorsorglich angefertigten Detailzeichnungen und Plänen des zerstörten Originalbaus als auch an Goethes Erzählungen über seine Frankfurter Kindheit, die er in seinem „Dichtung und Wahrheit“ verbindenden autobiographischen Hauptwerk der Nachwelt hinterlassen hat. „Am 28. August 1749, Mittags mit dem Glockenschlage zwölf, kam ich in Frankfurt am Main auf die Welt“ – so beginnt Goethe seine Autobiographie, in der er anschaulich vom Leben am Großen Hirschgraben berichtet.

Zum Zeitpunkt von Goethes Geburt stand hier noch ein altes Haus von „winkelhafter, an vielen Stellen düsterer Beschaffenheit“, „welches eigentlich aus zwei durchgebrochenen Häusern bestand“, die vom Vater erst nach dem Tod von Goethes Großmutter in einem grundlegenden Umbau in das stattliche und großzügige Bürgerhaus des 18. Jahrhunderts verwandelt wurde, das wir heute noch kennen: ein gelbverputzter Fachwerkbau mit Schieferdach auf einem Sockel aus rotem Mainsandstein, mit schwerem Eichenportal und schmiedeeisernen Fensterkörben. Im Eßzimmer der Familie, im sogenannten „Blauen Zimmer“, zeugt ein Stück erhaltener Wachstuchtapete von der dunkleren barocken Atmosphäre des alten Fachwerkhauses aus dem frühen 17. Jahrhundert.

Nach dem Umbau von 1755 war das Haus „für eine Privatwohnung geräumig genug, durchaus hell und heiter, die Treppe frei, die Vorsäle lustig, und jene Aussicht über die Gärten aus mehreren Fenstern bequem zu genießen“ (Goethe in *Dichtung und Wahrheit*). Die „drei Leiern“ im Wappen über der Eingangstür verweisen schon beim Eintritt auf die bedeutende Rolle, die der Hausherr den Künsten zugestand: Bibliothekszimmer, Gemäldekabinett und Musikzimmer geben einen anschaulichen Eindruck vom Wohlstand und den Neigungen des ausgebildeten Juristen, der als vermögender Erbe sich zeitlebens ganz seinen kulturellen Interessen widmen konnte. Das großzügige Treppenhaus mit reichverziertem Geländer, der mit römischen Prospekten versehene „Vorsaal“ und der prächtige „Rote Salon“ in der Beletage, der nach dem Geschmack der Zeit mit einer Wachstuchtapete im „chinesischen Stil“ dekoriert war, vermitteln bis heute die kultivierte repräsentative Atmosphäre des Goetheschen Elternhauses. Die Küche gibt dagegen einen anschaulichen Eindruck von den Beschwerlichkeiten der Haushaltsführung in einer Zeit, die weder Elektrizität noch fließendes Wasser kannte. Besondere Aufmerksamkeit gebührt hier der originalen, aus den Ruinen des 1944 zerstörten Gebäudes geborgenen Wasserpumpe, deren schweren runden Griff am mächtigen Pumpenschwengel der kleine Goethe sicher auch eigenhändig in Bewegung gesetzt hat, um das Wasser aus dem Brunnen im Keller in die Küche zu leiten. Die eigene Pumpe war ein beachtlicher Luxus, über den nur wenige privilegierte Häuser verfügten. In den oberen Stockwerken des Hauses lassen das Zimmer von Goethes Schwester Cornelia und Goethes eigenes Arbeitszimmer in der Mansarde die Schauplätze seiner frühen Jugend lebendig erfahrbar werden.

Ein gutes Jahr nach dem Skandalerfolg der *Leiden des jungen Werthers* folgte Goethe dem Ruf nach Weimar und verließ das Frankfurter Elternhaus. Seit dem November 1775 kam er selbst nur noch gelegentlich in die Vaterstadt, dafür kam ein Strom von Besuchern, die das Elternhaus des berühmten Dichters sehen und seine Mutter, die legendäre Frau Aja, begrüßen wollten. Nach dem Tod des Vaters lebte Goethes Mutter noch bis 1795 alleine im Haus, bevor sie in eine bequemere Wohnung am nahegelegenen Roßmarkt umzog und das Haus verkaufte. Bis zum Erwerb durch das Freie Deutsche Hochstift blieb das Haus in der Hand der neuen Eigentümer, die von Beginn an einen Raum dem Gedenken an seinen berühmtesten Bewohner widmeten. Als 1863 ein erneuter Verkauf anstand und ein Umbau drohte, bewahrte Otto Volger, der Gründer des Hochstifts, das Haus vor der Zerstörung: Er machte es zum Vereinslokal seines jungen Vereins und gleichzeitig zur ersten öffentlich zugänglichen Goethe-Gedenkstätte Deutschlands. Es folgte die allmähliche Wiedereinrichtung mit Möbeln und Sammlungsgegenständen aus Goethes Jugendzeit, manches originale Stück kehrte an seinen Platz zurück: so das berühmte Puppentheater, das Goethe und seine Schwester in sehr jungen Jahren von der Großmutter geschenkt bekamen und von dessen Faszinationskraft als Inbegriff einer Welt der Phantasie und Poesie der Dichter in verschiedenen Werken eindrücklich berichtet. Heute steht es als Dauerleihgabe des Historischen Museums im obersten Stockwerk des Hauses am Großen Hirschgraben und führt die Besucher ganz nah an den Beginn eines einzigartigen Lebens und Werks.

Der von Ernst Beutler durchgesetzte Wiederaufbau des Hauses, das während des Krieges dem großen Bombenangriff auf die Frankfurter Altstadt im März 1944 zum Opfer fiel und 1951 wieder eröffnet werden konnte, war damals heftig umstritten. Heute zählt es zu den internationalen Publikumsmagneten der Stadt Frankfurt; etwa 100 000 Gäste aus aller Welt kommen jedes Jahr an den Großen Hirschgraben, um in Goethes Elternhaus den Spuren des Dichters nachzugehen und in den originalgetreu wiederhergestellten Räumen die Atmosphäre seiner Jugendzeit nachzuempfinden.

Ergänzend sind heute im obersten Stock zwei Räume einer Kabinettausstellung gewidmet, die den Besucher in Leben und Werk des Frankfurter Goethe einführt. Im ersten Stock steht seit Frühjahr 2008 mit dem „Kaminzimmer" außerdem ein Raum für Seminare und Werkstätten zur Verfügung, in dem die museumspädagogischen Mitarbeiter des Hauses mit vielseitigen Angeboten zur vertieften Begegnung mit Goethes Welt einladen.

Seit dem Umbau und der Wiedereröffnung im Jahr 1997 bietet auch der Arkadensaal Raum für ergänzende Wechselausstellungen zu literarischen, kunst- und kulturhistorischen Themen. Hier finden auch zahlreiche Veranstaltungen des seit 1999 durchgeführten vielseitigen Kulturprogramms des Freien Deutschen Hochstifts statt.

Wichtige Sonderausstellungen der letzten Jahre waren:

- Ein Dichter hatte uns alle geweckt. Goethe und die literarische Romantik (1999)
- Die Frankfurter Malerfamilie Morgenstern (1999/2000)
- Max Beckmanns Illustrationen zu ‚Faust II' (2000)
- Leuchtendes Zauberschloß aus unvergänglichem Material. Hofmannsthal und Goethe (2001)
- Paul Celan und Gisèle Lestrange. Lyrik und Graphik (2001)
- Reise ins unterirdische Italien. Grotten und Höhlen in der Goethezeit (2002)
- Köstliche Reste. Andenken an Goethe und die Seinen (2002)
- Musik und Musiker im Umfeld Goethes (2003)
- Goethe und Schiller für Kinder. Weltliteratur im Kinderbuch (2004)
- Friedrich Schiller. Situationen für die Menschheit (2005)
- Salon-Arabesken. Die beiden Salons der Bettine von Arnim (2006)
- Faust – Verwandlungen eines Hexenmeisters (2007)
- Eichendorff wieder finden (2007)
- Der Brief – Ereignis & Objekt (2008)

Eine Ausstellungs- und Publikationsreihe widmet sich seit 2006 bedeutenden Frauengestalten der Goethezeit; bisher wurden in dieser Folge Karoline von Günderrode (2006), Sophie von La Roche (2007), Catharina Elisabeth Goethe (2008) und Bettine von Arnim, geb. Brentano vorgestellt (2009).

Als Desiderat und Zukunftswunsch sei abschließend die Verwirklichung des lange geplanten Romantikmuseums genannt, für das Ernst Beutler seit 1925 zielgerichtet sammelte. Mit der Zerstörung des Stammhauses der Familie Brentano, des „Hauses zum Goldenen Kopf" in der Großen Sandgasse, das Beutler als Ort für das gewünschte Museum vorgesehen hatte, fehlt den reichen Sammlungen zur Literatur und Kunst der deutschen Romantik bis heute ein angemessener Ausstellungsort.

Institut für Stadtgeschichte

Name:	Institut für Stadtgeschichte
Adresse:	Karmeliterkloster, Münzgasse 9, 60311 Frankfurt am Main Tel.: (0 69) 2 12–3 79 14 oder (0 69) 2 12–3 84 25, Fax: (0 69) 2 12–3 07 53 E-Mail: stadtgeschichte@stadt-frankfurt.de Internet: www.stadtgeschichte-ffm.de
Öffentliche Verkehrsmittel:	U1–U5 bis Willy-Brandt-Platz; U4, U5 bis Römer
Öffnungszeiten:	Mo.–Fr. 8.30 –17.00 Uhr, Sa., So. 10.00–17.00 Uhr
Eintrittspreise:	Eintritt frei (ausgenommen Sonderausstellungen)
Gründungsjahr:	1436
Träger:	Stadt Frankfurt am Main, Dezernat für Kultur und Wissenschaft
Leitung:	Dr. Evelyn Brockhoff
Mitarbeiter:	56 Wissenschaftler, Archivare und Archivangestellte
Museumspädagogischer Dienst:	Manuela Murmann, Tel.: (0 69) 2 12–3 39 51
Bestand:	Urkunden und Akten der Stadtverwaltung seit 882, Archive der Frankfurter Klöster, Stiftungen und Kirchen, Frankfurter Privatarchive, Nachlässe und historische Sammlungen zur Stadtgeschichte
Publikationen:	Verschiedene Schriftenreihen, u. a. *Studien zur Frankfurter Geschichte* (56 Bände) und *Archiv für Frankfurts Geschichte und Kunst* (71 Bände)

Das Institut für Stadtgeschichte ist als „Gedächtnis der Stadt Frankfurt“ die zentrale Anlaufstelle für wissenschaftliche Forschungen zur Frankfurter Stadtgeschichte sowie für private Nachforschungen. Seine umfangreichen sowie gleichermaßen bedeutenden Bestände werden Interessierten aus dem In- und Ausland zur Verfügung gestellt.

Evelyn Brockhoff

„Gedächtnis der Stadt“ Das Institut für Stadtgeschichte in Frankfurt am Main

Gründungsgeschichte

Das Institut für Stadtgeschichte, das 1992 aus dem ehemaligen Stadtarchiv hervorgegangen ist, blickt auf eine 575jährige Geschichte zurück. Schon im 14. Jahrhundert hatte es mit Beginn der kommunalen Selbstverwaltung 1311 eine Registratur für städtische Urkunden, Amtsbücher und Sachakten gegeben; im darauffolgenden Jahrhundert, im Jahre 1436, ließ der Rat der Stadt den Turm „Frauenrode“ als städtisches Archiv errichten. Dieses Datum markiert den Beginn des Stadtarchivs im herkömmlichen Sinn, es läßt die Frankfurter Einrichtung zum ältesten Kommunalarchiv Deutschlands werden – und zur ältesten kommunalen Kultureinrichtung der Stadt Frankfurt am Main.

Der erste Archivbau nahm über 300 Jahre lang die wichtigsten Dokumente der Stadt auf. Ab 1761 fanden aus Kapazitätsgründen Auslagerungen ins Katharinenkloster statt. Nach der Säkularisierung im Jahr 1803 dienten Karmeliter- und Dominikanerkloster, Eschenheimer Turm, Rententurm und Stadtwaage als Ausweichquartiere. 1878 wurde nach Plänen von Dombaumeister Franz Josef Denzinger ein neues Archiv am Weckmarkt errichtet. Dieses Gebäude fiel am 29. Januar und am 12. September 1944 den schweren Bombardierungen der Altstadt zum Opfer, nahezu zwei Drittel der bedeutendsten Archivbestände zur Frankfurter Stadtgeschichte gingen mit ihm in Flammen auf. Nach 1945 wurde das Restarchiv in Luftschutzbunkern in Praunheim und Heddernheim eingelagert und provisorisch vom Haus Domstraße 9 aus verwaltet, wo das Stadtarchiv schon vor dem Krieg ein kleines Ausweichquartier besessen hatte. 1959 bezog das Archiv sein jetziges Quartier im Karmeliterkloster. Auch dieses historische Gebäude war im Zweiten Weltkrieg schwer beschädigt worden, konnte aber in den Jahren 1955–1959 wiederaufgebaut werden.

Karmeliterkloster

Frankfurt ist nicht gerade reich an historischen Bauten. Es finden sich nur noch wenige Relikte, die von der Bedeutung der einstigen Reichsstadt als Handels- und Messeplatz sowie vom Wahlort der deutschen Könige und Kaiser künden. Eine um so größere Bedeutung kommt daher dem Karmeliterkloster zu. Es ist die einzige erhaltene mittelalterliche Klosteranlage in Frankfurt am Main und zählt mit den Wandmalereien von Jörg Ratgeb zu den herausragenden kunsthistorischen Schätzen der Mainmetropole.

Kurz nach 1240 gegründet, entwickelte sich das Karmeliterkloster aus bescheidenen Anfängen noch im Spätmittelalter zu einer großen Klosteranlage mit Kirche, Funktionsbauten und eigenem Bestattungsplatz. Seine heutige Form erhielt es im 15. Jahrhundert. In dieser Zeit wurden die Kirche erweitert sowie der Kreuzgang und das nördliche Hauptgebäude mit Refektorium und Dormitorium erbaut.

Es ist großzügigen Stiftungen zu verdanken, daß der schwäbische Maler Jörg Ratgeb in den Jahren 1514–1521 den Kreuzgang und das Refektorium ausmalen konnte. Die Hauptgruppe der Stifter bildete das Frankfurter Patriziat, daneben traten vier Reichsfürsten als Stifter auf, die anläßlich der Kaiserwahl 1519 in Frankfurt weilten, ebenso Geistliche, gräfliche Nachbarn, Ritter im Dienst der Stadt, Bruderschaften und auswärtige Kaufleute. Die Darstellungen der Passions- und Heilsgeschichte im Kreuzgang sowie die Ordensgeschichte der Karmeliter im Refektorium zählen zu den größten und bedeutendsten Wandmalereien nördlich der Alpen.

Im Zuge der Säkularisation 1803 aufgelöst und in den Besitz der Stadt gelangt, nutzte man das Kloster in der Folgezeit als Magazin, Lazarett, Kaserne, Sitz der Zollbehörde, Schule und später als Feuerwache. In den 1930er und 1940er Jahren erfolgten umfangreiche Sanierungen, doch die Luftangriffe im März 1944 zerstörten die Anlage in großen Teilen. Nach einer weitgehend originalgetreuen Rekonstruktion 1955 diente das Kloster als Sitz verschiedener Institutionen, bis 1959 schließlich das Stadtarchiv Einzug hielt. Als letztes wurde 1987–1989 in Zusammenhang mit der Errichtung des Archäologischen Museums die Klosterkirche wiederhergestellt. In den Jahren 2006–2009 erfolgte – mit Ausnahme des Archäologischen Museums – eine grundlegende Sanierung des umfangreichen Komplexes.

Sammlungsgeschichte

Novalis prägte den Begriff: „Gedächtnis des Staates". In entsprechender Abwandlung versteht sich das Institut für Stadtgeschichte als „Gedächtnis der Stadt Frankfurt am Main". Es ist die Hauptdokumentationsstelle der Stadt; nicht nur die in der Verwaltung anfallenden Akten, sondern die ganze Fülle des urbanen Lebens mit all seinen politischen, wirtschaftlichen, sozialen und kulturellen Facetten finden hier ihren Niederschlag. Trotz der hohen Kriegsverluste übertreffen die Bestände des Archivs an Umfang und Bedeutung die der meisten deutschen Kommunalarchive.

Die Goldene Bulle regelte als „Grundgesetz“ des mittelalterlichen Reichs die Wahl der deutschen Könige und zählt zu den bedeutendsten Dokumenten des Instituts

In der Abteilung „Städtisches Archiv“ wird das gesamte städtische Schriftgut vom Hochmittelalter bis heute zusammengefaßt. Zu den bedeutendsten Beständen zählen die mittelalterliche und frühneuzeitliche Überlieferung der städtischen Verwaltung sowie der in Frankfurt ansässigen geistlichen, sozialen und kulturellen Institutionen und Vereinigungen. Historische Glanzstücke bilden eine Urkunde Karls III. von 882, das Messeprivileg Kaiser Friedrichs II. aus dem Jahr 1240 und die Goldene Bulle Kaiser Karls IV. aus dem Jahr 1356, die als „Grundgesetz“ des mittelalterlichen Reiches die Wahlen des deutschen Königs regelte. Aufgrund der politischen und wirtschaftlichen Bedeutung Frankfurts als Reichsstadt, Messestadt, Wahl- und Krönungsort sind die alten Bestände des Archivs nicht nur für die stadt- und regionalgeschichtliche Forschung, sondern auch für reichsgeschichtliche Themen von besonderem Interesse.

Die neueren Bestände nach Einführung der preußischen Magistratsverfassung 1868 enthalten die Akten des Magistrats, der Stadtverordnetenversammlung und der städtischen Ämter wie auch die der Institutionen und Gesellschaften sowie der nach Frankfurt eingemeindeten Städte und Gemeinden.

Die Abteilung „Sammlungen“ umfaßt weitere für die Geschichte der Stadt relevante Dokumentationsmaterialien. Aus der Politik, dem Alltagsleben und seinen vielfältigen Erscheinungsformen wird aufbewahrt und erschlossen, was der Überlieferung wert scheint. Hierzu gehören Privat-, Vereins- und Firmenarchive, Nachlässe bedeutender Frankfurter Familien und Persönlichkeiten, Chroniken, Manuskripte und Autographen, Plakate und Flugblätter, Zeitungen und Zeitschriften meist von der Erstausgabe an. Die Sachgebiete „Zeitgeschehen" und „Personenbezogene Sammlungen" mitsamt den Porträtsammlungen überraschen den Nutzer des Archivs bei ihrem enormen Umfang immer wieder durch ihren detaillierten Informationsgehalt. Die Sachgebiete „Topographie" und „Photosammlung" betreuen mit über zwei Millionen Bildern, mit Karten, Plänen und Filmen das bei weitem größte visuelle Archiv zur Frankfurter Stadtgeschichte, das laufend vervollständigt wird.

Aufgaben des Instituts für Stadtgeschichte

Die Aufgabe eines Stadtarchivs besteht darin, das historische Erbe einer Stadt zu bewahren und zugänglich zu machen. Während Kultureinrichtungen wie Museen, Kunsthallen oder Kunstvereine ihren Besuchern fertige Produkte – z. B. Ausstellungen – anbieten, stellt ein Stadtarchiv seine Materialien in der Regel zur Recherche und Aufarbeitung zur Verfügung. Das bedeutet, daß die Rezeptionsanforderungen an den Archivbesucher mit einem hohen Grad an Eigenarbeit verbunden sind. Bis in die 1980er Jahre haben sich die Archive häufig auf diese Funktion zurückgezogen und sich darauf beschränkt, gleichsam verschlossene Orte der städtischen Dokumentation zu sein, die vor allem für die wissenschaftliche Forschung offenstehen. Entsprechend unbekannt und unbeachtet blieben dabei die eigentlichen Leistungen und auch die weiteren Möglichkeiten der Archive.

Im Rahmen eines allgemeinen Wandels im Archivwesen hält es das 1992 in Institut für Stadtgeschichte umbenannte Stadtarchiv für geboten, die archivischen Primäraufgaben um eine weiterführende Öffnung und Vermittlung der gesammelten Materialien zu bereichern. Wir verstehen uns nicht länger als ein zwar wichtiger, aber passiver Teil des städtischen Kulturangebotes, sondern als aktive Vermittler der städtischen Überlieferung. Die von uns praktizierte funktionelle Erweiterung basiert auf der Einsicht in die Notwendigkeit der städtischen Identifikation. Max Weber formulierte einst: „Ein Gemeinwesen verliert seine Identifikation, wenn es nichts mehr über seine Geschichte weiß." Die Identifikation mit einer Stadt findet auch über das Wissen um seine Geschichte statt. Kontinuität erscheint nur dann möglich, wenn sich die Bürger einer Stadt – dieser Stadt Frankfurt am Main – in einer Reihe historischer Abläufe sehen und erkennen können oder, wie Theodor Heuss es ausdrückte: „Nur wer weiß, woher er kommt, weiß, wohin er geht." Das Institut für Stadtgeschichte sieht sich dieser Aufgabe verpflichtet und nimmt bewußt die Funktion wahr, durch aktive Vermittlung den Prozeß einer an der Geschichte orientierten Identitätsbildung zu fördern.

Dieser erweiterten Aufgabe dient eine Vielzahl unserer Aktivitäten, unter anderem unsere Archivführungen für Schüler, Studenten und andere interessierte Gruppen, außerdem die Publikationsreihen *Studien zur Frankfurter Geschichte* und das *Archiv für Frankfurts Geschichte und Kunst*. In regelmäßigen Abständen finden Ausstellungen zur Stadtgeschichte statt, ebenfalls von Printmedien begleitet. Die großen Ausstellungen der letzten Jahre waren Themen gewidmet wie: „Die Kaisermacher. Frankfurt am Main und die Goldene Bulle 1356–1806" (2006), „Zwischen Dom und Römerberg. Die Frankfurter Altstadt" (2006), „600 Jahre Frankfurter Römer" (2005), „Mehr als Musik. 125 Jahre Alte Oper" (2005), „Frankfurt am Main im Bombenkrieg. März 1944" (2004), „Der Frankfurt Sound – Eine Stadt und ihre Jazzgeschichte" (2004), „Freizeit im alten Frankfurt am Main" (2001), „Die Paulskirche. Symbol demokratischer Freiheit und nationaler Einheit" (Dauerausstellung in der Paulskirche seit 1998). Das Institut für Stadtgeschichte unterhält regen Kontakt zu vielen anderen Kultureinrichtungen, zur Universität, zu Geschichtsvereinen, Schulen und anderen historisch interessierten Gruppierungen, organisiert Seminare, Vortragsveranstaltungen und lädt zur Arbeit mit Originalquellen ein. Im „Frankfurter Erzählcafé" kommen Zeitzeugen zu Wort, die vor Publikum unterschiedliche Aspekte der Zeitgeschichte aus biographischer Perspektive Revue passieren lassen. Unter ihnen befinden sich viele Frankfurter Neubürger aus anderen Ländern. Ihre Beiträge werfen ein Licht auf die im einzelnen meist unbekannte Geschichte der Integration, ein für die Vielvölkerstadt Frankfurt wichtiges Thema. In der literarischen Reihe „Frankfurt-er-lesen" tragen Schriftstellerinnen und Schriftsteller aus ihren Werken vor: Frankfurter Stadtporträts in literarischer Form. Nicht nur amtliche Daten und Fakten, sondern auch subtile psychologische und subjektive Beschreibungen bilden städtisches Leben ab und halten dessen Eigenart fest.

Zukunftsplanung

Der Bau eines neuen Magazingebäudes im Jahr 2005 sowie die Restaurierung des Karmeliterklosters in den Jahren 2006–2009 haben in großem Ausmaß dazu beigetragen, daß die archivischen Bedingungen des Instituts für Stadtgeschichte wie auch seine Veranstaltungs- und Ausstellungsmöglichkeiten entscheidend verbessert wurden. Für beide Seiten, die archivische und die vermittelnde, resultiert hieraus ein positiver Effekt, der insgesamt die Attraktivität der vielfältigen Nutzungsmöglichkeiten unseres Hauses erhöht. Sie, die Nutzer und ihre Wünsche, stehen im Mittelpunkt unserer Arbeit. Ziel ist es, das Institut für Stadtgeschichte als Einrichtung zu führen, die im Hinblick auf private, wissenschaftliche und publizistische Nutzung einen hohen Stellenwert im städtischen Kulturangebot besitzt. Dabei soll die Inanspruchnahme des Instituts nicht nur für Deutsche, sondern auch für Bürgerinnen und Bürger mit Migrationshintergrund zunehmend selbstverständlich werden. Als lebendiges Zentrum für Frankfurter Geschichte und Kultur kann das Institut für Stadtgeschichte so einen wichtigen Beitrag leisten zur identitätstiftenden Erarbeitung und Auseinandersetzung mit der Geschichte: als „Gedächtnis der Stadt".

Stoltze-Museum

Name:	Stoltze-Museum der Frankfurter Sparkasse
Adresse:	Töngesgasse 34–36, 60311 Frankfurt am Main Tel.: (0 69) 26 41–40 06, Fax: (0 69) 26 41–40 26 E-Mail: petra.breitkreuz@frankfurter-sparkasse.de Postanschrift: c/o Frankfurter Sparkasse, Neue Mainzer Straße 47, 60255 Frankfurt am Main
Öffentliche Verkehrsmittel:	S- und U-Bahnen bis Konstablerwache
Öffnungszeiten:	Mo., Di., Do., Fr. 9.30–17.00 Uhr, Mi. 9.30–20.00 Uhr
Eintrittspreise:	Eintritt frei
Gründungs-/Eröffnungsjahr:	eröffnet 1978 zum 162. Geburtstag Stoltzes am 21. November
Träger:	Frankfurter Sparkasse, ideell unterstützt von der Vereinigung der Freunde und Förderer des Stoltze-Museums e. V.
Leitung:	1978–1998 Werner O. Fey seit 1998 Petra Breitkreuz
Wissenschaftliche Mitarbeiter:	freie Mitarbeiter für Ausstellungsprojekte wie Hans-Otto Schembs, Dr. Sabine Hock
Museumspädagogischer Dienst/ Führungen:	Gruppenführungen nach Vereinbarung
Bestand:	250 Exponate (Fotos, Gemälde, Zeichnungen zu Leben und Werk Friedrich Stoltzes in Kopie, Originale IfS, HMF, Universitätsbibliothek Johann Christian Senckenberg), zwei Büsten von Friedrich und Adolf Stoltze, Stoltze-Porträt von Heinrich Hasselhorst, Adolf-Stoltze-Porträt, Chaiselongue, ein Schrank, zwei Kommoden, Bilder und Gegenstände aus Stoltzes Nachlaß (Dauerleihgaben Institut für Stadtgeschichte, Universiätsbibliothek Johann Christian Senckenberg)
Verwaltung:	Abteilung Kommunikation der Frankfurter Sparkasse
Vorsitz Freundeskreis:	1. Vorsitzender Ernst Schäck, Frankfurter Sparkasse
Titel der wichtigsten Kataloge:	Bis heute sind 70 Begleitbroschüren zu Sonderausstellungen des Stoltze-Museums der Frankfurter Sparkasse erschienen. Die wichtigsten Veröffentlichungen bis 1997 sind in den Büchern *Ich habe mit Frankfurt gelacht und getrauert*, Frankfurt a. M. 1988, und *O Freiheit, mein Alles, mein Glück und mein Weh …*, Frankfurt a. M. 1997, zusammengefaßt.

Das Stoltze-Museum der Frankfurter Sparkasse stellt den Satiriker und kritischen Journalisten Friedrich Stoltze in den Mittelpunkt seiner Arbeit. Stoltze hat vor allem in seinem

Hauptwerk, der satirischen Wochenzeitschrift *Frankfurter Latern*, die politischen und gesellschaftlichen Verhältnisse seiner Zeit beleuchtet und sich als Demokrat und Republikaner gegen die damalige Obrigkeit gestellt. Alle wichtigen Ereignisse des 19. Jahrhunderts in Deutschland wie das Hambacher Fest 1832, den Frankfurter Wachensturm 1833, die Revolution 1848/1849, die preußische Besetzung Frankfurts und das Ende des Deutschen Bundes 1866, die Reichsgründung 1871 und das Ende der Bismarck-Ära 1890 hat Friedrich Stoltze miterlebt und kommentiert.

Petra Breitkreuz

Das Stoltze-Museum der Frankfurter Sparkasse – Museum für einen Frankfurter

Zentraler könnte ein Museum für Friedrich Stoltze kaum gelegen sein als in der von Dom, Römer, Paulskirche, Hauptwache, dem ehemaligen Bundespalais und der Zeil nur jeweils wenige hundert Meter entfernten Töngesgasse. In diesem Karree hat sich der Schriftsteller häufig bewegt, hier ist er aufgewachsen, und hier hat er sowohl den Stoff für seine humorvollen Schilderungen aus dem alten Frankfurt gefunden als auch für seine kritischen Kommentare zu den politischen und gesellschaftlichen Verhältnissen seiner Zeit. Hinter moderner Büroarchitektur versteckt und vom Verkehrslärm wohltuend abgeschottet, hat die Erinnerung an den populären Mundartautoren, Journalisten und Satiriker in einem Renaissance-Treppenturm im Schönborner Hof einen konkreten Ort gefunden.

Erstbesucher des Stoltze-Museums der Frankfurter Sparkasse zeigen sich oft überrascht davon, welch unerwarteter historischer Anblick sich ihnen hinter dem sandsteinernen Torbogen bietet, der die Häuser Töngesgasse 34 und 36 miteinander verbindet. Neben dem Torbogen, der inmitten von Trümmern den Zweiten Weltkrieg überstanden hat, konnten eine Barockfassade und der oktogonale Treppenturm aus dem 16. Jahrhundert, in dem das Stoltze-Museum seit 1978 untergebracht ist, erhalten werden. Einige wenige Spolien aus Sandstein wurden im Geschäftshaus Töngesgasse 36 verbaut, sind aber der Öffentlichkeit nicht frei zugänglich. Das wenige, das von dem repräsentativen Anwesen der Fürsten von Schönborn aus der Zeit um 1750 in Frankfurt übriggeblieben ist, steht heute unter Denkmalschutz. Die Gestaltung der neuen Dauerausstellung im Treppenturm zum 30jährigen Jubiläum des Stoltze-Museums wurde deshalb auch mit dem Denkmalamt der Stadt Frankfurt abgestimmt. Zeichnungen, die den Zustand der Gebäude im Jahre 1823 festgehalten haben, belegen, daß der Schönborner Hof einst eine durch zahlreiche Fenster gegliederte Fassade, prächtige Portale und eine eigene Hauskapelle besaß. Die Kapelle schloß sich dem kleinen Treppenturm direkt an, der als Aufgang zum Nordflügel diente.

Der Stoltze-Turm im Schönborner Hof, wie er von den Frankfurtern inzwischen längst genannt wird, ist einer von vier Treppentürmen, die die Jahrhunderte bis heute überdauert haben. Am Leonhardsstift, im Römerhöfchen und am Elisabethenkrankenhaus in Bockenheim sind die steinernen Treppenhäuser ebenfalls erhalten geblieben. Während die Vorderhäuser Töngesgasse 34 und 36 komplett zerstört wurden, hat der kleine Turm aus der Zeit um 1600 im Hinterhof den Zweiten Weltkrieg weitgehend unbeschadet überstanden. 1976 rückten die ersten Bagger an, die das knapp 1300 Quadratmeter große Gelände für den Neubau des

Technischen Zentrums mit Tiefgarage der Stadtsparkasse Frankfurt vorbereiteten. Die gesamte historische Bausubstanz, auch der Treppenturm, mußte zu ihrem Schutz Stein für Stein abgetragen, katalogisiert, aufgearbeitet, ergänzt und wiedererrichtet werden.

Anregungen und Vorschläge, den auf verschiedene Einrichtungen verteilten Stoltze-Nachlaß endlich der Öffentlichkeit zugänglich zu machen und das literarische und politische Vermächtnis Friedrich Stoltzes wieder stärker ins Gedächtnis zu rücken, kamen von verschiedenen Seiten und offensichtlich zur rechten Zeit. Friedrich Stoltze ist eine Persönlichkeit, mit der sich viele Frankfurter, ob gebürtig oder „nur eingeplackt", identifizieren. Friedrich Stoltze war, wie der Frankfurter heute, heimatverbunden und weltoffen, humorvoll und kritisch zugleich. Friedrich Stoltze gehört zu Frankfurt so selbstverständlich wie der Römer, der Ebbelwei oder Handkäs mit Musik. Aufgegriffen wurde die Idee von den Freunden Frankfurts und der damaligen Stadtsparkasse Frankfurt, die zufällig über einen leerstehenden, denkmalgeschützten Treppenturm verfügte. Am 6. Oktober 1976 konnte der Grundstein für das Stoltze-Museum gelegt werden.

An Friedrich Stoltzes 162. Geburtstag am 21. November 1978 wurde das neue Museum an geschichtsträchtigem Ort eröffnet. Das Stoltze-Museum ist ein Beitrag von vielen, mit denen die Frankfurter Sparkasse auf kulturellem Gebiet ihre Verbundenheit mit Frankfurt und der Region zeigt. Ideell wird die Museumsarbeit der Frankfurter Sparkasse seit 1979 von der Vereinigung der Freunde und Förderer des Stoltze-Museums e. V. unterstützt, der neben interessierten Bürgern Historiker, Vertreter der Stadt, Künstler, Journalisten und die Leiter der Universitätsbibliothek Johann Christian Senckenberg, des Institutes für Stadtgeschichte und des Historischen Museums angehören. Finanziell unterstützt wird das Stoltze-Museum seit 1997 von der 1822-Stiftung, die die Förderung des Heimatgedankens, des Denkmalschutzes und der Völkerverständigung zu einem ihrer Schwerpunkte gemacht hat.

Rechtzeitig zum 30jährigen Bestehen wurde das Stoltze-Museum der Frankfurter Sparkasse im Frühjahr 2008 von Grund auf neu gestaltet. Die architektonischen Besonderheiten im runden Turminneren stellten besondere Anforderungen an die zu verwendenden Materialien. Flexibel mußten sie vor allem sein und dabei noch den Anforderungen des Brandschutzes genügen. Aus diesem Grund wurden alle Exponate auf eine spezielle Vliestapete gedruckt und mit der Turmwand verklebt. Um einzelne Fotos oder Illustrationen plastisch hervorzuheben, wurden sie auf gewölbte Alubildhalter gebracht, die sich der Turmrundung anpassen. Die rote Hintergrundfarbe wurde ebenso mit dem Denkmalschutz abgestimmt wie der Grauton für Treppe und Handlauf.

Die Zahl der Illustrationen wurde insgesamt erhöht, das reine Textvolumen dagegen verringert. In die Begleittexte sind die langjährigen Erfahrungen bei

Neugestalteter Treppenaufgang im Stoltze-Museum

Gruppenführungen eingeflossen. Die Texte wurden auf das notwendige Minimum reduziert. Anstelle von gesonderten Bildunterschriften wurden die knapp gehaltenen Begleittexte direkt unter die Exponate gedruckt. Ausgewählte Stoltze-Texte wurden in eine moderne Schrift übertragen. So soll sich die neue Dauerausstellung den Besuchern leichter und schneller, mit einem Blick erschließen.

Ein Zeitstrahl mit Jahreszahlen führt die Gäste chronologisch vom Unter- bis ins Obergeschoß des Turmes und macht dabei auf wichtige geschichtliche Ereignisse aufmerksam. Historische Fotografien, Zeichnungen und einige ausgewählte Textbeispiele illustrieren Leben und Werk des 1816 geborenen populären Mundartdichters und Satirikers, dessen Biographie eng mit bedeutenden Persönlichkeiten und Ereignissen der deutschen Geschichte im 19. Jahrhundert verbunden ist. Am Hambacher Fest 1832 und der Revolution 1848/1849 hat Friedrich Stoltze persönlich teilgenommen, den Wachensturm 1833 hat er als jugendlicher Beobachter miterlebt.

Seine Schwester Annett gehörte zu den Verschwörern, die sich gegen den Deutschen Bund erhoben. Weil sie wenig später an der Befreiung der politischen Gefangenen mitwirkte, wurde Annett Stoltze zu einer Haftstrafe verurteilt. Ereignisse wie diese haben Friedrich Stoltzes politische Überzeugung nachhaltig beeinflußt.

Die preußische Besetzung Frankfurts 1866 zwang den antipreußisch eingestellten Autor, für einige Monate ins Exil zu gehen. In seinem literarischen Hauptwerk, der satirischen Wochenzeitschrift *Frankfurter Latern* hat er die Gründung des Kaiserreichs 1871 kritisch kommentiert. Sie entsprach nicht Stoltzes Idealen von nationaler Einheit, bürgerlichen Freiheiten und politischer Mitbestimmung. Kurz vor seinem Tod 1891 hat Friedrich Stoltze noch den von Kaiser Wilhelm II. erzwungenen Rücktritt Bismarcks miterlebt, den er mit der Frage kommentierte: „Wird uns je ein And'rer werden, was du uns warst so lange Zeit?" Otto von Bismarck war für den kritischen Journalisten und Satiriker Stoltze Zielscheibe Nummer eins und wichtigster Stofflieferant. Der preußische Ministerpräsident und Reichskanzler ist deshalb in der Dauerausstellung vielfach präsent – unverkennbar mit seinem imposanten Bart und den in der Karikatur natürlich rein zufällig an Teufelshörner erinnernden drei abstehenden Haaren.

Die bei den Besuchern besonders beliebte Familienecke zeigt die Porträts von Stoltzes Eltern, Ehefrau und Kindern sowie Aufnahmen seiner wichtigsten Wohnorte. Hier hat auch ein Schrank aus Stoltzes Haushalt seinen Platz gefunden. Weitere Originale aus Stoltzes Nachlaß, Dauerleihgaben der Universitätsbibliothek Johann Christian Senckenberg, sind in alarmgesicherten Seitenvitrinen im Turm und im angrenzenden Kabinettzimmer zu sehen. In dem kleinen Raum, in dem wechselnde Sonderausstellungen präsentiert werden, sind zwei Kommoden und Stoltzes Chaiselongue ausgestellt. Auf seinem „Sopha", wie er es nannte, hat der Schriftsteller regelmäßig seine Mittagsstunden verbracht, und hier hat ihn, nach eigener Aussage, häufig die Muse geküßt. Gardinen mit dem Aufdruck eines historischen Fotos von Stoltzes Arbeitszimmer verleihen den Originalmöbeln einen passenden, wohnlichen Rahmen. Das Stoltze-Museum der Frankfurter Sparkasse selbst sammelt keine eigenen Exponate. Dafür fehlen die räumlichen und technischen Voraussetzungen.

Glanzstück der Ausstellung ist das Porträt, das der bekannte Frankfurter Maler Heinrich Hasselhorst zum 70. Geburtstag von Friedrich Stoltze in Öl ausgeführt hat. Das Gemälde, eine Dauerleihgabe des Institutes für Stadtgeschichte, zeigt Friedrich Stoltze so, wie er sich selbst gesehen hat: als einen selbstbewußten, freien Mann. So hat er es in einem Gedicht einmal formuliert:

Euch neid' ich nicht, ihr armen Toren,
Die ihr vor einem Throne kreucht!
Ich bin ein freier Mann geboren
Und habe nie mein Haupt gebeugt.

In inzwischen mehr als 70 kleinen Sonderausstellungen und ergänzenden Ausstellungsbegleitheften hat das Stoltze-Museum der Frankfurter Sparkasse bisher besondere Aspekte rund um Friedrich Stoltze, seine *Krebbelzeitungen*, die *Frankfurter Latern* und seine weiteren Werke aufgearbeitet. Die Themen reichen vom familiären Hintergrund, seinen Freundschaften mit Schriftstellerkollegen über seine Beiträge zur Frankfurter Fastnacht bis hin zu seinem Verhältnis zu Frankfurt, zum Deutschen Bund oder zum Staat allgemein. Gleich mehrfach wurde Stoltzes Meinung zu Bismarck und seiner Politik beleuchtet. Bismarcks Kulturkampf gegen die katholische Kirche, das Sozialistengesetz und die Zensur sind hier exemplarisch zu nennen. Auch Stoltzes ältestem Sohn Adolf (1842–1933), der als einziges seiner zwölf Kinder in die Fußstapfen des Vaters getreten und vor allem als Theaterautor bekannt geworden ist, wurden in der Vergangenheit bereits Sonderausstellungen gewidmet. Leben und Werk der beiden Stoltzes bieten auch für die Zukunft jede Menge Stoff, der auf neue Erkenntnisse hoffen läßt.

Obwohl nicht direkt am Museumsufer gelegen, ist das Stoltze-Museum der Frankfurter Sparkasse der Einladung der Stadt Frankfurt gefolgt und unter die Dachmarke Museumsufer Frankfurt geschlüpft. Seit dem Jahr 2000 beteiligt sich das Stoltze-Museum zum Beispiel jedes Jahr mit großem Erfolg an der Nacht der Museen. Hunderte von Kulturinteressierten schlängeln sich dann bis zwei Uhr nachts die Wendeltreppe entlang und sind angesichts der ausgestellten Texte und der sie begleitenden Karikaturen von der Aktualität des politischen Querdenkers Friedrich Stoltze überrascht.

Für seine Bereitschaft, für seine politischen Überzeugungen zu kämpfen, ist Friedrich Stoltze ein Leben lang von der Zensur verfolgt worden. Sein Eintreten für Demokratie und bürgerliche Rechte ist auch für nachfolgende Generationen ein Vorbild. Seine Kritik an der Obrigkeit, an Ungerechtigkeiten, an Machtmißbrauch, an wachsenden Steuern und Abgaben sind (leider) zum Teil bis heute aktuell geblieben. Friedrich Stoltze war weit mehr als der Mundartautor, dessen bekannteste Verse „un es will merr net in de Kopp enei: / wie kann nor e Mensch net von Frankfort sei!" noch immer gerne zitiert und auf Postkarten gedruckt werden. Friedrich Stoltze war ein kritischer Chronist des 19. Jahrhunderts, ein mutiger Streiter für bürgerliche Freiheit und gesellschaftliche Toleranz, ein großer Frankfurter. Die Erinnerung an ihn möchte das Stoltze-Museum der Frankfurter Sparkasse mit der Dauerausstellung, wechselnden Sonderausstellungen, Lesungen, Vorträgen, Veröffentlichungen und Führungen wachhalten.

Jüdisches Museum

Name:	Jüdisches Museum der Stadt Frankfurt am Main
Adresse:	Untermainkai 14/15, 60311 Frankfurt am Main Tel.: (0 69) 21 23 50 00, Fax (0 69) 21 23 07 05 E-Mail: info@juedischesmuseum.de Internet: www.juedischesmuseum.de
Öffentliche Verkehrsmittel:	U1–U5 bis Willy-Brandt-Platz; Straßenbahn 11, 12 bis Willy-Brandt-Platz
Öffnungszeiten:	Di.–So. 10.00–17.00 Uhr, Mi. 10.00–20.00 Uhr, Mo. geschlossen
Eintrittspreise:	4 €, ermäßigt 2 € Kombiticket mit Museum Judengasse: 5 €, ermäßigt 2,50 €
Gründungs-/Eröffnungsjahr:	als Jüdisches Museum eröffnet 1988; Gebäude (ehemaliges Rothschildpalais) erbaut 1821 unter Johann Friedrich Christian Hess, erweitert 1846 unter Friedrich Rumpf, Umbau zum Museum 1986–1988 unter Ante Josip von Kostelac
Träger:	Stadt Frankfurt am Main
Leitung:	1985–2006 Georg Heuberger seit 2006 Prof. Dr. Raphael Gross
Wissenschaftliche Mitarbeiter:	Dr. Johannes Wachten, Judaistik, stellv. Direktor Fritz Backhaus, Museum Judengasse/Börnegalerie, Museumspädagogik/Führungen, stellv. Direktor Dr. Eva Atlan, Kunst/Sammlung Michael Lenarz, Geschichte bis 1800, Dokumentation, Bildarchiv, Kommission zur Erforschung der Geschichte der Frankfurter Juden Erik Riedel, Öffentlichkeitsarbeit, Ludwig-Meidner-Archiv Sabine Kößling, Geschichte seit 1900
Museumspädagogischer Dienst/ Führungen:	Fritz Backhaus
Bestand:	Objekte: ca. 6500, davon 4 % ausgestellt Fotos: ca. 21 500, davon 1 % ausgestellt
Vorsitz Förderverein:	Andreas von Schoeler
Titel der wichtigsten Kataloge:	„Was übrig blieb". Das Museum jüdischer Altertümer in Frankfurt 1922–1938 (1988); Mikwe. Geschichte und Architektur jüdischer Ritualbäder in Deutschland (1992);

Die Rothschilds. Eine europäische Familie. Begleitbuch und Essayband (1994); Verehrt Verfemt. Chagall und Deutschland (2004); Die Pracht der Gebote. Die Judaica-Sammlung des Jüdischen Museums Frankfurt am Main (2006)

Lange Zeit war das Jüdische Museum Frankfurt am Main das einzige Museum in Deutschland, das umfassend über Geschichte, Kunst, Kultur und Religion des deutschsprachigen Judentums informierte. Die Herkunft unserer Besucher aus Übersee, dem europäischen Ausland und aus dem gesamten west- und südwestdeutschen Raum zeigt, daß es diese Aufgabe auch noch nach der Gründung anderer jüdischer Museen erfüllt. Wechselausstellungen, die in Zusammenarbeit mit anderen Museen sowie Privatsammlern in Europa und in Israel entstanden, erweiterten in Zeit und Raum die Perspektive auf die gesamte jüdische Welt, von der Antike bis zur Gegenwart, von New York bis nach Indien. Diese Weite des Blicks zeichnet die Ausstellungen des Jüdischen Museums Frankfurt bis heute aus.

Raphael Gross

Jüdisches Museum

Das Jüdische Museum im ehemaligen Rothschildpalais am Untermainkai zeigt Geschichte und Kultur des deutschsprachigen Judentums am Beispiel Frankfurts. Es knüpft dabei an das 1922 errichtete, im Novemberpogrom 1938 zerstörte „Museum jüdischer Altertümer" der „Gesellschaft zur Erforschung jüdischer Kunstdenkmäler" an, das im ehemaligen Rothschildschen Bankhaus in der Fahrgasse untergebracht war. Anders als sein Vorgänger begnügt sich das Museum aber nicht damit, anhand von Ritualgegenständen die jüdische Religion darzustellen, sondern erläutert diese in ihrem geschichtlichen Zusammenhang. Mit der Eröffnung seiner Dependance, des Museums Judengasse am Börneplatz, im Jahre 1992 wird die Geschichte des Frankfurter Ghettos am originalen Standort ausführlicher dargestellt (siehe hierzu das Kapitel Museum Judengasse). Die Wechselausstellungen in beiden Häusern, häufig in Zusammenarbeit mit anderen jüdischen Museen in aller Welt entstanden, erweitern den Horizont zeitlich wie räumlich, von der Antike bis zur Gegenwart, von New York bis in den Jemen.

Das Hauptgebäude des Jüdischen Museums ist das denkmalgeschützte ehemalige Rothschildpalais (Untermainkai 15) sowie sein Nachbargebäude Untermainkai 14. Beide Häuser wurden 1820/1821 von Stadtbaumeister Johann Friedrich Christian Hess im klassizistischen Stil errichtet. Haus Nr. 15 war ursprünglich für den Bankier Joseph Isaak Speyer erbaut worden, der aus einer seit dem 17. Jahrhundert in der Frankfurter Judengasse ansässigen Familie stammte. Baron Mayer Carl von Rothschild erwarb das Haus 1846 von Speyers Witwe und ließ es in den folgenden Jahren nach Westen erweitern. Drei der damals neugestalteten Räume sind erhalten und veranschaulichen den Wohnstil einer großbürgerlichen jüdischen Familie des 19. Jahrhunderts. Nach dem Tod Mayer Carl von Rothschilds 1886 wurde dessen berühmte Goldsammlung dort der Öffentlichkeit zugänglich gemacht. Ab 1895 beherbergte das Gebäude die 1887 gegründete „Freiherrlich Carl von Rothschild'sche öffentliche Bibliothek", die 1906 um das Nachbarhaus Nr. 14 erweitert wurde. 1928 erwarb die Stadt Frankfurt am Main die Bibliothek und ihre Gebäude und machte sie zu einer Abteilung der Stadtbibliothek. Nach dem Zweiten Weltkrieg diente das Gebäude als Sitz der Verwaltung der neuerrichteten „Stadt- und Universitätsbibliothek", später als Dependance des Historischen Museums. Nachdem die Frankfurter Stadtverordneten 1980 beschlossen hatten, in Frankfurt wieder ein Jüdisches Museum einzurichten, wurden beide Häuser 1984–1988 nach einem Entwurf von Ante Josip von Kostelac umgebaut. Am 50. Jahrestag des Novemberpogroms, dem 9. November 1988, konnte das neue Jüdische Museum eröffnet werden.

Der Chanukka-Leuchter von Valentin Schüler (1681)

Die historische Dauerausstellung „Juden in Frankfurt 1100–1950“ ist im ersten Obergeschoß des Museums untergebracht. Der erste, bis etwa 1800 reichende Teil dieser Ausstellung schildert die Anfänge jüdischen Lebens in Deutschland und Frankfurt, die allmähliche Ausgrenzung der jüdischen Minderheit bis zur Einrichtung der Frankfurter Judengasse, das Leben in diesem Ghetto und die Vorurteile und Verleumdungen, die die Haltung der christlichen Mehrheit gegenüber ihren jüdischen Nachbarn bestimmten. Im Zentrum der Ausstellung steht ein maßstabsgetreues Modell der Frankfurter Judengasse, wie sie um das Jahr 1720 aussah. Während die meisten Frankfurter Juden ein bescheidenes bis ärmliches Leben fristeten, gelangten einzelne Familien dank ihrer Tätigkeit als Hofjuden benachbarter Fürsten zu beträchtlichem Wohlstand. Davon zeugt der prachtvolle Leuchter zum Lichterfest Chanukka, den der christliche Frankfurter Goldschmied Valentin Schüler wohl anläßlich der Hochzeit von Moses Michael Speyer mit Schönle Bing-Kann im Jahre 1681 anfertigte. Der

Bräutigam war der Urgroßonkel von Joseph Isaak Speyer, dem Bauherrn des Museumsgebäudes Untermainkai 15.

Der zweite Teil der historischen Dauerausstellung beschreibt die allmähliche Durchsetzung des Denkens der Aufklärung in Deutschland, die zeitweilige Gleichberechtigung der Frankfurter Juden unter dem Einfluß der Französischen Revolution und deren Rücknahme nach dem Scheitern Napoleons sowie den jahrzehntelangen Kampf um die Wiedergewinnung der vollen staatsbürgerlichen Rechte, der erst mit der Gründung des Deutschen Reiches 1871 abgeschlossen war. Die damit einhergehende religiöse Ausdifferenzierung des deutschen Judentums, die in Frankfurt bis zur Abspaltung einer eigenen orthodoxen Gemeinde führte, veranschaulichen Modelle und erhalten gebliebene Kultgeräte der wichtigsten Frankfurter Synagogen. Parallel zu der zunehmenden Integration der deutschen Juden in die Mehrheitsgesellschaft gewann aber auch die antisemitische Abwehrreaktion an Einfluß, in der Ausstellung unter anderem repräsentiert durch einen Bierkrug der Antisemitenbewegung aus der Zeit um 1910. Der Blütezeit eines vielfältigen jüdischen Lebens in der Weimarer Republik bereitete die Machtübernahme der Nationalsozialisten mit der Ausgrenzung, Vertreibung und Ermordung des größten Teils der europäischen Juden ein schreckliches Ende. Mit dem mühsamen Neubeginn jüdischen Lebens in Deutschland und Frankfurt schließt die historische Dauerausstellung.

Die Dauerausstellung „Jüdisches Leben – Jüdische Feste“ im zweiten Obergeschoß ist dem jüdischen religiösen Leben in Synagoge und Haus gewidmet. Die von Jakob Michael May 1731 in Frankfurt geschriebene und reich illustrierte Pessach-Haggada erinnert an den Auszug des Volkes Israel aus Ägypten und seine vierzigjährige Wüstenwanderung bis zur Niederlassung im Lande Kanaan. Prachtvoller Tora-Schmuck veranschaulicht die hohe Wertschätzung, die der Tora als geoffenbartem Gotteswort entgegengebracht wird. Eigene Räume erläutern anhand von Kultgeräten den Gottesdienst in der Synagoge, den Schabbat auch als den wichtigsten häuslichen Feiertag sowie die Speisegesetze, die den Lebenszyklus des einzelnen begleitenden religiösen Gebräuche, schließlich die jüdischen Feiertage wie die Wallfahrtsfeste Pessach, Wochen- und Laubhüttenfest (Schawuot und Sukkot) und die Fest- und Gedenktage wie Purim, 9. Aw und Chanukka. Zu einem großen Teil noch aus dem Museum jüdischer Altertümer stammt die umfangreiche Sammlung von Leuchtern zum Lichterfest Chanukka, die in einer einem solchen Leuchter nachgebildeten Vitrine präsentiert werden.

Die verschiedenen Aspekte der Dauerausstellungen wurden in mehr als 70 Sonderausstellungen vertieft und thematisch erweitert. Neben anderen Aspekten liegt dabei ein Schwerpunkt auf der Erinnerung an jüdische Künstler, die wegen ihrer Ächtung, Vertreibung oder Ermordung durch die Nationalsozialisten bisher weniger Beachtung gefunden haben. Dem Ziel, sie wieder stärker ins öffentliche Bewußtsein zu rücken, dient auch das Ludwig-Meidner-Archiv des Museums, das ausgehend vom Nachlaß des expressionistischen Künstlers Ludwig Meidner (1884–1966) Nachlässe und Kunstwerke von ins Exil getriebenen jüdischen Künstlern aus Deutschland sammelt und ausstellt. Die mehr als 25 000 Bände und AV-Medien umfassende Präsenzbibliothek des Museums sammelt Literatur zum Judentum und zur Geschichte der Juden in Deutschland und Mitteleuropa. Die Dokumentationsabteilung des Museums mit den Schwerpunkten Frankfurt und Hessen, Westfalen, Schlesien und Posen sowie Genealogie wird ebenso wie die Bibliothek von Forschern und Geschichtsinteressierten des In- und Auslandes häufig genutzt. Mit zahlreichen Vorträgen, Symposien sowie der Beteiligung an gesamtstädtischen Veranstaltungen wie der Nacht der Museen und dem Museumsuferfest erweist sich das Jüdische Museum ferner als lebendiges Kulturzentrum.

Die 2006/2007 aufgenommene enge Kooperation mit dem Leo Baeck Institute London und dem Fritz Bauer Institut sowie die Sammlungstätigkeit des Museums seit seiner Gründung 1988 übersteigen schon seit einiger Zeit die in den Museumsgebäuden gegebenen räumlichen Möglichkeiten. Deshalb hat die Stadt Frankfurt für 2009 Planungsmittel für einen Erweiterungsbau im Anschluß an das bestehende Museum zur Verfügung gestellt. Mit Realisierung des Neubaus wird die Dauerausstellung neu konzipiert, zeitlich bis an die Gegenwart herangeführt und in ihrer Perspektive in das gesamteuropäische Umfeld erweitert werden.

Highlights der Sonderausstellungen

- „Was übrig blieb“. Das Museum jüdischer Altertümer in Frankfurt 1922–1938 (1988/1989)
- „Unser einziger Weg ist Arbeit“. Das Getto in Lodz 1940–1944 (1990)
- Expressionismus und Exil. Die Sammlung Ludwig und Rosy Fischer, Frankfurt am Main (1990)
- Die vergessenen Nachbarn. Juden in Frankfurter Vororten (1990/1991)
- Maurycy Gottlieb 1856–1879 (1991/1992)
- Mikwe. Geschichte und Architektur jüdischer Ritualbäder in Deutschland (1992)
- Zedaka. Jüdische Sozialarbeit im Wandel der Zeit (1992/1993)
- Die Rothschilds. Eine europäische Familie (1994/1995)
- Im Kampf gegen Besatzung und „Endlösung“. Widerstand der Juden in Europa 1939–1945 (1995)
- „Sturm über Europa“. Felix Nussbaum (1998)
- Juden in Ungarn (1999)

- Moritz Daniel Oppenheim. Die Entdeckung des jüdischen Selbstbewusstseins in der Kunst (1999/2000)
- Ostend. Blick in ein jüdisches Viertel (2000)
- Ludwig Hirschfeld-Mack 1893–1965. Bauhäusler und Visionär (2000/2001)
- Leo Baeck 1873–1956 (2001)
- Ludwig und Else Meidner (2002)
- Ritual und Form. Modernes Judaica-Design aus der Bezalel-Akademie Jerusalem (2002)
- „Schtarker fun Ajsn/Stärker als Eisen". Konzert- und Theaterplakate aus dem Wilnaer Getto 1941–1943 (2002)
- Die Sammlung Reich-Ranicki. Schriftstellerporträts aus zwei Jahrhunderten (2003/2004)
- Verehrt und verfemt. Chagall und Deutschland (2004)
- „Und keiner hat für uns Kaddisch gesagt …" Deportationen aus Frankfurt am Main 1941–1945 (2005)
- Ignatz Bubis (1927–1999). Ein jüdisches Leben in Deutschland (2007)
- „Access to Israel". Israelische Gegenwartskunst (2008)

Naturmuseum Senckenberg

Name:	Naturmuseum Senckenberg
Adresse:	Senckenberganlage 25, 60325 Frankfurt Tel.: (0 69) 75 42–0, Fax: (0 69) 74 62 38 Internet: www.senckenberg.de
Öffentliche Verkehrsmittel:	S3–S6 bis Westbahnhof, weiter mit Bus 33 bis Bockenheimer Warte; U4, U6, U7 bis Bockenheimer Warte; Straßenbahn 16 bis Bockenheimer Warte; Bus 33 bis Bockenheimer Warte oder Bus 32, 50 bis Senckenbergmuseum
Öffnungszeiten:	Mo., Di., Do., Fr. 9.00–17.00 Uhr, Mi. 9.00–20.00 Uhr, Sa., So. und Feiertag 9.00–18.00 Uhr Sonderausstellungshalle Mo.–So. 9.00–20.00 Uhr
Eintrittspreise:	Tagesticket: Erwachsene 16–65 Jahre: 6,00 €, ab 66 Jahre: 5,00 €; Kinder und Jugendliche (6–15 Jahre), Wehrpflichtige, Zivildienstleistende, Schüler und Studenten: 3,00 € Ermäßigte Gruppentickets (ab 20 Personen): 6–15 Jahre: 2,50 €, 16–65 Jahre: 5,00 €, ab 66 Jahre: 4,50 €
Gründungs-/Eröffnungsjahr:	1817 Senckenbergische Naturforschende Gesellschaft; 1821 Senckenberg-Museum (1820 Stadtbaumeister Johann Friedrich Christian Hess, Architekt Friedrich Rumpf, 1. Museumsgebäude in der Bleichstraße)
Erweiterungsbauten:	1828 Anbau in der Bleichstraße, Stadtbaumeister Johann Friedrich Christian Hess; 1907 Museumsgebäude Viktoriaallee, jetzige Senckenberganlage; erbaut durch die königlichen Bauräte Ludwig Neher und Franz von Hoven 1944 weitgehende Zerstörung des Museumsgebäudes 1952 Wiederaufbau des Hauptgebäudes abgeschlossen zwischen 1962 und 1972 Umgestaltung des Schaumuseums 1969 Erweiterung des Forschungsinstitutes durch den „Reimersbau" 2000 Bezug des zweistöckigen Sammlungs-Tiefspeichers über der U-Bahn-Station Bockenheimer Warte (2600 Quadratmeter Nutzfläche) 2003 Neueröffnung des renovierten Senckenberg-Museums
Träger:	1807–2008 Senckenbergische Naturforschende Gesell-

	schaft; seit 2008 Senckenberg Gesellschaft für Naturforschung
Leitung:	In den Anfängen: 1817–1830 Dr. J. Neuburg, 1. Direktor 1830–1840 Senator C. v. Heyden Seit 1945: 1946–1959 Prof. Dr. R. Mertens, Direktor 1949–1958 Dr. W. Kramer, geschäftsf. Direktor 1960 Dr. A. Zilch, stellv. Direktor 1961–1978 Prof. Dr. W. Schäfer, Direktor 1979–1980 Prof. Dr. W. Klausewitz und Dr. H. Felten, kommiss. Direktoren 1980–1995 Prof. Dr. W. Ziegler, Direktor 1995–2005 Prof. Dr. F. F. Steininger, Direktor seit 2005 Prof. Dr. Dr. h. c. V. Mosbrugger, Direktor, seit 2009 Generaldirektor
Wissenschaftliche Mitarbeiter:	insgesamt ca. 200 in folgenden Einrichtungen: Senckenberg Forschungsinstitut und Naturmuseum Frankfurt; Senckenberg am Meer Wilhelmshaven; Senckenberg Naturhistorische Sammlungen Dresden; Senckenberg Museum für Naturkunde Görlitz; Senckenberg Deutsches Entomologisches Institut Müncheberg; LOEWE-Forschungszentrum Biodiversität und Klima
Museumspädagogischer Dienst/ Führungen:	Leiter: Dr. Gerhard Winter; Sekretariat: Angelika Stahl Anmeldung: Di.–Do. 9.00–12.00 und 13.00–16.00 Uhr unter Telefon (0 69) 75 42–13 57, Fax: (0 69) 75 42–13 31, E-Mail: museum.paedagogik@senckenberg.de
Bestand:	ca. 25 Mio. Objekte bzw. Serien in der Sammlung, ca. 5000 im Ausstellungsbereich (= 0,02 % des Bestandes)
Vorsitz Administration/Verwaltungsrat/Kuratorium	Direktorium: Prof. Dr. Dr. h. c. Volker Mosbrugger, Generaldirektor; Verwaltungsrat: Dietmar Schmid, Präsident; Kuratorium: Roland Koch, Ministerpräsident des Landes Hessen
Vorsitz Freundeskreis:	Dr. Holger Alfes
Publikationen:	Senckenberg gibt zwei populärwissenschaftliche Buchreihen heraus (*Kleine Senckenberg-Reihe* und *Senckenberg Bücher*) sowie 15 wissenschaftliche Fachzeitschriften und die Mitgliederzeitschrift *Natur und Museum*

Das Naturmuseum Senckenberg ist eines der großen Naturkundemuseen in Deutschland und zeigt die heutige Vielfalt des Lebens (Biodiversität) und die Entwicklung der Lebewesen (Evolution) sowie die Verwandlung unserer Erde über Jahrmillionen hinweg. Neue Forschungsergebnisse aus allen Bereichen der Biologie, Paläontologie und Geologie werden vorgestellt.

Volker Mosbrugger

Das Senckenberg

„Das Senckenberg" – weit über die Rhein-Main-Region hinaus steht dieser Begriff vor allem für das Naturmuseum in der Frankfurter Senckenberganlage. Die beiden lebensgroßen Dinosaurier-Nachbildungen vor dem 1907 fertiggestellten Gebäude werfen ein Schlaglicht auf die Zeitreise durch vier Milliarden Jahre Erdgeschichte, die die Besucher im Senckenberg-Museum erwartet. Auf dem Dachfirst des neobarocken Gebäudes thront Kronos. Ganz so, als wolle der Titan der griechischen Mythologie – gemeinsam mit den unter ihm angeordneten Bildnissen von Karl von Linné, Charles Darwin und Georges Cuvier – das aktuelle Interesse an der Natur im Blick behalten. Die drei berühmten Naturforscher dürften zufrieden sein. Das Interesse ist wach und wächst kontinuierlich: Mehr als 340 000 Besucher kommen jährlich ins Senckenberg-Museum.

Vom Naturalienkabinett zum modernen Naturmuseum

Begonnen hat alles am 22. November 1817 mit der Gründung der Senckenbergischen Naturforschenden Gesellschaft. Das Engagement der 32 Frankfurter Bürger wirkt bis in die Gegenwart: Noch heute ist die – nun Senckenberg Gesellschaft für Naturforschung genannte – Einrichtung Träger der mittlerweile fünf Senckenberg-Forschungsinstitute, weiterer Forschungsstellen in sechs Bundesländern und von drei Naturmuseen.

Was sich so beeindruckend entwickelt hat, nahm seinen Anfang am Frankfurter Hauptsitz. Es war Johann Wolfgang von Goethe, der zur Schaffung eines Naturmuseums ermutigte. Seinen Appell aufgreifend, daß es einer freien Stadt gezieme, nach allen Seiten hin zu glänzen, faßten Frankfurter Naturforscher, Liebhaber und Besitzer von Naturaliensammlungen den Entschluß, ihre Schätze zusammenzutragen und der Öffentlichkeit in einem naturhistorischen Museum zugänglich zu machen.

Schon nach vier Jahren, am 22. November 1821, öffnete das erste Museum Senckenbergianum auf dem Stiftungsgelände Johann Christian Senckenbergs, dem Namensgeber der Gesellschaft. Ein Gesandter der Stadt Bremen, der nach dem Besuch des Frankfurter Bundestags beim jährlichen Stiftungsfest der Gesellschaft zu Gast war, berichtet 1823: „Die Zahl der jungen Gelehrten von denen mehrere von Bedeutung zu sein scheinen, hat sich sehr vermehrt, und ein lobenswerter Wetteifer zur Auszeichnung durch Kunst und Wissenschaft gestaltet sich (...). Die Verbindungen und Korrespondenzen mit anderen wissenschaftlichen Instituten der Art, welche hier sehr lebendig sind (...) mögen wohl Ursache davon sein."

Innerhalb kurzer Zeit hatte sich die Gesellschaft weit über die Grenzen Frankfurts hinaus einen Namen gemacht und konnte viele berühmte Wissenschaftler zu ihren Korrespondierenden Mitgliedern zählen. Darunter Johann Wolfgang von Goethe (seit 1820), Georges Cuvier (seit 1826), Alexander von Humboldt (seit 1834) und schließlich auch Charles Darwin (seit 1873). Neben den ersten 17 privaten Sammlungen zur Mineralogie, Botanik, aus Forstwesen und Zoologie brachten internationale Expeditionen in viele Winkel der Erde reiches Sammlungsmaterial. Dies war der Grundstock von heute etwa 35 Millionen Sammlungsobjekten, die für Wissenschaftler aus aller Welt von großem Wert sind.

Das Naturalienkabinett am Eschersheimer Turm war mittwochs und freitags, jeweils von 11 bis 13 Uhr, für jedermann geöffnet. Zur sechsten Jahresfeier vermerkt die Chronik: „Die Sammlungen werden fleißig besucht, und nicht bloß um etwas Hübsches anzuschauen, wir sehen sie von den nämlichen Personen wiederholt besuchen, im einzelnen betrachten und die Jugend mit lebhaftem Interesse die Naturgegenstände in der Wirklichkeit aufsuchen oder wiedererkennen, von denen in der Schule gesprochen worden war."

Das Naturmuseum – ein Schaufenster ins Forschungsinstitut

Das „neue" Naturmuseum an der Senckenberganlage ist heute bis auf wenige Tage im Jahr täglich geöffnet. Spezialisten und Schulklassen finden hier Antworten auf spezielle Fragen. Wo einst der bedeutende Anatom Samuel Thomas Soemmerring der Ansprechpartner für Besucher war, steht heute eine didaktisch modern ausgerichtete Museumspädagogik zur Verfügung. Führungen und Sonderaktionen sowie spezielle Vortragsreihen oder Podiumsdiskussionen ergänzen das Angebot der Senckenberg Gesellschaft für Naturforschung. Computerterminals und Audioguides geben weitere Informationen.

Die Dauerausstellung zeigt die Entstehung der Erde und der Kontinente, die unbelebte Welt mit faszinierenden Mineralien oder Naturphänomene wie Vulkanismus, die Entstehung und Entwicklung des Lebens sowie die heutige Vielfalt der Säugetiere und Vögel bis hin zur Evolution des Menschen. Auch wenn sich etliche Besucher noch nach vielen Jahren an die beeindruckende Anakonda erinnern, die gerade ein Wasserschwein verschlingt, haben die Dinos Kultstatus bei Kindern und Jugendlichen. Die faszinierenden Giganten des Erdmittelalters können in Europas umfangreichster Präsentation von Großgruppensauriern bestaunt werden.

Das Ziel der Ausstellungen ist jedoch nicht mehr die reine Darstellung, sondern das Aufzeigen von Zusammenhängen. Während die Besucher früher Exponate von den weißen Flecken auf der Weltkarte bestaunen konnten, geht es heute um das Verständnis dessen, was in den verschiedenen Ökosystemen der Erde geschieht, um den menschlichen Impact und den sinnvollen Schutz von Natur auf Basis der gewonnenen Erkenntnisse. In besonderer Weise wird das in den großen Sonderausstellungen umgesetzt, die in der neuen Wolfgang Steubing Halle auf 1000 Quadratmetern präsentiert werden.

Senckenberg-Forschung heute

Bei der wissenschaftlich präzisen Umsetzung profitiert das Naturmuseum von den heute rund 200 Senckenberg-Wissenschaftlern der verschiedenen Forschungsinstitute. Besondere Schwerpunkte sind die Meeres- und die Messelforschung. Die spektakulären Fossilfunde, die aus dem UNESCO-Weltnaturerbe Grube Messel geborgen werden, liefern nicht nur Informationen zur Entwicklung des Lebens im Eozän, sondern auch über die Funktion eines Wald- und Seeökosystems unter den extremen Treibhausbedingungen vor ca. 47 Millionen Jahren.

Die Vielfalt der Natur beschreiben, verstehen und bewahren – unter diesem Leitmotiv sind Senckenberg-Wissenschaftler nach wie vor in marinen, limnischen

Eines der bekanntesten Exponate im Senckenberg: der 70–65 Millionen Jahre alte Tyrannosaurus rex

und terrestrischen Lebensräumen auf fast allen Kontinenten und in verschiedenen Klimaregionen der Welt unterwegs. Mit einem anwendungsorientierten Ansatz betreibt Senckenberg heute jedoch eine an den großen Zukunftsfragen orientierte Naturforschung und legt Grundlagen für einen wissenschaftlich fundierten Naturschutz sowie ein nachhaltiges Naturmanagement.

Dabei rücken die Bedeutung und der Einfluß des Klimawandels auf die Artenvielfalt immer weiter in den Fokus der Forschung. Das seit 2008 von der Hessischen Landesregierung unterstützte LOEWE-Forschungszentrum „Biodiversität und Klima“ (BiK-F) ergänzt das Portfolio, das in den anderen Forschungsinstituten vor allem auf den umfangreichen Sammlungen aufbaut. Mit innovativen Forschungsansätzen und unter Einsatz eines breiten Spektrums moderner Methoden – von der satellitengestützten Fernerkundung, von Klima-, Areal- und Ökosystemreaktionen bis hin zur Molekulargenetik und Massenspektrometrie – werden vergangene wie gegenwärtige Ereignisse und Prozesse dokumentiert und analysiert, um darauf basierend verläßliche Vorhersagen für die Zukunft zu treffen.

Kunsthochschulen im Aufbruch

Joseph Beuys probt den Aufstand

Die Ausbildung kreativer Talente, der Pablo Picassos und Max Beckmanns von morgen, hat sich in Deutschland höchst unterschiedlich entwickelt, seit Joseph Beuys mit seinen Studenten gegen den ranzig gewordenen Akademismus der Düsseldorfer Kunsthochschule mit dem ironischen Credo „Demokratie ist lustig" 1975 mit großem Aplomb das Sekretariat der Düsseldorfer Kunstakademie besetzte. Nachdem schon Duchamp mit seiner *Fountain* gegen die phlegmatische Praxis des Kunstbetriebs die Szene aufgemischt hatte, wollte Beuys nicht nur den traditionellen Werkbegriff auflösen, sondern vor allem die oligarchischen Kunsthierarchien und deren „geheimes privilegiertes Wissen" (Walter Benjamin) umstürzen und die anachronistische Talentprüfung abschaffen. Künstlerexamen lassen sich nicht wie Gesteinsproben mit formalisierten Standardmethoden analysieren. Beuys wollte jedermann und jederfrau den Studienzugang verschaffen – nach der Devise „Jeder Mensch ein Künstler". In der flirrenden Zeit des Aufbruchs nach 1968 begriffen sie die Kunstfunktion als permanente Irritation der Gesellschaft. Die Zahl 68 war zur Chiffre geworden für die Rebellion gegen alles, was sich unter dem schwammigen Begriff Establishment an Vorurteilen subsumieren ließ. Mit reichlicher Verspätung haben die Düsseldorfer Marcuses Brandsatz von der „repressiven Toleranz" mit dem Code 68 als Universalschlüssel zum Tor ihres Aufstands gebraucht, einer riskanten Liaison von Idealismus und Ressentiment, die in drastischen Realien mündete.

Außer der Ehre erwies mir Beuys auch das zweifelhafte Vergnügen, in der Werkstatt seines Ruhms und seiner Phantasmen öffentlich mit ihm zu streiten. Über die Künstlerausbildung oder über den erweiterten Kulturbegriff konnten wir uns schon deshalb nicht verständigen, weil aus seiner Sicht „Vertreter des Establishments" vom Künstlertum „partout nicht die Bohne einer Ahnung" hatten. Mit seinem Material trachtete Beuys nach ästhetischer Unverfänglichkeit. Seine zugleich hochfliegende und kasuistisch-schräge Diskurstechnik, seine tropisch wuchernden Fabulierkünste erstickten alle Gegenargumente unter einer irrationalen Kauzigkeit. Mit raschem rheinischem Wortschwall unterstellte er fortwährend, was ich gar nicht gesagt hatte, sooft er damit flinke Punkte zu sammeln hoffte. Elitedarsteller wie Beuys können sich keinen höheren Wert vorstellen als öffentliche Wirkung. Weil mir sein exaltierter Verkündungsgestus zu penetrant war, habe ich ihm für weitere Aktionen der Volksbelustigung dann nicht mehr zur Verfügung gestanden.

Gleichwohl ist es nur fair, zwischen dem Spaßfaktor seiner populistischen Selbstinszenierung und der Botschaft zu unterscheiden, die er über das Medium Beuys einer breiten Öffentlichkeit vermittelte. Mit dem Pathos seines partizipatorischen Kunstbegriffs hat er seine Prominenz als Vehikel eingesetzt, um seine Ideen unter die „Menschheit" zu streuen. Ohne seinen medialen Aufstieg wären seine ausgreifenden kulturpolitischen Ideen, so zweifelhaft manche von ihnen auch immer waren, wäre auch jene längst überfällige Diskussion über die Bedeutung der Künste und der Künstler für Gesellschaft und Politik wohl kaum so nachhaltig in Gang gekommen. Seine Versuche, die Künste mit Hilfe ästhetischer Dechiffrierung ihrer Aura zu entkleiden, waren ebenso wie die avantgardistische Einebnung des Grabens zwischen Kunst und Leben durchaus diskurswürdig. Als wir einmal im Düsseldorfer Haus von Gabriele Henkel pürierte Erbsensuppe löffelten, erklärte sich Beuys „mit den meisten" Inhalten meines Buches *Kultur für alle* einverstanden, und was „den Rest" betreffe, so lasse er bestimmt noch von sich hören.

Offiziell bekam ich es mit Beuys erst wieder als sein Frankfurter Vertragspartner zu tun. Georg Bussmann hatte den rheinischen Guru Anfang der 70er Jahre eingeladen, im Frankfurter Kunstverein die Werke seiner Meisterschüler ausstellen zu lassen, damit sie Zeugnis gäben vorzüglich von den Spurenelementen ihres Meisters. Das Einrichten der Ausstellung wurde zum „Work in progress" erklärt, Neugierige von nah und fern durften Zeugen der Geburtswehen sein. Die Beuys-Schüler konnten sich nach drei Tagen noch immer nicht über eine plausible Reihenfolge der Hängung ihrer Bilder einigen, das heißt darüber, ob eine alphabetische, thematische oder qualitative Präsentation den Erfolg garantiere oder vielleicht eine, die sich am ästhetischen Babylon orientiert. So endete das ehrgeizige Spektakel beinahe wie weiland das berühmte Hornberger Schießen. Die lauthals das Prinzip Ikonoklasmus vertretenden Beuys-Adepten rangelten um den besten Platz für ihre eigenen Arbeiten. Beuys hatte nicht immer, noch nicht einmal meistens, diesem stundenlangen Hickhack beigewohnt.

Als mir Kunstvereinschef Georg Bussmann die Hiobspost mitteilte, alle Künstler hätten ihre Werke wieder eingepackt und Beuys sei genervt nach Düsseldorf entfleucht, fragte ich nach der Höhe des Honorars. „60 000 Mark", wurde mir beschieden. „Und wieviel hat der Meister schon davon kassiert?" – „Die Hälfte." Nachdem ich Beuys telegraphisch vor die Alternative gestellt hatte, entweder sofort das Honorar zurückzuüberweisen oder das Projekt unverzüglich zu realisieren, hieß er seine Truppe ihre Bilder und Plastiken wieder auspacken und einigte sich mit seinen Meisterschülern auf einen die Grenzen der Disziplinen

Im Gespräch mit Joseph Beuys

durchkreuzenden Modus vivendi: Hängung in alphabetischer Reihenfolge. Die im Frankfurter Kunstverein nachgeholte „Talentprobe" dürften wohl nur wenige bestanden haben.

Als Kulturdezernent bekam ich es 1985 ein zweites Mal „amtlich" mit Joseph Beuys zu tun, im Büro von Oberbürgermeister Walter Wallmann, dem er eine langstielige rote Rose als Metapher des Friedens überreichte. Diese Begegnung wurde von Beuys beängstigend freundlich gestaltet, es ging schließlich um eine Art Wiedergutmachung für den an seinem legendären Holzblock im Hessischen Landesmuseum verübten Frevel: Dessen Erwerb hatten wir beim Ankauf der Ströher-Sammlung ausdrücklich ausgeschlossen, weil wir mit den dafür genehmigten Sondermitteln sonst nur die Hälfte der amerikanischen Pop-art-Sammlung der 60er Jahre von Darmstadt nach Frankfurt hätten importieren können. Da sich aber ein Museum für zeitgenössische Kunst ohne eine Beuys-Reliquie als ein Widerspruch in sich dem Gespött der Kunstwelt ausgesetzt sähe, gefiel dem Mei-

Joseph Beuys: *Blitzschlag mit Lichtschein auf Hirsch* (1958–1985)

ster die Idee, beim Bau des Museums für Moderne Kunst einen eigenen Beuys-Raum einzuplanen, den er ganz nach eigenem Gusto gestalten durfte. In seinem militanten Outfit war Beuys mit diesem Friedensangebot und dem Honorar fröhlich einverstanden. Als der Meister 1986 starb, war zwar der Auftrag, nicht jedoch die Idee obsolet geworden, ein Werk des Meisters zu präsentieren. Aber nichts wirklich Relevantes aus seinem Œuvre war auf dem Markt. Nach einem Gespräch mit dem Kölner Galeristen Rudolf Zwirner in meinem Garten schlug mir Gründungsdirektor Peter Iden vor, Beuys' letzte noch verhandelbare Großplastik zu erwerben, die 27 Stücke seines Ensembles *Blitzschlag mit Lichtschein auf Hirsch.*

Da Walter Wallmann die Reaktion seiner CDU-Fraktion auf das Ansinnen, „mitten im Etatjahr" 2,5 Millionen D-Mark für eine Beuys-Plastik loszueisen, als wahrscheinlich negativ einstufte, beschied er meine Bitte ablehnend, doch höchstselbst mit warmen Worten das Projekt seinen Parteigenossen schmackhaft zu machen. Das jede kunsthistorische Norm sprengende, enigmatische *Blitzschlag*-Ensemble zu enträtseln gelingt selbst Beuys-Exegeten nicht immer einwandfrei. Also bat ich den OB, in der CDU den Casus selber vortragen zu dürfen. Statt ästhetisch zu argumentieren, habe ich den Parlamentariern dann pragmatisch vorgeschlagen, dem Museum die Summe lediglich vorzustrecken. Am Eingang zum Beuys-Trakt werde ein Drehkreuz nur solche Besucher zum Ziel ihrer Neugier vordringen lassen, die vorher einen Sesam-öffne-dich-Obolus in Form eines Fünf-Mark-Stücks in den Schlitz geworfen hätten. Bei jährlich 100 000 Besuchern würden wir die Kosten alsbald wieder eingespielt haben. Das hat damals überzeugt, weil auch der anwesende OB dafür seine Hand hob. Das dukatenscheißende Drehkreuz ist allerdings nie installiert worden.

Beim Gespräch über die Inszenierungspartitur für die 27 kryptischen Rätselstücke aus Bronze riet Beuys-Schüler Imi Knoebel dem neuen Museumsleiter Jean-Christophe Ammann, das zentrale Stück, den „Blitzschlag", einfach flachzulegen. Dem allzu prosaischen Vorschlag widersprach Mystiker Ammann, weil er den „Blitz" als segenspendendes Herzstück lieber senkrecht über dem Ensemble der übrigen 26 Stücke schweben lassen wollte; Beuys-Witwe Eva gab dazu ihren Segen. Konservativ-feinsinnigen Beuys-Verächtern galt das Werk als Inbild einer „unerträglich aufscheinenden Alchemie des Grauens". Aber nach Adorno sind die Male der Zerrüttung ja „die Echtheitssiegel der Moderne". Objektiv betrachtet, ließe sich versöhnend sagen, daß diese ambitionierte multiple Beuys-Skulptur an die Einbildungskraft der Beschauer appelliert, wenn auch bei nicht wenigen vergeblich. Am *Blitzschlag mit Lichtschein auf Hirsch* ließe sich der ästhetische Hauptbegriff der Zeit gut exemplifizieren: das „Unsagbare".

Als Fluxus-Künstler und grüner Gründer der „Organisation für direkte Demokratie" avancierte Beuys mit vielen umwälzenden Ideen zweifellos zu einem der bedeutendsten Beweger in der deutschen Nachkriegskultur. Auch wenn Beuys' karge, unsinnliche Kunstobjekte viele emotional kaltlassen, so begeistern sie doch jene, die dem Asketisch-Franziskanischen noch einen ästhetischen Reiz abzugewinnen vermögen. So ist es ihm auf seiner Suche nach dem verlorenen „ganzen Menschen" doch immerhin gelungen, seine alternative Vorstellung vom Menschen auf den Prüfstand der Kunstrezeption zu stellen.

Der bis zum Pop-Ruhm aufgestiegene Joseph Beuys suchte und fand immer wieder einmal einen spektakulären Auftritt in Frankfurt, „dieser unheimlichen Stadt". Erstmals gab ihm dazu Claus Peymann im TAT Gelegenheit, in vielerlei Hinsicht Gravitationsort der 68er-Bewegung. Er durfte hier mit einem Rasseschimmel die Bühne betreten, das Foto ging um die Welt. Zehn Jahre später, 1978, absolvierte er mit seinem Drang zur öffentlichen Wirkung in der Städelschule einen unvergeßlichen Drei-Tage-Marathon mit seinem sogenannten Korrekturkurs. Dabei ging es unter anderem um die Frage, ob die Adepten der Abendschule im Vergleich mit immatrikulierten Studenten der Städelschule als satisfaktionsfähig akzeptiert würden. Beuys beschied, wie nicht anders erwartet, mit der inzwischen abgenutzten Devise: „Jeder Mensch ist ein Künstler, ich sehe keinen Unterschied." Anders als später auf der documenta 7 (1982) verpufften seine rabulistischen Blendraketen diesmal wie Knallfrösche.

Mit dem manischen Diktum „Hiermit trete ich aus der Kunst aus" hat er in Kassel 7000 Eichen gepflanzt, um mit dieser Aktion seinen „erweiterten Kulturbegriff" praktisch zu beglaubigen. Ein anderes Mal entfachte seine Konfrontation mit dem gern expertokratisch brillierenden Hermann Josef Abs ein Blitzlichtgewitter der Fotografen, als die beiden im Städel über zeitgenössische Kunst miteinander um die Wette bramabasierten. In ihrer Qualität als Schlitzohr konnten sie sich jedenfalls das Wasser reichen, auch wenn ihre Pointen aus der rhetorischen Grabbelkiste als Antworten auf die Kunst von morgen nur wenig taugten. Abs vermochte Beuys' semantischen Wendungen ins Schlimmstmögliche immerhin eigene Sottisen entgegenzusetzen. Zwischen Respekt und Respektlosigkeit balancierend, blieben sie einander nichts schuldig. Der Unterhaltungswert war unbestritten.

Mit seiner Mission, durch Kunst das Glück der Individuen zu mehren, hat der Katholik Joseph Beuys vermutlich gute Karten, beim Jüngsten Gericht Absolution für die pathetischen Inszenierungen seines Egos zu erhalten.

Die Staatliche Hochschule für Bildende Künste – Städelschule

In Folge der 68er-Studentenrevolte, die neben Paris mit Daniel Cohn-Bendit ihr Epizentrum in Frankfurt hatte, sind auch die Annalen der Städelschule randvoll mit Konflikten und Brüchen. Am 17. April 1969 teilten die Städelstudenten auf einem Flugblatt spektakulär ihren Frust über die etablierte Nomenklatur und das hauseigene Establishment der Öffentlichkeit mit:

Wir fordern die Auflösung der Städelschule!

Der Städelschule fehlt ein Selbstverständnis, das ihre Funktion innerhalb unserer Gesellschaft deutlich macht. Sie ist ohne Ziel und aufgrund ihrer undemokratischen Ordnung von den Professoren beliebig manipulierbar. Die kritische Funktion der Kunst wird unterdrückt, da der Lehrbetrieb gesellschaftliche Beiträge ausklammert. Der Lehrbetrieb ist schlecht, denn es fehlt die notwendige Selbstreflexion der Kunst, die aber nur dann wirklich möglich ist, wenn sie sich mit der rationalen Erörterung praktischer und politischer Entscheidungen verbindet. Das bedeutet, persönliche Schwierigkeiten müssen ständig auf die gesellschaftliche Ebene übertragen werden, so daß sie zu öffentlichen Angelegenheiten werden, und umgekehrt öffentliche Angelegenheiten auf ihre rein menschliche Bedeutung für den einzelnen zurückgeführt werden. Die Städelschule verhält sich nach außen wie nach innen völlig unkritisch.

In dieser Form ist die Städelschule eine Verschwendung öffentlicher Gelder und nicht gerechtfertigt. Deshalb fordern wir die Auflösung der Städelschule in ihrer gegenwärtigen Form.

Um die Städelschule auf eine neue Grundlage zu stellen, fordern wir:

1. *Demokratisierung der Hochschule (d. h. Beteiligung von Studenten bei allen Entscheidungen)*
2. *Abschaffung des Klassensystems*
3. *Vortragsreihen und Seminare sowie die Berufung von Gastdozenten*
4. *Eine neue Satzung*
5. *Abschaffung der Professur auf Lebenszeit.*

gez. Rolf Imkern – Manfred Weiß

Im vermuteten Klima der Repression wollten es die zornigen Städelstudenten bei der Verteilung ihrer Flugblätter und ihrem Aufstand gegen eine ästhetisch zementierte Ausbildungsdoktrin aber nicht bewenden lassen. Gewalt gegen Sachen sollte ihrem Frust sichtbar radikaleren Ausdruck verschaffen. Die Wände in der „Hall of Fame“, dem Atrium der Schule, wurden mit Parolen beschmiert, die bei den Professoren wie erhofft gehörigen „ästhetischen Ekel“ (Adorno) erzeugten: Die prosaischen Stützpfeiler des Atriums wurden in kunterbunten Farben illuminiert, kübelweise wurde Druckerschwärze von der Ballustrade in den Saal gekippt, schwarze Fußspuren zierten monatelang die Fliesen des Gebäudes. Weil Rektor Johannes Krahn des Daueraufstandes nicht Herr wurde, trat er Ende März 1969 zurück. Wie später auch Jürgen Habermas lehnte er den autoritären Charakter der antiautoritären Phalanx ab. Nach einer konsolidierenden Phase des Übergangs unter Leitung von Johannes Schreiter konnte Kasper König 1987 die nun wieder

„geordneten Verhältnisse“ erneut behutsam in Frage stellen und extravagante Kombinationen wagen. Er wollte die prinzipielle kritische Position seiner Kunstschule nicht in die Konsensgesellschaft eingemeinden lassen. Die Kunstschule erhielt ihr Selbstverständnis als Hort der Unruhe zurück.

Die Schule verdankt ihre Existenz dem Frankfurter Kaufmann Johann Friedrich Städel (1728–1816), der 1815 testamentarisch verfügte, daß im Rahmen der Städelschen Stiftung neben dem Kunstmuseum auch eine diesem angeschlossene Einrichtung für die Ausbildung des künstlerischen Nachwuchses gegründet werden sollte. Inauguriert wurde das Institut aber erst 14 Jahre später, 1829, mit der Einrichtung zunächst nur einer Architekturklasse. Weitere fünf Jahre später lockten auch Klassen für Malerei und Bildhauerei die Kunstadepten sogar aus dem Ausland nach Frankfurt.

Nach Verlust des Stiftungsvermögens im Ersten Weltkrieg hat die Stadt die Städelschule voll alimentiert und mit der damaligen Kunstgewerbeschule fusioniert. Erst 1942 wurde die Schule mit dem Hochschulstatus nobilitiert. Die vom Stifter Städel verfügte Einheit von Museum und Schule war praktisch schon im Jahre 1921 zerbrochen.

Nachdem das Domizil der Städelschule in der Neuen Mainzer Straße im Zweiten Weltkrieg niedergebombt worden war, erklärte sich der Magistrat im November 1945 bereit, die Verantwortung für die Schule zu übernehmen. Der Studienbetrieb wurde genau ein Jahr später wiederaufgenommen. Jeweils an drei Tagen waren Stilleben, Porträt und „Wiederaufbau“ Prüfungsfächer.

Städeldirektor Ernst Holzinger reiste 1950 nach New York, um den berühmten ehemaligen Städellehrer Max Beckmann zu überreden, bitte bald aus seiner Emigration an die Schule in Frankfurt zurückzukehren. Aber der Schwanengesang einer fernen Epoche konnte hier kein Echo mehr finden, weil Max Beckmann wenige Wochen nach seiner Zusage in New York verstarb. Sein allerletztes, einen Tag vor seinem Tod am 26. Dezember 1950 vollendetes Werk, das Triptychon *Die Argonauten* hängt heute im Städel. Immerhin haben in den Aufbaujahren so bedeutende Künstler wie Hans Mettel oder Georg Meistermann geholfen, den Ruf der Schule wiederzubegründen.

Mit Kasper König, der die Leitung der Städelschule 1987 übernahm, und den Städelprofessoren Gerhard Richter und Ulrich Rückriem begann eine neue Ära. Für das 1989 von ihm gegründete Institut für Neue Medien an der Städelschule beruft König den Wiener Konzeptkünstler Peter Weibel zum Direktor. Weil König nichts mehr fürchtet als den Ennui, die Langeweile, setzt er auf das interaktive Moment in der Medienkunst und bindet den „Blutkünstler“ Hermann Nitsch sowie Christa Näher und den Fluxus-Künstler Per Kirkeby ans Haus. König verpflichtet 1989 auch Jörg Immendorff, der die Beuyssche Revolte gegen eine lähmende Düsseldorfer Akademie-Routine unterstützt hatte und jetzt in

Frankfurt „eine freiheitliche Alternative zu einem reglementierten Kunststudium“ ausruft. So unterlaufen sie erfolgreich den Horror der Normalität. Die höchst unterschiedlichen Temperamente und subjektiven Ästhetiken der Lehrer verhindern, daß sich eine Art Schule ausbildet, ein stilbildender oder ideologischer Prägestempel, der alle vereinnahmt, wie dies zum Beispiel das einflußreichste Lehrgebäude in der ersten Hälfte des 20. Jahrhunderts, Gropius' Bauhaus, getan hatte. Die Städelprofessoren verstehen das Frankfurter Institut vielmehr als Forum der Auseinandersetzung der Studenten mit ihren Lehrern und deren künstlerischen Programmatik. In einem Wort: Die Kunstschule begreift sich als deutungsoffener „Katalysator“. „Denn eine Akademie läßt sich nicht anders denken als eine Kunst, die Risiko und Herausforderung sucht und deshalb immer auf dem Sprung ist. Ihre Existenzbedingung ist die Bereitschaft zur Schärfe des Blicks, zur unerwarteten Entscheidung und zum erneuernden Selbstverständnis.“ (*Die Städelschule*, 1995). Lehrer und Studenten waren wild entschlossen, in die Ungewißheit ganz neuer Kunstwelten aufzubrechen, worin noch niemand war. Dazu gehört in Frankfurt aber auch der Widerspruch obsessiver Individualisten als Movens der Kunstentwicklung. In gut Hegelscher Tradition darf in der Städelschule der produktive Eigensinn ausgelebt werden.

Gemeinsam mit Ulrich Rückriem habe ich sämtliche am Main gelegenen Schrottplätze abgegrast, um einen „echt abgewrackten“ Ort für seine extravaganten Atelierpläne auszuspähen. In einer vergammelten Liegenschaft am Osthafen, Daimlerstraße 32, wurden wir endlich fündig. Da die Umbaukosten die Schamgrenze von einer Million überstieg, wurde Ulis Atelier kurzerhand zur Dependance der Städelschule für die Bildhauerklasse umfunktioniert. Eine „Kleine parlamentarische Anfrage“ folgte auf dem Fuße, in der die Notwendigkeit eines ausgelagerten Ateliers bezweifelt wurde.

1989 wird das alte Gelerch des West-Ateliers der Städelschule abgerissen, während zeitgleich der Wiener Architekt Gustav Peichl („Hieronymus“) den ca. 1450 Quadratmeter großen Anbau des Städel Museums an der Holbeinstraße plant. Der „grenzwertige“ Erweiterungsbau der Schule wird 1991 eingeweiht, obwohl das dem Chefadministrator des Städel Museums, Abs, arg mißfiel, weil der Ateliertrakt so unappetitlich nah das ehrwürdige Städel bedrängt.

Die Städelschule darf sich auch nach 1945 wieder mit dem *epitheton ornans* „Staatlich“ schmücken, obwohl das Land Hessen lediglich drei Prozent Zuschuß zahlt. Das nennt man freundlich eine einseitige Kompensation der Fürsorgepflicht. Auch den Schul-Anbau hat die Stadt mit 18 Millionen D-Mark alleine gestemmt. In den 20 Jahren meines Vorsitzes der Städelschule waren die Versuche Legion, das Land Hessen zum Umdenken zu bewegen. Als Walter Wallmann 1987 Ministerpräsident von Hessen wurde, hatte ich auch ihm einen entsprechenden Antrag nach Wiesbaden geschickt, der gleichlautend zwei Jahre vorher von ihm selbst noch als OB mitunterschrieben worden war. Auch seine abschlägige Antwort als Ministerpräsident hatte just denselben Wortlaut wie der letzte Brief in dieser Sache von seinem Vorgänger, Ministerpräsident Hans Eichel. „Wie sich die Bilder gleichen", die mit blasierter Gleichgültigkeit von der Ministerialbürokratie gemalt und immer wieder abgemalt werden.

Als Kasper König im Jahr 2000 als Direktor an das Museum Ludwig nach Köln wechselt, wird 2001 sein Nachfolger der 38jährige Kunsthistoriker und Philosoph Daniel Birnbaum, der wie König auch die Kunsthalle Portikus leitet. Birnbaum wird die große Ehre zuteil, die Kunstbiennale in Venedig 2009 als Direktor auszurichten. Als Kurator für den Deutschen Pavillon holt er sich Nicolaus Schafhausen an seine Seite, den früheren Leiter des Frankfurter Kunstvereins. Erstmals hat Frankfurt in der Lagunenstadt mit seinem „Labor zur Produktion von guten Ideen" Furore gemacht und war mit vielen seiner Künstler vertreten: Thomas Bayrle, Tobias Rehberger, Tamara Grcic, Tomas Saraceno, Haegue Yang sowie mit den beiden Städel-Professoren Simon Starling und Wolfgang Tillmans. William Forsythe hat 200 Ringe „zur Überwindung des Raums mit Hilfe des eigenen Körpers" zum Frankfurter Erfolg beigesteuert. Die Frankfurter Kunstszene feiert Daniel Birnbaum mit Recht als Hoffnungsträger für ästhetischen Aufwind in die Welt der Phantasie.

Mit der ästhetischen Substanz einer solchen Mannschaft bekommt der vom Stifter gewünschte produktive Transfer zwischen Museum und Kunstschule hoffentlich neuen Schub, ohne daß der pädagogische Gestus der Städellehrer die Evidenz der Exponate konterkarierte.

Frankfurts große Künstler

Frankfurt war einmal durch seine Maler berühmt

Mit Wehmut erinnert die Frankfurter Kulturgeschichte an verblichene Größen der malenden und bildnerischen Zunft. *Adam Elsheimer* (1578–1610), dessen berühmten siebenteiligen Kreuzaltar mit der *Befragung des Judas* und dessen Gemälde *Das Opfer in Lystra* und *Myrrha* das Städel mit berechtigtem Besitzerstolz seinen Besuchern präsentiert, ist aus unserem damals 20 000 Einwohner zählenden Frankfurt 23jährig in die Stadt der verschwenderischen Sonne, nach Rom ausgewandert. Der neben Goethe wohl bedeutendste Sohn Frankfurts wurde dort als „Adamo Tedesco“ bekannt und war beeinflußt von Tizian und Caravaggio.

Im 16. Jahrhundert hat der hier von 1514 bis 1518 ansässige *Jörg Ratgeb* den Zyklus vom Leben und Leiden Christi und die Szenen aus dem Ordensleben der Karmeliter geschaffen, die an den Wänden des Kreuzgangs und des Refektoriums im Karmeliterkloster zu sehen sind. Der kunsthistorisch und kulturgeschichtlich bedeutende Christus-Zyklus gilt als größte vorbarocke Wandmalerei nördlich der Alpen. Diese raumgebundenen Fresken dürfen getrost als europäisches Kulturerbe in Anspruch genommen werden.

Die Porträts und stimmungsvollen Landschaftsbilder von *Hans Thoma* (1839–1924) künden im Städel von dessen Genie: Bilder von großer Tonschönheit und herber Charakteristik wie *Offenes Tal* (1872) oder das Porträt *Henry Thode* (1890) sind dort als die Zeiten überdauernde Zeugnisse eines großen Frankfurter Künstlers durch die Nachwelt zu bewundern. Der überzeitliche Rang eines Künstlers erweist sich in den Worten Adornos erst im „Fortbestehen der Werke“, in deren nachhaltig suggestiver Macht des Ausdrucks.

Bedeutende Städelprofessoren

Viele bedeutende Lehrer der Städelschule wie Johann Nepomuk Zwerger, Philipp Veit, Jakob Becker, Edward von Steinle, Johann Heinrich Hasselhorst haben zu ihrer Zeit in den Feuilletons und Kunstmagazinen angemessene Anerkennung gefunden. Alfred Rethel, Edward von Steinle, Phillip Veit und diverse Veitschüler haben den Kaisersaal des Römers mit 52 Kaiserbildern ausgeschmückt, von Karl dem Großen bis Kaiser Franz II.: „Bedeckt sind alle Wände bis an den letzten Saum / kein neuer Kaiser fänd' zu seinem Bilde Raum" (A. Kopisch).

Anfang des 20. Jahrhunderts war es der Bildhauer Richard Scheibe, der wie kein anderer lyrischen Empfindungsdruck mit traditionsbewußten Themen zu verschwistern wußte. Auch der ingeniöse Protagonist der abstrakten Kunst Willi Baumeister war bedeutender Lehrer mit vielen Meisterschülern. Beide waren zusammen mit dem genialen Metaphysiker Max Beckmann der ganze Stolz des Städel und der Stadt.

Mit welch teuflischer Lakonie die NS-Bürokratie die Entlassung unliebsam gewordener Professoren aus dem Lehrkörper der damals noch Kunstgewerbeschule genannten Städelschule betrieb und mit welch eiskalt-behördenmäßiger Routine diese schon zwei Monate nach der Machtergreifung abgewickelt wurde, dokumentiert ein Brief des Leiters der Kunstgewerbeschule an den Magistrat vom 29. März 1933:

Betr.: Personalveränderungen bei der Kunstgewerbeschule

Um die Kunstgewerbeschule nach dem Grundsatz einer deutschen, in dem Handwerk wurzelnden Kunst umbauen zu können, bitte ich den Herren Professor Baumeister, Professor Scheibe, Professor Schuster, Herrn Hartwig und Beckmann sowie Fräulein Schöffl auf den nächstzulässigen Termin zu kündigen. Außerdem bitte ich Frau Professorin Klimt, die bereits als Beamtin auf Lebenszeit angestellt ist, sofort zu beurlauben mit dem Ziel der Entlassung aus dem Dienst, sobald hierzu eine rechtliche Handhabe gegeben ist.

Ich bitte, die Angelegenheit so zu beschleunigen, daß die Kündigungen noch vor dem 1. April ausgesprochen werden.

Die nazistischen Kunstwächter fürchteten die Berührung der Volksgenossen mit der subversiven Energie rebellischer Kunst; der Wirkmacht der Davongejagten konnten sie letztlich nichts anhaben: Die Qualität ihrer Arbeiten hat sie gegen das Vergessen immunisiert, sie haben mit der Vielfalt und der Wucht ihrer Meisterwerke untilgbare Spuren hinterlassen, die nicht zuletzt das kulturelle Ansehen Frankfurts mehren. Sie folgten jenem sokratischen Impuls, mit Hilfe der Kunst einen ständigen „inneren Dialog" anzustoßen, den sie auch über die gebildeten Kreise hinaus zu führen hofften.

In europäischen Museen und Galerien sind heute viele prominente Städelprofessoren mit ihren Werken vertreten: Günter Bock, Ben von Berkel, Thomas Bayrle, Karl Bohrmann, Peter Cook, Michael Croissant, Isa Genzken, Johann Georg Geyger, Isabella Graw, Jörg Immendorf, Ilya Kabakov, Martin Kippenberger, Per Kirkeby, Kasper König, Hermann Nitsch, Peter Kubelka, Christa Näher, Hans Mettel, Tobias Rehberger, Jason Rhoades, Gerhard Richter, Ulrich Rückriem, Johannes Schreiter, Peter Weibel und die drei Turner-Preisträger Wolfgang Tillmans, Simon Starling und Mark Leckey.

Max Beckmanns Frankfurtbilder

Der zweifellos bedeutendste Maler Frankfurts im Jahrhundert der Extreme ist Max Beckmann (gest. 1950 in New York). Max Beckmann verfügte über beides, über den ganz anderen Blick sowie über die Gabe, ihn auszudrücken. Beckmanns unerhörte Werke zeigen weniger die Physiognomie des Menschen als in feinen Nuancen seinen Charakter. Von 1925 bis zu Hitlers Machtergreifung war Beckmann Professor an der Städelschule. Gleich 1933 haben ihm die Banausen der faschistischen Kunstdoktrin die Lehrerlaubnis entzogen, obwohl er kein Jude war, wie auch die meisten anderen früh entlassenen Künstler. Beckmann schien allein deshalb verdächtig, weil er als schillernder Exponent des angeblich „zum Chaos entarteten“ Expressionismus mit seinem Irrationalismus die bornierten naturalistischen Normen der neuen Naziästhetik grandios ignorierte. „Aber nur wer Chaos in sich trägt“, sagt Nietzsche, „kann einen tanzenden Stein gebären“, wie etwa Beckmann in den Bildern *Das Trapez* (1923) oder *Karneval in Neapel* (1925).

Mit aufgeheizt-leuchtenden Farben sprengen in breiten Pinselstrichen konturierte groteske Beckmann-Figuren den Rahmen dessen, was die Goebbelssche Kunstpolitik als Ästhetik des „gesunden Menschenbildes“ zur verbindlichen Norm erklärt hatte. Schon früh wurde Beckmanns Kunst als „entartet“ stigmatisiert. Als Reizfaktoren galten damals „fremdartige“ und „undeutsche“ Künstler und alles, was dem handfesten figuralen Kodex des arischen Menschenbildes widersprach und in der Nomenklatur der als gegenständlich definierten Staatskunst vermeintlich Verwirrung und Chaos zu stiften drohte. Eine von den braunen Verächtern der neuen expressiven Malerei gefürchtete Form war die Übertreibung, weil deren metaphorische Absicht jeder verstand. Vieldeutiger als die Metaphern waren aber die Assoziationen, die der große Moralist mit seiner Kunst der sinnlichen Vergegenwärtigung unmoralischer Positionen und ihrer Bedrohung der Freiheit auslöste. Eine von Schiller als „Tochter der Freiheit“ ausgerufene Kunst mochte Goebbels nicht freien.

Beckmann verstößt in der Wahl expressionistischer Ausdrucksmittel aber nicht nur stilistisch gegen das peinlich mißlungene naturalistische Schönheitsideal der Brekers, Thoraks und Klimschs. Auch thematisch konterkarieren seine menetekelartigen Parabeln und Bildlegenden den penetrant lebensbejahenden Optimismus der sogenannten neuen Bewegung. Mit heiligem Zorn versucht Beckmann der geschundenen Kreatur und dem Ausgeliefertsein des Menschen an höhere Mächte mit peitschenden Strichen und scharfen Farben expressiven Aus-

Die 750 000 DM für Max Beckmanns *Synagoge* (1919) wurden 1972 mit Hilfe einer Sammelaktion des Kulturdezernats aufgebracht

druck zu verleihen. Beckmann wählt mythische und mythologische Analogien, er nimmt Zuflucht zu symbolischen Gleichnissen und Metaphern, so wie dies zur gleichen Zeit auch Picasso tat, moderne Deutungen als „zeitgenössische Mythen". Die bewußt verrätselten Analogien dienen ihm als Mittel zum Zweck, nämlich der Enthüllung des anders nicht Sagbaren. Wie später Brecht mit seinen Stücken hoffte Beckmann in seinen expressionistischen Bildern den „Geist materialisieren zu können" – diese haben entweder einen aktuellen Bezug, oder sie antizipieren zukünftiges Unheil wie etwa *Die Synagoge in Frankfurt am Main* (1919).

Auf dem Mittelbild des Triptychons *Abfahrt*, im Jahr von Hitlers Machtergreifung gemalt, verläßt ein halbnackter Gekrönter das Gestade, von Frau und Kind und einem verhüllten Fährmann begleitet. Auf den beiden Außenflügeln erkennt man linker Hand gefesselte, verstümmelte Figuren, über deren Häuptern ein Henker sein Mordinstrument schwingt. Auf dem rechten Tafelbild ist eine Frau zu sehen, an die ein leblos kopfunter hängender Mann gekettet ist. Diese Komposition ist als Sinnbild unserer bedrohten Existenz zwischen Zwang und Freiheit zu deuten: Mit den Mitteln „transzendentaler Sachlichkeit" (Beckmann) inszeniert der Maler das Unheil vor einem Hintergrund der Hoffnung, symbolisiert im offenen, helleuchtenden Ozean – ein Abbild auch der Mentalität dieser Zeit, deren „Realität das eigentliche Mysterium des Daseins bildet" (Beckmann). Es war Beckmanns

Max Beckmann: *Frankfurter Hauptbahnhof* (1942), Dauerleihgabe der Haeuser-Stiftung

große Begabung, das Sinnlichste mit dem Abstraktesten in eine expressive Spannung zu binden.

Beckmanns Bilder sind mit der Essenz moralischer Färbung gemalt. Er wollte das sinnentleerte Leben der vom Sog der Abgründe erfaßten Menschenkreatur für jedermann anschaulich machen. Über die Erzeugung von Betroffenheit wollte er Mitleid wecken und eine Warnung aussprechen, wie mit seinem Bild *Die Synagoge in Frankfurt am Main*, das mit visionärer Klarheit letale Heimsuchung prophezeit: Die Synagoge am ehemaligen Börneplatz ging im „Kristallnacht"-Pogrom am 10. November 1938 in Flammen auf. Durch eine publikumswirksame Sammelaktion des Kulturdezernats konnte 1972 das hellsichtige Schlüsselwerk als wichtige Francofurtensie für die Städtische Galerie im Städel erworben werden.

Die Kunstwächter der nationalsozialistischen Ästhetik raubten 1933 dreizehn Bilder Max Beckmanns aus dem Städel, nachdem sie diesen den Stempel ihres Totschlagarguments „entartet" aufgedrückt hatten. Ernst Holzinger, Städeldirektor ab 1938, ließ 1969 die private Beckmann-Sammlung der Lilly von Schnitzler ohne Not nach Köln emigrieren. In rührender Treue zu den alten Göttern der Klassik galt diesen sein vorzügliches Interesse. Nur so ist das große Defizit an zeitgenössischer Kunst zu erklären, daß Holzingers Nachfolger Klaus Gallwitz vorfand, als wir ihn 1974 von Baden-Baden nach Frankfurt holten. Gallwitz' Verdienst besteht in dem Bemühen, die von der nationalsozialistischen Kunstpolitik jäh gekappte Verbindung zur Moderne wiederherzustellen.

Von dem unerbittlichen Chronisten Beckmann, der an Frankfurt beides liebte, den Großstadtbetrieb und die altertümliche Enge, das Homogene und das Heterogene, hängen viele Bilder mit Motiven der Stadt in deutschen Museen, die an das Frankfurt der 20er Jahre erinnern: *Das Frankfurter Nizza* (1921), *Der Eiserne Steg* (1922), *Eisgang* (1923), *Mainufer und Kirche* (1925), *Der Wendelsweg* (1928) oder *Frankfurter Hauptbahnhof* (1942). Die Bilder dokumentieren zugleich die Treue Beckmanns zur Wirklichkeit. Beckmann hat niemand gleichgültig gelassen.

Meister der Beobachtung, hat Beckmann sich einmal pro Woche im Hauptbahnhof aufgehalten, um Menschen kommen und gehen zu sehen. Außer mit den Physiognomien der Reisenden hatte er noch einen anderen Jour fixe: Jeden Freitag traf er sich mit Freunden zum Essen, darunter waren häufige Gäste die Dichter Fritz von Unruh (*Opfergang*) und Rudolf Binding (*Moselfahrt aus Liebeskummer* und die beredte Liebeserklärung *Das schöne Gesicht von Frankfurt. Lob Frankfurts*). Beim Riesling dementierte ein redseliger Beckmann seine Selbstcharakterisierung, er sei „mundfaul und daher Maler".

Im *Herder Lexikon der Kunst* lesen wir 1967: „Es war Beckmanns Glaube, er habe im Gesamten seines Œuvres den Grundgehalt seiner Epoche zur totalen Anschauung gebracht, etwa so, wie Balzac in seiner *Comédie humaine* die Gesellschaft des 19. Jh. dargestellt hat. Es macht die Größe Beckmanns aus, mit diesem Anspruch aufgetreten zu sein, ihn durchgehalten und bei all seinem Protest die inhaltsbezogene Malerei und den Glauben an das Bild als Ordnungsinstanz – als einen Ort, wo etwas in eine sinnvolle Ordnung gebracht werden kann – nie aufgegeben zu haben."

Frankfurts Künstler nach 1945

Die bekannteste Künstlergruppe nach dem Zweiten Weltkrieg war die „Quadriga", jene vier von der legendären Galerie Franck betreuten Wegbereiter des Informel, K. O. Goetz, O. Greis, Heinz Kreutz und Bernhard Schultze. Von dem Elan beseelt, der einst die Gegenwelten der Avantgarde schuf, wurde das Gütesiegel „Quadriga" zur energiesprühenden Signatur des Aufbruchs.

Viele der linkspolitisch inspirierten Künstler der 1968er Jahre sind mit ihrer ästhetischen Gegenwelt bald im Juste-milieu des Kunstbetriebs angekommen. Der Brunnen von Hermann Göpfert vor dem Eschenheimer Tor hat als sperriges Requisit eines ästhetischen Pragmatismus der 68er Jahre seinen Schöpfer überlebt.

Die wichtigsten auch über die Stadtgrenzen hinauswirkenden Künstler sind durch keine Gruppenideologie oder irgendeinen Ismus verbunden, außer daß sie das Label Frankfurt eint; die lieber mit ihrer „Eigenlogik“ verblüffen, können hier nur kursorisch genannt werden: Ferry Ahrlé, Stephan Balkenhol, Thomas Bayrle, Manfred Bucher, Claus Bury, Michael Croissant, Isa Genzken, Tamara Grcic, Olaf Hauke, Georg Heck, Ottmar Hörl, Per Kirkeby, Rolf Kissel, Vollrad Kutscher, Felix Mussil, E. R. Nele, Laura Padgett, Wanda Pratschke, Tobias Rehberger, Ulrich Rückriem, Renate Sautermeister, Jiri V. Slavicek, Hans Steinbrenner, Hans Traxler – nicht zu vergessen die Fotografin Barbara Klemm, deren Kamera als Auge der Geschichte uns so fasziniert.

Alle diese Künstler waren vom Glück spendabler öffentlicher Hände in bezug auf Ankäufe nur sporadisch gesegnet; mit Bordmitteln des Kulturdezernats ist der Humus der freien Szene nur selten gedüngt worden. Wenn Kulturpolitik aber mehr sein möchte als nur das Verteilen von Steuergeldern, muß sie wie in Holland oder in den skandinavischen Ländern ein Künstlerprogramm auflegen, das von der Künstlerschaft als das genaue Gegenteil eines wohltätigen Almosenalibis empfunden werden und zu deren Existenzsicherung beitragen kann, wobei kein Kartell der Mittelmäßigkeit daraus entstehen darf. Aber auch in Skandinavien, wo ein utilitaristisches Verhältnis des Künstlers zum Staat sehr viel stärker ausgeprägt ist, gilt Kreativität als ein knappes Gut. In Frankfurt ist manchem zeitgenössischen Künstler dann doch einmal die Weihe musealer Würdigung zuteil geworden – sie selbst haben dies wohl eher als veritable Realsatire empfunden. Die Mainmetropole ermangelt einer vitalen, ausstrahlungsstarken Künstlerszene, die einfallsreiche Kreative von draußen magnetisch nach Frankfurt lockte.

Ateliers und Galerien

Die Kunst in den Museen findet in Frankfurt ihre selbstverständliche und notwendige Fortsetzung im öffentlichen Raum. Bei Denkmälern und Brunnen, von denen noch die Rede sein wird, ist offensichtlich, wie die Teilhabe der breiten Bevölkerung ohne Schwellenangst möglich ist. Andererseits ist von der Kulturpolitik ebenso ein Augenmerk darauf zu richten, wie Künstler der Stadt materiell in die Lage versetzt werden (können), überhaupt ästhetisch produktiv zu werden. „Kunst braucht Brot", daran hat sich seit den Impressionisten nichts geändert. Deshalb hat die Stadt Frankfurt sich mehr als andere Kommunen auch diesbezüglich engagiert.

Zweihundert Ateliers für zweihundert Künstler

Außer grenzenloser Phantasie braucht der freie Künstler nichts mehr als einen eigenen Freiraum für die Umsetzung seiner Ideen. Diesen Freiraum zur Selbstverwirklichung findet einer aber nur im Flair der eigenen vier Atelierwände. Nicht nur jungen Absolventen der Kunsthochschulen, auch der älteren Künstlergeneration fehlt oft das notwendige Kleingeld für teure Ateliermieten. Um den Künstlernachwuchs aus Frankfurt in der Stadt zu halten und begabte Maler, Zeichner oder Bildhauer an den Main zu locken wie früher einmal die berühmten Städelprofessoren, hat das Kulturdezernat 1990 erste Initiativen ergriffen und Atelierhäuser in der Hanauer Landstraße und der Ostparkstraße angemietet, wo gleich im ersten Jahr vierzig Künstler zu äußerst günstigen Konditionen Atelierräume beziehen konnten.

Inzwischen ist die Zahl der Ateliers als Inspirationsquelle für die handwerkliche Gestaltwerdung von Phantasiegebilden und zur individuellen Existenzsicherung auf 200 Fluchten ausgeweitet worden.

Die sieben städtischen Atelierhäuser finden sich in der:

- Hanauer Landstraße 139–145
- Ostparkstraße 47–49
- Hohenstaufenstraße 8
- Bernhard-Grzimek-Allee 12/Ecke Zobelstraße 11
- Klingerstraße 6

- Schmickstraße 18 („Kulturbunker")
- Paradiesgasse 2, 4, 6.

Bei der Vergabe der Ateliers haben die Künstler mit ihrer eigenen Jury ein Wörtchen mitzureden.

Obwohl in Frankfurt heute über 800 professionelle bildende Künstler leben und arbeiten, ist die Quantität noch nicht in Qualität umgeschlagen. Zum Zukunftsentwurf einer organischen Stadt und zum urbanen Konzept einer funktionellen City haben sie insgesamt nicht besonders viel beigesteuert, so großartig einzelne Werke der berühmteren fünfzig unter ihnen zur Dekoration des öffentlichen Raumes mit Skulpturen und Brunnen auch beigetragen haben. Andere haben in Banken oder in öffentlichen Gebäuden mit dem Glanz oder dem Ärgernis ihrer zeitgenössischen Werke die räumliche Ödnis belebt. Oder sie haben in mancher Leute Wohnung die Lebensqualität ästhetisch aufgeschmückt. Einigen ist es dabei sogar gelungen, jene Proustsche Hoffnung zu verbreiten, Kunst ließe sich mit dem Leben versöhnen. Im Sturmlauf zu den öffentlichen Töpfen ist aber die Mehrzahl durch das Sieb der vorausgesetzten Resonanz gefallen, denn nach wie vor gilt der Grundsatz, daß Künstler nicht nach kompensatorischen Kriterien gefördert werden, sondern nach ihrer ästhetischen Klasse. So landet manch verkanntes Genie und manch kapriziöser Einzelgänger frustriert in einer brotlosen Nischenexistenz.

Projekt „Artists in Residence"

Seit 1989 lädt das „Artists in Residence"-Programm junge Künstler aus inzwischen zehn Ländern der Welt nach Frankfurt ein. Umgekehrt reisen Frankfurter Künstler nach Antwerpen, Budapest, Dubrovnik, Guang Zhou, Helsinki, Istanbul, Krakau, Salzburg, Seoul, Straßburg und Wien. Um die Gefühlsstruktur und Eigenlogik der involvierten Städte und ihre Menschen genauer kennenzulernen, verweilen die Künstler in der Regel drei Monate in den Mauern der einladenden Großstädte, natürlich auf deren Kosten. Der erfolgreiche Abschluß an einer Kunsthochschule oder Universität reduziert den Kreis der Bewerber um eine professionelle Qualifikation. Das Domizil des Projektes befindet sich *on top* des „Kulturbunkers" in der Schmickstraße 18.

Im Geiste von Walter Benjamins Flaneur, der in dessen Pariser *Passagenwerk* Kommunikation trainiert und sich von Elementen fremder Realitäten inspirieren läßt, versuchen auch die jungen Künstler, den Alltag der anderen kennenzulernen. Als heimliches Motto dieser Unternehmung könnte das abgewandelte Goethe-Wort aus den *Maximen und Reflexionen* gelten: „Wer fremde Länder nicht kennt, weiß nichts von seinem eigenen." Das Projekt, das den Ideenverkehr zwischen den

Die Fotografin Barbara Klemm begleitet 1970 den neuen Kulturdezernenten bei seinen Atelierbesuchen, hier mit den Malern Wolfgang Krause und Manfred Bucher

Nationen und Kulturen befördern möchte, konzentriert sich auf die künstlerischen Prozesse mehr als auf die Präsentation fertiger Kunstprodukte.

Der frühere Direktor des Frankfurter Kunstvereins Peter Weiermair (1980–1998) kuratiert seit 2007 die Jahresausstellungen des Projektes „Artists in Residence" im „Atelierfrankfurt" in der Hohenstaufenstraße 13–25 und nobilitiert mit seinem Renommee den Zweck.

Während es Max Beckmann von Berlin nach Frankfurt verschlug, fühlte sich eine Reihe von Absolventen der Städelschule vom kulturellen Bannstrahl der Hauptstadt getroffen und siedelte sich lieber an der Spree an, darunter auch inzwischen so bekannte junge Potenzen wie Henning Bahl, Michael Beutler oder Michaela Meise, dort aber nicht als „Artists in Residence", sondern als Selbstzahler. Sie möchten in der Metropole ihre Welterfahrung erweitern und vertiefen. Auch hoffen sie, auf dem Berliner Kunstmarkt zu reüssieren.

Allein zehn Prozent der im PEN organisierten deutschen Schriftsteller haben samt ihrem Ideenvorrat ihre Dichterklausen bereits in Berlin bezogen. Frankfurts Suhrkamp Verlag folgt 2010 in die Hauptstadt nach, ein Frevel am Apriori des Verlegertitanen Siegfried Unseld. Immerhin hat nach dem Kriege die Suhrkamp-Kultur die geistige Physiognomie der Bundesrepublik entscheidend mitgeprägt, mit Autoren vom Range eines Adorno, Horkheimer, Habermas, Bloch, Peter Weiss, Enzensberger, Alexander Kluge oder dem Gesamtwerk von Bertolt Brecht. Suhrkamp hat auch für das intellektuelle und kulturelle Profil der Stadt Frankfurt markante Spuren gelegt. Suhrkamp und Frankfurt waren Synonyme.

Art goes public

Unter der kunstfreundlichen Ägide des Kulturdezernenten Felix Semmelroth wurde 2007 das Programm „Open doors" aufgelegt, das sind neugierstillende „Tage der offenen Ateliers". Er möchte auf diese anschauliche Weise möglichst viele Bürger zu ästhetischen Mitwissern machen. In Kooperation mit „Atelierfrankfurt e. V." nutzen die Frankfurter an einem langen Wochenende die Gelegenheit, anhand atelierfrischer Bilder sich vom Facettenreichtum der Frankfurter Künstlerschaft zu überzeugen oder ganz simpel mal Atelierluft aus Farbe und Leim zu schnuppern. Sie möchten dem Künstler dabei über die Schulter schauen, wie er aus den Farbtöpfen des Gefühls und der Phantasie Ansichten gewinnt. Der Geruch der Farbe atmet freilich nicht immer auch das Arom des Genialen. Einige werden viel gepinselt und wenig gemalt haben, andere lassen unter der Farbe ihr Genie durchschimmern. Die neugierigen Gäste möchten nicht nur mit originellen, sondern auch mit schrägen Künstlern ins Gespräch kommen: über deren Ästhetik des Trivialen, über ästhetische Sämereien als Keimzellen der Inspiration, über ihr Oszillieren zwischen Kunst und Kitsch; über den dornigen Weg des Künstlers von der akademischen Lehre der „reinen Malerei" – von jenem „schönen Schein", wovon die Ästhetik der Klassik einst schwärmte – bis zur angewandten Installationskunst; oder über die Balance zwischen einer gutgemeinten und gut verkäuflichen Konsenskunst, um damit den Lebensunterhalt zu bestreiten, aber auch über eine freie, kühne Kunst als Gestalt gewordener Ausdruck des eigenen Lebensgefühls. Einige Große unter den Künstlern halten ihre Atelierräume für Neugierige leider verschlossen.

Es muß gesagt werden dürfen: Die zeitgenössischen bildenden Künstler der Republik repräsentieren nicht unbedingt den „Nationalgeist", den Geist unseres Landes, sie liefern keinen originär deutschen Beitrag zur Weltkunst wie seinerzeit zur Weltliteratur die Werke von Böll, Johnson, Enzensberger, Grass, Lenz oder Walser, die 1959 die Weltbühne betraten. In diesen Kontext sozialphilosophisch bewegender Themen gehört mit seiner fröhlichen Apokalypse *An der Zeitmauer* (1959) auch Ernst Jünger. „Nationalgeist“ ist bitte nicht zu verwechseln mit dem zwiespältigen Begriff „Deutsche Leitkultur“, mit dem wie unter dem Schleier der Maja eine maßlose Selbsttäuschung inszeniert wird, die ebenso schillernd hervortritt wie dessen Komposita. Als große Ausnahmen von der sozialen und politischen Irrelevanz der bildenden Künste gelten Gerhard Richter, Georg Baselitz, Markus Lüpertz, Anselm Kiefer, die allesamt auch sehr deutsche Themen reflektiert haben und sich im internationalen Maßstab gleichwohl behaupten konnten. Insofern sind sie in der Nachfolge Beckmanns auch Chronisten deutscher Befindlichkeiten.

Und was könnten die Frankfurter Künstler von der Kasseler documenta lernen, werden sie oft gefragt, wo mehr und mehr szenische Installationen und Videokünste das Feld der sinnlichen Ästhetik besetzen wie zuletzt überproportional auch bei der Frankfurter Kunstmesse „fine art fair frankfurt“, die damit ihr eigenes Ende besiegelt hat? Offenbar nur, was man vielleicht besser bleiben lassen sollte: Das Formenrepertoire der Installationskünste ist nicht nur begrenzt, es ist meist auch ziemlich unsinnlich und für Privatwohnungen auch viel zu sperrig, um Käufer zu finden. Das unselige Ende der „art fair“ ist gleichwohl ein herber Schlag für die Frankfurter Kunstszene und für die Ambitionen einer Kunststadt. Wie wir aus Erfahrung wissen, bleiben einmal geschleifte Bastionen in Frankfurt auf ewig zerstört: TAT, Experimenta, Kommunale Galerie, Forsythes Tanztheater, die Frankfurt-Feste der Alten Oper und jetzt die „art fair“.

Galeriehaus und „Art Frankfurt“

Bewegung in die Galerieszene haben Ende der 80er Jahre zwei Ereignisse gebracht. 1987 haben wir das dreistöckige alte Patrizierhaus Beethovenstraße 71 in ein Galeriehaus umfunktioniert. Uns war es gelungen, aus München das Auktionshaus Sotheby's abzuwerben. An einem Samstagnachmittag sind Baudezernent Hans-Erhard Haverkampf und ich mit Christoph Graf Douglas ins Westend gefahren und haben ihm die großbürgerlichen Räumlichkeiten gezeigt, in denen er die Zukunft des Auktionsriesen angemessen organisieren konnte. Zusammen mit dem aus Hamburg importierten Galeristen Hans Neuendorf und der Dependance der Wiener Galerie Ernst Hilger konnten so im Galeriehaus gleich drei werbende Faktoren für einen künftigen Galerienboom in Frankfurt angesiedelt werden.

Das andere Ereignis war die Gründung der Kunstmesse „Art Franfurt“ im Jahre 1989, die speziell den Galerien, nicht dem einzelnen Künstler eine Plattform bieten sollte. Die effiziente Leiterin der Kunstmesse Basel, Anita Kaegi, hat im Auftrag des Kulturdezernats und unterstützt von OB Volker Hauff diese erste Frankfurter Kunstmesse auf Anhieb zum Erfolg geführt. Sie verstand es, den Kunstmessen in Köln, Düsseldorf und Basel gehörige Konkurrenz zu machen. Graf Douglas, Hilger und Neuendorf im Galeriehaus Beethovenstraße und Kaegis Galeristenmesse waren im Kontext mit dem entstehenden Museumsufer deutliche Signale, die in der Republik von Frankfurts kultureller Aufbruchsstimmung kündeten.

Da ein später desinteressiertes Kulturdezernat offenbar jeglichen Kunstsinns ermangelte, schob es 1991 die Verantwortung für die Kunstmesse lieber an die Messegesellschaft ab, deren Direktion aus ökonomischen Gründen Mega-Events wie die Automobilmesse, die „Interklo" oder die Textilmesse weit wichtiger nahm als eine Non-profit-Exotin wie die „Art Frankfurt". Die Herren der Frankfurt Messe GmbH haben mit der Marginalisierung der Kunstmesse zwar den Eindruck von Effizienz zu erwecken versucht, tatsächlich damit aber ihren Tod herbeigeführt. Spätestens 2006 wurde nicht nur der Name der nun modisch unter „fine art fair frankfurt" firmierenden Kunstschau kleingeschrieben – man lud lediglich 48 Galerien ein und schöpfte damit die auf 75 Aussteller begrenzte Teilnehmerzahl nicht einmal zu zwei Dritteln aus. Ohne daß Kassandras Alarmglocken geläutet hätten, war die Frankfurter Kunstmesse schließlich so ausgezehrt worden, daß sie 2008 sanft entschlief. Die Tatsache, daß die Bürger der Musterstadt der Museen und Galerien diesen Skandal apathisch hinnahmen, bestätigt Adornos Diagnose des Zerfalls kultureller Apriori.

Post faktum hat auch der Verlust von einst über Frankfurt hinaus so berühmter Galeristen wie Hanna Bekker vom Rath, Klaus Franck, Timm Gierig, Ernst Hilger, Dorothea Loehr, Klaus Lüpke, Hans Neuendorf, Rochus Kowallek bis hin zu Christoph Graf Douglas vom Auktionshaus Sotheby's wehmütige Erinnerungen an eine breite Palette ästhetischer Valeurs und eine reiche Vielfalt der Farben und Formen hinterlassen: Zähneknirschend mußte das Votum des kommerziellen Plebiszits hingenommen werden.

Das größte Problem für Galerien und für die Einschätzung der von ihnen vertretenen Künstler ist heute aber der Verlust an Authentizität, ob nur gefühlt oder real.

Galeriemeile Braubachstraße/Fahrgasse

In Frankfurt haben sich bis heute über sechzig privat betriebene Galerien angesiedelt und sich dem ästhetischen Wettbewerb gestellt. Galerien sind nicht nur wichtige kulturelle Treffpunkte einer Stadt und nicht nur Ort von Vernissagen für Insider. Mit ihren offenen Räumen sind sie vor allem lebenswichtige Stützpunkte für die heimische Künstlerschaft, die ihre Bilder bekannt machen und unter die Leute bringen wollen. Erst wenn einem Absolventen der Städelschule oder der befreundeten Offenbacher Kunsthochschule eine Ausstellung gewidmet und mit einem illustren Faltblatt oder gar gebundenen Katalog gewürdigt wurde, ist er (oder sie) im Besitz einer Visitenkare, die ihm die Türen in der Stadt und in die Kunstwelt öffnet. Das gilt auch für Mitglieder des BBK (Bundesverband Bildender Künstlerinnen und Künstler).

Die 1985 im Leinwandhaus am Weckmarkt eröffnete Kommunale Galerie hatte einst mit jährlich fünf Werkausstellungen herausragender Frankfurter Künstler ein freies Forum geboten, das im Lauf der Jahre auf manchen verborgenen Schatz der hier lebenden Kreativen überhaupt erst aufmerksam gemacht hat. Eine monographische Werkschau steigert nicht nur das Selbstvertrauen, sie befördert auch die Reputation in der eigenen Zunft. Die Schließung der von Kurt Lotz geleiteten und Rudi Seitz betreuten Kommunalen Galerie im Jahre 1991 obskur zu nennen, wäre noch untertrieben.

In den 80er Jahren haben wir im Magistrat einen Tendenzbeschluß gefaßt, wonach in der Braubachzone alle frei werdenden Liegenschaften im Stadtbesitz (wie eine Metzgerei, eine Autohandlung usw.) durch eine Galerie ersetzt werden sollten, um dort für die Wechselrahmen der Künstler entsprechende Wände zu gewinnen, an denen ästhetischer Zauber sich sollte verbreiten können. Oberstes Ziel der Kulturpolitik ist es, Kunst öffentlich zu machen. Die Kunstmeile Braubachstraße/Fahrgasse rund um den Dom mit ihren unzerstörten oder wiedererrichteten schönen Altbauten bildet das notwendige ästhetische Corso-Milieu für ein inspirierendes Ambiente der Kunstvermittlung. Die großen Schaufenster gehören zur Vermarktungsstrategie, sie sollen nicht nur die Kunstflaneure einladen, sondern auch vorbeischlendernde Passanten neugierig machen und über die Türschwellen treten lassen.

Nach dem New Yorker Vorbild eines Galerienparcours entlang der endlos langen 5th Avenue in Manhattan, in der Kunstkäufer aus allen Kontinenten ihre Dollars loswerden, sollte im kleinen Maßstab die Braubachstraße und ihre Verlängerung in die Fahrgasse mit jetzt schon zwanzig Galerien ein Pendant zur Frankfurter Museumsmeile werden. In einem spannungsreichen Spagat zwischen experimenteller Kunst und populären Gemütswerten bedienen die Galerien in ihrer Summe jedermanns subjektiven Kunstgeschmack mit ästhetischem Proviant. Läßt sich eine kommerziell dressierte Zeitgeist-Ästhetik schlecht versilbern, so verkaufen sich dafür andere Bilder mit Motiven, die mit spätromantischer Geste das Herz wärmen und die Sinne betören, immer noch besonders gut. Ja, es muß auch solche Käuze geben, welche „die schlechteste Ausbildung" gelten lassen, die Goethe deshalb sarkastisch freispricht, weil sie „noch schlechtere Gegenstände zu sehen gewohnt sind". Wer jedoch in unseren Museen sehen gelernt hat, sollte vergleichen können, denn „nur ihm schwebt die Idee vor, er habe den Begriff davon gefaßt, was geleistet werden könne". Diese letzten Bemerkungen Goethes sollen einmal mehr auf das Defizit an ästhetischer Bildung in der Schule verweisen, das verhindert, die Schüler rechtzeitig zu Mitwissern der Künste auszubilden. Die Lehrerkollegien sollten die *Briefe über die ästhetische Erziehung des Menschen* von Friedrich Schiller wieder einmal lesen, des weitsichtigen Erfinders der bis heute gültigen deutschen Bildungsidee.

60 Galerien in Frankfurt am Main

Galerie Adler
Hanauer Landstr. 134
60314 Frankfurt am Main

Galerie Appel
Corneliusstr. 30
60325 Frankfurt am Main

Auktionshaus Arnold
Bleichstr. 40–42
60313 Frankfurt am Main

ARTBOX – Galerie der Editionen
Braubachstr. 37
60311 Frankfurt am Main

Arte Giani
Taunusanlage 18 – mainBuilding
60323 Frankfurt am Main

Galerie Anita Beckers
Frankenallee 74
60327 Frankfurt am Main

Anita Beckers SATELLIT
Braubachstr. 15
60311 Frankfurt am Main

bestregARTs
Zum Apothekerhof 2
60594 Frankfurt am Main

Galerie BRAUBACH five
Braubachstr. 5
60311 Frankfurt am Main

DavisKlemmGallery
Liebigstr. 17
60323 Frankfurt am Main

Galerie Martina Detterer
Hanauer Landstr. 20–22
60314 Frankfurt am Main

Fotografie Forum Frankfurt
Bockenheimer Landstr. 102
60323 Frankfurt am Main

DIE GALERIE
Grüneburgweg 123
60323 Frankfurt am Main

dsART Galerie
Brönnerstr. 22
60313 Frankfurt am Main

EULENGASSE
Eulengasse 65
60385 Frankfurt am Main

Galerie Exler – Außereuropäische Kunst
Fahrgasse 6
60311 Frankfurt am Main

EZG – Europäische ZentralGalerie
Windeckstr. 48
60314 Frankfurt am Main

Frankfurter Kunstkabinett Hanna Bekker vom Rath
Braubachstr. 14–16
60311 Frankfurt am Main

Galerie ffm6000
Römerberg 8
60311 Frankfurt am Main

Frankfurter Westend Galerie
Arndtstr. 12
60325 Frankfurt am Main

Ulrich Gering, Galerie für Realismus
Textorstr. 91
60596 Frankfurt am Main

Galerie Bärbel Grässlin
Schäfergasse 46B
60313 Frankfurt am Main

Galerie Greulich
Fahrgasse 22
60311 Frankfurt am Main

Galerie Heusenstamm Stiftung
Braubachstr. 34
60311 Frankfurt am Main

Galerie Hübner
Grüneburgweg 71
60323 Frankfurt am Main

Japan Art
Braubachstr. 9
60311 Frankfurt am Main

Galerie Parisa Kind
Offenbacher Landstr. 11–13, HH
60599 Frankfurt am Main

Bernhard Knaus Fine Art
Niddastr. 18
60487 Frankfurt am Main

KunstRaum Bernusstraße
Bernusstr. 18
60487 Frankfurt am Main

L. A. Galerie – Lothar Albrecht
Domstr. 6, 2. Stock
60311 Frankfurt am Main

galerie leuenroth
Fahrgasse 7
60311 Frankfurt am Main

Galerie Lorenz
Windeckstr. 37
60314 Frankfurt am Main

Marlies-Hess-Stiftung
Bertramstr. 8
60320 Frankfurt am Main

Galerie Brigitte Maurer
Fahrgasse 5
60311 Frankfurt am Main

Galerie Kai Middendorff
Niddastr. 84
60329 Frankfurt am Main

Galerie Mühlfeld & Stohrer
Fahrgasse 27
60311 Frankfurt am Main

Planet Vivid Gallery
Weckmarkt 1/Ecke Fahrgasse
60311 Frankfurt am Main

Galerie Poller
Brückenstr. 9–11
60594 Frankfurt am Main

Galerie F. A. C. Prestel
Braubachstr. 32
60311 Frankfurt am Main

Raphael 12
Braubachstr. 32
60311 Frankfurt am Main

Galerie Monika Reitz
Domstr. 2
60311 Frankfurt am Main

Galerie Rothamel
Fahrgasse 17
60311 Frankfurt am Main

Galerie Rothe
Bleichstr. 48
60313 Frankfurt am Main

Galerie Schamretta
Kanstr. 16
60316 Frankfurt am Main

Galerie Schloßplatz 9
Schloßplatz 9
65929 Frankfurt-Höchst

Galerie Schuster
Fahrgasse 8
60311 Frankfurt am Main

Galerie Schwind
Fahrgasse 15 + 17
60311 Frankfurt am Main

Galerie Station im Mousonturm
Waldschmidtstr. 4
60316 Frankfurt am Main

Galerie Barbara von Stechow
Feldbergstr. 28
60323 Frankfurt am Main

Galerie Heike Strelow
Hanauer Landstr. 52
60314 Frankfurt am Main

Synart Art Gallery
Brückenstr. 9–11
60594 Frankfurt am Main

Galerie von Miller
Braubachstr. 33
60311 Frankfurt am Main

Galerie Wilma Tolksdorf
Hanauer Landstr. 136
60314 Frankfurt am Main

Galerie U7
Fahrgasse 19
60311 Frankfurt am Main

Galerie Voges + Partner
Schweizer Str. 9
60594 Frankfurt am Main

Galerie Wagner + Marks
Fahrgasse 22
60311 Frankfurt am Main

Galerie Wild
Kirchnerstr. 2/Kaiserplatz
60311 Frankfurt am Main

Galerie wildwechsel
Rotlintstr. 98
60389 Frankfurt am Main

Galerie Zlotos
Kurt Schumacher Str. 2
60311 Frankfurt am Main

Galerie ZUR POST
Gartenstr. 145
60596 Frankfurt am Main

Zusammengestellt von Susanne Kujer, Kulturamt Stadt Frankfurt

Freilichtmuseum Frankfurt

Skulpturen und Denkmäler

Wie viele Kunstwerke erfreuen oder irritieren in Frankfurts öffentlichem Raum die Bürger? Seit Susanne Kujer vom Kulturdezernat im Herbst 2008 eine entsprechende Webseite ins Internet gestellt hat (www.kunst-im-oeffentlichen-raum-frankfurt.de), erhalten Neugierige präzise Auskünfte über 350 dreidimensionale Objekte von 173 Künstlern, die in über 32 Stadtteilen oft nach dem Zufallsprinzip an 223 verschiedenen Plätzen entweder feierlich aufgestellt oder auch bloß lieblos abgestellt worden sind.

Das Spektrum der teilweise auch desillusionierenden Kunstwerke reicht vom *Hammering Man* vor der Messe bis zur riskanten *Adorno-Installation* in einer quadratischen Glasvitrine als Denkmal für den Philosophen der *Dialektik der Aufklärung* auf dem Theodor-Adorno-Platz in Bockenheim, von Wanda Pratschkes Skulptur *Figur Betty* in der Eschenheimer Anlage bis zu Ulrich Rückriems 200 000 Mark teuren *Stele* am Mainufer, von Georg Kolbes „Dem Genius Beethoven" gewidmeten Denkmal in der Taunusanlage bis zur mehrere Millionen teuren Plastik *Kontinuität* von Max Bill vor der Deutschen Bank.

Skulpturen im öffentlichen Raum sind „Denk-Anker", in wohlverstandenem Sinne widerständige Fußangeln für die urbanen Flaneure. Kurz innehalten, nachdenken, dann aber wieder seinen Geschäften nachgehen: Wenn einem Kunstwerk im öffentlichen Raum der ewig reformsüchtigen Stadt Frankfurt dieser Reflexionsanstoß gelingt, dann hatte es Wirkung.

Die Literaturstadt Frankfurt mit internationaler Buchmesse und Deutscher Nationalbibliothek, mit Goethe-Haus und Schopenhauer-Archiv, Literaturhaus und Stadtschreiber-Servitut, mit Goethe-Preis, Adorno-Preis, Börne-Preis und Friedenspreis des Deutschen Buchhandels sowie mit ihren schreibenden Ehrenbürgern Horkheimer, Nell-Breuning und Unseld, mit sechzig Verlagen hält ihre literarhistorische Relevanz durch steinerne oder bronzene Statuen ihrer Geistesheroen in plastischer Erinnerung. Das 1844 errichtete klassizistische *Goethe-Denkmal* von Ludwig Schwanthaler, ursprünglich in der Gallusanlage, seit 2007 auf dem öden Goetheplatz, zeigt neben dem größten Sohn Frankfurts auf dem Sockelrelief auch Gestalten aus des Dichters erzählerischen, lyrischen und dramatischen Werken. Bildhauer Schwanthaler wurde noch im selben Jahr die Ehren-

Das Goethe-Denkmal von Ludwig Schwanthaler (1844) auf dem Goetheplatz

bürgerwürde der Stadt Franfurt verliehen; der von ihm Porträtierte hatte den Stadtoberen einen Korb gegeben, als sie ihm diese Ehre antrugen – der Weimarer Dichterfürst hatte sich geärgert, daß man sich am Main seiner Verdienste erst im

Eduardo Chillida: *Ein Haus für Goethe* (1986), Taunusanlage

Greisenalter erinnerte. In der Taunusanlage errichtete 1986 der baskische Bildhauer Eduardo Chillida die fiktive Architektur *Casa de Goethe* (*Ein Haus für Goethe*), eine raumgreifende Skulptur in apsidialer Bogenform aus Spannbeton zwischen Monumentalität und Sublimation.

Städelprofessor Johann Dielmanns *Schiller-Denkmal* stilisiert den im 19. Jahrhundert als eigentlicher deutscher Nationaldichter schwärmerisch verehrten Schwaben zum ewig jungen Götterliebling. Das bronzene Standbild wurde 1864 zunächst auf dem damaligen Paradeplatz an der Hauptwache plaziert. Der lebendige Schiller weilte aber nur wenige Tage seines Lebens am Main, offenbar nicht in der besten Verfassung: „Bei meinem ersten Besuch in Frankfurt am Main im Jahr 1782 war ich leer in Börse und Hoffnung“. Unser Friedrich Stoltze erinnert in sarkastischer Manier daran: „Du hast der dribb, in de ‚drei Rinner‘ / wohl in de achtzger Jahrn logiert / Doch von der Sprach der Landeskinner / da hast de gar nix profediert“. 1784 haben Frankfurts Theaterfreunde immerhin von der Uraufführung des Schiller-Dramas *Kabale und Liebe* profitiert. Das 14 070 Gulden teure Schiller-Denkmal wurde 1938 auf den Rathenauplatz transloziert, seit 1955 fristet der Geistesheros in der Taunusanlage sein stummes Dasein. Im Jahr 2005 wurde der leicht korrodierte Dichter für 20 000 Euro frisch geschminkt.

Schiller-Denkmal von Johann Dielmann (1864), Taunusanlage

Schopenhauer, der in seinen *Aphorismen zur Lebensweisheit* argwöhnte, einem Menschen zu Lebzeiten ein Monument zu setzen bedeute, „eine Erklärung ablegen, daß hinsichtlich seiner der Nachwelt nicht zu trauen ist", konnte sich seines Nachruhms sicher sein: Das Frankfurter *Schopenhauer-Denkmal* von Friedrich Schierholz in der Obermainanlage wurde erst 1895, also 35 Jahre nach seinem Tod errichtet.

Doch bietet das Freilichtmuseum Frankfurt dem Betrachter nicht nur die allfälligen bronzenen Geistesgrößen und mehr oder weniger tiefsinnige abstrakte Skulpturen. Die Taunusanlage etwa hat neben dem Beethoven- und Heine- auch ein *Schneewittchen-Denkmal* und ein *Pfennig-Denkmal* vorzuweisen, in der Nord-

Blick über den Marshall-Brunnen von Toni Stadler (1963) auf die Alte Oper

weststadt stehen Hugo Uhls *Schwatzende Frauen* schweigend ins Gespräch vertieft und im Grüngürtel haben sich die Spaßvögel der Neuen Frankfurter Schule eingenistet: Hier hocken unter anderem Robert Gernhardts *GrünGürtel-Tier* und F. K. Waechters *Eule im Norwegerpulli* in den Bäumen. Und wer nicht glaubt, daß Frankfurt mit einem *Grüne-Soße-Denkmal* den sieben Kräutern seines Traditionsgerichts huldigt, der begebe sich nach Oberrad in den Speckweg, bevorzugt in der Abenddämmerung, wenn die sieben von Olga Schulz entworfenen Gewächshäuschen beginnen, smaragdgrün zu leuchten.

Die in den Geschichtsbüchern erwähnten Denkmäler Bismarcks oder Wilhelms I. sucht man heute vergebens, sie wurden für Hitlers Kriegsmaschinerie eingeschmolzen.

Plätschernde Brunnen

Eine erste komplette Bestandsaufnahme der reichen Skulpturen- und Brunnenlandschaft hatte schon Ingrid Krupp in meinem *Frankfurter Museumsführer* erstellt, der 1988 im S. Fischer Verlag erschienen ist. Darin wurden nicht nur die be-

Gio Pomodoros Brunnenanlage *Sommersonnenwende* (1983), im Bild noch auf dem Rathenauplatz

reits genannten Werke kunstwissenschaftlich eingehend analysiert, sondern auch die folgenden berühmten Brunnen beschrieben: auf dem Vorplatz der Alten Oper der munter vor sich hin plätschernde, skulptural wirksame *Lucae-Brunnen* von Edwin Hüller aus dem Jahre 1880 (in einer Kopie von 1983), der *Märchen-Brunnen* (1910) von Friedrich Hausmann neben dem Schauspielhaus, der von dem Weinhändler Friedrich Nikolaus Manskopf gestiftete *Gerechtigkeitsbrunnen* (1610/1887) von Johann Hocheisen in einem Neuguß von Friedrich Schierholz auf dem Römerberg, die antikisierende Rokoko-Kulisse des *Liebfrauenberg-Brunnens* von Johann Michael Datzerath aus dem Jahre 1770 auf dem Liebfrauenberg. An der Hauptwache prunkt der *Struwwelpeter-Brunnen* (1985) von Franziska Lenz-Gerharz, in der Taunusanlage wartet der *Winzer-Brunnen* (1859) mit einem ernüchternden Sinnspruch von *Struwwelpeter*-Autor Heinrich Hoffmann auf: „Gesegnet soll der Trunk uns sein: Das Wasser euch und mir der Wein". Auf der Freßgass erfreut an heißen Sommertagen die 1977 errichtete begehbare Brunnenanlage von Inge Hagner die Shopper auf einer der teuersten Einkaufsmeilen der Republik.

Der Göpfert-Brunnen am Eschenheimer Tor

Toni Stadlers berühmter *Marshall-Brunnen* (1963) mit den auf Feierlichkeiten eingestellten drei Grazien Aglaia, Hegemone und Euphrosine – bei Hesiod heißt die dritte Grazie aber Thalia – erinnert an den 1959 verstorbenen Außenminister der Vereinigten Staaten George C. Marshall, den Urheber des nach ihm benannten Plans zum Wiederaufbau Europas nach dem Zweiten Weltkrieg.

Die unverkennbar einzigartige, freilich gewöhnungsbedürftige moderne Brunnenplastik *Sommersonnenwende* des Mailänders Gio Pomodoro aus dem Jahre 1983 ist vom Rathenauplatz aus dem Schatten der Bedeutungsfassaden unserer Skyline in ein Depot in der Borsigallee entsorgt worden, zusammen mit diversen gußeisernen Altlasten. Ein Akt der Barbarei und veritabler Skandal! Vor dem Eschenheimer Tor sprudelt sommers der *Göpfert-Brunnen* (1970) vor sich hin, die raumgreifenden Edelstahl-Lamellen können aber nicht aus der Nähe bewundert werden, weil ihr Glanz inmitten des Verkehrsstroms nur en passant und bei strahlender Sonne als Blendwerk wahrgenommen wird: Die zeitgenössischen Kunstwerke im öffentlichen Raum teilen das Schicksal, schon nach einer kurzen Ewigkeit unsichtbar geworden zu sein. Unsichtbar geworden ist auch Göpferts fünf Meter hohe *Klima-Stele*, eine Brunnenanlage aus Edelstahl, die einmal das Nordwestzentrum schmückte und heute wohlverpackt in einer Lagerhalle in Neu-Isenburg für 500 Euro jährlich Asyl gefunden hat.

In unserer Stadt sprudeln mehr Brunnen, als den meisten Frankfurtern bewußt ist. Es sind deren so viele, daß hier nur die wichtigsten kurz angesprochen werden konnten. Doch hat der plätschernde „Rest" des stolzen Sprudel-Registers verdient, zusammen mit den bereits beschriebenen Brunnen in der folgenden Liste wenigstens beim Namen genannt zu werden:

Affenbrunnen
Alter Schalenbrunnen
Alter Struwwelpeter-Brunnen
Am Wasser
Artischocken-Brunnen
Atlasbrunnen
Bäcker-Brunnen
Basalt-Brunnen
Bleidenbrunnen
Bockenheimer Brunnen
Böhlehaus-Brunnen
Brockhaus-Brunnen
Brüning-Brunnen
Brunnen am Weißen Stein
Brunnen Bürgerwiese
Brunnen Friedberger Warte
Brunnengrotte Bolongarogarten
Brunnensäule
Brunnen Stiftsgarten
Carolus-Brunnen
Dreikönigsbrunnen
Entenbrunnen
Faulbrunnen
Fleischer-Brunnen
Florentiner-Brunnen
Flügelskulpturen
Fontänenbrunnen
Fraa-Rauscher-Brunnen
Freiheitsbrunnen
Freßgass'-Brunnen
Froschbrunnen
Gärtner-Brunnen
Gemeindepumpe Heddernheim
Goldener Brunnen
Göpfert-Brunnen
Günthersbrunnen
Herkules-Brunnen
Hirsch-Brunnen
Hoher Brunnen
Jakobusbrunnen
Jean-Pauli-Brunnen
Justitiabrunnen
Kaiserplatz-Brunnen
Klappergass'-Brunnen
Königsbrünnchen
Liebfrauenberg-Brunnen
Löwen-Brunnen
Lucae-Brunnen
Mägdeleinsbrunnen
Märchen-Brunnen
Marshall-Brunnen
Merianplatz-Brunnen
Merkur-Brunnen
Michlersbrunnen
Minerva-Brunnen
Mönchhofbrunnen
Museumspark-Brunnen
Nibelungenplatz-Brunnen
Nieder-Brunnen
Obelisk-Brunnen Bockenheim
Obelisk-Brunnen Brückhofstraße
Obelisk-Brunnen Weidenbornstraße
Oberräder Gärtnerpumpe
Osthafen-Brunnen
Paradies-Brunnen
Ponto-Brunnen

Poseidon-Brunnen
Pumpenbrunnen Schwanheim
Putzender Schwan
Quirins-Brunnen
Ranzenplatzbrunnen
Reichsdorf-Bornheim-Brunnen
Riedhof-Brunnen
Ritter-Brunnen
Röhrbornbrunnen
Rotkäppchen-Brunnen
Schermulybrunnen
Schöppen-Brunnen
Schwengelpumpe Frankfurt-Nied
Seehundbrunnen
Selzerbrunnen
Sindlinger Pumpenbrunnen
St. Georg-Brunnen
Stoltze-Brunnen
Struwwelpeter-Brunnen
Triton-Brunnen Bolongaropark
Tugend-Brunnen
Venezianer-Brunnen
Wandbrunnen Liebfrauenkirche
Westend-Brunnen
Zehntgassenbrunnen
Zunftbrunnen

Diese Brunnengalerie dürfte dem vom Sternenzelt herabblinzelnden ehemaligen Oberbürgermeister Walter Möller sicher gut gefallen, auch wenn die Ästhetik von deren einigen arg das Odium des allzu Gefälligen verströmt. Dem Kulturdezernat ist dafür zu danken, daß auf der obengenannten Webseite diese zum Teil im Verborgenen ihr Dasein fristenden Kunstzeugnisse wieder ins Bewußtsein einer breiteren Öffentlichkeit gehoben wurden und so in einer immer noch weitgehend kunstwidrigen Wirklichkeit dem Vergessen entwunden sind. Die 92 Brunnen als identitätsstiftende urbane Elemente dienen auch als emotionale Bezugsgrößen der Beheimatung der Bürger. Sie sind wichtige Mosaiksteine der Frankfurter Kulturlandschaft, und anders als die Museumskunst kennen sie keine Öffnungszeiten.

Die plätschernden Kunstwerke im öffentlichen Raum sind von weitaus größerer Bedeutung, als man gemeinhin glaubt. „Wasser in der Stadt" ist ebenso ein städtebauliches und ästhetisches wie ökologisches Thema *sui generis* von der Renaissance bis ins 19. Jahrhundert; die klassische Moderne des 20. Jahrhunderts dagegen hat das nasse Element sträflich vernachlässigt: „Licht, Luft und Sonne" waren die Forderungen der Bannerträger der Neuen Sachlichkeit – Wasser als öffentliches Gut kam nicht vor. Erst seit den späten 1980er Jahren hat hier ein Umdenken eingesetzt. Dies betrifft nicht nur die Brunnen, sondern auch unser Verhältnis zu den Flüssen und ihren innerstädtischen Ufern als Kultur- und Wohnraum: Von New York, Paris und London über Bordeaux und Genua bis zu Rotterdam und Frankfurt werden innerstädtische Uferareale revitalisiert, urbanisiert, kulturalisiert und ein Ort der Identifikation mit der Stadt.

Das Frankfurter Museumsufer. Ein Ausblick von Felix Semmelroth

Wer am südlichen oder nördlichen Mainufer flaniert, kann jeden Tag das fulminante Ergebnis einer kulturpolitischen Meisterleistung betrachten. Mit dem Museumsufer Frankfurt hat Hilmar Hoffmann die Basis für die Zukunft Frankfurts als Kulturstadt gelegt.

Seine „Kultur für alle" ist an den Mainufern steingewordene Wirklichkeit. Die Türen der Museen stehen einem großen und heterogenen Publikum offen. Flaneure, Familien mit Kindern, Alte und Junge können jederzeit in eines der Museen eintreten und eine neue Welt für sich entdecken. Selbstverständlich sehe ich es als meine vorrangige Aufgabe an, dieses Museumsufer zu stärken und fortzuentwickeln.

Natürlich möchten wir so viele Gäste Frankfurts wie möglich einladen, an diesem reichen Kulturangebot teilzuhaben. Das Museumsufer Frankfurt ist in seiner architektonischen Vielfalt ein einzigartiges Ensemble und bietet in den einzelnen Häusern eine frappierende Qualität. Die Frankfurter Ausstellungshäuser haben oft internationalen Rang: Das gilt für das Städel ebenso wie für die Schirn Kunsthalle, für das Museum für Moderne Kunst, für das Deutsche Filmmuseum oder für das Jüdische Museum, um nur beispielhaft einige herausragende Museen zu nennen. Und das alles in unmittelbarer Nähe des Flusses, der wie viele Flüsse seine eigene Magie hat. 13 Museen befinden sich in unmittelbarer Nähe der Flußufer, und sie ziehen jährlich mehr als 2 Millionen Menschen an, von denen 60 Prozent von außerhalb Frankfurts kommen. Wäre Frankfurt ein Stadtstaat, so hat eine Untersuchung des Statistischen Bundesamtes ergeben, wären wir hinter Berlin die Nummer zwei der deutschen Museumsstädte.

So verwundert es nicht, daß auch Großveranstaltungen wie die jährliche „Nacht der Museen" Besucherscharen anlockt. Mehr als 40 000 Gäste flanieren in der Nacht der Museen von Museum zu Museum, von Ausstellung zu Ausstellung.

Das Museumsufer Frankfurt ist ein unvergleichliches Markenzeichen für unsere Stadt. Übermäßige Bescheidenheit ist unangebracht. Es ist richtig, mit diesem kulturellen Pfund zu wuchern. Eine Wortbildmarke verdeutlicht dies national wie international.

Nahezu 30 Museen treten unter dem gemeinsamen Dach Museumsufer Frankfurt auf. Die in den Stadtfarben angelegte rot-weiße Wortbildmarke symbolisiert die sieben Brücken, die die beiden Ufer des Mains und damit die auf beiden Seiten angesiedelten Museen miteinander verbinden. Dieses kleine Sinnbild ist Pate einer großen Idee: In seinem Kern steht es für das einzigartige Kunstangebot von der Antike bis zur Gegenwart, das Frankfurt auf nur einem Flußkilometer zwischen Eisernem Steg und Friedensbrücke zu bieten hat. Darüber hinaus repräsentiert „Museumsufer Frankfurt" ebenso die gesamte Frankfurter Museumslandschaft. Mir ist es wichtig, das Museumsufer Frankfurt in seiner räumlichen Dimension zu erweitern; es als Stadtraum zu denken. Denn es verbirgt sich hinter diesem Begriff mehr als nur die Sachsenhäuser Südseite des Mains. Wenn ich von „Museumsufer Frankfurt" spreche, dann begreife ich diesen Titel im Plural. Über sieben Brücken kann man gehen und ein Museum nach dem anderen sehen.

Frankfurt ist die internationalste Stadt Deutschlands. Frankfurt ist aber auch eine Stadt, in der europäisches Denken und globales Handeln selbstverständlich sind. Globalität und Lokalität koexistieren hier wie an kaum einem anderen Ort. Gleichwohl stellt sich auch hier die Frage nach dem kulturellen Selbstverständnis der Stadtgesellschaft. Das Museumsufer Frankfurt, dieses hat Hilmar Hoffmann frühzeitig erkannt, charakterisiert unsere Stadt, macht sie einzigartig. In Sichtweite befinden sich etwa das Ikonen-Museum und der weltberühmte Ausstellungsraum für Avantgardekunst, der Portikus. An vielen Museen vorbei können die Spaziergänger am Ende des südlichen Ufers im Liebieghaus 5000 Werke der Antike aus 5000 Jahren erleben. Und wer mag, besucht zum Schluß auf dieser Seite Ausstellungen regionaler Kunst im Museum Giersch. Dieses singuläre Ensemble zu fördern und zu stärken, bleibt die kulturpolitische Herausforderung schlechthin.

30 Jahre nach der Gründung des Museumsufers Frankfurt stehen einige bedeutende Sanierungsmaßnahmen an. Für 2013 ist die Eröffnung des neugebauten Historischen Museums am Römerberg geplant. Der Gebäudeentwurf des Architekturbüros Lederer, Ragnarsdóttir, Oei aus Stuttgart schlägt gekonnt eine Brücke zwischen zeitgenössischer Architektur und dem bereits bestehenden Altstadtensemble mit Dom und Römer.

Das Langhaus mit dem charakteristischen Doppelgiebel bietet endlich angemessene Flächen für Dauer- und Wechselausstellungen, der in das Gebäudeensemble integrierte Museumsplatz lädt zum Verweilen ein. Doch damit nicht genug, weitere wichtige Projekte stehen an: Denn in den Depots der Frankfurter Museen wartet noch eine Vielzahl kulturhistorisch wertvoller Schätze, die der Öffentlichkeit bislang nicht zugänglich sind. Im Historischen Museum mußten z. B. Gemälde, Skulpturen, Münzen, Möbel, Kunst- und Kultgegenstände aus aller Welt bisher aufgrund des Platzmangels dem Publikum vorenthalten werden. Insgesamt verfügt das Historische Museum Frankfurt über eine Million Exponate. Aber auch das Museum der Weltkulturen kann auf eine äußerst wertvolle ethnologische Sammlung von mehr als 67 000 Werken verweisen. Wer etwas über Lebensformen in Ozeanien, Südasien, Afrika oder Amerika erfahren möchte, ist hier er an der richtigen Adresse. Es ist dringend geboten, diesem Museum durch einen Erweiterungsbau oder Neubau eine angemessene Ausstellungsfläche zu verschaffen. Und wo wäre ein solches Museum besser zu situieren als am Museumsufer Frankfurt? Ja, das Museumsufer wird länger und reicher.

Am 1. Oktober 2008 wurde das Museum für Komische Kunst im Leinwandhaus eröffnet. Was könnte naheliegender sein, schließlich wurden in Frankfurt Zeitschriften wie *Titanic* und *Pardon* gegründet. Unter den 5000 Exponaten sind vor allem die Zeichner der Neuen Frankfurter Schule vertreten: Robert Gernhardt, Chlodwig Poth, Hans Traxler und F. K. Waechter. Für alle, die ein Interesse an Satire haben, könnte das Leinwandhaus bald ein Fixpunkt werden. Sammeln, forschen, zeigen: Diese Trias gilt auch für die Frankfurter Museen. Doch ihre Arbeit reicht weit darüber hinaus. Mit anspruchsvoller Museumspädagogik werden gerade Kinder und Jugendliche spielerisch mit Kunst und Kultur vertraut gemacht.

Nicht zu unterschätzen ist auch die Nachwuchsförderung. Ebenfalls ganz in der Nähe des Museumsufers befindet sich die Städelschule, wo einst Max Beckmann lehrte, zu dessen Nachfolgern etwa Tobias Rehberger oder Wolfgang Tillmans zählen.

Eine Kulturstadt wie Frankfurt muß dem künstlerischen Nachwuchs ebenso wie den schon renommierten Künstlern Raum bieten. Dazu gehört ein umfassendes Atelierprogramm der Stadt, das sich mittlerweile sogar bis auf das Wasser erstreckt. Mit einem Atelierschiff auf dem Main wurde ein neuer, reizvoller Kulturstandort eingerichtet. Seit Frühjahr 2009 können auf diesem 230 Quadratmeter großen Schiff Teilnehmer des neuen Künstlerstipendiums „Frankfurt Maritim" leben und arbeiten. Dieses Programm ergänzt die bereits bestehenden „Artists in Residence"-Stipendien, die das Kulturamt der Stadt Frankfurt im Austausch mit acht Partnerstädten vergibt. Künstler aus aller Welt kommen nach Frankfurt. In ihren Arbeiten tragen sie ein Stück Frankfurter Kunst in die Welt, und die Welt ist eingeladen, immer wieder Entdeckungen am Museumsufer Frankfurt zu machen.

Biographische Notizen zu den Museumsdirektoren

Prof. Dr. Jean-Christophe Ammann, Museum für Moderne Kunst (1989–2001)

Als Sohn eines Chemikers wurde Jean-Christophe Ammann 1939 in Berlin geboren. Aufgewachsen ist er im schweizerischen Fribourg, dort und in Bern studierte er Kunstgeschichte, Christliche Archäologie und Deutsche Literaturgeschichte. Von 1967 bis 1968 arbeitete Ammann für die Kunsthalle Bern, im Anschluß leitete er bis 1977 das Kunstmuseum Luzern. 1971 war er Schweizer Kommissar für die Biennale Paris und 1972 Mitarbeiter von Harald Szeemann bei der Konzeption der documenta 5, die als einflußreichste in die Ausstellungsgeschichte eingegangen ist. 1978 war er Mitorganisator der Arte Natura im internationalen Pavillon der Biennale Venedig. Im selben Jahr übernahm Ammann die Leitung der Kunsthalle Basel, 1989 wurde er schließlich zum Direktor des Museums für Moderne Kunst in Frankfurt berufen, das er bis Ende 2001 leitete. Der erste Museumsdirektor in Frankfurt ohne Beamtenstatus versuchte stets die Imagination des Betrachters zu beflügeln. Als Lehrbeauftragter unterrichtet er seit 1992 an der Goethe-Universität, seit 1999 als Honorarprofessor.

Mit vielen Ehrungen gewürdigt, wird Ammann 1999 der Orden Officier des Arts et des Lettres verliehen und vier Jahre später die Frankfurter Goethe-Plakette. Als Kurator bringt er seine Erfahrungen bei der Triennale für Kleinplastik in Fellbeck bei Stuttgart ein wie auch bei der Ausstellung CROSSART in der Bundesausstellungshalle in Bonn. Vom Spürsinn des vielgefragten Kunstberaters profitiert u. a. die Deutsche Bank. Unter seinen diversen Buchpublikationen besonders erwähnenswert sind *Bewegung im Kopf* (1994), *Kulturfinanzierung*

(1995), *Annäherung. Über die Notwendigkeit von Kunst* (1996), *Das Glück zu sehen* (1998) und *Bei näherer Betrachtung* (2007). Was Jean-Christophe Ammann im letztgenannten Buch über die Sternstunden der Kunst schrieb, gilt uneingeschränkt für ihn selber: „Das Außergewöhnliche schaffen immer nur einzelne, die Visionäre, die das Besondere erkennen." Ammann kann als sympathischer Proteus der Kunstvermittlung betrachtet werden.

Jean-Christophe Ammann hat es nach Frankfurt gezogen, weil er hier Kunst in einem Umfeld von Kreativität und Innovation zu verorten vermag, dabei geht er auf die veränderte Situation ein, in der Kunst in den Zeiten der Globalisierung und Medialisierung entsteht. In der Beschäftigung mit Kunst sieht er eine Konstante der menschlichen Existenz. Als Direktor des Museums für Moderne Kunst hat er den Museumsbesuchern dazu verholfen, einen erhellenden Zugang zu zeitgenössischen Werken zu finden. Ammann lebt nach wie vor in Frankfurt, das ihm zur zweiten Heimat geworden ist.

Prof. Dr. Herbert Beck, Liebieghaus (1969–2006)

1941 in Hanau am Main geboren, hat Herbert Beck 1961 in Fulda das Abitur bestanden; sein Studium der Kunstgeschichte, Archäologie und Germanistik in München und Frankfurt schloß er 1967 an der Goethe-Universität mit einer Promotion in Kunstgeschichte ab, anschließend arbeitete er am Kunstgeschichtlichen Institut der Universität als Assistent.

1969 wurde Herbert Beck die Leitung der Skulpturensammlung im Liebieghaus anvertraut, die er mit seinem Gespür für barocke Ikonographie 37 Jahre lang mit Erfolg und sichtbaren Ergebnissen geführt hat. 1994 wird Beck zum Direktor des Städelschen Kunstinstituts berufen, nachdem er dem bayerischen Kultusminister einen Korb gegeben hatte, der ihn als Generaldirektor des Germanischen Nationalmuseums nach Nürnberg holen wollte. 2006 scheidet Beck aus Altersgründen als Direktor des Städel und des Liebieghauses aus.

Zwischen 1975 und 1990 war Herbert Beck Lehrbeauftragter an der Goethe-Universität, an der Staatlichen Hochschule für Bildende Kunst (Städelschule) sowie an der Philipps-Universität Marburg. 1992 ernannte ihn die Goethe-Universität zum Honorarprofessor. Auch eine Gastprofessur in Tübingen und die Vertretung des Lehrstuhls der Kunstgeschichte in Jena verweisen auf Becks pädagogische Ader. 2008 beruft der Hessische Ministerpräsident Roland Koch Herbert Beck zum Gründungsgeschäftsführer der Kulturfonds Frankfurt RheinMain GmbH. 2009 erhält er das Bundesverdienstkreuz.

Beck war Gründungsvorsitzender des Arbeitskreises von Wissenschaftlern im Hessischen Museumsverband (1975–1990) und der Kulturinitiative Rhein-Main (1998–2004). 2006 wirkte er bei der Mediation zur Regionalen Kulturkooperation entscheidend mit. Beck ist ehrenamtlich auch als Ratsmitglied der Stiftung Polytechnische Gesellschaft tätig und ist Vorsitzender des Vereins zur Förderung des Kunsthistorischen Instituts in Florenz (Max-Planck-Institut). Mit seinem untrüglichen Gespür für Qualität hat Beck sein langes Berufsleben der Stadt Frankfurt am Main gewidmet, die ihm neben seinem erfolgreichen Engagement als leitender Museumsmann viele kulturpolitische Impulse verdankt. Für Beck ist Kunst mehr als ästhetischer Selbstzweck, sie ist vor allem auch eine moralische Instanz. Im Sinne Max Webers definiert Beck Kultur als Wertung.

Prof. Dr. Daniel Birnbaum, Portikus

Als Sohn des Politikwissenschaftlers Karl Birnbaum wurde Daniel 1963 in Stockholm geboren. Aufgewachsen ist er in Schwedens Hauptstadt und in Wien. An der Columbia University New York und an der Freien Universität in Berlin studierte er Philosophie und Kunstgeschichte. Seine Dissertation widmete Daniel Birnbaum der Geschichte der Phänomenologie. Seine kunstphilosophischen Kenntnisse erweiterte er durch die Praxis im Art Forum New York und im IASPIS in Stockholm. Als 37jähriger wird Birnbaum 2001 zum Rektor der Städelschule und gleichzeitig zum Leiter des Portikus berufen, wo er, keinen Regeln unterworfen, seiner Phantasie freien Lauf lassen kann. Als Honorarprofessor lehrt er angewandte Ästhetik an der Staatlichen Hochschule für Bildende Künste (Städelschule). Bevor die Studenten die Technik der Gestaltung perfektionieren lernen, sollen sie die Kunst der Wahrnehmung beherrschen können. Als Chef des Portikus geht es Birnbaum wie einst

Franz Kafka weniger um Sinnstiftung als um Wahrnehmungsschärfe. 2008 wird er zum Leiter der 53. Biennale von Venedig 2009 berufen, dieser großen Börse der Kreativität; qualifiziert hat er sich für diese herausragende Position als Kurator der zweiten Kunsttriennale in Turin (2008) und der ersten Moskau-Biennale (2005) sowie als Kurator der Ausstellung „Airs de Paris" im Centre Pompidou (2007). Mit seiner affektiven Beziehung zur experimentellen Kunst hat er sich bislang als von den Gesetzen und Moden des Kunstmarktes erfreulich unabhängig gezeigt. Daniel Birnbaum ist mit ebensoviel Kompetenz wie Glück begabt. Zugleich Bohemien und disziplinierter Arbeiter, empfindet er es als süße Pflicht, Konventionen zu sprengen.

Den gebürtigen Schweden hat es von New York nach Frankfurt gezogen, weil er die produktive Interdependenz zwischen Städelschule und Portikus als weltweit einmalige Konstellation betrachtet.

Prof. Dr. Anne Bohnenkamp-Renken, Frankfurter Goethe-Museum

Die Tochter des promovierten Naturwissenschaftlers Konrad Bohnenkamp wurde 1960 in Hilden, Nordrhein-Westfalen geboren, aufgewachsen ist sie in Meerbusch am Niederrhein und dort auch zur Schule gegangen. An der Universität Göttingen studiert Anne Bohnenkamp Germanistik, Philosophie und Kommunikationswissenschaften, Gaststudien in der Philosophie und Kunstgeschichte führen sie nach London und Florenz. Sie promoviert über die Paralipomena zu Goethes *Faust* mit der Arbeit „Das Hauptgeschäft nicht außer Augen lassend". Von 1985 bis 1989 arbeitet sie an Albrecht Schönes berühmter *Faust*-Ausgabe mit. Von 1989 bis 2003 wirkt sie als Dozentin (Assistentin, Oberassistentin) am Institut für Allgemeine und Vergleichende Literaturwissenschaft (Komparatistik) an der Universität München und wird dort im Jahr 2000 habilitiert. 2002/03 übernimmt Dr. Anne Bohnenkamp-Renken die Vertretung des Lehrstuhls für die Geschichte der deutschen Literatur an der Universität Erlangen/Nürnberg. So ist sie in hohem Maße für die Position der Direktorin des Freien Deutschen Hochstifts/Frankfurter Goethe-Museum qualifiziert, zu der sie im Jahre 2003 berufen wird. Sie steht *in persona* für das Goethe-Wort, daß nicht allein die Sprache ein wichtiges Gut ist, sondern vor allem auch der Geist, der sich darin verkörpert.

Unter den zahlreichen Ehrenämtern sind ihre Tätigkeiten als Vizepräsidentin der Goethe-Gesellschaft Weimar erwähnenswert, die Mitgliedschaften im Vorstand der Arbeitsgemeinschaft literarischer Gesellschaften und Gedenkstätten, im Ausschuß der Deutschen Schiller-Gesellschaft sowie ihre Mitarbeit in den Auswahlausschüssen der Deutschen Studienstiftung und der Alexander von Humboldt-Stiftung. Sie ist Mitglied der Akademie der Wissenschaften zu Göttingen und der wissenschaftlichen Gesellschaft an der Universität Frankfurt am Main. Seit 2004 ist sie Honorarprofessorin an der Goethe-Universität Frankfurt am Main. Ihre Freizeit widmet sie der Fotografie und dem Wandern. Ihren Wechsel nach Frankfurt begründet Anne Bohnenkamp-Renken mit der Gewißheit, hier „in Goethes Geburtsstadt eine reizvolle Aufgabe" gefunden zu haben, die sie mit dem „Charme des Aperçus", von dem Goethe einst sprach, erfolgreich gestalten wird. 2009 erhielt Anne Bohnenkamp-Renken den mit 25 000 Euro dotierten Binding-Kulturpreis.

Petra Breitkreuz, Stoltze-Museum

Die Tochter des selbständigen Maurermeisters Ernst Weber, Petra Breitkreuz, kam 1958 in Frankfurt auf die Welt, wo sie in Bornheim die Schule besuchte. In Mainz hat sie an der Gutenberg-Universität Geschichte, Germanistik und Politikwissenschaft studiert. Ihre Magisterarbeit widmete sie dem „Wirken Samson Raphael Hirschs in Frankfurt 1851–1888. Ein Beitrag zur Emanzipation der Juden". Nach ihrer ersten Anstellung bei der *Frankfurter Neuen Presse* arbeitete sie ab 1987 in der Abteilung Kommunikation der Frankfurter Sparkasse, der damaligen Stadtsparkasse Frankfurt. 1998 wurde sie zur Leiterin des Stoltze-Museums berufen, um mitzuhelfen, Frankfurterisch und Stoltze zum Synonym zu verschmelzen. Schon Goethe hielt die Mundart für ein Element, aus „welchem die Seele ihren Atem schöpft".

Petra Breitkreuz hat es klug vermieden, Stoltzes Bedeutung auf das mundartliche Aroma zu reduzieren. Sie weiß ebenso auch das politische Ingredienz seiner Texte zu vermitteln. Das Stoltze-Museum erinnert zum Beispiel daran, wie der Libero des Liberalismus gegen den damaligen Erzfeind der Stadt, gegen Preußen und gegen Bismarck und dessen Sozialistengesetze zu Felde zog. So wie der Dichter im Pakt mit dem Leser hat Petra Breitkreuz im Kontakt mit den Besuchern diesen die Mundart als Sprachkunst nahezubringen verstanden.

Die Historikerin Petra Breitkreuz hat sich für ein Leben in ihrer Heimatstadt entschieden, weil es für sie als gebürtige Frankfurterin „nie eine verlockendere Alternative" gab. Gemeinsame Aktivitäten mit ihrem Mann und den beiden Kindern füllen neben Lesen, Theater und Gärtnern ihre Freizeit aus. Schon Friedrich Stoltze wußte: „Es is kaa Stadt uff der weite Welt / die so merr wie mei Frankfort gefällt / un es will merr net in mein Kopp enei: / wie kann nor e Mensch net von Frankfort sei!"

Dr. Evelyn Brockhoff, Institut für Stadtgeschichte

Evelyn Brockhoff kam 1955 in Frankfurt am Main zur Welt. Hier ist sie nicht nur zur Schule gegangen, hier hat sie auch Kunstgeschichte, Klassische Archäologie und Kulturanthropologie studiert. Promoviert hat Evelyn Brockhoff im Jahre 1988 über den klassizistischen Frankfurter Stadtbaumeister Johann Friedrich Christian Hess.

Auch ihr beruflicher Werdegang nimmt in Frankfurt seinen Lauf: 1986 wird sie Grundsatzreferentin für kulturelle Angelegenheiten im Büro des Oberbürgermeisters. 1989 wechselt sie als Kustodin an das Deutsche Architekturmuseum und steigt zu dessen stellvertretender Direktorin auf. 1996 wird sie zunächst stellvertretende Direktorin des Instituts für Stadtgeschichte, bis der Magistrat sie 2004 zu dessen Leitender Direktorin beruft. Sie möchte den Stromkreis vielfältiger historischer Überlieferung kurzschließen, um Spannung für die Vermittlung aufzuladen. Sie versteht ihr Institut als lebendiges, weitgeöffnetes Refugium der Dokumente von der Goldenen Bulle über „die guten alten Zeiten" und die braune Diktatur bis zu den Zeugnissen der Moderne. Es ist ihr gelungen, die historiographischen Konventionen zu sprengen. Die Wegmarken auf der langen Strecke der Heerstraßen der Geschichte errichtet sie im Teamwork.

Aus der großen Zahl ihrer Ehrenämter seien hier nur die wichtigsten erwähnt: Sie ist Mitglied des Vorstandes der Gesellschaft für Frankfurter Geschichte e. V.

(seit 2005 deren Geschäftsführerin), der Frankfurter Historischen Kommission (seit 2004 deren Geschäftsführerin), Mitglied des Vorstandes des Kuratoriums Kulturelles Frankfurt, der Arbeitsgemeinschaft Historische Kommission Hessen und im Beirat für Geschichtliche Landeskunde in Hessen, stellvertretende Vorsitzende der Vereinigung der Freunde und Förderer des Stoltze-Museums e. V. und schließlich Mitglied der Hessischen Historischen Kommission. Ihre hartnäckigste Neugier befriedigt Evelyn Brockhoff mit Museums-, Konzert-, Theater- und Kinobesuchen, Reisen und gutem Essen. Am liebsten liest sie Frauenbiographien. In Frankfurt ist sie „aus Liebe zu meiner Heimatstadt" für ihr Leben gern geblieben, ein Ort, der essentieller Teil ihrer Biographie geworden ist.

Claudia Dillmann, Deutsches Filminstitut/ Deutsches Filmmuseum

Claudia Dillmann wurde 1954 in Geisenheim im Rheingau geboren, wo sie auch ihr Abitur absolvierte. Das Studium der Germanistik, Kunstgeschichte sowie der Theater-, Film- und Fernsehwissenschaften an der Frankfurter Goethe-Universität beendete sie mit einer Magisterarbeit „Zur Phantastik in Stummfilm und Literatur der Weimarer Republik". Ihre steile Karriere hat sie mit einem Volontariat bei der *Offenbach Post* und als Redakteurin der *Frankfurter Rundschau* begonnen, sie war außerdem Korrespondentin der Wochenzeitung *DIE ZEIT*. Von 1984 bis 1991 arbeitete sie als freie Kuratorin am Deutschen Filmmuseum. Seit 1991 fest angestellt, wurde sie bereits 1992 zur stellvertretenden Direktorin des Museums ernannt. Anfang 1997 beruft sie der Verwaltungsrat des Deutschen Filminstituts – DIF zur Direktorin, in dieser Zeit nimmt sie auch Lehraufträge an der Frankfurter Universität wahr. 2001 gründet sie goEast, das Festival des mittel- und osteuropäischen Films in Wiesbaden, zwei Jahre später beginnt das Filminstitut unter ihrer Federführung mit dem Aufbau von filmportal.de, der zentralen Internet-Plattform zum deutschen Film. 2006 wird das Deutsche Filmmuseum in das Institut integriert, seitdem leitet sie die Gesamtinstitution.

Bedingt durch ihre zahlreichen Ehrenämter, reicht Claudia Dillmanns Lebensradius von Frankfurt über Berlin bis nach Paris, London und Brüssel. Seit 1997 ist sie Vorstandsmitglied der Association des Cinémathèques Européennes

(ACE) in Brüssel, seit 2004 deren Präsidentin. Von 2006 bis 2008 beriet sie die EU-Kommissarin Viviane Reding als Mitglied einer High Level Expert Group in Brüssel, seit 2007 ist sie als Gründungsmitglied der European Digital Library (EDL) Foundation in Den Haag zugleich Vorstandsmitglied und Vorsitzende des EDL Advisory Board. Auf deutscher Ebene war sie von 1999 bis 2004 Mitglied der Jury des Deutschen Filmpreises. Seit 2003 ist sie Gutachterin der Filmbewertungsstelle Wiesbaden. Ihr produktives Pensum wäre eines weiblichen Herkules würdig.

Claudia Dillmann möchte die bewegten Bilder nicht passivem Konsum überantworten, sondern erreichen, daß mit Hilfe der Ikonographie des Kinos vor allem die Sinne des Sehens sowie die Fähigkeit geschärft werden, die Differenz zwischen produktiver Wahrnehmung und bloßem Augenschein zu erkennen. Im prismatischen Blick auf die Welt und die Gesellschaft soll der Betrachter auch den kulturgeschichtlichen Kontext als Quelle der Identität entdecken können.

Falls Claudia Dillmann dafür Zeit bleibt, widmet sie sich den bildenden Künsten und der Literatur: Ihr Interesse in der Kunst gilt der klassischen Moderne und der spanischen Malerei des 17. Jahrhunderts sowie der romanischen und frühgotischen Architektur. Ihre Reiselust führt sie häufig nach Italien und Spanien. Warum hatte sie sich für Frankfurt entschieden? „Als ich in den 70er Jahren nach Frankfurt kam, trug die Stadt ihren Namen ‚Krankfurt' noch zu Recht: die Alte Oper eine Ruine, vom Museumsufer keine Spur, der Fluß verschmutzt, überall Dreck und jede Menge Lärm. Seitdem hat sich viel zum Positiven gewendet! Heute verbindet Frankfurt die Annehmlichkeiten einer kleinen Stadt mit dem Flair einer großen."

Prof. Dr. Volker Fischer, Deutsches Architekturmuseum (1984–1993)

Der 1951 im thüringischen Gotha geborene Sohn eines Handelsvertreters ist in Kassel aufgewachsen, wo er an der Kunsthochschule und der GHS sein Studium der Kunstpädagogik, Germanistik, Linguistik und Psychologie aufnahm. An der Philipps-Universität Marburg studierte Volker Fischer Kunstgeschichte, Germanistik, Archäologie und Ethnologie. In Marburg promovierte er 1979 mit der Arbeit „Nostalgie – Zur Struktur eines retrospektiven ästhetischen Verhaltens". Die Stadt Marburg beruft Fischer 1980 ins Kulturreferat, von 1981 bis 1993 ist er unter seinem Doktorvater Heinrich Klotz stellvertretender Direktor des neugegründeten Deutschen Architekturmuseums in Frankfurt. Inzwischen Oberkustos, arbeitet er seit 1993 als Leiter der Design-Abteilung im Museum für Angewandte Kunst. Fischer hat zu den Themen Architektur und Design über tausend Titel veröffentlicht und damit fern von postmoderner Beliebigkeit für die Medien Architektur, Design, Kunst und Kulturgeschichte ein breites Bewußtsein erzeugt.

Er hat sich in Frankfurt neben seinen Tätigkeiten im Architekturmuseum und im Museum für Angewandte Kunst für Projekte und Ausstellungen des Jüdischen Museums, des Deutschen Filmmuseums, des Kommunikationsmuseums und der Kommunalen Galerie im Karmeliterkloster engagiert. 2008 wurde die von ihm kuratierte Ausstellung „Design heute" (1988) vom Design Museum in Weil am Rhein zu einer der fünfzehn weltweit einflußreichsten Wohnkultur-Ausstellungen des 20. Jahrhunderts erklärt. Fischer ist seit dessen Gründung Mitglied im International Board of Advisers des Design Museum London sowie des International Advisory Board der britisch-amerikanischen Fachzeitschrift *Design & Culture*. Er ist zudem Kooperationspartner des International Graduate Centre for the Study of Culture der Justus-Liebig-Universität Gießen sowie Gründungsmitglied der Deutschen Gesellschaft für Designgeschichte.

Seit 1992 lehrt Volker Fischer als Honorarprofessor an der Hochschule für Gestaltung in Offenbach. Von der soliden alteuropäischen Bildung ihres Gastprofessors profitieren auch die Studenten in Tokio, Toronto und Porto Alegre. Fischer ist ein Pädagoge auch in einem emphatischen Sinn. In seiner Freizeit widmet er sich der Science-fiction-Literatur, philosophischer und biologischer Lektüre sowie mit nie nachlassendem Eifer gärtnerischen Ambitionen. Als Grund, warum Fischer Frankfurt zu seinem Lebensmittelpunkt machte, nennt er die ungewöhnliche Chance, hier ein neues Museum für Architektur mit aufzubauen.

Achim Frenz, Caricatura – Museum für Komische Kunst

Achim Frenz wurde 1957 in Bremerhaven geboren, wo er auch sein Abitur bestanden hat. Er studierte Kunst und Gesellschaftslehre an der Gesamthochschule Kassel. Mit seiner Diplomarbeit über „Die Grenzen der Satire" stellte er bereits die Weichen in seine Zukunft als Experte für Karikaturen: Von 1989 bis 1997 war er Leiter der Caricatura Kassel (seit 1994 Galerie für Komische Kunst genannt), bevor er im Jahr 2000 mit der Leitung der Karikaturensammlung des Historischen Museums Frankfurt beauftragt wurde, die 2008 im Leinwandhaus ein endgültiges Domizil gefunden hat. Mit dem lange verkannten Medium Satire hatte sich Achim Frenz schon als Redakteur beim Metropolenmagazin *Pflasterstrand* zwischen 1983 und 1989 auch kritisch auseinandergesetzt. Seine Fachkenntnisse hat er als Lehrbeauftragter an der Gesamthochschule Kassel in praktischen Anleitungen zum Herstellen von komischen Zeichnungen weitergegeben. Gesellschaftskritik ist für ihn der Grund-Sound aller Karikatur; er zieht ihre Grenzen dort, wo die Gefühle der Betroffenen berührt werden, in der verächtlichmachenden, abgründigen Pointe. Im Esprit der Übertreibung erzielt die komische Kunst ihre Wirkung. Hobbymäßig hilft Frenz dem „außergewöhnlichen Fußballverein" Dynamo Windrad nicht nur bei der Pressearbeit.

Achim Frenz hat für sich die Mainmetropole als Lebensmittelpunkt gewählt, um Frankfurt als Hauptstadt der Satire etablieren zu helfen. „Als ich in den 90er Jahren vorschlug, ein Museum für Komische Kunst zu gründen, hat man mich ausgelacht." Auch mit seinem Talent zur satirischen Pointe ist er ein Glücksfall für das Caricatura-Museum.

Dr. Susanne Gaensheimer, Museum für Moderne Kunst

Susanne Gaensheimer wurde 1967 in München geboren und ist in der bayerischen Hauptstadt auch aufgewachsen und zur Schule gegangen. Sie hat an der Maximilian-Universität u. a. Kunstgeschichte studiert und über den amerikanischen Konzept-Künstler Bruce Nauman promoviert, dessen Werke 1990 im Städel präsentiert wurden. Ihre erste leitende Position im Westfälischen Kunstverein Münster war zugleich auch ihr erster fachlicher Kontakt mit Frankfurt: Gemeinsam mit dem Kunstverein im Steinernen Haus hat ihr Münsteraner Kunstverein die Ausstellung „Liam Gillick" zum Erfolg geführt. Nach langjähriger kustodialer Tätigkeit am berühmten Münchner Lenbachhaus wurde sie Anfang des Jahres 2009 zur Direktorin des Museums für Moderne Kunst in Frankfurt am Main berufen. Mit entschlossenem Optimismus hat sie bei ihrem Frankfurter Start mit einer spannenden Evaluation der einzigartigen Bestände des Museums ihren Scharfblick für die alle Moden überdauernde Qualität bewiesen. Neben der inzwischen kanonisierten Pop-art der 60er Jahre will sie auch dem Künstlernachwuchs ein Forum bieten.

Bei Kunstkennern hat sie sich durch zahlreiche fachwissenschaftliche Publikationen einen Namen gemacht. In ihren Büchern – wie etwa in *Pragmatismus und Subversion* über das Projekt Liam Gillicks für das Lufthansa Aviation Center am Frankfurter Flughafen – hat sie Werke und Themen der Gegenwartskunst mit hohem Reflexionsniveau sprachlich originell und gleichwohl leserfreundlich vermittelt.

Dr. Maria Gazzetti, Literaturhaus

Die in der italienischen Provinzstadt Viterbo geborene Maria Gazzetti hat in Rom Matura gemacht. Die Tochter des Lektors Alessandro Gazzetti studierte Klassische Philologie und Philosophie an der römischen Alma mater. Als Maria Gazzetti sich 1976 entschloß, in Deutschland zu leben, hat sie ihr Studium in der Hansestadt Hamburg fortgesetzt, wo sie die Fächer Romanistik, Kunstgeschichte und Germanistik belegte. An der Alster promovierte sie mit der Arbeit „Gabriele D'Annunzio als Journalist". An den Universitäten Hamburg und Osnabrück wirkte sie über mehrere Semester als Lehrbeauftragte. Als freie Journalistin schrieb sie u. a. für die *taz* und *DIE ZEIT*. Dr. Gazzetti war Scout für italienische Verlage vorzüglich für deutsche Gegenwartsliteratur sowie als Übersetzerin aus ihrer Muttersprache ins Deutsche tätig. 1993 war sie im Auftrag der Stiftung Niedersachsen für die Konzeption und Realisierung der „Europäischen Literaturdialoge" verantwortlich. Im September 1995 wurde sie zur Leiterin des Frankfurter Literaturhauses berufen. Sie läßt hier vor allem auch junge Autoren zu Wort kommen, ohne einer bestimmten Richtung den Vorzug zu geben, und ist dabei immer der Qualität verpflichtet.

In ihrer Freizeit hält sie sich mit Schwimmsport fit, wenn sie nicht, in literarische oder kunstästhetische Lektüre vertieft, in ihrer Westendwohnung das Alleinsein genießt. Frankfurt, die Stadt der Buchmesse und bedeutender Verlage wie Suhrkamp, S. Fischer und Insel, in der zahlreiche Schriftsteller und Sachbuchautoren ihre Bücher schreiben, betrachtet sie als aufregenden, lebenswerten Ort. Maria Gazzetti wird ihren Vertrag allerdings über 2010 hinaus nicht verlängern, weil sie sich von der Kulturpolitik „im Stich gelassen" fühlt.

Dr. Jan Gerchow, Historisches Museum

Jan Gerchow wurde 1958 in Braunschweig geboren, wo er auch aufgewachsen ist. Der Sohn des Lehrers Fritz Gerchow studiert von 1978 bis 1984 Geschichte und Germanistik an den Universitäten Freiburg i. Br. und Durham (Großbritannien). An der Universität Freiburg promoviert Gerchow 1984 zum Dr. phil. mit einer Arbeit über „Die Gedenküberlieferung der Angelsachsen". Von 1985 bis 1990 arbeitet er als wissenschaftlicher Assistent am Lehrstuhl für mittelalterliche Geschichte der Universität Freiburg. Von 1990 bis 1993 ist er wissenschaftlicher Referent am Max-Planck-Institut für Geschichte in Göttingen und bis 1995 zugleich Lehrbeauftragter an den Universitäten Göttingen, Hannover und Essen. Ab 1993 ist er als Kurator für die Geschichte des Mittelalters und der Frühen Neuzeit am Ruhrlandmuseum Essen tätig. Im April 2005 wird Jan Gerchow zum Direktor des Historischen Museums Frankfurt berufen. Mit dessen totalem Umbau hat Gerchow seine große Herausforderung gefunden; er möchte das historische Profil der umfangreichen Sammlung schärfen, von Hegel her wissend, daß man ein System nur von innen heraus ändern und wie man gegen die Überzeugung des Zeitalters andenken kann. Die Bestände des Museums sollen entstaubt und in den Kontext der jeweiligen Zeit sinnfällig eingebunden werden. Gerchows Ziel ist es, von Frankfurt aus deutsche Geschichte zu erklären und der Welt Frankfurts Geschichte näherzubringen.

Jan Gerchow ist ehrenamtlich als Mitglied im Vorstand der Geschwister Korn und Gerstenmann-Stiftung Frankfurt tätig, er ist Mitglied der Frankfurter Historischen Kommission und des Verwaltungsrats der Historisch-Archäologischen Gesellschaft Frankfurt sowie im Vorstand der Friedrich-Stoltze-Gesellschaft.

Warum hat es Gerchow aus der Ruhrmetropole in die „kleinste Metropole der Welt" (Petra Roth) gezogen? Seiner Ansicht nach ist das Historische Museum Frankfurt ein „unterbelichteter Schatz in bester Lage. Das Potential des Museums ist riesig, denn die Stadt hat historische Themen wie kaum eine zweite in Deutschland, und es lebt sich hier sehr gut". Die Bereitschaft von Politik und Verwaltung, in das Haus zu investieren, dürfte Gerchow zusätzlich motiviert haben, die Leitung eines Museums in der Phase des Umbruchs zu übernehmen. „Das Historische Museum ist unter seiner Führung aufgewacht", konstatiert die *Frankfurter Allgemeine Zeitung* im April 2008. Die Frage nach seinen Hobbys beantwortet Gerchow mit „Familie, Lesen, Reisen, Laufen, Velofahren".

Dr. Helmut Gold, Museum für Kommunikation

1958 im hessischen Wetzlar an der Lahn geboren und aufgewachsen, ist Helmut Gold das Interesse für Kommunikationstechniken quasi in die Wiege gelegt worden: Vater Herbert Gold, ein EDV-System-Analytiker und Programmierer, weckte im eher geisteswissenschaftlich orientierten Sohn die Neugier auf Technik und Naturwissenschaften. Helmut Gold studierte Germanistik und Philosophie an der Justus-Liebig-Universität Gießen und an der Goethe-Universität Frankfurt und promovierte 1990 über das Thema „Erkenntnisse untertage – Bergbaumotive in der Literatur der Romantik". Von 1985 bis 1992 war er als wissenschaftlicher Mitarbeiter bzw. Leiter von Ausstellungsprojekten u. a. am Schiller-Nationalmuseum in Marbach, im Verkehrsmuseum Nürnberg und im Deutschen Postmuseum Frankfurt tätig. Von 1993 bis 1997 arbeitete er als Referatsleiter für Ausstellungen und für personale Kommunikation bei der Bundeszentrale für gesundheitliche Aufklärung in Köln. 1997 wurde Gold zum Direktor des am Schaumainkai gelegenen Museums für Kommunikation Frankfurt berufen. In unserem telematischen Zeitalter möchte er hier auch den ästhetischen Mehrwert der neuen Techniken und elektronischen Medien erforschen und präsentieren.

Seit 2004 ist er ständiger Vertreter der Kuratorin der Museumsstiftung Post und Telekommunikation, zu der die Museen Berlin, Hamburg, Nürnberg und Frankfurt gehören, aber auch ein Archiv in Bonn. Gold übernimmt Lehraufträge an der Justus-Liebig-Universität Gießen im Fachbereich Literaturwissenschaft. Seit 1998 ist Gold Geschäftsführer der Deutschen Gesellschaft für Post- und Telekommunikationsgeschichte e. V., einem gemeinnützigen Geschichtsverein mit ca. 18 000 Mitgliedern. 2007 wählt ihn der Deutsche Museumsbund zum Vorstandsmitglied.

Der mit der Journalistin Heike Lauer verheiratete Vater von zwei Kindern treibt in seiner spärlichen Freizeit aktiv Sport. Weil ihn die Aufgabe am Museum für Kommunikation bis heute außerordentlich reizt, hat er sich für Frankfurt als Lebensmittelpunkt entschieden: „Aktiv den Wandel vom ehemaligen Postmuseum zu einem Museum der Kommunikation zu betreiben und Geschichte und Gegenwart der Kommunikation sowohl kunst-, kultur- und technikgeschichtlich zu beleuchten, entspricht meinen Interessen und Arbeitsschwerpunkten, die immer wieder die Vermittlung geistes- und naturwissenschaftlich-technischer Themen zum Ziel haben." Seine Entscheidung war zwar primär eine für das Museum gewesen, aber dann natürlich auch für die Stadt Frankfurt, denn nach seinen Stationen in Stuttgart, Nürnberg, Berlin und zuletzt Köln „zählt Frankfurt zu den attraktivsten Städten, in denen ich gerne leben möchte".

Prof. Dr. Raphael Gross, Jüdisches Museum/Museum Judengasse

Raphael Gross wurde an Weihnachten 1966 in Zürich geboren, wo er auch seine Jugend verbrachte. Der Sohn des Psychiaters Thomas Gross aus Bratislava studierte Geschichte, Philosophie und Germanistik in Zürich, Berlin, Cambridge, Jerusalem, Bielefeld und Essen. Als Thema seiner Dissertation wählte er „Carl Schmitt und die Juden: eine deutsche Rechtslehre".

Seine berufliche Laufbahn beginnt Raphael Gross 1996 als wissenschaftlicher Mitarbeiter am Hamburger Institut für Sozialforschung. 1997 wechselt er an die Ruhr-Universität nach Bochum als wissenschaftlicher Mitarbeiter am Lehrstuhl für Moderne Geschichte, wo er zwei Jahre später zum Assistenzprofessor aufsteigt. 2001 beruft ihn das Leo Baeck Institute London zu seinem Direktor, zugleich lehrt er das Fach Geschichte am Centre for German-Jewish Studies an der Sussex University. Anfang 2006 wird Raphael Gross zum Direktor des Jüdischen Museums Frankfurt im Rothschildpalais berufen, bleibt gleichzeitig aber Direktor des LBI London. 2007 übernimmt er zusätzlich das Fritz Bauer Institut an der Goethe-Universität. Von der durchdringenden Intelligenz des habilitierten Raphael Gross profitieren die Studenten der Frankfurter Universität, die den Dreißigjährigen 1996 zum Honorarprofessor ernannte. Gross nahm und nimmt zahlreiche Lehraufträge wahr: an der FU Berlin, der Ruhr-Universität Bochum und der Goethe-Universität. Er wirbt damit indirekt auch für unser einzigartiges Jüdisches Museum. Seine in den Studienjahren erworbene Weltläufigkeit kommt ihm in seinem globalen Wirkungsrahmen sehr zupaß.

Raphael Gross hat sich „eigentlich mehr aus Zufall" für Frankfurt entschieden. Die Stadt sei auf ihn zugekommen, und die Idee, seine wissenschaftliche Tätigkeit an einem Museum fortzusetzen, hat ihn „mehr und mehr interessiert". Gross hat sich den Hobbys Schwimmen und Schach verschrieben.

Dr. Manfred Großkinsky, Museum Giersch

Manfred Großkinsky wurde 1954 in Mannheim als Sohn eines Regierungsdirektors geboren, aufgewachsen ist er in Weinheim an der Bergstraße und in Karlsruhe. Dort und in Heidelberg und Mannheim studiert Manfred Großkinsky Alte und Mittlere Geschichte, Neue und Neueste Geschichte sowie Klassische Archäologie und Kunstgeschichte. Thema seiner Magisterarbeit war „Das Kaiser-Wilhelm-Denkmal in Karlsruhe", promoviert hat Großkinsky über den Landschaftsmaler im wilhelminischen Kaiserreich Eugen Bracht (1842–1921). Seine erste berufliche Position fand er im Restaurieratelier der Staatlichen Kunsthalle Karlsruhe, bevor er als wissenschaftlicher Mitarbeiter an die Darmstädter Mathildenhöhe wechselte. Im Badischen Landesmuseum war Großkinsky für die Öffentlichkeitsarbeit zuständig, in der Galerie Großkinsky & Brümmer in Karlsruhe wurde ihm die Geschäftsführung überantwortet, bis ihn mit diesem Erfahrungspotential 1999 das Museum Giersch zu seinem Gründungsleiter beruft. Hier und jetzt fühlt er sich dem komplexen Erbe der Kunst- und Kulturlandschaft Rhein-Main verpflichtet.

Manfred Großkinsky hat sich 1999 für einen Wechsel nach Frankfurt entschieden, weil ihm die Frankfurter Stiftung Giersch die reizvolle Möglichkeit bot, für das neue Museum die Konzeption und durch relevante Ausstellungen und Publikationen ein spezifisches Profil zu entwickeln, das sich für möglichst viele Überraschungen offenhält. Diese Aufgabe entspricht Großkinskys kunsthistorischer Prägung und seiner Leidenschaft, sich mit Künstlern und Kunstwerken und mit je aktuellen Kunstprozessen zu beschäftigen. Außerdem versprach die Konzentration auf die Kunst- und Kulturgeschichte der Region Rhein-Main die interessante Beschäftigung mit bisher vernachlässigten Themen, also auch mit vielen innovativen Entdeckungen. Insbesondere aber hat Großkinsky die Herausforderung motiviert, ein neues Publikum für die Qualitäten lokaler und darum um ihre Bedeutung ringender regionaler Kunst zu sensibilisieren, die gerne abschätzig als „provinziell" abqualifiziert wird. Angesichts der Herausforderungen einer weiter fortschreitenden Globalisierung aller Lebensbereiche ermöglicht für Großkinsky die Auseinandersetzung mit den lokalen künstlerischen Wurzeln ein besseres Verständnis für die Gegenwartskunst. Für Manfred Großkinskys Wahl zum Direktor dürften wohl auch seine zahlreichen Fachpublikationen ausschlaggebend gewesen sein. Zu Manfred Großkinskys Hobbys zählen außer Lesen, Reisen und Wandern auch so lebensdienliche wie Kochen und der Genuß guten Weins.

Prof. Dr. August Heuser, Dommuseum/Sakristeum

Geboren 1949 in Frankfurt am Main, ist der Sohn des Unternehmers Mathias Heuser in seiner Vaterstadt und in Fulda aufgewachsen. An der Frankfurter Goethe-Universität studierte August Heuser Pädagogik (Diplom) und Kunstgeschichte (M. A.); Diplom und Staatsexamen in Katholischer Theologie und in Germanistik erwarb er an der Universität Mainz. Promoviert hat der Theologe über das Thema „Erwachsenenbildung in katholischer Trägerschaft in Frankfurt 1945–1985".

Seine berufliche Laufbahn hat August Heuser in Frankfurt als Pastoralreferent begonnen. Er wirkte als wissenschaftlicher Assistent am Fachbereich Katholische Theologie an der Universität Frankfurt und als Referent für Bildung und Kultur an der Akademie der Diözese Rottenburg-Stuttgart. Anschließend war er als Referent für Kultur im Sekretariat der Deutschen Bischofskonferenz als Kulturreferent tätig. Noch lange nicht in einem Alter, wo die Zukunft schon hinter ihm gelegen hätte, übernimmt der 50jährige 1999 die Leitung des Frankfurter Dommuseums. August Heuser versteht Kunst als Beitrag zur Versittlichung der Gesellschaft und trachtet danach,

Adornos Lamento über die verlorene Transzendenz in der Kunst energisch zu widerlegen. An der Goethe-Universität lehrt er am Fachbereich Katholische Theologie. Ohne religiöses Sendungsbewußtsein möchte Heuser auch die nichtkatholische Kunstklientel erreichen. Im Dommuseum braucht es keinen Weihrauch, um dem Besucher divine Kunst nahezubringen.

Als Hobbys nennt er kurz und bündig „meine Kinder und neuere deutsche Literatur", wenn er nicht gerade den Parnaß der christlichen Kunst abschreitet. In Frankfurt arbeitet er deshalb gern, „weil ich gebürtiger Frankfurter bin und hier zum Wohle meiner Heimatstadt wirken will". Der Mainmetopole widmet er sich denn auch bevorzugt in seinen Publikationen, etwa in seinem Buch *Banken, Plätze, Musentempel. Kunstgänge in Frankfurt* (2000).

Max Hollein, Städel Museum/ Liebieghaus/Kunsthalle Schirn

Entscheidende Anstöße für seinen Lebensweg dürfte Max Hollein seinem Vater, dem international hochgerühmten Architekten Hans Hollein verdanken. 1969 in Wien geboren und hier auch aufgewachsen, studiert Max Hollein in der österreichischen Hauptstadt Betriebswirtschaft und Kunstgeschichte. Als Themen für seine Diplomarbeiten wählt er im Fach Kunstgeschichte „Zeitgenössische Kunst und der Kunstmarktboom" und in der Betriebswirtschaft „Aktuelle Vertriebsformen im Handel mit zeitgenössischer Kunst". Bald nach Abschluß seines Studiums zieht es Max Hollein nach New York, wo er ab 1995 als Projektleiter für Ausstellungen am Solomon R. Guggenheim Museum arbeitet. Von 1996 bis Ende 2000 folgt eine enge Zusammenarbeit mit Guggenheim-Direktor Thomas Krens, zunächst als „Executive Assistant to the Director" und ab 1998 als „Chief of Staff and Manager of European Relations": Hollein war dabei für so wesentliche Projekte verantwortlich wie den Aufbau der Ausstellungshallen „Deutsche Guggenheim Berlin" und „Guggenheim Las Vegas", für Ausstellungstourneen, für die Eröffnungsaktivitäten des Guggenheim Museums Bilbao sowie für Kontakte zu europäischen Kulturinstitutionen, Sammlern, Sponsoren und Medien. Im Jahr 2000 war Max Hollein Kommissär und Kurator des amerikanischen Pavillons bei der VII. Architekturbiennale in Venedig.

Max Hollein hat seit Oktober 2001 die künstlerische und kaufmännische Leitung der Schirn Kunsthalle Frankfurt inne. Hier hat er u. a. die Ausstellungen „Shopping", „Jonathan Meese", „Julian Schnabel", „3" und „Carsten Nicolai" kuratiert. 2005 war er Kommissär des österreichischen Pavillons bei der Kunstbiennale in Venedig und 2006 Kurator des Salzburger „kontra. com Avantgarde-Festivals" anläßlich des Mozart-Jahres. Seit Anfang 2006 ist Max Hollein außerdem Direktor des Städel Museums und der Städtischen Galerie im Städel, in deren Wechselwirkung er das Kontingent des Möglichen auszuschöpfen hofft. Seit 2006 leitet Hollein auch die Skulpturensammlung des Liebieghauses, deren Objekte er im neuen Raumambiente zu neuem Leben befreit. Mit dem Städel als Herzstück seines Imperiums sichert ihm diese Dreifaltigkeit der Kunstvermittlung eine starke, auch bundesweit und international respektierte Position. Sein kombinatorisches Denken kommt ihm bei der Organisation der Museums-Trias sehr zupaß. Max Hollein verkörpert den neuen Typus des Museumsdirektors als begeisterter Entrepreneur. Das Publikum liegt ihm zu Füßen. Für ihn ist das Gefühl der Begeisterung das wirksame Prinzip jeder erzeugenden und bildenden Kunst und Wissenschaft im Sinne Schellings. Hollein vermochte der Kritischen Theorie einen amerikanischen Horizont zu geben. Das Kunstmagazin *art* urteilt: „Max Holleins Mix von populären und sperrigen Themen macht die Schirn Kunsthalle zum spannendsten Ausstellungshaus der Republik."

Max Hollein hat New York mit Frankfurt getauscht, weil die Stadt am Main mit ihrer hohen Dynamik ein Ort ist, an dem viele Entscheidungsträger und potentielle Sponsoren aus der Wirtschaft wirken, eine Stadt, die sich besonders durch eine offene Gesellschaft mit einem hohen kulturellen Bewußtsein und Verantwortungsgefühl auszeichnet.

Prof. Kasper König, Städelschule, Portikus (1988–2000)

Kasper König wurde 1943 im westfälischen Mettingen geboren. Aufgewachsen ist er in Köln. Er war von 1985 bis 1988 Professor an der Kunstakademie Düsseldorf, von 1988 bis 2000 Direktor an der Städelschule in Frankfurt, seitdem Direktor des Museums Ludwig in Köln. Sensibel und auf Blochsche Art robust, hat er nicht nur der Städelschule durch die Qualität der von ihm verpflichteten Lehrer eine neue Identität verschafft, mit obsessivem Charme hat er beim Kulturdezernenten der Stadt auch seine Idee durchgesetzt, die Institution „Portikus" zu gründen, die seit 1988 das kunstinteressierte Publikum in monographischen Ausstellungen mit den je aktuellen ästhetischen Strömungen der internationalen Künstlerszene bekannt macht. Den hohen Anspruch genuiner Qualität hat er gleich bei der ersten Vernissage mit Ilya Kabakov begründet.

Früh bekannt geworden ist Kasper König mit seinem Skulpturenpark, der im Rhythmus von zehn Jahren die Kunstjünger in das einst erzkatholische Münster lockt. König kuratierte 1979 in Köln die *Westkunst*, 1984 in Düsseldorf *Von hier aus* und 1993 die Ausstellungen *Neue Kunst* in Hamburg und *Gerhard Richter* in Paris und Stockholm. Der kluge Kopf Kasper König hat ein Leben lang versucht, durch die Präsentation des Ungewöhnlichen den Horizont des Kunstbetrachters zu erweitern, der ihm genauso wichtig ist wie die an ihn vermittelte Kunst. Enthusiasmus ist Königs Treibsatz, der sein Wirken und seine intellektuelle Reaktionsschnelligkeit befeuert. Königs Weggang bedeutet auch einen Verlust an Reibungsfläche. Prägende Gestalt im bundesdeutschen Kunstbetrieb, wurde er 1998 für sein Lebenswerk mit dem Binding-Kulturpreis ausgezeichnet.

Chus Martínez, Frankfurter Kunstverein (2006–2008)

Die gebürtige Spanierin Chus Martínez kam 1972 in Ponteceso auf die Welt, ihre Kindheitseindrücke sammelte sie in Kataloniens Hauptstadt Barcelona, wo sie auch zur Schule ging. Sie studierte Philosophie und Kunstgeschichte in Barcelona, Berlin und Tübingen und graduierte am Bard College in New York mit dem Master in Cultural Studies. 2002/2003 war sie bei der Sala Montcada der „La Caixa Foundation" in Barcelona und von 2003 bis 2006 als künstlerische Leiterin im Sala Rekalde, Center for Contemporary Art in Bilbao tätig. Im Jahre 2006 wurde sie zur Direktorin des Frankfurter Kunstvereins berufen. Am Royal College of Art in London hält sie regelmäßig Vorträge. Chus Martínez ist Vorstandsmitglied der IKT, der International Association of Curators of Contemporary Art.

Wer nach kaum zwei Jahren in Frankfurt seinen Job aufgibt, konnte hier kaum Spuren hinterlassen. Chus Martínez wechselte aus „Verärgerung über die mangelnde finanzielle Unterstützung durch die Stadt" 2008 an das Museu d'Art Contemporani in Barcelona. Anfang 2009 übernahm Holger Kube Ventura die Leitung des Frankfurter Kunstvereins.

Prof. Dr. Dr. h. c. Volker Mosbrugger, Forschungsinstitut und Naturmuseum Senckenberg

1953 in Konstanz geboren, ist Volker Mosbrugger auch am Südufer des Bodensees auf der Landbrücke zwischen Untersee und Obersee aufgewachsen und aufs Gymnasium gegangen. Er studierte Biologie, Meeresbiologie und Chemie an der Universität Freiburg i. Br. und im französischen Montpellier und promovierte über das Thema „Systematisch-taxonomische und phylogenetische Untersuchung der Pecopteriden-Taphoflora des Stefans an der Hohengeroldseck bei Lahr (Mittlerer Schwarzwald)". Ab 1980 zunächst als wissenschaftlicher Mitarbeiter an der Universität Freiburg i. Br. und ab 1984 als Hochschulassistent und später Assistenzprofessor am Institut für Paläontologie der Universität Bonn tätig, lehrte er von 1990 bis 2005 als Professor am Institut für Geowissenschaften der Universität Tübingen. Im Oktober 2005 wurde Mosbrugger als Professor an das Institut für Geowissenschaften der Goethe-Universität Frankfurt berufen. Im selben Jahr berief ihn der Stiftungsrat des Forschungsinstituts und Naturmuseums Senckenberg der Senckenbergischen Naturforschenden Gesellschaft zum Direktor. Seine in Bonn, Tübingen und Frankfurt nachgewiesene Lehrbefähigung war besonders gefragt. Seinen diagnostischen Scharfblick widmete er fachspezifischen Themenbereichen wie Paläobotanik, Allgemeine Paläontologie, Historische Geologie, Quartärpaläontologie, Geoökologie, Paläoklimatologie oder Evolutionsforschung unter fröhlicher Mißachtung der Spartengrenzen.

Nach einer erfolgreichen Karriere als Hochschullehrer die Leitung des Forschungsinstituts und Naturmuseums Senckenberg zu übernehmen war für Volker Mosbrugger eine große berufliche Herausforderung: Er möchte die herausragende Qualität des „Senckenberg" stabilisieren und dessen weltweiten Wirkungsradius noch steigern. Zu seinen Lieblingsbeschäftigungen in seiner spärlichen Freizeit zählen Klavierspielen, Wandern – „am liebsten in Norwegen" – sowie Lesen.

Peter Cachola Schmal, Deutsches Architekturmuseum

Peter Cachola Schmal, 1960 im bayerischen Altötting geboren, ist der Sohn des diplomierten Bauingenieurs Hermann Schmal und aufgrund von dessen häufig wechselnden Wirkungsstätten in fünf Orten aufgewachsen: in Burgkirchen an der Alz, im pakistanischen Multan, in Mühlheim an der Ruhr, in Jakarta und in Holzminden, wo er sein Abitur macht. Sein Architekturstudium an der TU Darmstadt schließt Peter Cachola Schmal 1989 mit einer Diplomarbeit über den „Entwurf einer Großsporthalle an der Honsellbrücke in Frankfurt" ab. Von 1989 bis 1993 arbeitet Schmal zunächst im Planungsbüro von Behnisch + Partner in Stuttgart sowie bei den Architekten A. C. Walter in Frankfurt und Eisenbach in Zeppelinheim, seit 1993 schließlich als Freier Architekt. Von 1992 bis 1997 ist er wissenschaftlicher Mitarbeiter an der TU Darmstadt (Fachgebiet Baugestaltung und Baukonstruktion), von 1997 bis 2000 lehrt er an der FH Frankfurt (Entwerfen). Im Oktober 2000 wird er als Kurator ans DAM berufen, seit April 2006 ist er Direktor des ersten Architekturmuseums Deutschlands in Frankfurt am Main. Für Schmal ist wichtig, die Balance zwischen dem großen ästhetischen Vorrat der Architekturgeschichte und der aktuellen Baukultur zu halten, ohne dem Geschmacksdiktat großer Architekten zu erliegen. Den mit Irrtümern besetzten Begriff „Postmoderne" hat er für seine Arbeit im Museum nicht in Anspruch genommen.

Schmal bekleidet eine Reihe von Ehrenämtern, aus denen er Honig saugt für sein Frankfurter Institut, nämlich im: Scientific Committee, Global Award for Sustainable Architecture, Cité de l'architecture et du patrimoine, Paris; Steering Committee, EU Mies van der Rohe Prize for Contemporary Architecture, Fundacio Mies van der Rohe, Barcelona; Expertenbeirat für Kunst am Bau, Bundesministerium für Verkehr, Bauen und Stadtentwicklung, Berlin; Expertenbeirat für Kunst und Architektur, Goethe-Institut, München; Expertenbeirat für Kunst im öffentlichen Raum, Stadt Frankfurt; Stiftungsrat für Baukultur, Städelschule.

Schmals federleichte Ironie ist für ihn ein Mittel, seine Sache ernst zu nehmen. Seine freie Zeit widmet Peter Cachola Schmal seiner Großfamilie in Deutschland, in den USA, Japan und auf den Philippinen. Seinem Sohn Moritz zuliebe hat er sich für Frankfurt entschieden.

Prof. Dr. Ulrich Schneider, Museum für Angewandte Kunst

Der Sohn des späteren Präsidenten des Bayerischen Landeskriminalamtes Oberstaatsanwalt Hans Schneider wurde 1950 in Amberg in der Oberpfalz geboren und ist in München aufgewachsen. In Regensburg, Erlangen, Heidelberg, Perugia und Rom studiert er Kunstgeschichte, Klassische Archäologie, Christliche Archäologie, Mittlere und Neuere Geschichte. Als Beitrag zur Geschichte der Inkrustationskunst in Byzanz und Italien widmet sich seine Dissertation spezifisch den beiden mittelalterlichen Chorschranken im Dom San Ciriaco von Ancona.

Seine Karriere beginnt Ulrich Schneider als Assistent an der Technischen Universität Karlsruhe, um anschließend als Abteilungsleiter an das Germanische Nationalmuseum Nürnberg zu wechseln. Bevor er zum Direktor der Städtischen Museen in Aachen berufen wird, übernimmt er in Tokio am National Museum of Western Art die Aufgabe des Ausstellungskommissars. Seit 2003 wirkt Ulrich Schneider, inzwischen Honorarprofessor, als Direktor des Museums für Angewandte Kunst am Frankfurter Museumsufer. Er versteht es, die faszinierende Vielfalt der Gebrauchskunst in all ihren Facetten zu präsentieren, wobei er bestrebt ist, die starren Schranken zwischen den einzelnen Bereichen der Sammlung aufzuheben.

Schneider ist Mitglied des Hochschulrates der Offenbacher Hochschule für Gestaltung, er war Art Advisor bei der Echigo Tsumari Art Triennal im japanischen Niigata und Jurymitglied bei der Palm Beach America's International Fine Art & Antique Fair. Als weitere Interessen nennt Schneider internationale Geschichte und Literatur, Sprachen, Kulinarik, Enologie und „tausend andere Sachen". Schneider lehrte von 1991 bis 2004 an der RWTH Aachen, die ihn 2000 zum Professor am Institut für Kunstgeschichte beruft. Im Sinne einer fröhlichen Wissenschaft lehrt er seit 2003 als Honorarprofessor am Institut für Kunstgeschichte unserer Goethe-Universität.

Mit ausschlaggebend für Ulrich Schneiders Wechsel nach Frankfurt war „die Schönheit des Meierschen Museums" mit der integrierten authentischen Metzlervilla und dessen renommierte Sammlungen. Generell reizt ihn die Museumslandschaft am Flußufer und die spannende Internationalität Frankfurts am Main.

Dr. Christine Stelzig,
Museum der Weltkulturen

Christine Stelzig wurde 1962 in Rosenheim geboren. Aufgewachsen in Westfalen, studierte sie Ethnologie, Neuere Geschichte, Psychologie und Afrikanische Geschichte in München, Paris und Leipzig. Ihre obligatorischen „Weihen" als Ethnologin erhielt sie durch zwei Feldforschungen im westafrikanischen Mali, wo sie über die Herstellung und Distribution von Töpferwaren forschte. Sie promovierte in Leipzig über ein wissenschaftsgeschichtliches Thema, die Geschichte der Afrikasammlung am Berliner Museum für Völkerkunde zwischen 1873 und 1919. Volontariate, Ausstellungs- und Forschungsprojekte führten Christine Stelzig an zahlreiche Kunst- und Völkerkundemuseen, u. a. in München, Paris, Berlin, Freiburg, Lübeck und Oxford. Von 2002 bis 2003 leitete sie den Bereich Protokoll und Events in der Generaldirektion der Staatlichen Museen zu Berlin für zwölf Museen der Stiftung Preußischer Kulturbesitz. Die Biographie von ethnographischen Objekten, Sammlungen und Sammlern, die Geschichte des ethnographischen Sammelns *per se*, aber auch historische Fotografien aus Afrika und die afrikanische Kunst sind ihre wissenschaftlichen Schwerpunkte. Seit 2005 am Museum der Weltkulturen in dem von ihr sehr geschätzten Frankfurt, leitet sie seit 2006 dessen Afrika-Abteilung. 2007 auch zur stellvertretenden Direktorin ernannt, bringt sie seit Herbst 2008 als kommissarische Direktorin das Museum durch die schwierige Zeit des Übergangs bis zur Wiederbesetzung des Direktorenpostens. Christine Stelzig möchte das 1904 gegründete Museum der Weltkulturen und seine einzigartigen Schätze wieder besser und nachhaltiger im Bewußtsein der Frankfurter Bürger verankern. Dabei setzt sie mit großer Unterstützung durch das Team ihre Vorstellungen von der inhaltlichen Qualität der ethnologischen Museumsarbeit konsequent um.

Prof. Dr. Egon Wamers, Archäologisches Museum

Egon Wamers wurde 1952 in Anrath am Niederrhein geboren, wo er auch zur Schule ging. Studiert hat er Ur- und Frühgeschichte, Philosophie, Skandinavistik und Soziologie in Aachen und Münster. Promoviert hat Wamers 1979 über das Thema „Insularer Metallschmuck in wikingerzeitlichen Gräbern Nordeuropas. Untersuchungen zur skandinavischen Westexpansion". Von 1979 bis 1980 war er nacheinander wissenschaftlicher Mitarbeiter in der Denkmalpflege Köln, am Westfälischen Museum für Archäologie Münster und am Römisch-Germanischen Museum Köln; seit 1981 ist er Kustos für Mittelalter-Archäologie am Frankfurter Museum für Vor- und Frühgeschichte, seit 1992 stellvertretender Direktor. 2002 wurde Egon Wamers vom Magistrat zum Leitenden Museumsdirektor des nun Archäologisches Museum genannten Hauses berufen.

Wamers war viele Jahre Lehrbeauftragter an den Universitäten Marburg, Frankfurt, Åhrhus und Kopenhagen, seit 2004 lehrt er als Honorarprofessor kontinuierlich an der Goethe-Universität Frankfurt. Wamers' Erfahrung als Hochschullehrer kommt dem Anliegen des Museums zugute, seinen Besuchern die historische Bedeutung der Exponate auf Basis des neuesten Forschungsstandes allgemeinverständlich zu vermitteln. 2006 wurde er zum Chevalier dans l'Ordre des Palmes Académiques ernannt.

Warum Egon Wamers auswärtigen Lockungen widerstanden hat? Weil das Museumsufer immer noch „eines der spannendsten kulturellen Projekte der Republik" ist. Das Archäologische Museum am Nordufer zu leiten zählt für ihn „zu den reizvollsten Aufgaben für einen Archäologen". Bei einem Bestand von 550 000 Sammlungsobjekten findet sein ästhetisches und wissenschaftliches Interesse hier ein weites Betätigungsfeld.

Egon Wamers veröffentlichte mehr als 150 Publikationen zur Frühmittelalter-Archäologie Deutschlands und des Rhein-Main-Gebietes, Skandinaviens sowie Großbritanniens und Irlands, darunter die Monographien: *Hessen im Frühmittelalter – Archäologie und Kunst* (1984), *Die Judengasse in Frankfurt am Main. Ergebnisse der archäologischen Untersuchungen am Börneplatz* (2000), *Die Macht des Silbers. Karolingische Schätze im Norden* (2005).

Dr. Richard Zacharuk,
Ikonen-Museum

Der Sohn des Architekten Eduard Zacharuk wurde 1952 in Breslau geboren, bis zu seinem 19. Lebensjahr lebte Richard Zacharuk in Polen, wo er zunächst ein Architekturstudium an der TU Breslau begann. In München studiert er Byzantinische Kunstgeschichte, Allgemeine Kunstgeschichte und Deutsche und vergleichende Volkskunde, 1982 legte er seine Magisterarbeit zum Thema „Das Bild über dem Grab“ vor. Richard Zacharuk promovierte 1988 an der Philipps-Universität Marburg über „Das Bildnis der Kriegerheiligen in der byzantinischen Kunst“. Noch im selben Jahr wurde er zum Leiter des Ikonen-Museums in Frankfurt berufen. Sein Ausstellungskonzept vermeidet jeden Anflug einer Sakralisierung der Heiligenbilder. Richard Zacharuk hat sich für Frankfurt entschieden, weil die Sammlung des Ikonen-Museums ideal mit seinen Studienfächern korrespondiert. Zacharuk ist ein gefragter Vortragsredner in Museen und an diversen Universitäten. Er ist u. a. Vorstandsmitglied im „Verein zur Erhaltung der russischen Musiktradition“. In seiner Freizeit betreibt er im Sommer Surfing, und winters fährt er Ski in bayerischen Bergen.

Publikationen des Autors zum Themenkomplex Kunst und Museen

Weil sich das Museumsufer ebensowenig wie das sprichwörtliche Rad neu erfinden läßt, habe ich gelegentlich auf Gedanken aus früheren Texten zurückgegriffen, die in folgenden Büchern, in Tageszeitungen und Zeitschriften oder als Vorträge veröffentlicht wurden:

I. Bücher

Das demokratische Museum. In: Hilmar Hoffmann: Kultur für alle. Frankfurt am Main: S. Fischer Verlag 1979

Zellen der Kultur: Kunst lebt von der Aneignung. In: Festschrift für Hermann Josef Abs. Frankfurt am Main: Freies Deutsches Hochstift 1980

Das Sterben, der Tod und die Kunst. Eine Konfrontation. In: Willi Köhler (Hg.): Lebenssinn. Frankfurt am Main: S. Fischer Verlag 1984

Die Frankfurter Museumslandschaft. In: HB Kunstführer Nr. 15. Frankfurt, Wiesbaden, Taunus. Hamburg: HB-Verlag 1985

Der deutsche Museumsführer (Vorwort). Frankfurt am Main: Wolfgang Krüger Verlag 1986

Frankfurter Museumsführer (Hg. und Einleitung). Frankfurt am Main: S. Fischer Verlag 1988

Ist nationalsozialistische Kunst wieder museumsreif? In: Hilmar Hoffmann: Es ist noch nicht zu Ende. Soll Nazikunst wieder öffentlich gezeigt werden? Badenweiler: Oase-Verlag 1988

Heute noch Museen bauen? In: Margarethe Goldmann/Dieter Kramer (Hg.): Ein Museum für die neunziger Jahre. Hagen: Kulturpolitische Gesellschaft 1988

Kultur unseres Jahrhunderts. Hrsg. zus. mit H. Klotz, 6 Bände. Düsseldorf/New York: ECON Verlag 1987 bis 1990

Aufforderung zur Wiederentdeckung. In: Babette Peters/Karlheinz Schmid: Kunst in Frankfurt am Main. Köln: Kiepenheuer & Witsch 1991

Das Frankfurter Museumsufer – eine Bilanz. In: Hilmar Hoffmann: Museumsarbeit und Kulturpolitik: Bildungs- und Vermittlungsfragen im Schnittpunkt kultureller Interessen. Frankfurt am Main: Brandes & Apsel 1992

Museumspädagogik in der Praxis (Vorwort). Frankfurt am Main: Brandes & Apsel 1996

Brockhaus Kunst und Kultur, Bd. 1 (Vorwort). Leipzig/Mannheim: Verlag F. A. Brockhaus 1997

Das Guggenheim-Prinzip (Hg. und Einleitung). Köln: DuMont Buchverlag 1999

Die Macht und das Mäzenatentum. In: Hilmar Hoffmann: Ihr naht Euch wieder, schwankende Gestalten. Hamburg: Hoffmann und Campe 1999

Max Beckmanns „Synagoge“. In: Hilmar Hoffmann: Ihr naht Euch wieder, schwankende Gestalten. Hamburg: Hoffmann und Campe 1999

Lothar-Günther Buchheim, der kunstsammelnde Querkopf. In: Hilmar Hoffmann: Ihr naht Euch wieder, schwankende Gestalten. Hamburg: Hoffmann und Campe 1999

Abs und die Macht des Mäzenatentums. In: Hilmar Hoffmann: Erinnerungen. Frankfurt am Main: Suhrkamp Verlag 2003

Die Energien eines Museumsgründers: Heinrich Klotz. In: Hilmar Hoffmann: Erinnerungen. Frankfurt am Main: Suhrkamp Verlag 2003

Frieder Burda und die hohe Kunst, Mäzen zu sein. In: Hilmar Hoffmann: Erinnerungen. Frankfurt am Main: Suhrkamp Verlag 2003

Kaspar König ante „portikus“. In: Hilmar Hoffmann: Erinnerungen. Frankfurt am Main: Suhrkamp Verlag 2003

Johann Friedrich Städel. In: Hilmar Hoffmann: Die großen Frankfurter. Frankfurt am Main: Societäts-Verlag 2006

Johann Christian Senckenberg. In: Hilmar Hoffmann: Die großen Frankfurter. Frankfurt am Main: Societäts-Verlag 2006

Max Beckmann. In: Hilmar Hoffmann: Die großen Frankfurter. Frankfurt am Main: Societäts-Verlag 2006

Renate Sautermeister. In: Hilmar Hoffmann: Frankfurts starke Frauen. Frankfurt am Main: Societäts-Verlag 2007

E. R. Nele. In: Hilmar Hoffmann: Frankfurts starke Frauen. Frankfurt am Main: Societäts-Verlag 2007

Mäzene, Stifter und Stiftungen – eine kurzgefaßte lange Geschichte. In: Hans-Otto Schembs: Jüdische Mäzene und Stifter in Frankfurt am Main. Frankfurt am Main: Verlag Waldemar Kramer 2007

Frankfurts Kulturgeschichte nach 1945. In: Plötz TOP 500, Frankfurt Rhein/Main. Frankfurt am Main: Societäts-Verlag 2008

II. Zeitungen/Zeitschriften/Broschüren

Maler, Dichter und die Avantgarde. In: Filmforum Nr. 2, Februar 1959

Kunst ist nicht nett. In: Neue Ruhr Zeitung Essen, 15. Juni 1968

Ein unpolitisches Historisches Museum ist ein Selbstwiderspruch. In: Frankfurter Rundschau, 30. Juni 1973

Das Museum und die Verantwortung der Gesellschaft. In: Frankfurter Allgemeine Zeitung, 18. April 1974

Die verlorene Erinnerung. Das Museum und die Verantwortung der Gesellschaft. In: Frankfurter Allgemeine Zeitung, 18. April 1974

Die Frankfurter Museumslandschaft. In: Die Welt, Nr. 91, 19. April 1978

Gottsucher und Neu-Humanisten. Annäherungen an Bazon Brock. In: Die neue Gesellschaft/Frankfurter Hefte 34, Jg. 1987

Die Volksseele ist leicht zu entrüsten. In: Frankfurter Allgemeine Zeitung, 22. August 1987

Die Kunst kann die Welt nicht verbessern, aber die Menschen glücklicher machen. In: Frankfurter Allgemeine Zeitung, 27. Mai 1990

Une ville des Musees. In: Museum (UNESCO), Nr. 173, 1992

Karikatur als kulturelle Öffentlichkeit. In: Katalog Internationale Karikaturenausstellung, Frankfurt am Main, Oktober 1993

Das Guggenheim-Prinzip. In: Frankfurter Allgemeine Sonntagszeitung, 21. Februar 1998

Künste stiften gehen. In: Frankfurter Allgemeine Sonntagszeitung, 15. März 1998

Entwicklung der Kulturlandschaft Hessen (Vorwort). Bericht der Unabhängigen Hessischen Kulturkommission, Wiesbaden 2002

Das magische Ufer. 25 Jahre Museumsufer. In: Frankfurter Neue Presse, 20. November 2009

III. Vorträge

Ist das Vermächtnis von Mäzenen immer ein Segen? Friedrich-Naumann-Stiftung, Hamburg am 23. August 1976

Über den Umgang mit moderner Kunst, anläßlich des Kaisermahls in Goslar am 28. September 1985

Heute noch Museen bauen? Museen als kulturelles Kapital, Landesmuseum Wiesbaden am 13. März 1987

30. Geburtstag des Museumsufers, Deutsches Architekturmuseum Frankfurt am 30. Oktober 2009

Personenregister

H

L

M

N

O

P

R

Y

Z

Bildnachweis

Archäologisches Museum Frankfurt S. 129, 317, 320, 426
Herbert Beck S. 404
Michael Benecke S. 418
Hella Bissantz S. 390, 391, 392, 393, 394, 395
Caricatura – Museum für Komische Kunst S. 280, 411
Deutsches Architekturmuseum S. 191, 410, 423
Deutsches Filmmuseum/Deutsches Filminstitut – DIF e. V. S. 186, 187, 409
Erotikmuseum Venusberg Bar S. 131
Freies Deutsches Hochstift/Frankfurter Goethe-Museum S. 328, 406
Frankfurter Kunstverein S. 285 (Foto: Norbert Miguletz), 287 (Foto: Norbert Miguletz), 421
Frankfurter Neue Presse S. 40
Hessisches Ministerium der Justiz S. 69
Historisches Museum Frankfurt am Main S. 32 (Foto: Horst Ziegenfusz), 119, 274, 276, 414
Hilmar Hoffmann S. 54, 58, 63, 72, 84, 86, 97, 101, 110, 112, 116, 125, 127, 134, 193, 363
Ikonen-Museum der Stadt Frankfurt am Main – Stiftung Dr. Schmidt-Voigt S. 77, 152, 427
Institut für Stadtgeschichte S. 34 (Foto: Uwe Dettmar), 143, 333 (Foto: Uwe Dettmar), 336, 408
Jüdisches Museum der Stadt Frankfurt am Main S. 43, 261, 263, 348, 350, 416
Astrid Karger S. 403
Lutz Kleinhans S. 136
Barbara Klemm S. 19, 381
Wolfgang Lechthaler S. 105, 150, 156, 162, 172, 184, 196, 202, 212, 226, 255, 258, 267, 289, 295, 298, 311, 314, 324, 356, 359
Liebieghaus Skulpturensammlung – ARTOTHEK S. 233, 234
Liebieghaus Skulpturensammlung, Frankfurt am Main, Foto: Rühl/Bormann S. 241 links
Liebieghaus Skulpturensammlung, Frankfurt am Main, Foto: Frank Kunert S. 241 rechts
Literaturhaus Frankfurt e. V. S. 117 (Foto: Uwe Dettmar), 413
Museum der Weltkulturen S. 38 (Foto: Rudolf Nagel), 92, 174 (Foto: Stephan Beckers), 176 (Foto: Stephan Beckers), 425
Museum für Angewandte Kunst S. 88, 167, 424
Museum für Kommunikation S. 103, 206, 415
Museum für Moderne Kunst, Frankfurt am Main S. 300, 302, 303, 306, 364, 412
MUSEUM GIERSCH S. 247, 251, 417
Naturmuseum Senckenberg S. 422
Portikus S. 81, 159, 405, 420
Städel Museum – ARTOTHEK S. 56, 216, 217, 220
Städel Museum, Frankfurt am Main S. 374, 375, 419
Stoltze-Museum der Frankfurter Sparkasse S. 341, 344 (Foto: Frank Seifert), 407